JN412310

성경난제 해설 총정리

성경난제 해설총정리

유중근 지음

신교횃불

서 문

나는 2012년 9월에서 11월까지 석 달에 걸쳐 미국에 다녀왔다. 그때 LA에 있는 모 기도원에 올라가서 기도할 기회가 있었다. 아침마다 산 정상으로 올라가면서 요한복음을 암송하던 중, 주님께서 시몬 베드로에게 세 번이나 "네가 나를 사랑하느냐, 내 어린 양을 먹이라, 내 양을 치라, 내 양을 먹이라"(요 21:15-17) 하신 말씀에 이르러서는 "주님, 이 죄인에게도 기회를 주십시오." 하고 울부짖고 기도하였다.

이번 도서출판 선교횃불을 통해 『성경난제 해설 총정리』가 출간된 것은 하나님께서 베풀어 주시는 은혜임을 믿는다.

나는 일선목회에서 은퇴하여 물러난 후에 성경과 더욱 가까이할 수 있는 기회를 만들었다. 그동안 영문성경(NIV)을 컴퓨터에 입력하고, 한글 개역성경과 또 개역개정판을 입력하였다. 그동안 입력된 성경을 교정하면서 여러 번 읽을 수 있었고, 이로 인해 요한복음과 시편 등 여러 장을 암송하게 되었다. 이것은 무엇보다 내게 있어 큰 복인 줄 믿는다.

"라오 펑유"(오랜 친구). 시진핑 주석이 우리나라 박근혜 대통령에게 한 말이다. 나에게도 라오 펑유가 있다. 그 분이 미국에 있는 장부영 박사이시다. 그 분은 해박한 지식과 지혜로 학자들의 학설을 들어 원어적인 해석으로 성경난제를 해석하였다. 성경은 성령의 감동으로 기록된 하나님의 말씀이다(딤후 3:16). 그러므로 성경을 사모하고 또 읽어야 할 것은 하나님께서 특별계시로 주신 영생의 진리요 지혜의 보고이기 때문이다.

후기로는 '한글 개역개정과 개역 성경 및 KJV 대조'와 '창세기 인물 연도'를 첨부하였다. 본서가 목회자뿐만 아니라 신학생과 평신도 또 성경을 아끼는 모든 분들에게 널리 읽히기를 소원한다.

2013년 10월

유중근 목사

권 두 언

먼저 하나님께 영광을 돌린다. 한국과 미국 신학교에서 오랫동안 강의를 하면서 가장 중요한 부분인 성경해석에 관심을 가지고 연구하며 가르치는 중에, 성경해석의 원리와 방법을 조금이나마 터득할 수 있게 되어 하나님께 감사를 드린다. 그리고 개혁주의신학과 현대신학(자유주의신학)을 동시에 연구하고 가르치는 중에 신학적 배경이 얼마나 중요한가를 절감하게 되었다.

성경은 총체적인 방법으로 이해하지 않으면 풀 수 없는 난제들이 많다. 왜냐하면 성경은 일반서적과 달리 하나님의 영감으로 된 하나님의 말씀으로, 이 세상의 이치는 물론 천상의 이치를 다루고 있기 때문이다. 그러므로 성경은 아날로그 방식으로만이 아니라 디지털 방식으로 다루어야 하며, 성령의 영감(조명)을 받아 전혀 차원이 다른 영계를 볼 수 있는 안목이 있어야 한다. 성경해석학적으로 말하자면, 문자적, 문법적 해석법과 역사적 해석법 등의 아날로그 방식의 해석은 물론, 신학적, 영적 해석의 디지털 방식으로 다루어야 되며 더욱 중요한 것은 성령의 도우심을 받아야 한다는 점이다.

성경을 가장 건전하게 해석하려면, 성경을 해석하는데 사용되는 연장(tools)을 가지는 것은 물론 이 툴을 능숙하게 다룰 수 있는 숙련된 스킬(skill)이 필요하다, 이 툴이 곧 성경해석학이다. 그리고 무엇보다도 중요한 것은 성경해석은 제멋대로가 아니라 건전한 조직신학적인 체계와 성서신학적인 원리에 맞추어 제작된 툴을 사용해야 한다는 것이다. 그렇지 않을 경우 성경을 풀 수 있는 툴이 맞지 않아 성경을 해석할 수 없게 되거나 억지로 풀어서 엉뚱한 해석의 결과를 가져오게 된다.

물론 성경은 성경으로 해석해야 한다. 그러나 말은 쉽지만 실제로 신학적인 체계가 없는 경우에는 부분적으로 밖에 볼 수가 없기 때문에 외골수로 치우치거나 잘못된 해석의 결과를 초래할 수밖에 없게 된다. 예를 들자면, 원어에 능통한 사람들이 오로지 어원학적 접근(etymological approach)만을 고집하다가 종종 오류를 범하는 경우가 있는데, 그 이유는 신학적인 배경이 약하거나 없기 때문이다. 또한 원어의 의미를 문맥이나 조직신학과 성서신학적인 원리에서 찾아야 하는데 그렇지 못하기 때문이다.

필자에게 기도와 성경에 파묻혀 살다시피 하는 존경하는 동역자가 있다. 총신대학교 신학대학원 동창으로 수십 권의 설교집과 단상을 출간해서 많은 사람들에게 은혜를 끼친 유 중근 목사이다. 필자가 작년에 미국 위클리프대학교의 목회학 박사과정의 태국교회 목사들을 위해 강의를 마치고 한국에 들렀을 때에 유 목사와 성경토론을 한 것이 인연이 되어 그의 예리한 질문을 받아 답변을 쓴 것을 모아 출간하게 된 것이 바로 본서이다.

그리고 이 원고를 정리하고 출판하기까지 노고를 아끼지 않은 유중근 목사님과 본서의 출판을 맡아 본서가 세상에 나오게 한 도서출판 선교횃불 김수곤 사장님께 멀리 미국에서 심심한 사의를 전한다.

그리고 본서의 출간을 위해 기도와 성원을 아끼지 않은 아내와 엘림 선교교회 교우들, 또 미주목회신학연구원 회원 목사님들께 고마운 마음을 전하는 바이다.

2013년 10월 1일

미국 캘리포니아에서 장부영 목사

목 차

〈신약〉

〈부록〉

구약

창세기

[질 문] 1

에덴에서는 가족이 있었고 또 그로 인해 생육과 번영의 복이 있었는데 에덴에서 선악과가 아닌 생명과를 먹었다면 창 1:28의 생육과 번영의 복과 부활의 세계에서 누릴 복의 차이를 어떻게 해석해야 옳을까요?

[답 변]

에덴에서 아담에게 명령하신 복은 말 그대로 생육하고 번성하는 축복입니다. 그런데 "아담이 생명과를 먹었다면 구속적인 복의 완성인 부활체로서의 복과 모순되지 않느냐?"라는 의문이지요? 당연한 말씀입니다. 그러나 여기에는 우리의 눈에 보이지 않고, 들리지 않고, 경험할 수 없는 시차가 존재하기 때문이라는 것을 고려해야 할 것 같습니다. 하나님께서 창조 후 아담에게 생육하고, 번성하고, 땅을 정복하고, 충만하고, 다스리라는 창조적 복을 명하셨습니다. 이때가 바로 인간을 짓자마자 주신 복입니다.

그런데 성경의 문맥을 잘 살펴보면, 선악과와 생명과 둘 중에 어느 것에 먼저 접근하게 되는지의 문제는 생명과가 아니라 선악과라는 것입니다. 시험으로 말하자면 제1차 시험이 곧 선악과에 대한 문제이고, 이 문제에 합격해야 제2차 생명과의 문제를 풀게 되어 있다는 뜻입니다. 그런데 1차 시험에 낙방했습니다. 그 결과 생명과에 접근하는 길이 막혔습니다. 하나님께서 그룹과 두루 도는 화염검으로 그 생명과의 길을 막아놓았기 때문입니다. 그래서 범죄한 인간이 생명과에 접근하는 것이 허락되지 않았습니다. 그 이유는 생명과를 먹고 깨닫고 영생할까 해서입니다(창 3:22).

이 문제는 예수님의 시험의 유추를 통해서 이해가 가능합니다. 둘째 아담이신 예수께서 생명나무로서 인간에게 접근해서 생명의 열매를 주시려면 첫 아담이 제1차 시험에서 사탄에게 시험을 받았던 것 모양으로, 예수께서도 제1차 시험인 사탄의 시험을 받으셨던 것입니다. 이 제1차 시험에서 첫 아담은 낙방했고, 둘째 아담이신 예수께서 승리하셨습니다.

[결론]

문제는 바로 생명과를 먹고 영생하면 예수 믿고 부활해서 영생하는 것과 같은데, 부활 후에는 생육하고 번성하는 축복이 필요 없으니 아담과 하와에게 명하신 생육하고 번성하라는 복과 모순이 되지 않느냐? 라는 질문인 줄 압니다. 이 문제에 관하여 몇 가지 문제 제기를 하는 것으로 결론을 맺으려 합니다.

아담과 하와가 생명과를 먹고 영생하는 것과 우리가 예수를 믿고 부활해서 영생하는 영생이 동일한 것인지? 동일한 것이라면 복에 대한 개념에 문제가 있다는 것입니다. 말하자면, 부활 후에는 천사들과 같이 시집도 가지 않고, 장가도 가지 않는다고 하는데 생육하고 번성하라는 복이 필요하겠느냐? 라는 의문입니다.

만약에 이 두 가지 영생의 개념이 다른 것이라면 이것은 더 큰 문제가 야기될 것이라고 생각합니다.

아담이 생명과를 먹고 영생하는 몸이 된 것과 우리가 부활한 후에 영생하는 몸이 같지 않다면, 과연 생명과를 먹고 영생할 아담의 몸은 어떤 몸인지가 궁금합니다.

만일 이 두 영생의 본질이 같다면 분명히 아담이 선악과와 생명과를 먹기 전에 생육하고 번성할 수 있는 복을 주셨다고 볼 수 있습니다(창 1:26, 28). 만물을 창조하시자마자 아담을 창조하시고 만물을 다스리라는 복을 주셨으니 틀림없이 선악과를 먹기 전, 즉 타락하기 전, 그리고 생명과를 먹기 전에 주신 복이라 생각이 듭니다. 이럴 경우라면 문제의 실마리가 풀린 것입니다. 사실 신비에 싸여 있는 문제이지만.

이는 하나님의 복의 개념이 본질적으로는 같지만 그 과정에 따라 달리 표출되는 것이라고 해석할 수 있습니다. 이러한 의미에서 아담에게 내리신 창조적인 생육의 복은 창조된 인간의 최종 목표인 영생의 길로 가는 과정에서 나타나는 복의 형상화라고 생각합니다.

이는 마치 우리가 예수 그리스도로 말미암아 구원이 완성되었지만, 그 결국의 완전한 성취가 남아 있는 것과 같은 맥락에서 생각하는 것이 좋을 것입니다. 즉 생육하고 번성하는 복은 영생의 한 과정에서 주어진 복으로 어떤 의미에서 본질적으로 영생에 포함된 복이라고 생각할 수 있습니다.

[질 문] 2

인간 타락이 있기 전에 영계 타락이 있었는데, 하나님께서 창조 6일 사역에는 "보시기에 좋았더라…심히 좋았더라" 하시고 안식하셨고, 그 때는 어둠의 그림자가 없었으니 그것이 궁금합니다.

[답 변]

이 질문은 성경에 직설적으로 언급하고 있지 않는 소위 난제 중의 난제입니다. 그러므로 직설적인 답변이 불가능하고 이 문제들과 관련된 성경구절들을 이용하여 추론적 내지 믿음으로 답하는 길밖에는 없습니다. 칼빈의 주장대로라면, 성경이 말하는 데까지 말하고 침묵하는 데서 침묵하며, 성경이 가는 데까지 가고 성경이 멎는 데서 멎어야 되지만, 성경의 전체적인 원리를 벗어나지 않는 범위 내에서 신학적으로 논할 수 있는 것도 목회자와 신학자가 해야 할 일이 아닌가 생각합니다.

우선, 영계의 타락을 논하기 전에 영계의 창조부터 살펴보는 것이 도움이 될 줄로 압니다. 본래 창조라고 할 때에는 유형의 세계와 영계의 세계를 포함하고 있다는 것을 전제로 해야 합니다. 즉 창세기 1장에 기록된 창조역사가 영계의 창조까지 포함하고 있다는 것을 전제로 해야 하나님의 피조물의 단일창조론이 성립되기 때문입니다.

그런데 문제는 창 1:1의 "태초에 하나님이 천지를 창조하시니라"고 하신 이 구절에 대한 해석이 분분하여 여러 견해와 학설들이 생겨나게 된 것입니다. 그러나 여기서는 이 문제에 대한 복잡한 신학적인 문제를 다루기보다는 영계창조에 관하여 간단히 정리하려고 합니다.

영계의 창조는 유형계의 창조(특히 6일 창조)와 함께 천지창조의 프로그램에 포함되어 있다는 사실입니다. 그렇지 않으면 이중창조 내지 복수창조가 됩니다.

창세기 1:1의 "천지를 창조하시니라"라는 말씀에는 유형계(인간을 포함한)의 창조는 물론 영계(천사의 세계)의 창조를 포함하고 있다는 것입니다.

그러나 영계의 창조시기에 관하여는 다양한 견해가 있습니다. 창 1:1의 천지창조의 일부로 포함되었다는 견해, 창 1:2의 땅의 창조 이전에 먼저 영계를 창조했다는 견해, 아니면 6일 창조와 함께 한발 앞서서 창조되었다는 견해, 첫째 날 하늘들의 창조가 완성되었고, 천사들의 창조는 그날 사역의 일부분일 뿐이라는 견해 등등 여러 가지 견해들이 있지만, 성경 어디에도 영계의 창조시기를 직접적으로 정확하게 언급한 곳은 없습니다. 모든 것이 가설과 추측일 뿐입니다.

그러나 다만 일곱째 날 이전에 창조된 것만은 사실인데, 그 이유는 모든 창조가 완성될 때까지 "하나님의 보시기에 좋았더라."라고 했기 때문입니다(창 1:31, cf. 창 2:1; 출 20:11; 욥 38:7, 느 9:6). 그리고 어느 한 순간에 창조된 것이 아니라는 사실은 하나님의 질서가 창조사역에 반영되어야하기 때문입니다(6일 창조와 같이).

다음으로 영계의 타락에 관해서 생각해보겠습니다. 영계의 타락, 특히 천사들의 타락은 성경에 직간접적으로 언급되어 있지만(사 14:12-15; 벧후 2:4; 유 1:6), 그 타락시기에 관해서는 성경에 직접적으로 언급되어 있지 않습니다. 그러므로 성경구절과 원리에 의하여 추리하는 수밖에는 없습니다.

영계 즉 천사의 타락의 정확한 시기는 알 수 없습니다. 여기에도 여러 가지 견해들이 진술되고 있습니다. 창조론 중에서 중건론(reconstruction theory)을 주장하는 사람들은 창 1:1의 천지창조 후, 창 1:2의 땅이 혼돈하고 공허했다는 구절에 근거하여, 일차적으로 타락이 있었는데, 바로 이 제1차 타락이 영계의 천사들의 타락이라 하고, 이로 인하여 공허와 혼동된 상태에서 다시 6일 창조로 완성했다고 합니다. 이에 의거하여 영계의 창조와 세상의 창조 사이에는 엄청난 갭이 있다는 학설(gap theory, interval theory)로 현대과학과 타협을 하려는 견해가 있습니다.

그러나 위의 어느 것에 대해서도 성경은 침묵하고 있습니다. 이유는 우리가 알바가 아니며, 우리의 구원과 신앙생활에 결정적인 역할을 하지 않기 때문입니다. 그럼에도 불구하고 성경원리나 관련이 있는 구절들을 통하여 영계의 타락을 추측할 뿐만 아니라 확신을 가질 수도 있다고 봅니다.

가장 확실한 답은 영계의 타락이 인간의 타락보다 우선한다는 것입니다. 왜냐하면 타락한 천사가 뱀으로 형상화하여 에덴의 아담과 하와를 유혹했기 때문입니다. 뱀이 유혹하기 전까지만 하더라도 인간은 에덴에서 평화로웠습니다. 물론 한시적이며 테스트를 통한 궁극적인 평화와 행복을 누릴 수 있을 때까지 말입니다.

그러면, 영계(천사)의 타락 시점이 언제입니까? “I don’t know, you don’t know, only God knows”입니다. 그러나 대략의 시점을 추리할 수는 있습니다. 우선 창조가 마칠 때까지는 모든 창조가 하나님 보시기에 좋았더라고 했으니, 창조가 온전히 마칠 때까지는 영계나 유형계나 타락이 없었다는 이야기가 됩니다.

[결론]

그런데 인간세계의 타락이 제7일 안식일 후에 어느 시점에 이루어졌다는 것을 감안할 때에 영계의 타락 즉 천사의 타락은 그에 앞서 이루어졌어야 할 것입니다. 그러나 그 정확한 시점을 아무도 모릅니다. 단지 제7일 안식일 후부터 두 세계의 타락이 있었다는 것은 사실이라는 것입니다. 제7일 안식일과 인간의 타락이 일어난 그 사이에 천사의 타락이 있었다고 해야 타당하다는 말입니다. 그 기간에 대해서는 누구도 어떤 이론으로도 말할 수 없는 것은 이것들에 관해서 성경이 굳게 침묵하고 있기 때문입니다. 물론 타락한 마귀가 침입해 들어오기 전에는 에덴에 어둠의 그림자가 없었습니다. 그러나 침입 시기는 알 수가 없습니다.

[질 문] 3

창 1:28과 창 9:1; 창 12:2-3의 복에는 어떤 차이가 있는지요?

[답 변]

창세기에 나타난 복의 개념에 관해서 설명하자면, 두 가지 측면에서 접근해야 합니다. 첫째는 타락 전의 축복(창 1:28)과, 둘째는 타락 후의 축복(창 9:1; 12:2-3)입니다. 결론부터 말하자면 타락 전의 축복은 원초적인 생령인간으로서의 창조적 축복이고, 타락 후의 복은 타락된 인간의 구속적 축복이라고 할 수 있습니다. 그러면 이 두 복 사이의 차이점이 무엇인가가 궁금할 것입니다. 이 문제를 신학적으로 다룰 때에 몇 가지로 생각할 수 있습니다.

타락 전의 복은 생령인간으로서 받는 복으로 죽음을 맛보지 않고 바로 누릴 수 있는 복을 의미합니다. 아담과 하와가 범죄하지 않고 영생하며 누릴 수 있었던 복을 말합니다. 그러나 타락 후에 인간이 받는 복은 죽음과 많은 고난을 전제로 하는 복입니다. 그래서 노아(창 9:1)나 아브라함(창 12:2-3)은 욥의 경우와 같이 수많은 시련과 죽음의 고비를 넘기면서 복을 누렸습니다.

타락 전의 복은 창조적 명령에 의해 주어지는 복이었습니다. 창 1:28에 보면, 창조적으로 명령하신 복으로 (1) 생육의 복, (2) 번성의 복, (3) 충만의 복, (4) 정복의 복, (5) 통치의 복 등으로, 만물의 주인공, 즉 만물의 영장으로서의 인간이 누리는 복을 의미합니다.

전술한 바와 같이 타락 전의 복이 하나님의 창조적 명령을 통한 복이라면, 타락 후에 누릴 수 있는 복은 여호와의 구속적 언약을 통하여 누릴 수 있는 복으로, 전자는 행위계약의 대상이라면 후자는 은혜언약의 대상이 되는 것입니다. 아담에게 명령하신 복이 바로 하나님의 창조적 명령에 의하여 행위계약을 지키는 조건으로 주어지는 복(창 1:28; 참고. 신 28:1)이라면, 타락 후 노아를 비롯하여 아브라함 등의 복은 하나님의 은혜언약을 믿음으로 수납함으로 받을 수 있는 복, 즉 복된 소식인 복음을 의미합니다.

이 복음에는 하나님의 의가 나타나서 믿음으로 믿음에 이르게 하여 기록된 바 이 믿음으로 말미암아 살아나는 복입니다(롬 1:17). 다시 말하면 이 복으로 말미암아 멸망치 않고 영생하는 복을 말합니다.

타락 전의 복을 창조적인 복이라면, 타락 후의 복은 구속적인 복입니다. 그럼에도 불구하고 이 두 복 사이에 근본적인 차이가 있는 것은 아니고, 단지 시차적, 현상적인 차이가 있을 뿐입니다. 즉 질적인 차이가 있는 것이 아니라 성숙과 미숙의 차이뿐입니다. 타락전의 복은 아담이 시험을 통과했더라면, 바로 영생이라는 복으로 이어졌을 것이나, 타락 후에 누리게 될 복은 시련과 죽음을 통과하여 부활이라는 몸이 될 때야 비로소 완전한 복을 누리게 될 것입니다. 그전에는 임시적으로 누리는 육신 인간으로서 누릴 수 있는 복입니다.

좀 더 성서신학적으로 설명하자면, 타락 전의 복은 생령인간이 영생함으로 누리는 복인데, 이 복을 받는데 실패했기 때문에, 구속의 서정(ordo salutis)의 과정을 거쳐 완성되는 복을 바라보게 되는 것입니다. 이 복의 개념과 내용은 계시의존 사색방법에 의해서만 이해할 수 있습니다. 그래서 성경에 보면 이 타락 후의 복은 발전적 계시의 형태로 점점 구체와 되고 신령화 되는 것을 볼 수 있습니다.

이 언약을 통하여 주어지는 구속적인 복은 처음에 원시복음(protogospel) 또는 어머니 언약(maternal promise)의 형태(창 3:15)로 계시된 것이 구체화 되어 노아와의 언약을 거쳐 아브라함과의 언약의 복으로 발전된 것입니다. 이 언약의 복은 급기야 예수 그리스도께 와서 성취되어 마지막 완성을 바라보고 있는 것입니다.

타락 전에 복을 받았다면, 그 복은 실패가 없이 영원하게 될 것입니다. 그러나 실패할 가능성을 내포하고 있는 복이기 때문에 아담에게 그에 대한 테스트를 하게 하신 것입니다. 왜냐하면 인간에게 바로 실패할 수 없는 복을 주시지 않은 것은 인간은 상대성 원리에 의해 창조된 피조물로서의 자유의지를 소유하는 것이 필연적이기 때문입니다. 그래서 에덴동산에서 아담에게 자유의지를 테스트 할 수 있는 기회를 주신 것입니다.

그러나 타락 후에 예수 그리스도를 통하여 죽음을 이기고 시련을 통과한 다음에 누리는 복은 실패할 가능성이 없는 복입니다. 물론, 이 말씀은 영적이며 부활을 전제로 하는 말씀이라는 것을 잊어서는 안 됩니다. 궁극적으로 부활하여 누리는 영생의 복을 말하는데, 이 부활의 몸으로 누리는 영생의 복에까지 이르려면 구원의 서정이라는 단계들을 거쳐야 할 것입니다.

그러므로 현재 육신으로 누리는 복에서부터 영육 간 부활의 몸으로 누리는 완성된 인간의 복에 이르게 됩니다. 이 구속적인 복이 원래의 창조적인 복으로 완성이 될 것입니다.

[결론]

전술한 바와 같이 창 1:28의 축복은 인간이 타락하기 전에 선포된 것이기 때문에, 타락하기 전에 해당되는 창조적인 복으로 인간의 자유의지의 테스트를 거쳐 성공하거나 실패할 수 있다는 조건하에서 생령 인간에게 주어진 축복이며, 창 9:1의 노아의 축복과 창 12:2-3의 아브라함의 축복은 타락한 인간에게 주어지는 구속적인 축복으로 오직 믿음으로 받을 수 있는 복입니다.

창조적인 복은 실패 가능성이 있는 조건하에서 주어진 복이지만, 구속적인 복은 실패 가능성이 없는, 그리스도를 통하여 확정적으로 선포된 복을 의미합니다.

물론 이 말씀은 칼빈주의의 하나님의 절대주권에 의한 불가항력적 은혜와 유효한 은혜를 전제로 한 말씀입니다. 창조적인 복은 생령 인으로서 저주가 없는 땅에서 누릴 수 있는 영생의 복이지만, 구속적인 복은 아직 저주가 완전히 벗겨지지 않은 땅에서 영육 간 부활의 영광의 축복을 바라보며 신앙생활로 누릴 수 있는 복입니다.

[질 문] 4

에덴동산의 타락과 노아 때의 타락의 차이(창 6:2-3)는 무엇이라고 생각하십니까?

[답 변]

우선, 전제 설정에 있어서 아담의 타락과 창 6:3 사이의 분명한 차이를 이해해야 합니다. 아담의 범죄로 타락된 육체와 인간의 혼음으로 타락되었다는 육체의 의미는 다른 것입니다. 그리고 아담의 범죄로 육체가 된 것과 인간의 혼음으로 육체가 되었다(?)는 의미는 상호 관련은 있지만 같은 뜻이 아닙니다.

아담의 경우에는 ① 선악과를 먹음으로(범죄함으로 타락하여), ② 하나님에게 쫓겨나서, ③ 영육이 분리되어 사망에 이르게 된 것입니다. 이때에 분리된 영육이 바로 오늘날 우리의 모습입니다.

노아 시대의 경우에는 ① 하나님의 아들들과 사람의 딸들과의 통혼함으로(범죄함으로 타락하여), ② 하나님의 신(영)이 떠나, ③ 그들의 생존기한에 제한을 가져와서 그 날들을 120년으로 정하시고, 그 후에 홍수로 멸망시킴으로써 더 이상 범죄한 육체적 인간(불경건한 인간)들을 존속하지 못하도록 심판하시겠다는 뜻입니다. 이 경우의 하나님의 아들들은 경건한 자손들(아벨/셋의 후손)을 의미하며, 사람들의 딸들은 하나님을 불신하는 불경건한 사람들(가인의 후손)을 의미합니다. 다른 말로 신자와 불신자들을 의미하는 것입니다.

그러므로 창 6:3의 "육체가 됨이라"(הוּא בָשָׂר)는 말씀은 지금 우리의 육체를 의미하는 것이 아니고, 아담 타락 후 이미 육체가 된 그 육체의 육성(아담 타락으로 이미 육체가 된 육체가 다시 육체가 된다는 것은 어불성설)에 의하여 정욕이 발동하여 성속(하나님의 아들들과 사람의 딸들)을 분간하지 못하고 혼음을 하는 범죄를 저질렀다는 뜻입니다.

그래서 이 "육체가 됨이라"(הוּא בָשָׂר, 후아 바살)이라는 말씀은 육성에 이끌려 타락하고 말았다는 뜻입니다. 그래서 어떤 학자들은 그들이 "범죄에 있어서 육체가 됨이라"라고 번역하기도 합니다(Keil Delitzsch). 다시 말하면, "육성에 끌려 하나님의 아들들과 사람의 딸들이 혼음함으로 더 이상 하나님의 신이 함께 하지 않을 것이며, 그러므로 그 육체의 날들을 120년으로 제한하고, 그 후에는 홍수로 심판하여 그때까지의 육체들을 멸망시키겠다."는 뜻입니다. 그러므로 그 당시 호흡이 있고 기식이 있는 육체들을 모두 쓸어버린 것입니다. 이것은 경건한 하나님의 자녀들을 얻기 위함입니다.

여기에서 예외를 두신 사람들과 짐승들이 있었는데, 그들이 바로 노아의 여덟 식구와 노아에게 이끌려 방주에 들어간 짐승들입니다. 이들은 하나님의 언약에 따라 하나님의 말씀을 믿고 방주에 들어갔기 때문에 살아남은 것인데, 그 이유는 하나님의 은혜언약 때문입니다.

[질 문] 5

창 8:21에 홍수 후 노아의 제사를 받으신 후 "사람의 마음이 계획하는 바가 어려서부터 악함이라" 창 18:21에 "내가 이제 내려가서 그 모든 행한 것이 과연 내게 들린 부르짖음과 같은지 그렇지 않은지 내가 보고 알려 하노라" 창 22:12에 "…내가 이제야 네가 하나님을 경외하는 줄을 아노라" 하신 말씀에서 하나님의 전지성을 어떻게 해석해야 할까요?

[답 변]

이 구절은 하나님의 신격성(Divinity)과 동시에 인격성(humanity)에 관한 이해를 필요로 하는 문제입니다. 하나님의 전지성(全知性)은 하나님의 신성의 차원에서 언급하는 것이고 인간과의 대화를 한다는 것은 하나님의 인격성(人格性)의 차원에서 하시는 말씀입니다.

그러므로 "사람의 마음이 계획하는 바가 어려서부터 악한 것을 아시는 것" 또는 "내가 이제 내려가서 그 모든 행한 것이 과연 내게 들린 부르짖음과 같은지 그렇지 않은지 내가 보고 알려 하노라"(창 18:21)라고 한 것, 그리고 "내가 이제야 네가 하나님을 경외하는 줄을 아노라"라고 하신 말씀들은 하나님께서 그의 인격을 통하여 인격을 가진 인간과 교통하시는 언어 방식입니다.

하나님은 영이시기 때문에 특히 거룩하신 분이시기 때문에 죄인인 인간이 볼 수도, 만나서 대면할 수도 없습니다. 만일 하나님을 본다면, 하나님의 은총이 내리시기 전에는 그 자리에서 죽습니다. 이는 하나님의 거룩한 권위 때문입니다. 예를 들면 옛날 권위가 있는 왕이 부르지도 않았는데 어전(御前)에 나갈 때에 왕이 은총을 상징하는 홀(笏)을 내밀어야 살 수 있는 것과 같은 이치입니다(에 4:11; 4:13; 5:2; 8:4).

이와 같이 하나님은 절대권위를 가지신 거룩하신 분이시기 때문에 신의 모습으로 죄인인 인간과 직접 만나실 수가 없습니다. 그러므로 인간을 구원하시기 위하여 인간을 만나 교통하시는 것이 필요하기 때문에 하나님께서는 인간의 모습으로 현현하시게 되는 것입니다. 영이신 하나님께서 세상에서 인간을 만나시기 위하여 인간의 모습으로 나타나시게 되는데 이것을 신학적인 전문용어로 신인동형론(anthropomorphism)으로 의인화(personification)하셨다고 말합니다.

이렇게 인간의 모습으로 세상에 오셔야 인간을 만나 교통(communication)을 할 수가 있기 때문입니다. 그래서 구약시대에는 하나님께서 인간의 모습을 한 천사로서 아브라함을 비롯하여 믿음의 조상들을 만나 대화를 하신 것을 볼 수 있습니다.

신약시대에 하나님께서 직접 사람의 모습으로 나타나신 분이 바로 예수 그리스도의 성육신(incarnation)입니다. 하나님께서 육신이 되어 인간에게 오신 예수 그리스도와 인간이 교제하며 대화를 할 수 있었던 것입니다.

그러므로 인간의 모습으로 나타나신 예수께서는 인간의 생각과 지식과 정서 등을 통하여 인간에게 말씀하시고 감정을 표현하시여 후천적 지식을 가진 인간과 같이 말씀하시는 것을 알 수 있습니다. 그럼에도 불구하고 예수께서는 때에 따라 하나님이시기 때문에 인간의 마음을 알아서 미리 제자들에게 말씀하시는 것을 볼 수 있고 미래에 대하여 일예로 자신을 잡으러오는 무리들을 언급하시는 것을 볼 수 있는데 이것이 바로 하나님이신 예수님의 신성으로서의 전지성(全知性)을 의미하는 것입니다.

하나님은 절대적인 신성뿐만 아니라 절대적인 인성을 가지고 계시기 때문에 절대 신이시면서 인간이 되실 수 있는 것입니다. 하나님께서 마치 몰랐다가 이제야 아신 것 같이 말씀하신 이와 같은 표현은 인간적인 차원에서 표현하시는 말씀입니다. 인간적인 차원에서 인간과 같이 말씀하시려니 인간의 눈높이의 방식을 사용하셔야하기 때문에 인간의 지식수준에서 말씀하시게 되는 것입니다.

인간에게는 선천적 지식, 이것은 오히려 지혜 또는 직관적 지식(a priori knowledge)을 말합니다. 그러나 인간이 확실히 알고 이해할 수 있는 지식은 배워야 알 수 있는 후천적 지식(posteriori knowledge) 다시 말하면 경험적 지식(empirical knowledge)을 통하여 가능한데 이 후천적인 지식인 인간의 지식수준에 맞추신 것입니다.

그래서 하나님께서 인간이 패역하여 세상이 죄악으로 관영할 때에 "사람 지으신 것을 한탄하셨다"고까지 하셨습니다(창 6:1-7). 하나님께서 이렇게 될 것을 왜 몰랐겠습니까? 이것은 인간과의 소통을 위한 인간의 언어로 표현하신 것입니다. 인간이 이해하고 인간과 같은 감정으로 동감할 수 있는 언어의 방식으로 하신 말씀입니다.

[결론]

언급한 것과 같이 하나님께서 가끔 몰랐다가 나중에야 아셨다는 듯이 말씀하신 것은 인간과의 대화방식을 사용하셨기 때문입니다. 신으로서의 하나님께서 인간에게 나타나서 영으로 말씀하신다면 인간으로서는 이해가 불가능합니다. 그러므로 인간세계에서의 대화는 인간의 눈높이에 맞는 대화가 필요합니다.

말도 잘 못하는 어린아이나 정서가 다른 세대들과의 소통을 위해서는 그들의 눈높이에 맞춘 언어방식으로 말해야 하는 것과 같이 하나님께서도 인간의 이해와 정서의 눈높이에 맞추어 말씀해야 이해를 할 수 있기 때문입니다. 하나님께서는 신적인 차원에서 말씀하실 때에는 절대적 지식을 가지신 전지하신 분이시며 인적인 차원에서 말씀하실 때에는 인간적인 지식의 수준에서 말씀하신다는 대화의 원리를 말하는 것입니다.

[질 문] 6

하나님께서 노아에게 "그들의 날은 백이십 년이 되리라"(창 6:3) 하신 말씀은 무엇을 뜻하는 것인지요? 창 5:32에는 노아 500세에 세 아들을 두었고, 창 6:18-20에는 노아의 부부와 세 아들들의 부부가 나오는데 이때는 방주를 짓기 전에 당부한 말씀으로 창 7:6에는 노아 600세에 방주에 들어갔고, 창 11:10에는 셈이 100세 곧 홍수 후 이년에 아르박삿을 낳았다고 하는 말씀이 있습니다. 그렇다면 방주를 건축한 년대가 120년이 아님을 알 수 있습니다.

[답 변]

120년이 노아가 방주를 지었던 기간이라는 직접적인 언급은 없으나 간접적인 언급은 있습니다. 벧전 3:20에 보면 "방주를 준비할 동안"이라고 했는데, 이 기간이 "하나님께서 오래 참으셨다"는 바로 유예기간이 된다고 말할 수 있기 때문입니다. 창세기 본문을 잘 읽어보면, 120년에 대한 의미를 알 수 있습니다.

하나님의 아들들(셋의 경건한 후손)이 사람의 딸들(가인의 불경건한 후손)과 혼음을 함으로 하나님의 신이 하나님의 아들들에게서 떠났다고 했습니다. 하나님의 신이 떠난다는 것은 생명이 없어진다는 뜻입니다. 다시 말하면 육체가 되므로 죽어 수명이 다해진다는 뜻입니다.

그러나 그날을 120년으로 한정했는데, 이것은 그 당시의 인간의 남은 수명을 120년으로 제한시킨 것인데, 이는 하나님의 신이 떠나면 즉시 심판받아 죽어야 하지만, 유예기간으로 120년(Respite of 120 years)을 주셨다는 뜻입니다.

이 120년은(노아가 방주를 지은 기간은 얼마 걸렸는지 정확하게 알 수 없고), 다만 하나님의 신이 떠나고, 심판하실 것을 선언하시면서 바로 심판을 결행하시는 것이 아니라 인간에게 회개할 수 있는 유예기간(예를 들면, 어떤 법규를 새로 만들면 즉시 시행하여 벌하는 것이 아니라 1개월 혹은 3개월 등의 유예기간을 주는 것과 같이)으로 주신 것을 의미합니다. 이 유예기간이 120년입니다. 이것은 그 후 계속되는 인간의 수명이 아니라, 하나님의 심판선언에서부터 홍수심판 때까지의 기간을 말합니다.

그 심판을 선언 받은 인간이 그때로부터 120년의 수명밖에 못산다는 뜻으로 홍수심판으로 수명을 다한다는 뜻입니다. 물론, 그 선언이 있자마자 출생한 사람의 수명은 120세가 되겠지만, 이미 살고 있는 사람들의 수명은 그 당시 나이에 plus 알파(α)로 120년을 더해서 계산이 되겠지요. 120년은 그 이후 오늘날까지 인간의 수명을 말하는 것이 아닙니다. 성경에는 그 이후에도 수백 세를 산 사람들이 많이 있었습니다(창 11장). 심지어는 우리나라의 김수로 왕도 157세를 살았습니다.

그렇다면, 하나님께서 노아에게 방주를 지으라고 명령하신 때를 노아의 나이 500 세로 본다면, 홍수 나던 해인 노아 나이 600세까지 그 유예기간이 100년밖에는 안되지 않느냐? 라는 것입니다(Tuch, Colenso, and others). 그러나 본문에서 성서역사가(연대기편자)는 하나님께서 노아가 500세에 홍수심판을 결심하셨다 거나 선언하셨다고 주장하고 있지 않습니다. 이는 그 이전에 했을 수도 있다는 말씀입니다.

그러므로 창세기 본문의 문맥으로 보아, 노아가 하나님의 심판 선언을 전달받아(벧후 1:5) 세상에 전한 해가 그의 나이 480세라고 보는 것이 합리적인 것으로, 노아의 나이 600세까지 120년이 된다는 것을 의미합니다(Keil & Delitzsch).

[결론]

아무튼 120년이란 홍수 이후의 인간의 수명이나 또는 인간의 평균 수명도 아닙니다. 이는 오늘날에는 해당되지 않는, 바로 그 당시 사람들에게 국한된 남은 수명을 의미합니다. 다시 말하자면, 하나님께서 홍수심판을 결심하시고 선언하신 후, 120년이 지나면 세상을 심판하셔서 그 당시 모든 사람들을 지면에서 쓸어버리시겠다는 경고의 말씀입니다.

창세기 본문의 문맥으로 보아 그 120년이라는 기간에 대해서, 120년은 하나님의 신이 떠난 후, 홍수심판까지의 기간입니다. 120년은 하나님께서 그 당시 육체 인간에게 회개의 기회로 주신 기간입니다. 120년은 노아의 때의 순종치 않던 사람들에게 대한 언급입니다(벧전 3:19). 120년은 하나님께서 오래 참으시던 바로 그 기간입니다. 120년은 엄밀하게 말해서 인간의 수명이 아니라 유예기간을 의미합니다.

[질 문] 7

창 7:20에는 "십오 규빗이나 오르니 산들이 잠긴지라" 하였는데 이는 가장 높은 산꼭대기에서 십오 규빗을 뜻하는 것인지요?

[답 변]

질문하신 문제는 아주 쉬운 것 같지만 상당히 복잡한 난제입니다. 이와 같이 성경말씀 중에 똑 떨어지게 정확한 설명으로 언급을 해주지 않는 부분들이 많기 때문인데, 이것도 난제들 중에 하나라고 할 수 있습니다. 이 문제에 대한 해답들을 연구하면 할수록 어렵고 복잡하게 전개됩니다. 가장 단순하게 정답으로 말하는 예는 "산들의 정상으로부터 15규빗(약 22자) 정도 물이 불어나서 산을 덮었다"고 합니다.

그러나 여기에도 많은 의혹들을 제기하고 있기 때문에 여러 가지 경우들을 살펴보고 결론을 내려야 할 것 같습니다. 여기서 산들의 정상들(봉우리들)은 어느 산의 봉우리들인지도 분명치 않습니다. 추측으로 세상이 모두 물에 잠겼으니 가장 높은 산에서 15규빗 높이로 잠겼다고 봅니다.

대개는 그 정상이 방주가 마지막으로 정박했던 아라랏 산일 것이라고들 추측을 하고는 있지만, 여기에도 심각한 난관이 있습니다. 왜냐하면, 노아의 Ararat산의 높이를 살펴보면 약 16,000 피트(16,916 피트)인데 비하여, 세계에서 제일 높다는 Himalaya 산이나 또 Cordilleras 산의 높이는 무려 26,840 피트가 되기 때문입니다. 만약에 이 산들을 제외시킨다면 홍수가 우주적인 것이 아니라는 잘못된 결론에 이르기 때문입니다.

이에 대하여 Beacon 주석은 다음과 같이 설명하고 있습니다.

홍수의 물이 위쪽으로(upward) 15규빗, 즉 22.5자가 불어났지만, 그 측정이 가장 높은 산으로부터 수면을 말하고 있는지, 아니면 어떤 다른 기점으로부터인지에 대하여 말하고 있지 않다고 합니다.

Lange는 다음과 같이 주석하고 있습니다. 물이 15규빗의 증가로 높은 산들이 덮였다는 것을 문자적으로 본다고 하더라도 산들의 높이가 제각기 다르기 때문에 동감할 수 없고, 홍수가 지구상의 가장 높은 산들 위로 15규빗을 덮었다고도 할 수 없다는 것입니다.

그러나 잘 알 수는 없지만, 노아가 지구상에 있는 가장 높은 산 위를 거의 직접적으로 항해할 수는 없기 때문에, 이 명시된 계산은 스스로가 한 것이거나, 아니면 하나님의 진정한 계시와는 별로 부합하지 않는 생각인 직접적인 계시를 통하여 후대의 어떤 사람에게 주어졌을 것이라고 합니다.

그러므로 노아의 홍수가 지구의 모든 산들의 정상에 올랐다는 서사적인 상징적(epic-symbolical) 견해로 방주가 정박한 산에 대한 모종의 언급에 의하여 표시된 측정을 노아가 알았다는 전통과 연관되어 있다고 생각한다는 것입니다.

방주가 약 15규빗 물에 잠겼기 때문에, 홍수가 날 때에 아라랏 산에 처음으로 정박한 것에 측정의 근거를 둔 것이라고 합니다(Knobel).

Barnes' Notes에는 다음과 같이 언급되어 있습니다. 만일 물이 산들 위로 15규빗(방주의 높이의 절반)이 불었다는 것이, ① 방주의 대략적인 설계이었거나 ② 물에 잠긴 방주의 깊이로 표시된 것이거나 ③ 방주가 최종적으로 정박한 아라랏 산의 높이에 따라 계산된 것이 틀림없다면, 이 주장은 합리적인 것이라는 것입니다.

그러나 반론도 만만찮게 계속됩니다. ① 아라랏 산의 높이가 16,916 피트인 반면에 히말라야 산의 높이는 약 29,000피트나 되고, 다른 산들도 아라랏 산의 높이를 능가하는데, 어떻게 아라랏 산이 잠긴다고 해서 이 산들의 정상이 잠길 수 있느냐는 것입니다. ② 이 문제의 해결을 위해서 아라랏 산의 정상을 능가하는 다른 산들의 정상이 모세 당시나 홍수시대의 사람들에게 잘 알려지지 않았고, 그들이 알고 있는 산들의 정상들은 모두 물에 잠겼다는 것입니다. ③ 어떤 경우에 전 지구상에 관련된 이러한 산들의 정상들은 지구상에 몇몇에 불과할 뿐이고 고대인들에게 무시될 정도로 제한되어 있었을 것이라는 것입니다.

Keil & Delitzsch는 다음과 같이 주석하고 있습니다. 산들 위로 15 규빗의 물이 불어났다는 것은 아마도 방주가 물속에 15규빗 잠겼다는 것에 근거하는 것이라고 합니다. 홍수 물이 빠졌을 때, 자연적으로 가장 높은 곳으로부터 물이 빠지므로 방주가 아라랏 산 정상에 정박했다는 것에 근거하고 있다는 것입니다.

Perrot에 따르면 아라랏 산은 16,254 피트인 반면에, 히말리야 산은 26,840 피트이기 때문에, 이 산이 잠긴다는 것은 불가능하다는 것입니다. 창 7:19의 기사는 신 2:25과 4:19에서와 같이 노아 홍수를 우주적으로 적용할 수 없는 것으로, 다만 수사적 표현으로 간주될 것이라고 합니다. 그러나 아라랏 산보다도 더 높은 이 정상들이 물에 잠기지 아니했다고 하더라도, 홍수를 단순히 국지적인 것으로 선언할 수 없고, 세상의 모든 곳에까지 확대된 우주적인 것으로 간주해야 할 것인데, 왜냐하면 물에 잠기지 않은 몇몇 정상들이 물에 잠긴 표면과 비교하여 보이지 않는 정상들에까지 가라앉았을 뿐만 아니라, 영구적인 눈과 빙하로 덮여 있는 산들 위에서 존재할 수 있는 것이 없다는 단순한 이유 때문에 언급할 필요조차도 없는 것이라고 합니다.

이제 여러 학설들을 정리하여 결론을 내려야 할 것 같습니다. 위로 (upward) 15규빗의 물이 불어났지만 그 기점이 어딘지 모른다 (Beacon). 방주가 정박한 산으로부터의 측정을 노아가 알고 있었다는 전통에 의해 서사적 상징적인 견해로 간주한다(Lange). 물이 산들 위로 15규빗 불었다는 것이 사실이라는 개연성이 있다(Barnes' Notes). 홍수가 우주적인 것이기 때문에 수사적 표현으로 보아야 한다(Keil & Delitzsch).

[평가]

위의 학설들에 대한 간단한 평가를 해야 할 것 같습니다.

Beacon 주석의 이론은 건전한 것이나, 모두가 알고 싶어 하는 것인 그 기점을 모른다고 하기 때문에 일부 미해결문제로 남아 있게 됩니다.

Lange의 해석은 성경기사를 노아 개인의 전통에 대한 지식에 의존하고 있기 때문에 성경의 절대적인 권위에 의구심을 갖게 합니다.

홍수의 물이 산들 위로 15규빗이 불었다는 사실의 개연성을 조건부로 인정하고 있는 Barnes' Notes의 해석에도 반론들이 제기되고는 있지만, 할 수 있는 한 객관적이며 과학적인 근거에 초점을 맞추려고 노력한 흔적이 보입니다.

홍수가 우주적인 것을 전제로 부분적인 문제점에 대해서는 수사적 표현으로 간주하려는 Keil & Deltzsch의 견해는 성서의 문자적 표현을 경하게 여기는 면이 있습니다.

[결론]

간단히 결론을 내리자면, 성경에 대한 절대 권위를 전제로 하고 문제들을 풀어나가야 할 것입니다. 성경기록이 일반 기사들과는 달리 과학적인 방법을 초월하고 있다는 사실을 잊지 말아야 합니다. 그렇게 하기 위해서는 몇 가지 원칙을 고수해야 할 것입니다.

우선 문자적이며 역사적이며 과학적인 사실에 근거하고 성경말씀의 내용을 풀어나가야 합니다. 하나님의 말씀이라고 해도 인간의 언어에 의하여 과학적으로 기록되었기 때문에 우선 문법적으로 이해하되 그 의미를 정확하게 파악해야 합니다.

그럼에도 불구하고 성경의 내용이 인간의 언어에 제한을 받을 수는 없는 것으로 도리어 인간의 언어를 초월한 메시지의 내용을 담고 있는 것이라는 사실을 잊지 말아야 합니다. 이러한 면에서 성경기록은 문자적이며 역사적이며 과학적이면서도 이것들을 초월하는 하나님의 영의 언어임을 명심해야 할 것입니다. 비록 노아의 홍수이야기가 과학적으로 검증될 수 없는 것이라고 해도 부정할 수는 없는 것입니다. 오히려 비과학적인 것 같은 기록들은 전능하신 하나님의 능력을 나타내는 기적들이 될 것입니다. 예를 들어 홍해바다의 갈라짐이 과학적으로만 생각해서 달의 인력에 의한 '진도' 앞바다의 사건과 동일하게 볼 수 없는 것이, 물이 갈라져서 양쪽에 벽이 된 사실만 보더라도 하나님의 초자연적인 능력에 의하여 일어난 기적임에 틀림없다는 사실입니다.

성경은 과학적인 검증을 목적으로 세세한 부분까지 설명을 하지 않습니다. 그러므로 과학적으로 이해되는 것은 그대로 인정하고 비과학적인 사건들 즉 동정녀 탄생이나 예수께서 물위를 걸으신 사건과 같은 것들은 하나님의 기적으로 믿어야 합니다.

그러므로 성경을 이해하기 위해서 과학적인 방법에 의지할 것이 아니라, 성경말씀 자체에 의지해서 성경은 성경으로 풀어나가야 할 것입니다. 이러한 의미에서 노아 홍수에 대한 질문을 과학적으로, 논리적으로만 풀어나가게 되면 그 의구심이 한도 끝도 없이 전개되는 것이 성경이기 때문에 본문중심으로 분석해서 이해하는 것이 좋을 듯합니다.

우선 질문하신 본문을 보겠습니다. "물이 불어서 십오 규빗이나 오르니 산들이 잠긴지라"(창 7:20). 여기에서 십오 규빗에 대하여 어떤 학자는 배 높이가 30 규빗인데 그 중에 물에 잠긴 부분이 15규빗이라고 합니다. 이 해석에는 난관이 있습니다. 왜냐 하면 산 정상이 아니라도 홍수가 나서 물이 불면 배는 자연히 잠길 만큼 잠기게 되기 때문입니다. 그러므로 이 문제를 풀기 위해서는 바로 전 구절을 살펴보아야 합니다.

창 7:19을 보겠습니다. "물이 땅에 더욱 넘치매 천하에 높은 산이 다 잠겼더니." 이 말씀을 보면 땅에 이미 물이 넘쳐서 천하의 높은 산이 다 덮였다고 했습니다. 이것은 무엇을 의미합니까? 이미 천하에 높은 산들이 다 덮였다는 것입니다. 물론 얼마만큼 덮였는지는 모릅니다. 산 정상에까지 찰랑찰랑 덮였는지, 아니면 얼마나 더 많이 덮였는지는 몰라도, 아무튼 그 수준에서부터 물이 불어서 배가 떠다닐 만큼, 즉 배가 최소한 좌초되지 않을 정도로 홍수로 덮였다고 보아야 할 것입니다.

이것이 사실이라면, 15규빗의 깊이는 배의 높이의 절반인 15규빗에 해당되는 것으로 타당성이 있다고 봅니다. 그 기점이 높은 산 바로 그 꼭대기인지, 아니면 그보다 더 많이 덮인 수면으로부터 15규빗이 되는지는 성경이 언급하고 있지 않기 때문에 알 수 없으나 분명한 것은, 15규빗의 깊이가 배의 깊이(30규빗)의 절반임에는 틀림이 없는 듯합니다.

물론 방주가 잠기는 부분이 15규빗인지도 알 수 없습니다. 그러나 얼마가 잠기게 되든지 간에 15규빗 이상의 물이 더 불어야 방주가 좌초되지 않을 것으로 봅니다.

이 문제에 대한 해답에 좀 더 근접하게 번역을 하고 있는 성경이 바로 새국제번역(NIV)입니다. 이 번역을 보면, 창 7:19, "They rose greatly on the earth, and all the high mountains under the entire heavens were covered." 창 7:20, "The waters rose and covered the mountains to a depth of more than twenty feet."인데, 특히 7:20에서 20피트(약 15규빗) 이상의 깊이로 산들을 덮었다고 했습니다. 이 해석으로 추리해본다면, 산 정상에서부터 불어난 수면의 깊이가 15규빗이 된다는 계산입니다.

여기에서 모든 주석가들이 동일하게 일치하는 점이 물이 바로 위로 불어났다(מִלְמַעְלָה)는 것과 그 기점이 높은 산 정상이라는 것으로만 말하고 있을 뿐입니다. 그러나 그 이상의 기점에 관해서는 언급하지 않고 있다는 사실에 주목해야 합니다. 지금까지 살펴본 결과, 물이 15규빗 위로 불어났다는 의미는 아래와 같이 결론을 내릴 수 있을 것입니다.

간단히 요약하면, ① 가장 높은 산 정상에서부터 15규빗의 물이 불었거나, ② 얼마인지는 몰라도 산을 덮은 물의 수면에서부터 15규빗의 물이 불어나서 배가 좌초되지 않고 떠다닐 정도로 온 지상의 산들이 모두 잠겼다고 보아야 우주적인 홍수의 기사로 믿을 수 있을 것입니다. 부연해서 말씀 드리면 그때에 일어난 지각 변동으로 땅이 내려가고 또 솟아올랐다고 할 수 있습니다.

[질 문] 8

노아 이전에 육식이 없었다고 보아야 옳은지요? 만일 없었다면 아벨이 가축

을 했다는 것은 어떻게 보아야 할까요? 또 "아다는 야발을 낳았으니 그는 장막에 거주하며 가축을 치는 자의 조상이 되었고"(창 4:20)라고 했습니다.

[답 변]

질문하신 노아 홍수 이전에 육식이 있었느냐? 없었느냐? 하는 문제에 대한 답변은 성경에서 직설3적으로 말씀하고 있지 않습니다. 다만 육식에 관한 몇몇 성경구절들을 근거로 하고 신학적으로, 즉 구속론적으로 접근하는 것이 좋을 것 같습니다. 아벨이 양을 쳐서 제물로 드린 것(창 4:2-4)을 보면, 노아 홍수 후에 하나님께서 산 동물을 식물로 주신 것(창 9:3-4)이 처음이라고 할 수 있겠느냐? 하는 것이 문제인줄 압니다.

그러나 엄밀히 말하자면, 노아 홍수 후에 하나님께서 산 동물을 식물로 주노라고 하신 것이 육식을 처음으로 허용하시는 것이라는 정확한 언급이 없는 것에 주목하는 것이 좋을 것 같습니다. 또 아벨이 양을 쳐서 제물로 드린 것을 보면 오직 제물만을 위해 양을 쳤을까 하는 것입니다.

본문에는 언급이 없기 때문에 추측으로 생각하여 육식을 위하여 양을 쳤을 수도 있지 않겠느냐? 라는 것입니다. 물론 양의 젖을 위해서 양을 쳤을 수도 있겠으나 더 이상 정확한 답변을 할 수가 없다고 봅니다.

그래서 여러 학자들이 제 각기 추측으로 이 문제에 답변을 하고 있습니다. 학자들마다 나름대로의 추측의 근거들을 제시하고 있지만, 모두가 성경에 정확하게 언급하고 있지 않기 때문에 학자들 마다 다양한 견해를 나타내는 것입니다.

어떤 학자들에 의하면 노아 홍수로 말미암아 땅이 황폐해진 결과 필요한 식물이 부족하게 되자, 비로소 육식이 허용되었다고 합니다(Rosenmuller, Clarke, Kalisch).

또 육식이 처음부터 허용되었으나 인간의 신체 구조상 채식이 적합하였으므로 스스로 먹지 않았을 뿐이다. 그러나 홍수 후 연약해진 신체의 변화로 인해 육식이 필요하게 된 것이라고 합니다(Pererius, Aquinas, Luther). 인간이 타락 전에도 육식이 허용되었으나 여기서 그 허가가 새롭게 갱신된 것(renewal)이라고도 합니다(Calvin, Bush, Lange). 사실은 인간의 필요에 의해 이것이 공식적으로 허용되었다는 것인데, 이 이론은 위의 이론과 흡사한 내용입니다(Keil, Alford).

노아 홍수 후, 인간에게 산 동물을 식물(食物)로 허락하실 때에, 이것이 전에는 육식을 하지 않았는데 이제 처음으로 육식을 허락하신다는 성경말씀이 없다는 점입니다. 그러므로 간단하게 결론을 내리자면, 다음과 같이 정리하는 것이 좋을 것 같습니다.

인간의 식물(食物)을 위하여 하나님께서 육식(肉食)을 허락하시는 것에 초점을 맞추어 생각한다면, 노아 홍수 이전인 아벨 시대에도 불문율(不文律)로 육식이 허용되어 있었던 것이, 노아 홍수 직후 하나님의 언약에 따라 말씀(言語)으로 허락하시고, 모세 시대에 와서는 완전히 성문율(成文律)로 허락하신 것이라고 봅니다(출 22:31; 레 22:8).

구속론적으로 접근할 때에, 하나님께 속죄의 제물로 드리는 것이 중요하며, 이때에 속죄 제물로 드린 양을 인간에게 허락하므로 하나님의 속죄에 대한 응답으로, 노아 홍수 이전, 즉 아벨의 경우에도 해당되는 것이라고 봅니다. 그래서 아벨의 경우나 노아의 경우가 똑같이 짐승 제물의 "피에 대한 속죄의 개념"을 부가한 것이라고 봅니다(창

9:4-6; 히 9:12-15). 두 경우 모두 육식이 가능하다는 결론입니다.

그러므로 아벨의 경우에는 육식에 대한 언급이 없지만, 아벨이 드린 제사와 제물에 관하여 후대에 주신 율법에 의거해보면 육식이 가능하였을 것이라고 봅니다.

노아의 경우에는 하나님께서 육식에 대한 직접적인 언급과 더불어 피에 대한 특별한 의미와 구속적인 의미를 부여하고 있는 것을 볼 수 있습니다(히 9:3-6).

[결론]

간단히 결론을 내리자면, 성경에 언급한 말씀의 문맥이나 배경으로 보아 아벨의 경우와 노아의 경우 모두 육식을 했을 것이라고 생각합니다. 산 동물, 주로 양과 같은 짐승을 키워서 하나님께 제물로 드리고, 다음으로 인간에게 거룩한 식물로 허락하신 것이라고 생각합니다.

율법이 있기 전에도 율법의 제사와 같은 제사가 있었던 것같이, 노아 홍수 후에 산 동물을 식물로 주시기 전에도 아벨의 경우와 같이, 짐승을 제물로 드리고, 그 제물을 식물로 삼았으리라고 보는 것이 타당하다고 생각합니다. 그러므로 노아 홍수 이전에도 아벨의 경우와 같이 양과 같은 짐승을 잡아 육식으로 사용했을 것이라고 봅니다.

[질 문] 9

창세기 6장 2절에 언급된 "육체가 됨이라" 라는 말씀은 무슨 뜻입니까?

[답 변]

우선, 전제 설정에 있어서 아담의 타락과 창 6:3 사이의 분명한 차이를 이해해야 합니다. 아담의 범죄로 타락된 육체와 인간의 혼음으로 타락되었다는 육체의 의미는 다른 것입니다. 그리고 아담의 범죄로 육체가 된 것과 인간의 혼음으로 육체가 되었다(?)는 의미는 상호 관련은 있지만 같은 뜻이 아닙니다.

아담의 경우에는 선악과를 먹음으로(범죄함으로 타락하여), 하나님께로부터 쫓겨나서 영육이 분리되어 사망에 이르게 된 것입니다. 이때에 분리된 영육이 바로 오늘날 우리의 모습입니다. 우리 모든 사람들의 타락된 모습입니다.

노아시대의 경우에는 하나님의 아들들과 사람의 딸들과의 통혼함으로(범죄함으로 타락하여) 하나님의 신(영)이 떠나, 그들의 생존 기한에 제한을 두어 그 날들을 120년으로 정하시고(물론 이 말씀은 홍수심판 때까지의 기한을 의미합니다), 그 후에 홍수로 멸망시킴으로써, 더 이상 범죄 한 육체 인간(불경건한 인간)들을 존속하지 못하도록 심판하시겠다는 뜻입니다. 이 경우의 하나님의 아들들은 경건한 자손들(아벨/셋의 후손)을 의미하며, 사람들의 딸들은 하나님을 불신하는 불경건한 사람들(가인의 후손)을 의미합니다. 즉 오늘날로 말하자면, 신자와 불신자들을 의미하는 것입니다.

그럼으로, 창 6:3의 "육신이 됨이라"는 말씀은 지금 우리의 육신을 의미하는 것이 아니고, 아담 타락 후 이미 육신이 된 그 육체의 육성(아담 타락으로 이미 육신이 된 육체가 다시 육체가 된다는 것은 어불성설)에 의하여 정욕이 발동하여 성속(하나님의 아들들과 사람의 딸들)을 분간하지 못하고 혼음을 하는 범죄를 저질렀다는 뜻입니다.

그래서 이 "육신이 됨이라"(הֻוא בָשָׂר, 후아 바살)라는 말씀은 육성에 이끌려 타락하고 말았다는 뜻입니다. 여기서 "육신"으로 번역된 원문은 히브리어로 '바살' 이고, 헬라어로는 '쏘마' (σώμα)가 아니라 '쌀카스' (σαρκάς, LXX)입니다. 즉 육신의 "몸"이 아니고 육신의 "육성" (σαρξ)을 의미합니다. 그래서 어떤 학자들은 그들이 "범죄에 있어서 육신이 됨이라"라고 번역하기도 합니다(Keil, Delitzsch). 다시 말하면, "육성에 끌려 하나님의 아들들과 사람의 딸들이 혼음함으로 더 이상 하나님의 신이 함께 하시 않을 것이며, 그러므로 육신의 날들을 120년으로 제한하고, 그 후에는 홍수로 심판하여 그때까지의 육신을 멸망시키겠다."는 뜻입니다. 그러므로 그 당시 호흡이 있고 기식이 있는 모든 육신들을 홍수로 모두 쓸어버리신 것입니다. 이것은 경건한 하나님의 자녀들을 얻기 위함입니다.

여기에서 예외를 두신 사람들과 짐승들이 있었는데, 그들이 바로 노아의 여덟 식구와 노아의 방주에 들어간 정결한 짐승들입니다. 여기의 짐승들은 기식 있고 호흡을 할 뿐만 아니라, 노아에게 이끌려 인간의 구속의 영향을 받은(롬 8:19-22) 정결한 짐승들입니다.

이들은 하나님의 언약에 따라 하나님의 말씀을 믿고 방주에 들어갔기 때문에 살아남은 것인데, 그 이유는 하나님의 은혜언약 때문입니다. 이렇게 함으로 하나님의 인간 창조는 처음부터 실패하지 아니하셨다는 것이 확증된 셈입니다.

[질 문] 10

계 9:14-15에 결박된 네 천사를 년 월 일 시에 풀어놓아 사람 삼분의 일을 죽이게 하신다고 하였고, 유다서(6절)에는 자기 처소를 지키지 않은 천사를 큰 날의 심판까지 결박하여 가두었다 하였는데

1) 타락한 천사를 마귀로 보아야 하는지?

2) 결박된 천사와 관계없이 에덴에서 타락한 후 오늘까지 인간을 유혹하여 멸망 받게 하는 마귀를 어떻게 해석해야 하는지? (주님께 마귀가 나타나 시험하신 일 등)

3) 자기 처소를 이탈한 천사의 타락을 인간 타락과 동시로 보아야 하는지? 그 전으로 보아야 하는지? 히 1:14에 보면 천사는 부리는 영으로 구원 얻을 후사를 위한 수호신인데.

[답 변]

점점 더욱 답변하기가 어려운 문제들을 제기하고 있습니다. 특별히 예언서, 그 중에서도 요한계시록에 대한 해석은 칼빈도 손을 들고 말지 않았습니까? 그럼에도 불구하고 하나님께서는 어느 정도 우리가 이해할 수 있으니까 주신 말씀이라고 생각합니다.

그러나 나는 주님의 소계시록과 다니엘과 스가랴 그리고 요한 계시록을 중심으로 선교학적인 차원에서 특별히 연구를 했는데도 결론은 "잘 모르겠다." 라는 것입니다. 왜냐하면, 계시록 같은 것은 수없는 해석학의 도구(tools)를 가지고도 다 설명할 수 없는 부분이기 때문입니다.

더구나 계시록은 물리적인 세계와 영적인 세계가 절묘하게 맞물려 돌아가고 있기 때문에 유한한 인간이 완벽하게 이해한다는 것에는 한계가 있고 어쩌면 불가능하다는 뜻입니다. 하나님의 말씀을 입체적이며 총체적으로 이해한다고 하면서도 결국은 편협적인 이해에 그치기

때문입니다.

주위에서 요한계시록만 40여년 이상을 연구했다고 하면서 자신만만하게(?) 말하는 분들도 몇 분을 잘 알고 있는데, 여전히 엄청난 한계를 느끼는 것을 볼 수가 있습니다. 하나님 말씀의 오묘한 뜻을 다 이해한다는 것은 불가능합니다(욥 42:3).

그렇다고 그냥 손을 놓고만 있는 다면 이는 목사나 학자의 태도가 아니라고 생각합니다. 자신의 성경지식의 한계를 피나는 노력을 통해서 넓혀서 복음을 전하고 성도들을 양육하는데 최선을 다해야 하지 않겠습니까? 말하자면 자신의 수준에서 이해하고 전해야 한다는 말씀입니다.

타락한 천사를 마귀로 보는 것이 맞습니다. 앞서 언급하신 천사들은 모두 마귀들입니다. 타락한 천사들은 모두 사탄이라고 합니다. 그런데 이해하기 어려운 부분이 있습니다. 문제는 천사들과 마찬가지로 사탄을 단수로 사용했다가 복수로 사용하기도 한다는 것입니다. 그러므로 이 문제를 해결하기 위해서 수에 대한 형이하학적 개념과 형이상학적 개념을 이해해야 합니다.

본래 하나님을 거역하고 타락한 천사가 마귀 혹은 사탄이라고 했는데, 이럴 경우에 사탄은 단수로 되어있습니다. 그러나 성경에 보면, 사탄, 마귀라고도 하고 사탄들, 마귀들이라고도 합니다. 그러면 처음에 천사가 타락할 때에 수많은 천사들이 동시에 타락했다고 보아야 하지 않습니까? 그래서 천사들의 등급 혹은 계급의 차원에서 이해하려는 것입니다. 본래 반역의 주모자는 장급의 지위가 높은 천사를 의미하여 이럴 경우에 마귀 혹은 사탄으로서 용으로 형상화시켜서 단수로 사용하고, 그가 타락할 때에 함께 떨어진 천사들(별들)을 복수로 써서 타락한 천사가 수없이 많은 것같이 말하곤 했습니다.

그래서 성경에는 여러 가지 타락한 천사에 관해서 언급하고 있습니다. 예를 들어서 이사야서(14:12-15)에서 타락된 천사(비유로 두로 왕을 지칭)를 계명성(Morning Star)이라고 해서 단수를 사용합니다. 그러나 하나님이 자기 지위를 지키지 아니하고 자기 처소를 떠난 천사들을 큰 날의 심판까지 영원한 결박으로 흑암에 가두셨으며(유 1:6), 나팔 가진 여섯째 천사에게 말하기를 큰 강 유브라데에 결박한 네 천사를 놓아 주라 하매 네 천사가 놓였으니 그들은 그 년, 월, 일, 시에 이르러 사람 삼분의 일을 죽이기로 예비한 자들이더라(계 9:14-15),

하나님이 범죄한 천사들을 용서치 아니하시고 지옥에 던져 어두운 구덩이에 두어 심판 때까지 지키게 하셨으며(벧후 2:4), 또 자기 지위를 지키지 아니하고 자기 처소를 떠난 천사들을 큰 날의 심판까지 영원한 결박으로 흑암에 가두셨으며(유 1:6), 나팔 가진 여섯째 천사에게 말하기를 큰 강 유브라데에 결박한 네 천사를 놓아 주라 하매(계 9:14), 네 천사가 놓였으니 그들은 그 년, 월, 일, 시에 이르러 사람 삼분의 일을 죽이기로 예비한 자들이더라(계 9:15)라고 한 것을 보면 타락된 천사의 수가 많은 것을 알 수 있습니다.

그러므로 타락된 천사들을 형이하학적으로 표현하자면, 그 수가 많아서 여러 가지 형태의 범죄자들로 분류해서 설명을 하고 있으며, 그럼에도 불구하고 성경에서 형이상학적으로 말할 때에는 모두들 그저 마귀라 지칭하고 있습니다. 이러한 차원에서 볼 때에, 목사님께서 질문하신 계 9:14-15에 결박된 네 천사를 년 월 일 시에 풀어놓아 사람 삼분의 일을 죽이게 하신다고 하였고, 유다서(6절)에는 자기 처소를 지키지 않은 천사를 큰 날의 심판까지 결박하여 가두었다는 그 천사들 모두가 마귀라고 할 수 있는데, 이는 천사의 수 또는 마귀의 수보다는 범죄 행위에 초점을 맞춘 것으로 보입니다.

그러면 수없이 많은 마귀의 숫자가 되는데 이 문제는 어떻게 되는지? 가 궁금할 것입니다. 그러나 타락한 천사의 범죄 행위에 초점을 맞추어 말할 때에는 이 천사들 모두가 하나의 마귀같이 표현하고 있지만, 천사의 숫자에 초점을 맞추어 생각할 때에는 마귀의 수가 많다고 표현하는 것입니다.

이럴 경우에 수많은 마귀는 수많은 천사들의 타락으로 보아야 한다는 것입니다. 즉 우두머리 사탄이라고도 하고 마귀라고도 하여 형상화시킨 용은 하나이지만, 이 천사가 타락할 때 그를 따르는 천사들 무리가 함께 타락하였다는 신학적인 이론이 성립되는 것입니다. 그러므로 이 모두를 마귀라고 부릅니다.

[질 문] 11

데라가 죽을 때의 나이와 아브라함의 하란을 떠날 때의 나이 간의 불일치 문제에 대하여 설명해주기 바랍니다.

[답 변]

데라가 갈대아 우르에서 70세에 하란과 아브라함과 나홀을 낳았다고 했는데, 이것은 좀 출생 이치에 안 맞는 것 같습니다. 왜냐하면 어떻게 같은 해에 세 아들을 한꺼번에 낳을 수 있을까? 하는 문제를 전제해놓고 보면, 세 아들들이 출생한 연대의 차이가 있을 것이라는 결론에 도달하게 됩니다. 그러나 본문에는 그 연대들이 명확히 기록되지 않기 때문에 정확한 출생연도의 측정은 불가능합니다. 여기서 추리가 가능합니다.

데라가 우르에서 70세에 하란을 낳은 후 상당한 기간이 흘렀을 수도 있다는 것입니다. 사도행전의 스데반의 진술과 맞추기 위해서는 적어도 60년이라는 기간이 소요됩니다. 이런 경우에, 데라가 130세에 아브람을 낳은 후, 하란으로 떠났을 것이라는 가정입니다. 하란에서 아브람이 75세에 그 아비 데라가 죽은 후에 가나안으로 떠나게 되었다는 것인데, 이렇게 되면 데라의 수명인 205세에 맞추는 것이 가능합니다. 그런데 과연 그러했을까? 하는 문제입니다. 하란이 맏형이라는 언급도, 하란을 낳은 후 60여년이 지난 후에 아브람을 낳았다는 확실한 언급도 성경에는 없습니다.

데라가 아브람을 낳았을 때 70세라고 가정하면, 그의 아비 나홀의 나이는 99세였을 터이고, 그 후에 언제 하란으로 갔는지는 몰라도, 하란에서 아브라함이 75세에 가나안 땅으로 가라는 하나님의 명령을 받은 것을 보면, 그 당시 데라의 나이는 145세, 나홀의 나이는 174세였을 것입니다. 그렇다면 데라가 145세에 죽었어야 하는데 205세까지 살았던 것을 보면, 이 기록들이 60년이 차이가 난다는 것입니다.

아브람은 데라가 죽기 전에 하란을 떠나지 않았다는 것이 Philo의 주장으로, 사마리아 오경(Samaritan Pentateuch)의 내용입니다. 이 내용을 보면, 마소렛 본문(MT)이나 칠십인역(LXX)에 기록된 바와 달리 데라의 수명이 205세가 아니라 145세라는 것입니다. 이것이 사실이라면, 아브람 출생 시 데라의 나이 70세와 아브람이 하란을 떠날 때의 나이 75세를 합하면 데라의 수명이 145세가 딱 들어맞는다는 것입니다. 물론 데라가 죽은 나이에 관하여 사마리아 본문과 일치하는 희

랍역본이 있기는 하지만 이제 더 이상 존재하지 않고, 스데반이나 필로의 언급에 우선할 어떤 것도 존재하지 않는다는 것입니다.

마지막 가정은, 아브람이 하란을 떠나 가나안 땅으로 들어간 지 60년 후에 데라는 아브람을 따라 가나안으로 들어가지 않고 하란에 남아 있다가 거기서 죽었다는 가정입니다. 이 가정이 가장 개연성 있는데, 문제는 성경역본의 번역이 문제입니다. 여기서 데라가 죽은 "후에"(메타, μετά)라는 전치사가 문제입니다. 대부분의 영역성경에서 이것을 "후에"(after) 혹은 "때에"(when)라고 번역하고 있는데, 그렇다면 데라가 죽은 "후에" 아브람이 하란을 떠나 가나안 땅으로 들어갔다는 이야기가 됩니다. 이런 경우, 데라가 205세에 죽은 것이 아니라 145세에 죽은 것이 되니까, 데라의 수명이 205세라는 성경기록이 맞지 않는 것입니다. 그런데 칠십인 역(창 11:32)에 보면, 데라가 죽은 "후에"(μετά)라는 전치사가 없고, "그리고"(카이, καί)를 사용하고 있어서 이 가정이 가능성이 있습니다. 아브람이 하란을 떠날 때에 나이가 75세라고만 기록되어 있지, 그 당시 그의 아비 데라에 관한 언급이 전혀 없기 때문에 그 곳에 남아 있다가 205세 세상을 떠났을 가능성이 있습니다.

이 가정을 증명하기 위해서는 "후에"라는 전치사만 해결하면 되기 때문입니다. 아무튼 성경에 기록된 본문만으로는 확실한 결론에 도달하기가 쉽지 않습니다. 성경에는 불필요한 이야기의 내용들을 스킵(skip)하고 필요한 부분만 기록하는 경우가 허다하기 때문입니다. 구태여 그것들을 증명하려면, 외증들이 필요한데 잘못하면 고등비평의 위험에 빠지기 쉽습니다. 이와 같이 성경에는 연대나 숫자나 이름 등의 난제들이 많이 있는데, 이러한 것에 집착하는 것은 오히려 은혜 받는데 시간낭비가 될 수 있다고 생각합니다.

[결론]

성경에 기록된 나이나, 연대, 이름들의 불일치는 성경기록을 위한 필사들이나 사본, 혹은 역본 등의 선택과 번역 등에서 비롯되는 복잡한 문제입니다. 사본학을 연구하는 사람들이라면 몰라도, 그래서 성경의 영감을 절대적으로 믿는 사람들로서 성경의 절대권위를 믿고 그 내용들에 있어서 비본질적인 것들(바울이 골로새 교인들에게 권고했듯이)에 매이지 말고 본질적인 본체가 되는 그리스도에 초점을 맞추어 성경을 상고하게 될 때 무한히 은혜가 되는 줄 압니다. 다시 말하면, 성경을 연구할 때 신학적인 의미나 신령한 교훈들을 발견하고 그 살아있는 하나님의 말씀을 엔조이하며 은혜 받은 것이 좋을 듯합니다.

[질 문] 12

창 15:8과 신 1:7에 보면 이스라엘에게 약속된 지경이 애굽 강에서 유브라데 강까지로 되었는데 어떻게 보아야 하는지요?

[답 변]

이스라엘 영토가 실제로 애굽 강에서 유브라테 강까지 이르지 못한 것으로 아시고 그 문제를 질문하신 것 같습니다. 그러나 성경을 자세히 읽어보면, 우리가 발견하지 못하거나 해석을 못할 뿐이지 전혀 오류가 없다고 믿습니다. 이스라엘에 약속된 지경이 여호수아로부터 솔로몬에 이르는 시대에 언약대로 완전히 성취되었습니다.

이 문제를 좀 더 시원하게 풀려면, 몇 가지 측면에서 접근하여 성경을 조명해야 할 것 같습니다. ① 문자적 언약의 차원, ② 역사적 언약 성취의 차원, ③ 신학적 신앙적인 차원에서 접근해야 만족할 만한 해석을 기대할 수 있다고 생각합니다. 이것이 성경해석학의 기본적인 원리입니다.

1. 문자적, 문법적 언약 차원 (Grammatical Interpretation)

우선 하나님의 언약을 문자적으로 정확하게 이해해야 합니다. 창 15:8에 보면 언약의 땅으로 애굽 강에서부터 유브라데 강까지 주시겠다(창 15:18; 신 1:7)고 하셨는데, 이 말씀은 대략적인 가나안 경계를 의미하는 것으로, 남쪽은 애굽 국경 근처 가자(Gaza)에서부터 북쪽은 유브라데 강 서편의 딥사(Tiphsa)까지를 의미합니다.

문자적으로 볼 때에 이 언약은 실제로 성취되지 않은 것 같이 보입니다. 그러나 이 문제는 두 가지 측면에서 이해해야 합니다. ① 여호수아 시대에 이스라엘이 가나안 땅을 정복하였던 당시에는 이 모든 지역을 차지하지 못했지만(민 34:2, 3), 그 후 다윗과 솔로몬의 치세 시대에 언약대로 국경이 형성되었고(왕상 4:24; 대하 8:1-9:31), ② 실제로 이스라엘 지파에게 분할된 영토 외에 이방 왕들이 다스리는 지역까지 이스라엘의 통치영역에 들어 있어서 그들이 예물과 조공을 받쳤던 것입니다. 여기에서 신학적인 깊은 의미가 부여되는 것이라고 생각합니다.

2. 역사적 언약성취의 차원

(Historical Interpretation)

우선 역사적으로 하나님의 언약이 성취되는 데는 두 단계를 거치게 됩니다. 마치 가나안 땅에 들어가기까지 홍해와 요단을 건너야 하는 것 같이 말입니다. 여호수아 당시에는 우선적으로 이스라엘 지파를 중심으로 가나안의 중심부를 분할 받았습니다.

그러나 오랜 기간을 광야의 연단과 같은 시련의 시기(사사시대)를 거친 후, 다윗과 솔로몬 시대에는 이방인들에까지 그 영역을 넓혀서 애굽 강에서부터 유브라데 강까지 하나님께서 언약하신 가나안 전 지역을 통치하게 되어 아브라함에게 언약하신 하나님의 언약이 성취된 것입니다. 여기에도 신학적으로 의미 있는 하나님의 섭리가 나타나 있습니다.

역사적으로 볼 때에, 여호수아 시대에 이미 이스라엘의 열 두 지파의 영토가 분할되어 정해짐으로 하나님의 언약의 근간이 성취되었습니다.

그리고 다윗과 솔로몬 시대에 그 이상, 남으로는 애굽 강의 북동쪽(에시온게벨)에서부터 북으로는 유브라데 강의 서 남쪽(다드몰과 하맛)까지 솔로몬의 통치영역에 들어있었으며, 심지어 멀리 시바의 여왕까지 솔로몬에게 예물을 가지고 방문한 것을 보면(대하 9:1-12), 당시 솔로몬의 통치의 영역이 방대하여 하나님의 언약대로 이스라엘의 신정정치가 더 넓은 이방에까지 그 영역을 넓혔다고 볼 수 있습니다. 이 부분에도 신학적인 깊은 의미가 있습니다.

3. 언약성취의 신학적 차원

(Theological Interpretation)

우선 무엇보다도, 예표적, 모형적으로 이해(typological understanding)하는 것이 좋습니다. 왜냐하면 여호수아나 다윗이나 솔로몬은 모두 그리스도의 모형이기 때문이며, 이들의 사역을 통하여 하나님께서 예비하신 그리스도의 구속사역, 즉 하나님의 나라가 점진적으로 완성된다는 것을 보여주고 있기 때문입니다.

여호수아는 열두 지파를 위한 가나안의 중심부를 점령하여 분할함으로 가나안 복지에 하나님의 나라, 신정정치의 기초를 놓았습니다. 즉 이 땅에 하나님의 나라의 중심부로 기초를 놓은 것입니다(여호수아서 참고).

다윗과 솔로몬은 가나안 땅을 점령하고 있는 열두 지파를 기반으로 해서 하나님의 나라를 확장시켜 나감으로써 하나님께서 말씀하신 땅에 대한 언약을 성취했습니다. 이것은 신령한 의미로 복음운동으로 하나님 나라의 확장을 뜻합니다.

이스라엘은 하나님의 나라의 모형입니다. 이 나라의 구약의 주인공들이 열두 지파라면, 신약의 신령한 주인공들은 열두 사도들입니다. 이는 신구약의 성도들을 통하여 하나님의 나라가 완성되고 확장될 것을 모형으로 보여준 것입니다.

이 경우에 구약의 열두 지파의 영토를 중심으로 다윗과 솔로몬이 더 넓은 이방 땅에까지 이스라엘의 영역을 넓혔습니다. 그 중심 부분이 열두 지파들이 점령하여 분할해서 살고 있는 가나안 땅의 중심부입니다(열왕기, 역대기 참고).

그리고 열두 지파가 점령해서 살고 있는 가나안 중심을 벗어나 남북으로 더 넓은 지역, 즉 남쪽 애굽 강에서부터 북쪽 유브라데 강까지 광대한 지역에 살고 있는 이방 왕들까지 다스리고 있어서 실제로 하나님의 나라, 이스라엘의 통치영역이 하나님께서 언약하신 대로 그 약속이 성취된 것입니다(왕상 4:24; 대하 9:26, 8:1-9:31).

이것은 하나님의 나라가 선택된 본방의 백성(이스라엘, 유대)뿐만 아니라 만국에까지 이르러 통치하실 것을 예표로 보여주신 것이라고 생각합니다. 여기에 본방 백성들의 영역뿐만 아니라 이방 백성들에게까지 하나님의 통치하에 있다는 것입니다.

그리고 상징적으로 이해(symbolical understanding)하는 것이 좋습니다. 이스라엘의 가나안 정복과 이방에로의 확장 등은 하나님의 나라가 이 땅위에 정착하여 확장될 뿐 아니라 이 땅위에서 진행되는 종들이나 성전건축의 세세한 내용들 심지어 숫자에 이르기까지, 그리고 이방 땅의 정복, 통치 등등은 신령한 하나님의 나라에 대한 상징들이라고 생각합니다.

출애굽기

[질 문] 13

출 12:40-41에 "애굽에 거주한지 사백삼십 년이라 사백삼십 년이 끝나는 그 날에" 하였고, 갈 3:17에 "하나님께서 미리 정하신 언약을 사백삼십 년 후에 생긴 율법이 폐기하지 못하고" 왕상 6:1에 "이스라엘 백성이 애굽 땅에서 나온 지 사백팔십 년이요 솔로몬이 이스라엘 왕이 된지 사 년"이라 하였는데, 만일 야곱이 칠십 명의 가족과 함께 애굽으로 내려갔던 년대를 기점으로 잡으면 아브라함 출생 B.C. 2052년에서 출애굽이 B.C. 1232년이 되고, 솔로몬의 성전 기공을 하던 때가 B.C. 752년이 되는데, 출애굽의 년대를 어떻게 보아야 하는지요? 에집트의 역사에는 모세를 양아들을 삼았던 공주가 후에 여왕이 되었던 년대가 B.C. 15세기입니다. (참고. 출 6:16-20)

[답 변]

400년과 430년에 관한 계산(애굽에서의 이스라엘 백성의 노예생활 기간)에 관한 성경의 근거는 다음과 같습니다.

[430년에 관한 성구]

"이스라엘 자손이 애굽에 거주한 지 사백삼십 년이라"(출 12:40), "사백삼십 년이 끝나는 그 날에 여호와의 군대가 다 애굽 땅에서 나왔은즉"(출 12:41), "내가 이것을 말하노니 하나님의 미리 정하신 언약을 사백삼십 년 후에 생긴 율법이 폐기 하지 못하고 그 약속을 헛되게 하지 못하리라"(갈 3:17).

[430년에 관한 성구]

"여호와께서 아브람에게 이르시되 너는 정녕히 알라 네 자손이 이방에서 객이 되어 그들을 섬기겠고 그들은 사백 년 동안 네 자손을 괴롭히리니"(창 15:13), "하나님이 또 이같이 말씀하시되 그 후손이 다른 땅에 나그네가 되리니 그 땅 사람들이 종으로 삼아 사백 년 동안을 괴롭게 하리라 하시고"(행 7:6).

"사백삼십 년 후에 생긴 율법" — 이것은 출 12:40에 근거한 기간입니다. 그러나 이 기간이 언제부터 언제까지인가에 관해서 다양하게 설명하고 있습니다.

애굽에서 노예생활을 했던 기간으로 보는 견해가 있는데, 이에 대한 근거는 히브리어 본문을 기초로 한 번역본들에서 나타나고 있습니다(Boice).

아브라함과 모세 사이의 기간으로 보는 견해가 있는데, 이는 헬라어사본(LXX)에 근거한 견해입니다(Hendriksen).

아브라함의 언약이 확정된 야곱 때로부터 시내산 율법을 주신 때까지의 기간으로 보는 견해도 있습니다. 이 견해는 두 번째의 견해와 유사한데, 상이점은 아브라함의 언약이 야곱에게 와서 확증되었다는 것입니다.

그러나 본 절에서 바울이 말하고자 하는 의미는 이스라엘에게 출애굽하기까지는 상당한 기간이 흘렀다는 사실입니다(Lenski, Howard, Cole). 성경에는 종종 대략의 숫자계산법을 사용하는데, 이는 성경에서 연표에 집착하지 않고(물론 필요할 경우에는 연대를 정확히 기록하는 경우도 있지만), 대략적인 연수로 계산해서 기록하는 경우입니다.

[결론]

그 후손이…사백 년 동안을 괴롭게 하리라 — 스데반은 이스라엘 민족이 애굽에서 종살이 한 기간을 400년(행 7:6, 창 15:13)이라고 말하고 있으나 출 12:40은 430년으로 언급하고 있습니다. 이러한 차이는 다음과 같이 설명될 수 있을 것입니다. 이 400년이라는 기간을 스데반은 창 15:13에 근거하여 말했을 것입니다. 이 400년과 430년의 차이는 유대인들의 숫자 개념에서 찾아야 되는데, 그들은 정확한 수자를 말해야 할 때를 제외하고 주로 개략적으로 말합니다(삿 11:26). 즉 430년은 400년보다 정확히 표현한 것이며 400년은 개략적인 연대를 나타낸 것입니다.

[질 문] 14

"네 발에 신을 벗으라 하신 말씀"(모세와 여호수아에게만 하셨음)의 의미는?

[답 변]

모세의 출애굽이나 광야의 사역과 여호수아가 믿음의 자손인 제2세를 이끌고 요단강을 건너 가나안 복지에 들어간 것은 예수께서 재림하셔서 성령으로 거듭난 영적인 제2세인 믿음의 자손 즉 참 하나님의 백성들을 하나님의 나라에 온전히 들어가도록 인도하실 것과 방불하여 영적인 새 임무를 따른 새로운 출발을 의미합니다.

[결론]

모세의 애굽 탈출은 영적으로 하나님의 말씀인 진리 안에서의 자유를 의미합니다. 그러나 그 진리 안에서의 자유의 표상이 곧 모세의 출애굽 사건이라는 역사적, 유형적, 육적인 것이라는 사실을 함께 동반할 때에 참 진리가 되는 것입니다. 개혁주의의 기본적인 진리 가운데서 가장 중요한 것 중의 하나가 곧 하나님 말씀의 역사성(the historicity of the words of God)입니다. 이 역사성 위에 하나님의 말씀이 임하여 정착하게 된 것입니다. 하나님의 말씀이 역사에 진입해 들어왔다는 뜻입니다. 이를 학문적으로 표현한다면, 하나님의 말씀인 텍스트(Text)가 인간의 역사적 현장인 콘텍스트(Context)에 임하여 적용된 것을 의미합니다.

그리고 여호수아도 마찬가지입니다. 젖과 꿀의 의미를 영적으로 은혜와 진리로 해석하는 것은 큰 무리는 아니지만, 그 젖과 꿀의 역사적, 물리적, 육적인 의미를 상실할 때에 바로 자유주의의 오류에 빠지게 된다는 사실을 잊지 말아야 합니다.

물론 하나님의 은혜가 함께 하지 않는 상태에서는 비와 햇빛 등 기후와 또 외적들의 침공으로 저주 아래서 고통을 당할 수밖에 없는 척박한 땅이기도 합니다. 그러나 어차피 메시아의 본체이신 예수 그리스도가 오셔서 세상의 저주를 완전히 벗기시고 새 하늘과 새 땅으로 변화시켜서 다스리시기 전에는 완전할 수 없는 것입니다.

이것은 마치 우리가 하나님의 은혜 속에 살 때에는 부분적으로 성화되어 평안이지만, 그렇지 않은 경우에는 육신이 죽기 전에는 완전 성화가 이루어질 수 없어 불완전하다는 것과 같은 맥락에서 생각해야 합니다.

[질 문] 15

애굽으로 들어간 야곱의 식구 수의 불일치에 관하여

(1) 70인 (창 46:17)

(2) 75인 (행 7:14)

[답 변]

사본학 상으로 살펴보면 LXX(칠십인 역)의 75인(창 46:27; 출 1:5)은 야곱과 요셉이 빠져있고, 그 대신 요셉과 9아들들이 포함되어 75인이 됩니다. 야곱과 함께 애굽에 들어온 자들의 총수는 야곱의 자부들 외에 66명이지만, 요셉과 함께 애굽에 있었던 그의 아들들이 9명이 있어서 도합 75명이라고 합니다.

MT(마소렛 본문)에는 70인으로 되어 있음. 이 숫자 70인은 야곱과 요셉과 요셉의 2아들들이 포함되어 있다고 합니다.

Josephus(유대 역사가)는 Hebrew text를 따랐다고 합니다. (Antiquities ii 7.4; vi. 5.6)

Philo는 두 가지를 다 알고, 이들을 조화시키기 위해 이것을 전형적으로 은유적 해석법을 시도했다고 합니다.(On the Migration of Abraham, 199 ff.)

"친족"이라는 헬라어 "숭게네이안"(σuγγεν?ιαν)이라는 말의 뜻은 직계뿐만 아니라 그 외에 동행한 친족들까지 포함한다고 합니다.

혹자는 스데반이 그 숫자를 정확하게 말한 것이 아니고 보통 말하는 것과 같이 LXX에서 인용하여 그냥 70인이라고 말했다고 합니다.

[결론]

숫자는 본질적(essential)인 문제가 아니라 비본질적(nonessential)인 문제이기 때문에 숫자에 너무 집착하지 않는 것이 좋을 것 같습니다. 물론 숫자를 거론한 목적이 있는데, (1) 야곱의 족속을 택하심, (2) 소수를 택하심, (3) 소수의 택자들인 하나님의 자녀들이 아브라함과의 약속대로 창대하게 되어 출애굽 시에는 200여 만 명이 되었다는 뜻 외에 신령한 의미도 내포되어 있습니다).

[질 문] 16

애굽 장자의 죽음과 이스라엘 장자의 성별(민 3:13, 8:16-17)에 대하여 말씀해 주기 바랍니다.

[답 변]

이 문제는 구속론적으로 해결해야 할 것 같습니다. 먼저 다음과 같은 성서적인 문제들을 생각하는 것이 좋을 듯합니다. 이것이 성서신학적인 원리이기 때문입니다. (1) 애굽의 장자와 이스라엘의 장자, (2) 첫 아담과 둘째 아담 예수 그리스도, (3) 가인과 아벨, (4) 이스마엘과 이삭, (5) 에서와 야곱(복중에서부터 유기와 선택), (6) 이방과 이스라엘, (7) 불신자와 신자(중생한 성도).

이 문제는 신학적으로 이중예정에 해당되는 부분입니다. 다시 말하면, 이 문제는 하나님의 선택(Election)과 유기(Reprobation)라는 이중예정(double predestination)의 차원에서 접근해 들어가야 합니다. 말하자면 예정론에서 다루게 된다는 뜻입니다. 하나를 택하자면 자연히 다른 하나는 버리게 되는 것입니다.

이 사상은 다음과 같은 것에 기초를 두고 있습니다. (1) 피조계의 상대성 원리와, (2) 성서에서 하나님의 사랑과 공의, (3) 조직신학적으로 선택과 유기에 선택은 하나님의 사랑에 기초해서 하나님의 백성을 적극적으로 택하는 것이고, 유기는 하나님의 공의에 기초해서 소극적으로 지나쳐(passed by) 멸망에 버려두심(reprobated/condemned to everlasting punishment in hell)을 의미합니다.

예정론은 그 의미가 깊고 신비스럽기 때문에 지면상으로 다 설명하기가 어렵습니다.

애굽의 장자를 죽이고 이스라엘 장자를 살린다는 것은 혈육에 속한 세상의 장자를 폐하고 하늘에 속한 장자를 성별해서 구속하시고 장자의 총회를 소집하게 하시려는 하나님의 구원의 계획입니다.

물론 애굽의 장자와 이스라엘의 장자는 올 것의 그림자와 모형입니다(히 8:5; 9:23).

[결론]

이 문제는 하나님의 구원섭리를 이해함으로 설명이 가능합니다. 그리고 그 섭리사상은 구약과 신약이라는 옛 언약과 새 언약의 원리에 따라 하나님의 계시가 발전되어 오고 있습니다. 그래서 구약의 계시를 그림자, 혹은 모형적 계시라고 합니다. 이에 반하여 신약의 계시를 실현된 계시(Realized Revelation)라고 합니다(예수 그리스도로 말미암아 성취된 계시).

그러므로 애굽의 장자들은 이스라엘 장자들을 살리기 위한 구속론적으로 유기된 아이들입니다. 어떤 의미에서 볼 때 공평치 못하다고 불평할 수 있는 불행한 아이들이라고 생각합니다. 예수님이 탄생하실 때에 애매하게도 당시 두 살 아래 아이들이 희생된 것과 같이 말입니다. 이 문제로 인하여, 특히 오늘날 인본주의 사상으로 인하여 기독교, 특히 기독교의 예정론 교리가 무차별 공격을 받고 있는 것도 사실입니다.

그러나 이 문제는 인간 차원에서는 이해 불가한 문제입니다. 이 문제는 하나님의 절대주권 속에서 결정되는 사안이기 때문입니다. 하나님이 불공평하다고 아우성치는 이스라엘 백성들에게 이사야는 하나님이 가라사대 "내가 불공평한 것이 아니라 너희가 불공평한 것이 아니냐?"고 반문하시면서, 예레미야와 같이 토기장이의 비유나 톱을 켜는 사람의 비유를 들어서 하나님의 주권으로 그들의 불평을 일축해버렸습니다.

그럼에도 불구하고 신학적으로 설명이 가능합니다. 예를 들어 설명하자면, 포도원에 11시에 들어온 자들에게와 같이 6시에 9시에 들어온 사람들에게도 똑같이 한 데나리온을 주니까 심히 불평했습니다. 이에 주인이 자신은 잘못한 것이 없다고 그것을 일축해버립니다. 그들이 불공평하다는 불평은 있을 수 없다는 뜻입니다. 먼저 들어오는 사람들에게 더 많은 임금을 주는 것은 이 세상의 이치입니다.

그러나 하나님의 계산법은 인간의 계산법과 다릅니다. 숫자적, 양적인 계산법이 아닙니다. 질적 영적인 계산법입니다. 그래서 부자의 많은 돈 바친 것보다 과부의 두 렙돈을 바친 것을 보시고 주님께서 더 많이 바쳤다고 칭찬하셨습니다. 물론 많은 것을 바치고도 과부와 같이 자기의 전부 즉 온 맘과 온 뜻과 온 몸과 온 물질의 정성을 드렸다면 훨씬 더 많이 바친 것이 되겠지요. 하나님의 계산법을 모르니 당연히 불평을 할 수 있습니다.

한 마디로 말하자면, 믿음으로 드려야 한다는 것입니다. 좀 더 성서신학 적으로 말하자면 하나님의 신뢰를 얻어야 한다는 말씀입니다. 하나님의 신뢰는 하나님의 절대적인 주권을 인정하고 그와의 약속을 잘 알고 잘 지켜야 되는 것입니다.

포도원의 문제는 신학적으로 간단히 해결이 됩니다. 첫째로, 조직신학적인 측면에서 접근해야 합니다. 즉 "하나님의 주권" (Sovereignty of God)으로 접근해 들어가야 합니다. "네 것이나 가지고 가라 나중 온 이 사람에게 너와 같이 주는 것이 내 뜻이니라. 내 것을 가지고 내 뜻대로 할 것이 아니냐 내가 선하므로 네가 악하게 보느냐"(마 20:14-15). 이것은 하나님의 절대주권을 시사한 말씀입니다. 내가 내 것 가지고 내 맘대로 할 것이 아니냐? 라는 뜻입니다.

이것은 하나님의 은혜의 차원에서 이해해야 합니다. 은혜는 (1) 줄 의무가 없는 관계이고, (2) 그럼에도 불구하고 무상으로 주겠다는 것으로 하나의 '선물' 입니다. 선물은 임자 맘대로 주고 싶은 사람에게 주고 싶은 대로 주는 것이기 때문에, 누구든지 자기에게 안 준다고 시비하거나 법적 대응을 할 수 있는 성질의 것이 아닙니다. 이것이 하나님의 '주권' 과 하나님의 '은혜' 에 대한 신비로운 뜻이 담긴 내용입니다. 둘째로, 성서신학적인 측면에서 접근해야 합니다.

품꾼들에게 처음에 약속한 임금이 똑같이 한 데나리온이었습니다. "주인이 그 중의 한 사람에게 대답하여 이르되 친구여 내가 네게 잘못한 것이 없노라 네가 나와 한 데나리온의 약속을 하지 아니하였느냐 네 것이나 가지고 가라 나중 온 이 사람에게 너와 같이 주는 것이 내 뜻이니라"(마 20:13-14). 이것은 하나님의 약속과 그의 뜻을 나타내는 비유의 말씀입니다.

하나님은 자신의 주권을 행사하시면서도 인간과의 언약관계를 맺고 그것을 반드시 지키시는 분이십니다. 말하자면 언약교리인 성서신학 적으로 접근하면 이와 같이 간단하게 해결이 되는 문제입니다. 다시 한마디로 결론을 내리자면, 애굽의 장자를 멸하고 이스라엘의 장자를 구원하는 것은 하나님의 주권적 뜻이며 행위이십니다. 이에 반하여 애굽은 이미 수천 년 간 버림을 받을 수밖에 없는 죄악에 관영되어 있었고(노아시대, 소돔시대와 같이), 기회를 잃어버린 상태였습니다.

하나님께서는 이 두 부류에 대한 섭리가 정확하게 맞아 떨어지도록 시행을 하십니다. 예를 들어 이스라엘 백성을 선택할 때는 이미 하나님께서 가나안을 버리시기로 작정하신 것입니다. 이 가나안에 대한 하나님의 섭리는 그 이전 노아시대로 거슬러 올라가고, 이스라엘을 구원하시기로 작정하신 것은 가깝게는 아브라함의 언약으로 거슬러 올라갑니다.

다만 그 시점을 맞추시기 위하여 400여 년 간과 40여년이라는 어간을 두신 것입니다. 이것도 하나님의 원 뜻은 그런 세월을 원치 않으셨지만 인간의 불순종으로 말미암아 지연되었지요.

말하자면 이스라엘 백성이 가나안 땅으로 올라가려면 블레셋 길로 열흘이면 충분한데 40년을 돌게 된 것에는 하나님의 정확한 시간관리(time management)에 의한 것입니다. 말하자면 가나안 족속들에게는 아직 죄악이 관영되지 않은 시점이고 이스라엘의 불순종으로 아직 믿음이 차지 않았기 때문입니다. 가나안의 죄악이 관영되지 않은 상태에서 멸하는 것은 하나님의 공의가 아니며, 이스라엘의 믿음이 성숙치 못한 상태에서 가나안 땅의 축복을 허락한다는 것은 하나님의 사랑이 아닙니다.

가나안의 죄악이 관영되는 시점과 이스라엘의 믿음이 성숙한 시점이 딱 맞아 떨어지는 때가 바로 이스라엘의 가나안 정복의 시점이 되는 것입니다. 이런 문제는 우리 신앙에 직간접적으로 적용이 되는 놀라운 하나님의 말씀이라고 생각합니다. 애굽의 장자의 희생과 이스라엘 장자의 성별과 구원은 하나님의 구원섭리에서 계획된 하나님의 프로젝트입니다.

애굽의 장자 재앙과 이스라엘의 장자 성별과의 상관관계입니다. 애굽의 장자의 재앙의 대상이 애굽 사람의 장자뿐만 아니라 가축의 초태생까지 포함되는 것은 당연한 구속의 원리이기 때문입니다. 사실상 가축을 포함한 피조물의 구속은 사람의 구속에 종속되어 있기 때문입니다(롬 8:19-23). 다른 피조물(식물과 무생물)의 희생이 제외되고 특별히 사람의 장자와 더불어 가축의 초태생의 희생을 초래한 것은 “피의 제사” 즉 피의 희생으로라야 반대급부로 “피의 구속”이 가능하기 때문입니다(아벨의 제사, 이스라엘의 제사제도, 히브리서 7-12장 참조). 그래서 이스라엘의 구속의 축복을 위해 이방인과 그 가축들까지 희생을 요한다는 것입니다. 물론 근인(近因)으로서는 애굽의 죄악이 되겠습니다.

애굽의 장자재앙이 이스라엘의 장자의 성별을 초래했다고 보는 것보다는 이스라엘의 장자의 구속을 위한 하나님의 선택적 구속에 따른 애굽의 장자들의 유기적 심판이 필요했다고 보는 것이 개혁주의적인 사고방식이라고 생각합니다.

왜냐하면, 하나님의 관심은 우선적으로 하나님께 속한 이스라엘의 장자(가축까지 포함)들에게 있는 것이지, 심판을 받을 애굽의 장자들에게 관심이 있는 것이 아니기 때문입니다. 모든 것의 초태생(장자)은 하나님께 속했기 때문에 거룩하게 성별해서 하나님께 드려지게 되어 있기 때문입니다.

애굽의 장자 재앙이 그들의 자범죄에 관련되었느냐? 하는 문제는 신학적으로 좀 더 체계적으로 세밀하게 고려되어야 할 것입니다. 자칫 비약이 될 수 있기 때문입니다. 애굽의 장자 재앙은 근본적으로 몇 가지 원인에서 비롯되었다고 생각합니다.

물론 하나님의 백성을 억압하고 있으니까 그 백성을 해방시키기 위하여 마지막 재앙으로 장자의 재앙을 내리신 것은 맞습니다. 그러나 이 모든 것들이 성서신학적인 차원에서 고려할 때에 "구속"의 원리에 따라 행해진 것이라고 생각해야 할 것입니다.

[질 문] 17

하나님께서 모세를 통해 애굽에 열 재앙을 내리실 때에 "바로의 마음을 강퍅하게 하셨다" 고 했는데 이것은 인간에게 주어진 자유의지의 방임을 뜻하는 것인지, 바로의 교만을 심판하기 위한 것인지, 또 로마서 9:17 말씀과 연관을 지어 어떻게 해석해야 옳은지요?

[답 변]

이 문제는 하나님의 주권적 행사와 언약, 그리고 인간의 자유의지와 그 결과에 대한 성서적 조직신학적인 배경을 가지고 있습니다. 하나님께서 바로를 완고하게 하셨다는 성경 말씀을 접할 때마다 사람들이 이해할 수 없다는 이야기입니다. 그러나 성경을 좀 더 정확하게 이해하려면 성경에 나타난 "강퍅하게 한다." 는 말이 각기 어떠한 뉘앙스로 사용되었는지 알아야 하는데, 그러기 위해서는 조직신학적인 어프로치가 불가피하다는 말씀입니다.

질문에 한해서만 답을 한다면, 한 마디로 하나님께서 주권적으로 바로의 마음을 완고하게 하신 것입니다. 하나님께서 누구의 말이나 동의나 의사를 참고하신 것이 아니라 하나님 자신이 독단적으로 절대자의 권능을 사용하여 바로의 마음을 강퍅하게 되도록 조정하신 것입니다(롬 9:16). 이스라엘을 구원하시기 위하여 바로를 사용하시는데 그 방법으로 바로의 마음을 강퍅하게 하신 것입니다.

그러나 여기에 병행되는 구절들을 통해서 그 전체적이며 완전한 의미를 파악하는 것이 좋습니다. 이를 위해서 하나님의 주권적 선택(election)과 인간의 자유의지의 방임(유기, reprobation)이라는 틀에서 조직신학적 접근이 필요하게 됩니다.

우선, 하나님과 인간(바로)과의 상관관계를 알아야 합니다. 하나님은 조물주로서 절대자이시고 인간(바로)은 피조물로 상대자입니다. 이 부분만 본다면, 인간이 하나님의 행사에 간섭할 수 없다는 것입니다(롬 9:11-18). 그 이유는 간단합니다. 하나님은 전지전능하시고 영원불변하시기 때문입니다.

여기서 중요한 것 중의 하나가 인식론에서 하나님께서는 자존적이며 자지적인(self-knowledgeable) "절대지식"을 가지고 계신 분인데 반하여, 인간(바로)은 의존적인(dependable) "상대지식"을 가지고 있기 때문인데, 그래서 상대지식으로 박식했던 세 친구의 공격에 굴하지 않고 반박했던 욥도 하나님의 절대지식 앞에서 무릎을 꿇고 회개하였습니다(욥 42:1-6). "주께서는 못 하실 일이 없사오며 무슨 계획이든지 못 이루실 것이 없는 줄 아오니 무지한 말로 이치를 가리는 자가 누구니이까 나는 깨닫지도 못한 일을 말하였고 스스로 알 수도 없고 헤아리기도 어려운 일을 말하였나이다"(욥 42:2-3).

다음으로, 이 하나님의 주권과 인간의 자유의지는 상대주의적인 인간 편에서 볼 때에 서로 상충하고 충돌하게 되어 있습니다. 인간의 좁은 지식으로 볼 때, "하나님이 독단적으로 예정하고 선택하셨다면 인간에게 죄에 대한 책임이 없지 않느냐?"는 말입니다. 그래서 교회사에 보면 칼빈주의(Calvinism)와 알미니안주의(Arminianism)가 대립하여 오늘날까지 계속되고 있는 것을 볼 수 있습니다.

오늘날 칼빈의 예정론을 깊이 이해하지 못하는 사람들이 하나님의 주권적인 예정에 대하여 반박하다 못해 예정론이라는 말만 나와도 신경질적으로 반응하는 것을 볼 수 있습니다.

이러한 상황은 교회사에서나 오늘날뿐만 아니라 성서시대에도 있었던 일입니다. 이스라엘 민족이 하나님의 주권에 대하여 의문을 가지고 있을 때에 이사야 선지자는 이 문제는 하나님의 절대주권에 관한 문제이니 인간의 상대적 자유에 의하여 대응해서는 안 된다는 뜻으로 토기장이와 톱을 켜는 사람에 비유하여 설명해주었습니다.

"너희의 패역함이 심하도다 토기장이를 어찌 진흙 같이 여기겠느냐 지음을 받은 물건이 어찌 자기를 지은 이에게 대하여 이르기를 그가 나를 짓지 아니하였다 하겠으며 빚음을 받은 물건이 자기를 빚은 이에게 대하여 이르기를 그가 총명이 없다 하겠느냐"(사 29:16; 10:15).

그리고 또 '하나님이 불공평한 것이 아니냐?' 라고 말하는 이스라엘 백성들에게 에스겔 선지자는 "그런데 너희는 이르기를 주의 길이 공평하지 아니하다 하는도다 이스라엘 족속아 들을지어다 내 길이 어찌 공평하지 아니하냐 너희 길이 공평하지 아니한 것이 아니냐"(겔 18:25)라고 하나님의 주권적 행사를 불공평하다고 불평하는 이스라엘 민족의 항의를 일축해버렸습니다. 이는 한 마디로 하나님의 절대주권을 의미하는 것입니다. 이 주권은 누구도 도전할 수 없는 신성불가침의 영역입니다.

그렇다면 "인간의 자유의지는 무엇입니까? 아무 권한도 자유도 없다면 인간은 목석이나 다름없으니 무의미하지 않습니까?" 사실 불평할만합니다. 그러나 앞에서도 말했지만 하나님을 절대자라고 믿는다면, 그 절대자의 의중을 어떻게 다 알 수 있으며 절대자의 지식에 도달할 수 있단 말입니까?

그래서 욥도 그렇게 집요하게 굴하지 않던 자신의 자존심을 헌신짝같이 내던지고 전지전능하신 하나님 앞에 무릎을 꿇은 것입니다(욥 42:2-3). 인간이 하나님의 형상이지만 절대적으로 동일한 것은 아니라는 말입니다.

'그렇다면, 인간의 자유의지는 무용지물로 의미가 없지 않습니까?' 그렇지 않습니다. 인간의 자유의지가 없다거나 무용지물이 된 것이 아닙니다. 단지 인간의 자유의지의 한계성을 이해한다면 하나님의 주권에 승복할 것입니다. 만일 인간의 자유의지의 한계를 무시하고 절대자가 되려고 할 때에, 천사나 아담과 같이 타락하게 된다는 사실을 알고, 오직 인간의 자유의지만을 붙잡고 매달려 있을 것이 아니라 멸망하지 않고 구원을 받고 싶다면, 모든 인생이 하나님의 주권에 맡기고 그 하나님의 자비와 사랑과 은혜에 의탁해야 할 것입니다. 이는 자유의지를 무리하게 사용했던 천사나 인간이 모두 타락의 길, 멸망의 길에 빠졌기 때문입니다.

이 말은 인간의 자유의지마저 하나님의 주권 하에 있다는 것을 의미합니다. 하나님의 주권을 벗어나서는 아무것도 존재할 수 없다는 진리를 잊지 말아야 합니다. 에덴동산에서 아담에게 주어진 자유의지도 벗어날 수 없는 법이 있었는데 그것이 바로 동산에 있는 각종 과실은 마음대로 먹되(자유), 동산 중앙에 있는 선악을 알게 하는 나무는 먹지 말라(제한)는 것이었습니다.

이것이 바로 하나님의 주권을 침범하지 말라는 뜻입니다. 절대자가 되려는 사람들은 모두 다 이단들이 되었습니다. 공의가 없는 사랑은 방종입니다. 방종은 파멸로 들어갈 뿐이기 때문에 하나님의 절대주권으로 인간의 자유를 제한한 것은 억압이 아니라 오히려 하나님의 사랑이요 은혜입니다. 부모가 어린아이를 제재시키는 것은 어린 아이에 대한 억압이 아니라 부모의 극진한 사랑에 기인한 것이라는 것과 마찬가지라는 것입니다.

그 다음으로 생각해야 할 것이 바로 "하나님께서 주권과 인간의 자유의지를 어떻게 조화시켜서 주권을 사용하시며, 인간에게 자유를 어떻게 허용하고 계시는가?"에 대한 이해가 필요합니다. 분명히 하나님의 주권적인 행사에도 불구하고 인간의 자유가 보장되어 있다는 것이 인간으로서는 이해하기 어려운 신비라고 할 수 있습니다.

그렇다고 인간의 자유를 하나님의 주권과 상대적인 차원에 둘 수는 없습니다. 이렇게 하려고 할 때에 전술한 바와 같이 파멸을 자초하는 일이 되기 때문입니다. 성경에서도 하나님의 절대주권에 도전하다가 모두 죽고 파멸에 들어갔습니다. 이 문제를 풀기 위하여 질문의 중심인 바로의 마음이 강퍅하게 된 이유에 관하여 살펴보아야 할 것입니다.

바로의 마음이 강퍅하게 된 이유는 먼저 하나님의 주권행사로 된 것임을 알 수 있습니다. 즉 하나님께서 바로의 마음을 강퍅하게 하셨다는 말입니다. 성경에 보면 하나님의 주권으로 바로의 마음을 강퍅하게 하셨다는 말씀이 9회가 나타나고 바로 외에 다른 사람들의 마음을 강퍅하게 하신다는 기록이 5회 나타납니다.

그러면 왜 하나님께서 바로의 마음을 완고하게 하셨는가? 그 이유를 알아보면서 하나님의 주권이 어떻게 행사되는가? 인간의 자유의지를 무조건 무시하고 이유도 없이 하나님의 주권으로만 행사하셨는가? 라는 것을 알아보아야 할 것입니다.

① 이스라엘 백성에게 믿음과 복을 주기 위해서 바로의 마음을 강퍅하게 했습니다. 이스라엘이 가나안 복지에 들어가려면, 애굽에 대한 미련을 버리고 하나님의 말씀을 믿어야 하기 때문입니다(출 14:8; 4:21; 7:3; 9:12; 10:20; 10:27; 11:10).

② 애굽사람들에게 하나님의 영광을 나타내기 위해서입니다. 이는

하나님은 온 천하 모든 사람들에게 영광을 받으실 분이시라는 뜻입니다(출 14:4; 14:17).

③ 저주받아 은혜를 입지 못하게 하여 진멸시키시려고 사람들의 마음을 강퍅하게 하십니다(수 11:20; 신 2:20; 애 3:65: 사 63:17).

④ 마지막으로 바로의 교만을 심판함과 동시에 자기의 영광을 되찾으려는 의도에서 바로의 마음을 강퍅하게 하신 하나님의 의중을 읽을 수 있습니다. 이는 진리의 당연한 귀결이라고 생각합니다(출 8:19; 14:4, 17)

[결어]

하나님께서 자기의 주권을 행하시는 데는 이유가 있습니다. 한 마디로 말하면, 복을 주시거나 화를 주시기 위함입니다. "그런즉 하나님께서 하고자 하시는 자를 긍휼히 여기시고 하고자 하시는 자를 완악하게 하시느니라"(롬 9:18).

바로의 마음이 강퍅하게 된 이유 중에 두 번째는 인간(바로) 스스로에게 있다는 사실을 알아야 합니다. 바로가 스스로 마음이 강퍅하게 된 것은 그 마음의 욕심과 사악함으로 이스라엘 백성을 압제했기 때문입니다. 물론 근본적으로 다른 신들을 섬기는 바로의 죄악이 큰 것도 사실입니다. 바로가 마음이 강퍅하다는 말은 성경에 6회 나타나고, 그 외의 다른 사람들의 경우가 22회나 나타납니다.

① 바로가 스스로 마음이 강퍅해진 데는 하나님의 주권적인 말씀에 도전하여 인간의 자유의지를 잘 못 사용했기 때문입니다. 바로도 하나님께서 창조하신 한 인간입니다. 하나님께서 인간을 창조하시고 에덴동산에서 하나님의 주권의 범위 안에서 자유를 누릴 수 있도록 허락하

셨습니다(창 2:15-17). 그러나 이 '자유' 의 법을 어겼습니다. 이 범죄가 바로에게도 근본적인 영향을 미친 것입니다(출 7:13, 22)

② 바로가 스스로 마음이 강퍅해진 데는 하나님의 주권에 도전하여 스스로 하나님 같이 되겠다는 교만 때문입니다. 바로는 그 당시 이방 신들을 배경으로 백성들에게 신 같이 군림했습니다. 그러므로 교만의 자리에 앉아 있었던 것입니다. "요술사가 바로에게 말하되 이는 하나님의 권능이니이다 하였으나 바로의 마음이 완악하게 되어 그들의 말을 듣지 아니하였으니 여호와의 말씀과 같더라"(출 8:19; 13:15).

③ 바로가 스스로 마음이 강퍅해진 데는 하나님의 백성을 압제하고 고역으로 고통을 준 죄 때문입니다. 남을 박해하는 사람의 마음은 강퍅합니다. 박해하면 할수록, 그리고 박해당하는 사람이 반항하면 할수록 더욱 강퍅해지는 법입니다. "애굽인과 바로가 그들의 마음을 완악하게 한 것같이 어찌하여 너희가 너희 마음을 완악하게 하겠느냐 그가 그들 중에서 재앙을 내린 후에 그들이 백성을 가게 하므로 백성이 떠나지 아니하였느냐"(삼상 6:6).

[결론]

바로가 강퍅하게 된 데는 하나님께서 주신 자유의지를 잘못 사용했기 때문입니다. 하나님의 주권을 벗어나서 자행자지하며 하나님의 영광을 위해서가 아니라 자기의 영달만을 위해서 하나님께서 인간에게 주신 고귀한 자유를 남용(abuse)하고 오용(misuse)했기 때문에 그의 마음이 강퍅하게 된 것입니다.

그래서 성경에 보면 이러한 경우의 다른 표현 즉 하나님의 주권적인 표현으로 "내가 바로의 마음을 완악하게 한즉 바로가 그들의 뒤를 따르리니 내가 그와 그의 온 군대로 말미암아 영광을 얻어 애굽 사람들이 나를 여호와인 줄 알게 하리라 하시매 무리가 그대로 행하니라"라고 했습니다(출 14:4, 17).

그 외의 사람들도 강퍅하게 되는 이유가 모두 스스로의 자유를 잘못 사용하고 범죄하기 때문인 것입니다. 이는 특히 이스라엘 민족에게 경고하시는 하나님의 말씀과 오늘날 우리에게 주시는 경고의 말씀을 보아 잘 알 수 있습니다(신 9:27; 15:7; 29:19; 36:13; 시 95:8; 잠 28:14; 렘 3:17; 7:24; 9:14; 11:8; 13:10; 16:12; 18:12; 23:17; 겔 2:4; 3:7; 단 5:20; 히 3:8; 3:13, 15; 4:7; 유 1:15). 이 중에서 몇 가지만 살펴보면 다음과 같습니다.

① "네 하나님 여호와께서 네게 주신 땅 어느 성읍에서든지 가난한 형제가 너와 함께 거주하거든 그 가난한 형제에게 네 마음을 완악하게 하지 말며 네 손을 움켜쥐지 말고"(신 15:7; 9:27).

② "이 저주의 말을 듣고도 심중에 스스로 복을 빌어 이르기를 내가 내 마음이 완악하여 젖은 것과 마른 것이 멸망할지라도 내게는 평안이 있으리라 할까 함이라"(신 29:19).

③ "성경에 일렀으되 오늘 너희가 그의 음성을 듣거든 격노하시게 하던 같이 너희 마음을 완고하게 하지 말라 하였으니"(히 3:15).

④ "오직 오늘이라 일컫는 동안에 매일 피차 권면하여 너희 중에 누구든지 죄의 유혹으로 완고하게 되지 않도록 하라"(히 3:13).

그러면 하나님의 주권행사와 인간의 자유의지를 어떻게 조화시켜야 하느냐?가 문제의 관건이 되겠습니다. 이 문제는 단순한 문제가 아닙니다. 왜냐하면, 인간의 이해에는 한계가 있기 때문에 '신비'에 속해있는 이 문제를 이해한다는 것은 삼위일체 교리와 같이 이론적으로 완전한 설명이 불가능하기 때문입니다. 그러므로 결론은 성경 말씀에 따라 하나님의 언약을 '믿음'으로 받아야 할 문제입니다. 그럼에도 불구하고 가능한 한도에서 이론적으로 설명할 필요는 있습니다.

① 먼저 순서를 초월한 문제이지만 구태여 논리적 순서를 따라 말한다면, 하나님의 주권이 우선입니다. 이럴 경우에 인간의 자유는 하나님의 주권 하에 있다는 뜻입니다. 하나님의 주권을 벗어날 수 없다는 것입니다. 그렇다면 일예로 죄에 대한 책임문제가 나올 수 있습니다. 하나님께서 죄를 조성하시는 분이 아니기 때문에 물론 죄책은 사람에게 있습니다. 인간이 억울하지 않습니까? 이러한 경우를 대비해서 하나님께서는 언약이라는 훌륭한 장치를 해놓으셨습니다.

② 이 언약(약속)이 바로 하나님의 주권과 인간의 자유의지 사이를 연결시키는 "연결고리"(coupling device)가 되는 것입니다. 이를 증명하기 위해서는 예수님께서 비유로 들으신 말씀을 분석해 보면 알 수 있습니다(마 20:1-16).

하루는 포도원 주인이 일꾼들을 3시와 6시와 9시와 11시에 불러다 고용해서 하루 종일 일을 시키고 저녁에 품삯을 주게 되었습니다. 주인이 나중 온 자로부터 시작하여 한 데나리온씩 주니까 더 받을 줄 알았던 먼저 온 자들이 와서 이럴 수가 있느냐고 하면서 나중 온 자들은 한 시간만 일하고 종일 수고하고 더위를 견딘 우리와 같이 줍니까? 라며 불평을 했습니다. 말하자면 불공평하다는 말입니다.

이에 주인은 자기에게 잘못한 것이 없다며 나중 온 자들에게 "그들과 같이 주는 것이 나의 뜻이니 네 것이나 가지고 가라 내 것을 가지고 내 뜻대로 하는 데 무엇이 잘못 되었느냐?" 라고 대답합니다. 즉 "내 것을 가지고 '내 맘대로' 하는데 네가 무슨 불만이냐?"라는 말씀입니다. 즉 조직신학적으로 말하자면 이것이 바로 '하나님의 주권'을 의미하는 것입니다. "내 것을 가지고 내 맘대로 하는 것" 바로 이것에 대하여 불평할 수 없다는 말입니다.

이는 마치 사람들이 선물을 누구에게 무엇을 얼마를 주든지 무슨 참견이냐? 라는 말과 같은 뜻이 되는데, 하나님께서 어떻게 하시든지 인간이 왈가왈부할 수 없다는 것입니다.

"그러면 하나님은 엿장수 맘대로가 아닙니까?" 불평을 할 수 있을 것입니다. 말하자면, 하나님은 공의도 법도 없으니 불공평하신 분이라는 말이지요. 그러나 그렇지 않습니다. 하나님은 공평하시기 때문에 선하시다고 말씀하시면서, 먼저 온 자들에게 말씀하시기를 "네가 나와 한 데나리온을 약속하지 아니하였느냐?"라고 하시며 그들의 불평을 일축하셨습니다.

이것이 바로 하나님의 주권에 도전하는 인간에게 할 말이 없도록 하시는 대답이십니다. 성서신학적으로 이것을 '하나님의 언약'이라고 합니다. 불평하는 그들에게 하나님께서는 "네 것이나 가지고 가라 나중 온 이 사람에게 너와 같이 주는 것이 내 뜻이니라 내 것을 가지고 내 뜻대로 할 것이 아니냐 내가 선하므로 네가 악하게 보느냐?"라고 책망하시며 이 논쟁에 못을 박아 문제를 타결하셨습니다(마 20:1-16).

그렇습니다. 피조물인 인간이 조물주 되시는 하나님의 주권에 도전해서는 안 됩니다. 인간의 상대성 원리에 의해 이를 초월한 하나님의 절대성 원리가 도전을 받을 수는 없는 것입니다. 하나님의 주권과 인간의 자유를 조화시키는 '연결고리'가 바로 '하나님의 언약'인데 이것을 인간과 연관시킬 때 '약속'이라고도 하고, '계약'이라고도 합니다. 하나님께서 언약에는 이미 에덴동산에서부터 세웠던 '행위언약'

과 인간이 타락한 후에 세우게 된 '은혜언약' 이 있습니다.

"그렇다고 치더라도 바로에게 무슨 하나님의 언약이 있었습니까? 하나님의 백성인 이스라엘과는 언약이 있었지만 애굽의 바로에게는 한 적이 없지 않느냐?"라고 반문할 수도 있겠지만 그렇지 않습니다. 하나님께서는 이스라엘 이전에 이미 에덴에서부터 원시언약인 어머니 언약(maternal promise)을 주셨는데 이것을 신학적으로 원시복음(proto-gospel)이라고 합니다.

그 후로 하나님께서는 노아를 비롯하여 아브라함, 다윗의 계통으로 언약의 말씀이 전해 내려왔습니다. 그 뿐이 아닙니다. 하나님의 일반계시를 통하여 인간 누구에게나 일반 은총의 언약이 주어졌습니다. 지금도 누구에게나 이런 언약 아래 살고 있습니다. 다만 인간의 눈이 어두워져서 깨닫지를 못하는 것뿐입니다. (cf. 롬 1:19-23; 2:12-16)

[결론]

하나님께서 바로의 마음을 강퍅하게 하신 이유는 전술한 바와 같이 하나님의 주권행사와 인간의 자유의지의 사용에 있는 것입니다. 이러한 의미에서 바로의 마음이 강퍅하게 된 것은 하나님 편에서 보면 이스라엘 백성을 위한 하나님의 주권적 행사이며, 인간 편에서 보면 바로의 자유의지의 오용으로 인한 바로의 죄악에 기인한 것입니다.

바로의 죄는 그의 교만과 이스라엘에 대한 박해로 나타났는데, 하나님께서는 바로의 마음이 강퍅하게 되도록 하나님의 주권을 행사하심과 동시에 인간 바로의 자유의지의 오용에 대하여 방임(유기)하셨다는 표현이 종합적인 논평이 될 수 있습니다.

[질 문] 18

아간이 범한 죄로 아간이 죽지 않고 아이 성 싸움에서 다른 사람 삼십육 명이 죽은 일에 대하여 어떻게 생각하십니까?

[답 변]

이 문제는 이스라엘 백성에 대한 하나님의 언약과 아간의 죄에 대한 연대적 책임이라는 차원에서 접근해야 쉽게 풀립니다. 즉 언약(사랑)과 죄책(공의)의 문제입니다. 아간의 범죄에만 초점을 맞추어 생각하다보면 아간의 개인적인 죄밖에는 보이지 않습니다. 그의 공범과 그가 속한 족속과 지파, 그리고 이스라엘 전체에 대한 죄라는 인식을 갖지 못하기 때문에 아간이 아니고 "왜 다른 사람 36명이 죽느냐?"라는 의문을 떨쳐낼 수 없습니다.

전쟁의 패배에 관하여 전쟁에서 패하여 36명이 죽은 일(대표적 죽음)은 하나님께서 조상으로 하여금 세우신 언약에 따라 이스라엘 전부를 멸망시킬 수 없기 때문이고, 오히려 이스라엘을 살리기 위함이었습니다. 전 이스라엘이 죽어 마땅한 전쟁에서 36명만을 대표적으로 희생시켜, 전쟁은 인간에게 있는 것이 아니라 하나님에게 속한 것임을 알게 하신 것입니다.

전쟁에서 패하여 3,000명이 패주한 일(이스라엘의 대표적 군대)에 관하여 전쟁에서 패전한 3,000명의 군사는 아이 성을 공격하여 점령하는 데 필요한 최소한의 수로 판단한 것입니다(이스라엘 중에서 차출된 대표적인 군사). 이 최소한의 수를 투입한 것은 아이 성을 얕보고 전쟁의 승패가 사람의 힘에 달려있다는 지극히 인간적인 사고에서 나온 것입니다.

이는 인본주의적 발상으로, 하나님의 언약에 대한 불신이요 하나님께서 가장 싫어하고 분노하시는 부분입니다. 이것이 피상적인 패전의 원인입니다. 이것은 하나님을 무시한 인간의 교만과 오만으로, 여리고성 승리에 도취되어 하나님 없이 스스로 승리할 수 있다는 착각에서 비롯된 것입니다.

전쟁에서 패배의 원인과 책임에 관하여 패배의 원인(하나님께 대한 범죄)은 하나님의 엄중한 명령에 대한 불순종입니다 (여리고성을 점령할 때에, 사람과 육축 등 살아있는 것들은 다 죽이고, 금, 은, 기타 물건들은 여호와께 바치라는 명령). 죄가 연대적으로 전가된 것입니다(한 공동체에서 개인의 범죄는 개인 일신상에 머무는 것이 아니라 그 공동체 전체로 전가되는 범죄의 원리임). 이 죄의 책임의 죄에 대한 연대적인책임입니다(아간—아간의 공범자들—36인—3,000명—전 이스라엘).

아간은 홀로가 아니라 이스라엘의 공동체의 한 일원으로 살고 있기 때문에 죄에 대해서도 연대적 책임이 불가피합니다. 아간의 죄는 곧 이스라엘의 죄로, 특히 거룩한 하나님의 공동체의 문제로서 하나님의 공동체에 부정과 죄악은 금물입니다. 결국은 연대책임으로 징벌을 받게 되는데, 아간이 이스라엘의 공동체의 일원, 즉 한 지체가 되기 때문입니다(cf. 예수님의 몸인 교회공동체의 지체인 교회의 일원). 범죄에 대한 심판에 관하여(범죄 행위에 대한 징벌) 우선 그 심판으로 이스라엘 군대 중 36명의 희생과 3,000명의 패전으로 이어졌습니다.

다음으로 아이 성의 패전으로 그 공격에서 철수한 이스라엘 전체에 대한 심판으로 간주되어 이스라엘 사람들이 혼란에 빠지게 되었습니다. 결국 전쟁의 패전의 원인인 아간의 범죄에 대한 심판으로 아간과 그 공범자들을 처단하는 순서로 진행되고 여호와께 번제를 드리는 것으로 마무리가 되었습니다.

[결론]

아간이 범한 죄로 아간이 죽지 않고 아이 성 싸움에서 다른 사람 삼십육 명이 죽은 일에 관하여 몇 가지로 요약할 수 있습니다. 그 핵심은 이스라엘 백성에 대한 하나님의 언약과 아간의 죄에 대한 연대적 책임입니다. 즉 언약과 죄책의 문제입니다.

구약시대에는 주로 공동체 더욱 거룩한 하나님의 공동체 생활이기 때문에 모든 사건의 초점이 하나님의 거룩함과 공동체에 맞추어져 있습니다. 물론 개인에게 맞추어진 부분들도 있지만, 이야기신학(Narrative Theology)에서 말하듯이 하나님의 직설적인 이야기(cannonical story)와 개인의 생활경험(individual experiential story)에 이어 중요한 것이 공동체에 관한 이야기(community story)가 주를 이루고 있다는 것입니다.

그러므로 공동체의 원리인 연대적 축복과 의무와 책임이 가장 중요한 요소 중의 하나입니다. 그러므로 한 개인이 범죄하면 자동적으로 전체 공동체에 영향을 미치게 됩니다. 이러한 맥락에서 볼 때에 아간의 범죄행위가 전 이스라엘의 범죄로 간주되어 여호수아가 여호와께 기도하고 속죄의 제물을 드리며 하나님께 용서를 받게 됩니다.

그러나 구약의 후반인 선지서에 이르러 죄에 대한 개인적인 책임론이 두드러지게 대두되기 시작했는데(겔 14장), 이는 성경의 계시발전(progressive revelation)의 이론에 근거하여 신약시대에 와서는 완전히 개인의 죄책과 구원으로 발전하게 되는 것입니다.

좀 더 신학적인 차원에서 살펴볼 때에 죄의 문제는 외면적인 문제로부터 내면적인 문제로 추적해 들어가게 되어 있습니다. 전쟁의 패배의 원인에서 아간의 범죄의 실체에 이르러 그 절정을 이루게 됩니다. 이는 마치 다윗이 밧세바를 취하고 우리아를 죽인 외면적인 자범죄(peccatum actuale)로 부터 시작하여 모태로부터 유전 받은 원죄(peccatum originale)에 이르러 회개의 절정을 이루는 것과 같은 이치입니다. (시 51편)

이것이 성서적, 그리고 신학적인 죄의 성향입니다. 그래서 아담으로부터 유전된 내면적인 원죄에 근거하여 외면적인 자범죄를 짓게 되는 것입니다. 내적인 원죄는 영의 눈이 열리지 않고 믿음이 없으면 알 수 없는 것으로, 회개하여 믿음으로 영의 눈이 열릴 때 비로소 이 원죄를 발견하여 깨닫고 다윗과 같이 근본적인 회개를 할 수 있는 것입니다.

사실 알고 보면 아간이 범죄하고 아간이 즉시 죽지 않고 이스라엘 군대 중 36명이 죽은 일에 대해서는 몇 가지 의미가 있습니다. 아간이 죽지 않은 것이 아니라 잠시 유보된 것인데, 이는 아직 아간의 죄가 드러나지 않아서 선고되지 않았기 때문입니다. 이 죄는 전쟁에 연루되어 있는 것이기 때문에 우선 전쟁에서 그 결과인 이스라엘의 아이 성 패전으로 하나님의 노가 분출된 것입니다. 이는 예를 들어 우리가 범죄하면 죄를 회개하기도 전에 먼저 매를 맞는 것과 마찬가지입니다.

이는 앞에서 설명했듯이 하나님의 거룩한 공동체인 이스라엘에게 연대책임을 물으시는 하나님의 공의의 행위이십니다. 그럼에도 불구하고 하나님은 이스라엘에게 약속하신 영원한 언약을 기억하시는 사랑의 하나님이십니다. 그러므로 이 죄악을 청결하시고 다시 복을 주십니다. 그러기 위하여 죄악의 근원인 아간의 죄를 드러내도록 여호수아의 기도에 응답하시고 제비를 뽑게 하셔서 기어코 죄인인 아간을 찾아내십니다.

결국 범죄의 근원인 아간의 죄를 심판하여 아간과 그에게 직접 연루된 사람들을 죽이고 모든 죄악을 청산함으로써 이 사건을 마무리하십니다. 그러고 나서 하나님의 언약을 따라 다시 하나님의 긍휼과 은혜와 축복을 간구하는 의미에서 여호와께 제사를 드리고 나서야 하나님과의 관계가 회복된 것입니다.

레위기

[질 문] 19

구약 성경에는 우림과 둠밈을 통해 하나님께서 응답을 하셨는데 어떤 모양으로 응답이 되셨는지 궁금합니다. 또 그것이 보관되었던 곳과 사라진 때가 언제인지? 포로 귀환 후 성전에 재건된 후에도 있었다고 보아야 하는지요?

(1) 우림과 둠밈을 통한 하나님의 응답이 어떤 모양으로 나타났는지요?

(2) 우림이 이스라엘 역사에서 언제 사라졌는지요?

(3) 우림과 둠밈이 이방에 잘못 전수되어 부적의 원조로 변질된 것으로 생각할 수 있는지요?

[답 변]

위의 우림과 둠밈(אוּר תּמִים והתומים/Urim and Thummim, 출

28:30; 레 8:8)은 하나님의 명령에 따라 하나님의 뜻을 분별하기 위하여 대제사장 가슴에 달았던 흉패(민 27:21; 신 38:8-10)에 열두 지파를 상징하는 열두 보석이 달린 일종의 주머니 속에 넣었던 신비로운 판결 물건(우림과 둠임의 재료가 나무, 혹자는 뼈, 혹자는 돌이라고 함)으로, 우림은 "빛"(light), 둠밈은 "완전"(perfections)이라는 의미를 가지고 있습니다.

우림(אוּרִים/Urim)은 전통적으로 "빛"(lights)을 의미하는 성경의 히브리어 어근에서 유래한 것인 반면에, 둠밈(תֻּמִּים /Thummim)은 "결백"(innocent)을 의미하는 자음 어근에서 유래한 것으로 생각되고 있습니다(cf. Neqqudot of the masoretic text).

우림과 둠밈은 번역상 전통적으로 "빛"(lights)과 완전(perfections)으로 번역되어왔습니다. 혹자는 이들을 은유적으로 해석해서 "계시"(revelation)와 진리(truth)로, 혹자는 "교리"와 "진리"로 번역하기도 했습니다(Vulgate, Jerome의 작품, Hexapla 오리겐의 6개 국어 대조판).

물론, 피상적으로는 복수로 표현되고 있지만, 문맥상으로는 단수로 이해하고 있는데, 그 이유는 이것들의 위엄함을 나타내기 위한 장엄복수[삼위일체에서 하나님(אֱלֹהִים)을 장엄복수(majestatis pluralis)로 사용함과 같이]로 사용하기 때문입니다.

오늘날 대부분의 학자들은 우림(אוּרִים/Urim)을 단순히 히브리어 אֲרוּרִים(Arrim)에서 유래된 것으로 "저주"를 의미합니다. 그리고 본래 우림과 둠밈은 "저주 받음"과 "무죄함"을 의미하는 것으로 "유죄"냐 "무죄"냐의 질문에 대답하는데 사용되었습니다.

우림과 둠밈을 이해하기 위한 성서적인 중심구절(key phrases)로서, 많은 학자들이 사무엘서에 나타난 사울, 요나단, 그리고 백성사이와 다음으로 사울과 요나단 사이에 제비(lots)를 뽑을 때(삼상 14:41), 사용했던 물건을 우림과 둠밈으로 보고 있습니다.

출애굽기에서 처음으로 우림과 둠밈에 관하여 기록하고 있는데, 대제사장의 에봇 흉배 주머니에 넣은 성물로 이해하고 있는 이 우림과 둠밈의 형태에 관한 기록은 성서에서 찾아볼 수가 없습니다. 그럼에도 불구하고 성경은 제사장의 에봇 흉패 안에 모종의 주머니 속에 그것들을 넣은 것으로 언급하고 있습니다.

우림과 둠밈의 형태뿐만 아니라 그 수에 관해서도 학자들마다 의견이 분분합니다. 어떤 학자들은 우림과 둠밈이 하나로 된 물건으로 이해하고 있고, 또 어떤 학자들은 우림과 둠밈이 각각 다른 두 개의 물건이라고 믿고 있습니다. 성경에는 우림과 둠밈에 관하여 그 모양이나 수에 관해서는 언급하지 않고 있습니다. 어떤 이들은 나무 조각이나 뼈 조각으로 만든 판(tablets)이라고 합니다.

탈무드 랍비들은 우림과 둠밈은 제사장 흉패에 쓰인 말들이었다고 주장합니다. 대부분의 탈무드 랍비들과 요세푸스는 우림과 둠밈이, "빛"을 의미한다는 믿음에 따라 흉패위에 달린 12보석들에서 나오는 큰 빛들에 의해 응답되는 질문들을 포함한 것이라고 합니다.

(1) 우림과 둠밈을 통한 하나님의 응답이 어떤 모양으로 나타났는지요?

하나님께서 이스라엘 백성들과 교통하실 때에 꿈(dreams)과 예언자(prophets)와 우림과 둠밈(Urim and Thummim) 등 세 가지 방식을 사용하셨는데(삼상 28:3-6), 그 중에 우림과 둠밈에 관하여는 사안과 그 시기에 있어서 제한적으로 사용되었습니다.

우림과 둠밈에 의한 응답의 방식에 대한 정확한 기록은 없습니다. 이 문제에 관해서도 학자들 간에 분분한 견해들이 있지만, 성경에는 정확한 언급이 없습니다.

우림과 둠밈을 '하나의 성물'로 보는 견해에서는 물건을 던지거나 제사장이 제비뽑기 방식으로, 우림이 나오면 "유죄", 둠밈이 나오면 "무죄"로 결정되는 것으로, 우림과 둠밈의 목적이 혐의(suspected guilt)를 확인하거나 부정하는 시금석이었습니다.

고대 랍비문헌에 따르면, 우림과 둠밈을 통하여 답을 얻기 위하여, 먼저, 문제의 사람들(individuals)이 에봇(Ephod)을 입은 제사장 앞에 서서 그 문제를 간단하게 말한다고 합니다(다른 사람이 들을 정도의 큰소리가 아님).

탈무드 랍비들과 요세푸스는 우림과 둠밈이, "빛"을 의미한다는 믿음에 따라 흉패위에 달린 12보석들에서 나오는 큰 빛들에 의해 응답되는 질문들을 포함한 것으로 생각하여, 각각의 보석이 다른 글자들을 나타내고, 연속적인 빛이 대답을 말해준다고 합니다(거기에는 히브리 알파벳의 22글자가 있고, 흉패 위에는 단지 12보석이 있지만). 그러나 두 사람의 랍비는 그 보석들이 그 남은 것으로부터 스스로 움직이며, 심지어 말(words)들을 형성하는 그룹들 안에로도 이동한다고 주장합니다.

나라에 중요한 일이 있을 경우(전쟁에 관한 물음 등), 하나님의 뜻을 알기 위하여 사용했던 방법으로, 대제사장이 왕이나 장로들을 동반하고 성전의 제단 앞에 서서 뒤에 서있는 왕이나 장로들의 요청을 간구하면 대제사장의 흉패 안에 있는 우림과 둠밈을 통하여 "yes"(예)와 "no"(아니오), 아니면 "no answer"(무응답)으로 보여주신 하나님의 뜻을 왕이나 장로들에게 알려준다고 합니다.

그러나 이 모든 방식들은 탈무드나, 랍비들의 증언과 요세푸스, 그리고 학자들의 견해일 뿐 성경에는 이에 대한 정확한 기록이 없습니다.

⑵ 우림과 둠밈이 이스라엘 역사에서 언제 사라졌는지요?

성서적으로 우림과 둠밈이 처음으로 언급된 것은 대제사장 예복에 관하여 출애굽기의 기록으로, 연대적으로 본문비평학자들에 따라 그들에 관하여 진술한 최초의 구절로 호세아서에 나타납니다(호 3:4). 거기에서 그것은 에봇(Ephod)에 대한 언급으로 우림과 둠밈은 B.C. 8세기 중반에 이스라엘 사람들의 종교의 통속적인 형태로서 근본적인 요소들이었다는 것을 의미한다고 합니다(Wikipedia).

그러나 예언자들이 활동했던 시기에 랍비문헌의 소스(자료)들이 우림과 둠밈의 사용이 필요했는지에 대한 의문을 제기하거나 적어도 그에 대한 당위성을 증명하려고 노력했다는 것입니다. 고전적 랍비 저술가들은 우림과 둠밈은 단지 군대장관이나 대제사장, 그리고 왕들과 같이 저명인사들에 의하여 논의됨으로 허용된 것들이었습니다.

유대의 역사가인 요세푸스(Josephus)는 우림과 둠밈의 사용은 B.C. 2세기 마카비 시대(the era of the Maccabees)까지 지속되었다고 주장했습니다. (Jospus, Antiquities of the Jews, vol. 3, 8:9)

탈무드 자료들에 의하여 우림과 둠밈이 매우 초기에 분실되었다는데 전적으로 동의합니다. 즉 예루살렘이 바벨론에 의해 약탈할 때에 분실된 것으로 봅니다. (Talmud 65b Jerusalem Talmud)

느헤미야서와 겹친 부분인 에스라서에서는 바벨론 포로 후 제사장의 신분 여부를 증명할 수 없는 사람들이 제사장직에서 끝났다는 것, 그리고 그들이 포로가 시작되기 전 제사장 직으로부터 이어져 내려왔다는 것들에 관하여는 우림과 둠밈을 가진 제사장이 일어나기까지 기다릴 필요가 있다고 했는데(스 2:63; 느 7:65) 이는 우림과 둠밈이 그 때까지 잃어버렸다는 탈무드의 견해를 확인하는 것같이 보이기도 합니다.

사실, 본문비평학자들이 포로 이전 수세기로 거슬러 올라가면서 제사문서(P) 자료들을 살펴보았지만, 우림과 둠밈과 같은 것에 관하여 알 수 있는 것이 없고, 다윗의 죽은 시점을 기준으로 신명기 역사에서 우림과 둠밈에 관한 언급이 없기 때문에, 학자들은 바벨론 정복 이전 어느 시기에 그들의 사용이 소실되었다는 것에 대하여 의문을 가지고 있는데, 아마도 선지자들 시대에 증가된 예언의 영향의 결과 때문인 것 같습니다.

결론적으로, 우림과 둠밈의 존재와 사용에 관한 역사는 정확히 확인할 수 없습니다. 다만 성경 안에서 그 존재와 사용된 기록을 따라 다윗 때까지만 사용되었고(삼상 28:6; 30:7-8), 그 이후에는 사용된 일이 없고, 에스라도 우림과 둠밈을 가진 제사장이 일어나기까지 기다리라고 한 것을 보면, 우림과 둠밈에 관하여 초기 왕국이었던 사울 왕 시대(삼상 28:6), 다윗 왕 시대(삼상 30:7-8)와 포로후기 사이와 그 이후에는 우림과 둠밈의 사용에 대한 언급이 전혀 없기 때문에, 아마도 다윗 왕 이후에 언젠가 우림과 둠밈이 역사상에서 사라진 것이 아닌가 생각됩니다.

특히 열왕 시대에 많은 선지자들이 일어나 예언을 통하여 하나님의 뜻을 알 수 있게 되었기 때문에 더 이상 우림과 둠밈의 사용이 필요하지 않았을 것입니다. 요사이도 복음전도 초창기에는 여러 가지 신비로운 은사들을 통하여 하나님의 뜻을 헤아려나가지만, 신앙이 성숙한 후에는 하나님의 말씀을 통하여 하나님의 뜻을 헤아릴 수 있기 때문에 더 이상 은사들이 꼭 필요하지 않은 것과 같은 맥락에서 이해하는 것이 좋을 듯합니다.

(3) 우림과 둠밈이 이방에 잘못 전수되어 부적의 원조로 변질된 것으로 생각할 수 있는지요?

실천신학적으로 아주 좋은 질문입니다. 그래서 요사이 제비뽑기에 많은 긍정적인 장점이 있음에도 불구하고 부정적인 측면을 고려하지 않을 수 없는 것입니다. 사실 제비뽑기 방식은 신앙이 성숙한 오늘날에는 꼭 필요한 것은 아닙니다. 그러나 인간의 부패성이 너무나 심화되어(부정선거, 금권선거, 관권선거 등) 다른 방법으로는 할 수 없기까지 되었기 때문에, 궁여지책으로 성경의 원색적인 방법 중의 하나인 제비뽑기 방법을 채용하는 것이라고 생각합니다. 여기에서 다만 우려하는 바대로 미신적인(Shamanistic) 방법이 되지 않을까 하는 것입니다. 이미 역사상에서 우림과 둠밈의 방식과 흡사한 방법들이 이방 나라에서도 사용되어 왔다는 사실이 이를 입증해줍니다.

이미 전에 아시리아와 바빌로니아에서 "운명의 서판"(The Tablets of Destiny)을 사용했는데, 이는 어떤 면에서 우림과 둠임의 방식과 흡사합니다(Jewish Encyclopaedia). 다만 "운명의 서판"은 그 기능을 다하기 위해서 다른 신들(gods)과 인간(mankind) 사이에 중재하는 신들(deities)의 가슴에 두지만, 우림과 둠밈은 하나님(God)과 인간(mankind) 사이에 중매를 위하여 제사장의 흉패 안에 두는 것이 다릅니다.

바벨론의 말둑 신(Marduk)은 자신의 인(seal)을 "운명의 서판"에 두어야 하지만, 이스라엘의 흉패에는 이스라엘 각 지파들을 위하여 보석들을 그 위에 두었습니다. 이것은 같은 원리에서 유래된 것인지도 모릅니다.

우림과 둠밈 그리고 운명의 서판이 같은 목적, 즉 왕과 나라의 운명에 관계될 때에 사용되었다는 것이 흡사한 점입니다. 소수 고고학자들에 따르면, 이스라엘 사람들은 가나안 사회 안으로부터 생겨난 신문화(subculture)의 사람들이고, 외부로부터 침입한 세력이 아니라고 합니다. 그러므로 그들이 다른 셈족들(Semitic nations)에게 비슷한 종교적인 행위들(practices)을 사용해왔다는 것은 자연스러운 현상이라고 합니다. 그러면서도 이 학자들은 우림과 둠밈의 개념이 근본적으로 "운명의 서판"으로부터 유래되었다는 데는 의문을 가집니다.

그 외에 주변 나라들, 말하자면 애굽과 같은 나라에서도 비슷한 방법으로 마법사들을 통하여 신의 뜻을 묻고 행하는 일들이 다반사로 있었던 사실이 성경에도 발견되나, 하나님의 방식과 달리 번번이 하나님의 능력에 제압되는 것을 볼 수 있습니다. (예: 모세의 하나님의 능력과 바로의 마법사들의 능력 대결)

그리고 말일성도 예수 그리스도교(몰몬교)에는 "우림과 둠밈"(Urim and Thummum), 그리고 "예언자의 돌"(Seer stone)이라는 것이 있습니다. 말일성도운동의 창시자인 요셉 스미스(Joseph Smith Jr.)는 그가 "금판"(Golden Plates)으로부터 몰몬경(the Book of Mormon)을 해석하기 위하여 해석 판(interpreters)들을 사용했다고 말했습니다. 그가 한 쌍의 석판들로 기술한 해석판들은 한 쌍의 큰 안경(spectacles)과 흡사한 형태로 연결해서 흉패에 부착된 것입니다. 스미스는 후에 이것을 우림과 둠밈으로서 이 물건에 언급했다고 합니다.

1823년 스미스는 그에게 금판에 관하여 말해주었던 천사 몰몬니(Mormoni)가 또한 우림과 둠밈에 관하여 말해주었다고 합니다.

우리나라에서도 제비뽑기와 같은 방법들이 사람들이 결정하기 어려운 문제들을 위하여 오래전부터 사용되어 왔다는 것도 잘 알고 있는 미신적인 방법입니다.

특히 교회에서 무엇을 결정하거나 행운을 빌기 위하여 이용되는 우림과 둠밈과 흡사한 방법을 개발해서 사용하는 경우도 있는데, 신중을 기해야 할 것입니다. 예를 들면 연말연시에 직원을 뽑는다든지, 하나님께서 주시는 말씀이라고 해서 성경구절들을 적어 넣고 그 중에서 하나를 뽑아 그것이 하나님께서 자신에게 주신 말씀, 특히 축복이라고 생각하는 것들은 자못 우림과 둠밈의 원의를 왜곡되게 할 수 있습니다.

[결론]

간단히 결론은 내리자면, 다음과 같이 요약될 수 있을 것입니다. 말하자면, 우림과 둠밈의 문제는 신탁(Oracles) 또는 신의(Will of God)을 알기 위하여 사용된 일종의 제비뽑기와 같은 것으로 이는 구약시대, 특히 꿈과 환상, 예언과 같은 것이 사용되기 전에 하나님과 제사적 교통방식으로 사용되었던 방법이라고 생각합니다. 그러므로 신약시대 특히 역사와 신앙이 성숙한 오늘날에 와서는 그것을 꼭 사용해야 할 필요성은 없을 것 같습니다.

우림과 둠밈을 통한 하나님의 응답이 어떤 방식으로 나타났는지, 우림과 둠밈이 이스라엘 역사에서 언제 사라졌는지, 그리고 우림과 둠밈이 이방에 잘못 전수되어 부적의 원조로 변질된 것인지에 관한 확실한 성서적 근거를 찾을 수는 없습니다.

단지 오늘날 고등비평(higher criticism) 학자들이나 하등비평(lower criticism) 학자들에 의해서 간혹, 성서의 우림과 둠밈이 이방의 문화적 풍속, 특히 바벨로니아 풍속에서 도입된 것이라고 주장하기도 하나 이것들은 모두가 억측에 불과한 것으로 성서에 나타난 우림과 둠밈 등 모든 것들은 하나님께서 직접적으로 계시하신 것들이라고 믿어야 할 것입니다.

민수기

[질 문] 20

모세가 아내로 삼은 구스 여인이 이드로의 딸인지 아니면 다른 여인인지에 대해서 설명해주시기 바랍니다.

[답 변]

이 문제를 해결하려는 몇 가지 학설이 있습니다. 당시 구스라는 족속들은 에티오피아, 아라비아, 그리고 앗시리아에 이르는 광범위하게 정착해 살고 있었던 흑인종들의 함족 계통을 말합니다. 그러므로 모세가 취한 구스 여인에 관해서는 몇 가지 견해가 있습니다.

구스를 아라비아의 미디안 지역과 동일시 할 경우(합 3:7), 구스 여자는 모세의 본처인 십보라(출 2:21)로 보는 견해가 있습니다(Calvin, Knobel). 이 견해는 십보라는 모세가 백성들을 구원하기 위하여 애굽으로 들어가기 전 미디안 도피생활 시에 결혼해서 이미 아이 둘을 낳은 이드로의 딸이며, 또 아론과 미리암이 이미 오래전 사건으로 두 아들까지 낳은 것을 알면서 이제 와서 문제를 삼을 명분이 없으며, 본문을 살펴보면 구스 여자를 취한 것이 과거분사로 묘사되어 있기 때문에 개연성이 없는 것 같습니다.

모세가 그의 본처 십보라가 죽은 후에 새로 맞이한 새 아내가 바로 구스 여인이라고 보는 견해가 있습니다(Keil, Ewald, Michaelis). 이 견해에는 유대의 전승도 지지해주고 있기 때문에 가장 개연성이 있는 것 같습니다. 아무튼 확실한 언급은 찾을 수가 없습니다.

[질 문] 21

발람이 받은 하나님의 응답은 어떻게 보아야 하는지요? 발람이 이스라엘의 장래와 이웃나라에 대한 예언과 이에 대하여 평가해주기 바랍니다.

[답 변]

정통신학에서는 발람을 하나님과 관계없는 이방의 거짓 선지자 즉 이방의 술사(이방의 제사장 혹은 예언자)로 봅니다. 그러나 발람이 하나님과의 대화와 이스라엘을 비롯한 이웃나라, 심지어 메시아에 대한 예언은 하나님의 신이 감동해서 이루어진 것이기 때문에 진실로 보아야 합니다. 이는 마치 사울이 다윗을 잡으러 가다가 하나님의 신이 임해서 예언한 것과 같은 맥락에서 이해하면 될 것입니다(삼상 19:18-24).

제가 발람에 관하여 여러 신학적인 견해와 성경적인 정황을 제시하는 것은 그러한 견해들을 통하여 성경을 좀 더 정확하게 이해하기 위해서입니다. 이것이 학자들의 태도입니다. 제가 발람에 대하여 하나님과 전혀 무관한, 단순한 사술자로만 보기에는 하나님과 이스라엘과의 관계성 그리고 특히 성령에 감동되어 메시아에 관한 예언을 한 것으로 보아 좀 무리가 있기에, 좀 더 신학적으로 분석해서 하나님께서 특별계시 차원이 아니라 일반계시 차원에서 섭리하시면서 특별계시와 일반계시 사이가 전혀 무관한 것이 아니라 신비로운 상관관계(co-relationship)가 있다는 개혁주의 변증학적인 측면에서 다룬 것입니다.

위의 발람에 대하여 좀 더 깊이 있는 연구를 통하여 전문적인 지식에 이르는 것도 바람직하다고 보아 다음과 같이 발람에 대한 평가를 하는 것입니다.

발람에 관하여 쓸려면 큰 논문을 써도 될 정도로 성경에서 중요한 부분이며, 그 내용으로 보아 신학적으로도 버거운 난제 중의 하나입니다. 우선 질문하시는 내용이 너무 광범위하여 목사님이 생각하고 있는 초점을 먼저 파악해야 될 것 같습니다.

민수기 본문에서 발람이 하나님을 알고 대화하며 하나님의 메시지를 전달하고 있다는 사실과, 그럼에도 불구하고 발람에 대한 선지자들과 사도들의 심판을 볼 때, 어떻게 평가해야 할지가 궁금하신 것으로 이해하고 있습니다. 더구나 발람의 사건 중에서 납득하기 어려운 부분들이 많이 있어서 더욱 궁금하게 생각하실 것입니다. 물론, 발람에 대하여 비교적 상세히 언급하다 보면, 그 궁금증도 풀리지 않겠나 생각됩니다. 함께 성경을 중심으로 풀어나가 보기로 하겠습니다.

우선, 발람에 관하여 언급하려면, 먼저 발람의 신분과 직분을 헤아려 살펴보아야 할 것 같습니다. 그러고 나서 그의 사역에 관하여 평가해야 되지 않을까 생각합니다.

발람의 신분에 관해서는 구구한 견해들이 있습니다. 우선 크게, 발람이 ① 하나님의 선지자냐 ② 거짓 선지자냐 ③ 이방의 술사냐 하는 문제를 풀고 나서 만약에 거짓 선지자나, 이방의 술사라면, 어떻게 하나님께서 이들에게 말씀을 붙여주시느냐? 라는 문제가 제기되게 됩니다. 학자들 간에는 발람에 대해서 여러 가지로 증명 내지 추측들을 하고 있습니다.

첫째로, 발람이 하나님의 사람이라고 합니다. 이 근거로는 옛날에는 선지자와 술사가 같은 종류였기 때문이라고 합니다(잠 16:10). (Pedersen)

둘째로, 문서설(JEPD)에 따라 처음의 민 22:2~24:25에 기록된 발람은 J문서(여호와 문서)로서 참 선지자였고, 민 31:8, 16에 나타난 발람은 P문서(제사문서)로서 포로 후의 문서라고 하여 각기 다른 사람이라고도 합니다. (Quenen)

셋째로, 발람은 바벨론의 바루(Baru) 제사장이었다가 여호와의 종교로 개종하였으나, 후에 이스라엘의 반역자가 되었다고 합니다. (Albright)

넷째로, 발람이 시종 브올의 아들이라는 이유로 처음부터 술사였다고 합니다. (Delitzsch)

다섯째로, 발람은 처음부터 타락한 거짓 선지자였다고 합니다. (박윤선 박사)

이제 발람의 신분과 직분에 관하여 정리해보기로 하겠습니다. 발람의 신분을 정의(定意)하기 위해서는 먼저 발람에게 붙인 공식 직명과 그 명칭이 의미하는 뜻이 무엇인지? 예를 들어, 그 명칭을 액면대로 받아들여야 할 것인지?, 아니면 우회적으로 사용하지는 않았는지? 하는 것을 문맥과 여러 성경의 지원을 받아 발람의 직위를 정확히 정의하고 나서야 발람의 신분과 그가 행한 사역과 행위에 관해서 평가를 할 수 있을 것 같습니다.

첫째로, "브올의 아들" 발람입니다.

발람의 직명 중에 먼저 "브올의 아들"이라는 명칭이 계속해서 가장 많이 사용되고 있습니다. 보편적으로 "누구의 자식"이라는 명칭을 붙일 때에는 대부분, 그 "아비의 신분과 행위"를 연계시켜서 말을 하게 되는데, 이런 경우 발람은 "파멸시키는 자"라는 악의적인 인격과 사역을 설명해주는 의도가 있는 것입니다(민 31:16; 신 23:4; 수 13:22; 24:9; 미 6:5; 벧후 2:15; 유 1:11; 계 2:14).

둘째로, "술사" 발람입니다(수 13:22).

발람은 메소포타미아 브돌 지방의 브올의 아들로서 그 지역은 이방 땅으로 특히 신비종교가 왕성했던 곳입니다. 어느 곳에서나 마찬가지로 이스라엘을 제외한 모든 이방 땅에서 다른 신들을 섬겼다는 것은 성경에서도 확증되는 내용인데, 중요한 문제는 이스라엘의 역사에 이런 "술사"들의 사건이 자주 끼어들었다는 것입니다.

예를 들면, 애급의 술사, 바벨론의 술사, 그리고 이스라엘 주변 지역의 술사들 심지어 엔돌의 무녀까지 종종 등장해서 이스라엘과의 미묘한 관계를 형성하고 있었습니다. 이런 이방 술사들은 그 당시 이방 종교의 "제사장"들과 동일시되었고, 당시 예언자, 선견자 혹은 선지자들과 동일시되어 당시 신비 종교적 행사를 담당하고 있었는데, 여호와 종교에서는 물론 이들을 배척했지만, 때로는 이런 술사 혹은 선견자

(soothsayer)들을 인정(?)하고 이들과 커뮤니케이션을 했는데, 발람의 경우가 바로 이런 경우라는 것입니다.

셋째로, "선지자" 발람입니다(Prophet)/ 미친 선지자(the madness of the prophet; 벧후 2:16).

발람은 엄연히 하나님의 선지자였다는 것입니다. 왜냐하면 그가 하나님을 잘 알고 있었고, 이스라엘에 관해서도 너무나 잘 알 뿐만 아니라, 그 스스로가 여호와를 "여호와 나의 하나님"(민 22:18)이라고 부른 까닭이라는 것입니다. 그런데 그가 유혹을 받아 거짓 선지자, 미친 선지자가 되었다는 것입니다.

넷째로, "한 때 선지자"였던 발람을 생각할 수 있습니다. (Prophet/Deceiver) (Cf. 요 11:49-52)

한 때는 선지자였으나, 다른 한 때는 거짓선지자라는 것입니다. 이 말의 의미는 선지자는 선지자이나 마음이 유혹되어 거짓 예언을 하거나 거짓 행동을 하는 선지자라는 뜻입니다. 물론 발람의 경우는 거짓 저주를 하려다가 하나님의 강권적인 제재로 그의 뜻을 이루지 못한 케이스입니다. 선지자 본연의 자세를 벗어나 거짓을 유혹하는 선지자라고 해서 거짓 선지자라고도 합니다. (박윤선 박사).

다섯째로, 이러한 견해들과 성서적인 근거에 의하여, 발람의 신분에 대하여 정리해보기로 하지요(물론 이것도 성서적 근거와 추리를 동원한 견해이지만).

우선, 발람이 하나님을 알고 있었다는 것입니다. 물론 그것도 대략 안 것이 아니라 여호와 하나님과 이스라엘의 견고한 언약관계를 잘 알고 있었다는 것입니다. 물론 어떻게 알았는지에 대한 언급이 없기 때문에 본문의 내용을 분석한 결과에서 얻은 결론입니다. 그러므로 하나님께서 이방에서 일으키신 선지자가 틀림없을 것입니다.

또, 발람이 이스라엘과 관계를 가지고 있었다는 것입니다. 물론 어떻게 이스라엘과 관계를 가지고 있었는지에 대해서도 언급이 없기 때문에 알 수 없지만, 이스라엘 뿐만 아니라 주변국, 심지어 미디안과도 관계를 맺는 것을 보면 인정할 수 있습니다.

더구나 여호와 하나님의 능력으로 당시 강대국인 애급에서 나와 엄청난 군대와 백성들을 이끌고 수많은 이적을 행하며 주변 국가들을 격파하며 가나안을 향하여 파죽지세로 진군하고 있다는 소식이 널리 퍼져서 모압 왕이 미디안 장로들을 동원하여 발람을 불러올릴 정도로 이스라엘에 대하여 두려워 떨고 있었던 것입니다. 이러한 사실을 아는 것으로 보아 이방 선지가 틀림없습니다.

발람 스스로가 "여호와 나의 하나님"이라는 호칭을 사용한 것을 보면, 이는 단순한 이방의 술사가 아니라 여호와 하나님과 종교적 관계가 있는 신령한 사람 혹은 이방의 선지자 내지 제사장(미디안 제사장 이드로와 같이)이었을 가능성이 큽니다.

여기서 우리가 순수한 여호와의 선지자, 다시 말하면 하나님의 선민인 이스라엘의 선지자인 유대적 개념의 선지자(나비, נָבִיא)라기 보다는 선민 이스라엘뿐만 아니고 이방까지 전 우주를 통치하시는 하나님의 역사의 일부로서, 특별계시가 아니라 일반계시의 차원에서 일어난 이방 선지자가 아닌가 생각됩니다. 물론 성경에 기록되지 않은 미지(未知)의 선지자들이 전 세계적으로 있었다는 것(그것이 어떤 형태로든지)은 개연성이 있다고 봅니다.

심지어 이방에서 어떻게 알았는지, 유대인의 왕의 별, 메시야의 별(홀)을 인지하고 동방으로부터 온 박사(마기, Magi/ 마술사 혹은 별을 보고 점을 치는 동방의 천문학자)들이 선지자는 아니었지만, 메시아에 대하여 희미하지만 별을 통해 알고 있었다는 것입니다. 이방 나라들이나 왕들도 마찬가지로 여호와의 종이라고 했습니다(앗수르, 파사의 고레스, 바벨론의 느부갓네살 등등). 하나님께서는 이들을 사용하십니다.

특별계시의 차원에서 부르신 히브리적인 선지자(나비, נָבִיא)의 개념이 아니라 일반계시의 차원에서 불러서 하나님의 사역에 사용하시는 선지자, 선견자(Soothsayer)나 왕이나, 관료들이 얼마든지 있을 수 있다는 것입니다. 심지어 예수님을 반대했던 가야바 대제사장까지 그리스도를 통한 구속을 예언한 것을 볼 수 있습니다(요 11:49-52). 이방에도 일반계시에 의한 하나님의 종들이 많이 있었다는 것입니다.

다음으로 발람의 사역에 관해서 알아보기로 하겠습니다. 발람이 어느 형태로든지 여호와 하나님과 관계를 가지고 있는 선지자라면, 이에 따르는 문제점들이 많이 있을 것입니다. 그 문제점들로 인하여 하나님의 섭리와 인간의 주술(마술) 사이에 갈등을 초래하게 됩니다.

발람의 사역에 전개된 하나님과의 대화는 일종의 입씨름으로 기싸움(?)이라고나 할까? 그 중심 주제가 "하나님의 주권"과 발람과 발락을 통한 "인간의 의지"와의 대결입니다. 하나님의 의지는 인간의 의지를 컨트롤합니다. 여기서 하나님의 주권(의지)과 인간의 의지 사이에 일어나는 갈등을 보게 되는데, 이 갈등은 하나님의 주권적 승리로 결정이 나게 됩니다.

아무리 인간의 자유의지가 강하다고 하더라도 절대 주권적 하나님의 의지를 넘어서지 못합니다. 이것이 칼빈주의의 중심교리입니다. 본문에서는 "인간의 의지적인 마술"로 "하나님의 의지적 섭리"를 극복할 수 없다는 교훈이 나타나 있습니다. 이것이 본문의 중심을 관통하고 있는 대 주제입니다.

하나님께서는 자신의 의지를 계시를 통해서 나타내십니다. 민수기 22장~24장에 기록된 내용 중에서 하나님께서는 발락의 주문을 받아 이스라엘을 저주하여 파멸시킨다는 인간(발람)의 계획을 수포로 돌아가게 하셨습니다.

이에 대한 하나님의 말씀은 네 가지 계시를 통하여 깨닫게 하십니다. 이는 이스라엘에 대한 하나님의 확고한 의지입니다. 본문에서 발람의 사역을 통하여 선악 간을 계시하고 계십니다.

첫째로, 발람은 자신의 능력으로 하나님께서 축복하시는 이스라엘 백성을 저주할 수 없다는 계시를 깨달았습니다(민 23:7-10).

둘째로, 발람은 하나님께서는 신실하시기 때문에 이스라엘 백성을 끝까지 지켜주신다는 계시를 깨달았습니다(민 23:18-23).

셋째로, 발람은 이스라엘 백성들은 하나님의 축복으로 앞으로도 계속해서 번영할 것이라는 계시를 깨달았습니다(민 24:3-9).

넷째로, 세 번째 계시의 내용이 네 번째 계시에서 성취되어 이스라엘이 모압을 물리칠 것이라는 사실입니다(민 24:15-24).

이보다 더 중요한 것은 메시아에 대한 예언입니다. 이 예언을 발람이 성령에 감동되어 말하면서도 사실 당시에는 잘 모르는 것 같았습니다. 이로 인하여 발람은 자기의 의지대로가 아니라 하나님의 의지대로 이스라엘을 축복하는 것을 스스로 깨닫고 이제부터는 자신이 쓰던 사술을 쓰지 않고 성령의 감동으로 이스라엘의 번영에 대하여 축복하며, 발락에게 이스라엘에 대한 저주를 포기시키면서 궁극적으로 이스라엘에서 메시아가 나올 것을 예언하였습니다(민 24:1-17).

결론적으로 발람의 사역은 일시적으로 발락의 뇌물공세의 유혹에 말려 이스라엘을 대적하는 사역으로 떨어졌다가 하나님의 강권적인 역사로 이스라엘을 저주하지 못하고 축복하는 사역으로 돌아서게 된 것입니다. 이는 발람의 의지와는 달리 하나님의 강권적인 역사에 의한 것입니다. "발람이 발락에게 이르되 내가 오기는 하였으나 무엇을 말할 능력이 있으리이까 하나님이 내 입에 주시는 말씀 그것을 말할 뿐이니이다"(민 22:38). "발람이 발락에게 대답하여 이르되 내가 당신에게 말하여 이르기를 여호와께서 말씀하신 것은 내가 그대로 하지 않을 수 없다고 하지 아니하더이까"(민 23:26).

그러므로 발람에 대한 평가에 대해서, (1) 구약 민수기 22장~24장의 본문에서는 거의 부정적인 비판을 볼 수가 없습니다. 그러나 (2) 모세에 의해서 혹독한 심판을 받게 되면서부터 그 이후로는 전적으로 부정적인 비판과 심판선언으로 일관하게 되었습니다.

발람에 대한 평가는 어떻게 해야 하겠습니까? 발람의 사역의 내용이 구체적으로 기록된 민 22장~24장에서만 보면 발람에게 동정이 갈 만한 내용들도 곁들여 나옵니다. 예를 들어 발락이 청했을 때 처음부터 응하지 않고 여호와께 물어보겠다고 하며 거절한 것이나, 은금을 가득 채워준다고 할지라도 여호와의 말씀을 가감할 수 없노라고 한 것이나. 여호와의 사자가 칼을 들고 서서 위협할 때에 자신이 범죄 했노라고 고백한 사실(민 22:34) 등등 여러 가지 정황을 보아 발람에게 동정이 가기도 합니다. 물론 물어보겠다고 한 것은 사탄의 유혹의 기회를 준 것입니다.

그럼에도 불구하고 발람이 모세를 비롯한 다른 선지자들이나 사도들의 혹독한 심판의 선언을 받게 된 것에는 분명한 이유들이 있는 것입니다.

우선 하나님의 말씀을 두려워하며, 자기의지와는 달리 하나님의 강권적인 능력으로 말하고 있을 뿐, 그 속에는 아직도 탐심이 가득했다는 사실입니다. 발락의 뇌물공세로 어그러진 길을 가려고 했다가 패망의 운명을 맞아 이스라엘 백성들에게 죽임을 당했다는 사실입니다(유 1:11; 수 13:22). 발람이 발락의 요구에 대하여 불의한 삯을 사랑하여 불의한 생각으로 대답했다는 것입니다. "내 백성아 너는 모압 왕 발락이 꾀한 것과 브올의 아들 발람이 그에게 대답한 것을 기억하며…"(미 6:5).

가장 중요한 것은 이스라엘 백성은 하나님께서 밀착해서 지키고 계시니, 하나님과 이스라엘이 밀착해있는 한, 이스라엘을 파멸시킬 수 없다는 것을 깨닫고, 하나님과 갈라놓게 하기 위하여 이스라엘 앞에 올무를 놓았다는 사실입니다.

올무란 하나님께서 가장 미워하시며 진노하시는 것으로 우상숭배와 간음하게 하는 것입니다. 이 사건으로 모세가 엄중한 심판을 시행하여 간음한 여인들과 남자들을 다 죽이고 발람도 죽였던 것입니다. "그러나 네게 두어 가지 책망할 것이 있나니 거기 네게 발람의 교훈을 지키는 자들이 있도다. 발람이 발락을 가르쳐 이스라엘 앞에 걸림돌을 놓아 우상의 제물을 먹게 하였고 또 행음하게 하였느니라"(계 2:14).

발람의 평가에 대한 결론입니다. 그럼으로, 발람이 참 선지자였든, 거짓 선지자였든, 그리고 이방 선지자 또는 이방의 술사였든 간에, 하나님과 이스라엘을 이간시켜 이스라엘에 대한 하나님의 언약을 파괴하려는 사악한 술수로 인하여 심판을 면치 못하게 된 것입니다.

이 발람의 사상과 행위에 대해서는 역사적 사실로 묶어둘 것이 아니라, 앞으로 성도들로 하여금 경성해야 할 사건으로 기록되어 읽혀지고 있는 것입니다. 이것이 우리가 소중하게 믿고 간직하고 있는 성경의 교훈입니다.

[질 문] 22

모세 율법에 이방 결혼을 못하게 하신 하나님께서 모세에게 이스라엘의 원수 미디안을 진멸하도록 명하실 때에 남자와 동침하지 아니한 여자는 너희를 위해 살려두라(민 31:17-18, 35) 하셨는데 이는 이방 결혼을 허용하시는 말씀인지요?

[답 변]

결론부터 말씀드리자면, 맞습니다. 하나님께서 이방여인과의 결혼을 허락하셨다고 보아도 무리가 없습니다. 물론 본문의 남자를 알지 못한 여인들을 "너희를 위하여" 살려두라고 했습니다. 여기 "너희를 위하여"에는 포괄적인 의미가 있습니다. 미디안의 처녀들이 이스라엘을 위하여 어떤 여인들이 될 것이냐 하는 문제인데, 이 여인들은 주로 몸종이나 하인 또는 주인의 첩으로 살게 했던 것입니다(신 21:10-14; 삿 21:14).

이것이 사실이라면, 이방인과 결혼을 금한 모세의 율법은 어떻게 되느냐? 모순된다는 말씀인 줄 압니다. 그러나 이것도 어렵게 생각할 필요는 없습니다. 하나님의 법에는 반드시 피할 수 있거나 극복할 수 있는 예외 조항을 두고 있다는 것을 생각하셔야 합니다(여섯 도피성을 둔 것과 같이). 인간의 법에도 예외 없는 법은 없다는 말이 있는 것과 같습니다.

그렇다면, 하나님의 율법이 상황윤리(Situation Ethics)를 주장한 플레처(Joseph Fletcher)의 말대로 율법이 변하거나 필요 없어질 수 있다는 말이 아닙니다. 이 문제를 풀려면 먼저 하나님의 율법에 대한 정확한 이해가 필요합니다.

하나님의 율법(모세의 율법)은 세 가지 차원에서 이해해야 합니다.

하나는 도덕법(Moral Law)입니다. 이 법은 십계명과 같은 하나님과 인간관계에 있어서 기본적인 윤리 도덕법을 의미하는 것으로 어느 시대, 어느 사회에서나 변개할 수 없는 불변의 법입니다. 그래서 지금도 십계명은 반드시 지켜야 합니다.

다음은 시민법(Civil Law)입니다. 이 법은 시대와 사회에 따라 변개할 수 있는 법입니다. 여기에는 형법과 민법과 상법 등 그 사회 그 시민들을 위하여 적절하게 제정된 법으로 가변법입니다. 그러나 이 법도 반드시 도덕법에 준하여 융통성 있게 제정되어야 합니다.

마지막으로 의식법(Ritual Law)입니다. 이 법도 역시 그 시대와 그 사회의 상황에 따라 제정되는 것으로 예배의식, 결혼예식 기타 의식에 해당하는 가변법입니다. 이 법도 역시 도덕법에 어긋나서는 안 됩니다.

위의 이방인들과의 결혼문제는 도덕법적인 차원에서 다루는 것이 아닙니다.

말하자면 이스라엘인이나 이방인 모두 하나님의 피조물로서 근본적으로 똑같은 인간입니다. 차별이 없다는 말입니다. 그래서 바울 역시 차별이 없음을 주장했습니다. 단지 시대적인 하나님의 섭리에 따라 모형 내지 예표로 일시 효력을 나타내는 법입니다. 만일 이를 도덕법 차원에 적용한다면, 처음에 모세가 명한 이방인과의 결혼은 본질적으로 금하게 되기 때문에 그때나 이때나 불가능하게 될 것입니다.

이방인과 결혼은 시민법과 의식법에 의해 제정되고 시행되는 것입니다.

그래서 모세가 이방인과의 결혼에 대한 첫 번째의 명령은 신령한 의미에서 거룩한 하나님의 택한 아들들과 불결한 사람의 딸들의 혼음을 금한다는 뜻에서 내린 명령의 예표입니다. 이는 신령한 신앙적인 의미에서 이해하는 것이 좋을 것입니다.

그러나 다음으로 이방인과의 결혼을 허락하는 율법을 다시 제정하게 된 것은 상황에 따라 비본질적인 관계에 적용하기 위한 법이기 때문입니다.

다시 말하면 그 당시의 이방인과의 결혼이 선민과 이방인의 구별과 성별을 위하여 금해졌지만, 이 당시에는 상황에 따라 허락되었습니다. 물론 그 당시에도 예외가 있어서 모세를 비롯하며 수많은 이스라엘 사람들이 이방여인과 결혼했습니다. 그러면 미디안 여인들 중에 죽여야 할 사람과 이스라엘을 위하여 살려두어야 할 사람들은 어떤 사람들이냐에 대하여 먼저 분석해야 할 것입니다.

미디안 여인들 중에 죽여야 할 사람과 그들을 죽여야 할 이유는, 남자를 안 여자(동침한 여자, 혹은 남편이 있는 여자)입니다. 다시는 하나님을 대적하는 전쟁에 참여할 남자의 씨를 말리기 위함입니다. 또 음란한 우상숭배에 연루되었을 가능성이 있는 여인들을 다 죽임으로 다시 이스라엘 사람들을 음행과 우상숭배를 하도록 유혹할 수 없게 하기 위함이었습니다. 그리고 더 이상 그러한 죄악들이 이스라엘에 침투하지 못하게 하기 위함이었습니다.

미디안 여인들 중에 살려야 할 사람은 음란과 우상숭배 의식에 참여

하지 않은 정결한 여인들입니다. 그 처녀들은 몸종이나 하인, 또는 주인의 첩으로서 이스라엘 내에 거주하도록 허용한 것입니다(신 21:10-14; 삿 21:14). 이는 죄로 인한 진노 가운데서도 긍휼과 사랑을 베푸시는 하나님의 자비로우신 성품에 의한 것입니다(합 3:2). 또 미디안 처녀들만으로는 앞으로 그들이 이스라엘을 대적할 만큼 큰 민족을 이룰 수 없기 때문입니다(Keil & Delitzsch).

하나님의 율법 중에 가변법인 시민법에 의하여 포로들을 아내로 삼는 예외 조항인 규례를 제정해놓은 사실이 있습니다(신 21:10). 하나님의 율법 중에 가변법인 의식법에 의하여 포로들을 아내로 삼을 경우에 관해, 성결과 소유에 대한 규례들이 있습니다(신 21:12-14).

[참고]

포로로 잡힌 이방 여인(미디안 여인)을 아내로 삼는 규례가 있습니다.

[신 21:11] "포로 중…아내를 삼고자 하거든" - 이와 같이 이스라엘 백성이 다른 이방 여인과 결혼하는 것은 금지되지 아니하였습니다. 그러나 가나안 여인과 결혼하는 것만은 철저히 금지되었습니다(7:3). 그 까닭은 가나안 족속의 경우 그들의 돌이킬 수 없는 우상숭배 풍습 때문이었습니다. 따라서 거기에 물드는 것을 방지하기 위하여 하나님은 이스라엘 백성들로 하여금 가나안 족속과 전쟁할 경우 여인과 유아일지라도 포로로 사로잡지 말고 그 성읍과 함께 진멸해 버리도록 지시하였습니다(신 20:16).

한편 이스라엘인 중 가나안 이외의 이방여인과 결혼한 대표적인 인물로는 구스 여자를 취한 모세(민 12:1), 애굽 여인과 결혼한 요셉(창

41:45), 모압 여인 룻을 아내로 맞아들인 보아스(룻 4:13) 등을 들 수 있습니다.

특히 사사시대에 와서는 입산의 아들과 딸들 각 30명을 모두 국제 결혼을 시켰습니다(삿 12:9).

[신 21:12] "집으로 데려갈 것이요" - 전쟁에서 얻은 노획물이나 포로를 개인 소유로 삼을 수 있다는 것은 이미 하나님께서 허락하신 사항입니다(신 20:14). 그렇지만 포로 된 여자를 자신의 집으로 데려갔다고 해서 곧바로 아내로 삼을 수는 없었습니다. 반드시 합당한 절차를 밟도록 되어 있습니다. 정해진 규례와 법도를 따라 그 여인으로 하여금 성결을 유지하게 한 다음 이스라엘 공동체의 일원으로, 또한 자신의 아내로 삼을 수 있었습니다.

[신 21:12] "그 머리를 밀고" - 성경에서 머리털을 미는 행위는 대개 회개와 속죄를 상징합니다(레 14:9; 욥 1:20). 따라서 이는 종종 성결(聖潔) 예식으로도 이용되었습니다(민 6:18, 19). 이것은 상징적 영적 의미가 있습니다. 여기서도 포로 된 여인의 머리를 미는 것은 자신의 옛 이방 모습을 벗어 버리고 이스라엘 사회에서 새로운 삶을 시작한다는 의식적 행위로 볼 수 있습니다(Keil, Pulpit, Commentary). 신령한 의미로 이해할 수 있습니다.

이 말씀은 신령한 의미로 죄인인 인간들이 죄인으로서의 세상 생활의 모습을 벗어버리고, 선민인 하나님의 백성으로서의 새로운 삶을 찾는다는 뜻이 담겨져 있습니다,

[결론]

성경은 총체적이고 포괄적으로 이해해야 합니다. 부분적으로 이해

하려 하면 이해할 수 없는 난관에 부딪치고 맙니다. 이를 위하여 성경의 전체 원리를 알아야 합니다.

이방인과의 결혼 금지에 대한 본질적인 의미를 붙잡고 이방인과의 결혼 허락에 대한 의미를 파악하고 이해해야 합니다.

성경 말씀에 대한 짝을 찾아 대조해야 합니다. 즉 이방결혼을 금지하는 율법조항이 있다면, 이방결혼을 허락하는 율법조항을 찾아내야 합니다. 그 다음에 그 조항들이 제정되게 된 동기와 배경을 정확하게 파악해야 합니다.

결론은 이방인과의 결혼금지 조항과 이방인과의 결혼허용 조항이 모순되거나 충돌하지 않는다는 성경의 원리를 발견해야 합니다. 그러므로 하나님의 말씀인 율법 조항들 사이에 충돌이 있을 수 없는 완전무결한 성경 말씀임을 증명해야 합니다.

결국 두 조항에 대한 복음적인 원리와 사상을 발견해야 합니다. 즉 복음적으로 이해해야 합니다. 복음은 율법의 완성이기 때문입니다. 이러한 차원에서 볼 때에 몇 가지 용어들에 대한 개념 정립이 불가피하게 됩니다. (1) 이스라엘에 대한 개념, (2) 이방인에 대한 개념, (3) 두 사이의 본질적인 의미와 비본질적인 의미, (4) 결혼에 대한 의미(육적 의미와 신령한 의미/구약적 의미와 신약적 의미), (5) 결혼에 대한 복음적인 이해가 필요하게 됩니다.

사사기

[질 문] 23

미가의 집에 있는 신상에 대해, 그것은 사람이 만든 것인데 레위지파 사람을 가정에 두고 하나님께 물어 보고 응답도 있었으니 어떻게 보아야 옳은지요?

[답 변]

미가의 집에 신상을 만든 것은 한 마디로 금송아지와 같은 우상을 만들어 섬기는 것이나 다름이 없습니다. 왜냐하면 그곳에서 멀지않은 곳에 법궤가 안치되어 있는 실로가 있습니다(수 18:1; 삼상 4:3, 4). 그 당시는 아직 정치, 사회, 종교 시스템이 안정적으로 가동되지 못한 때이기 때문에 이런 일이 벌어지는 것입니다. 그리고 레위지파 제사장을 세우고 미신적인 종교행위를 한 것 모두가 하나님께서 가증스럽게 여기는 우상숭배 노릇으로 보아야 합니다. 이것을 모두 여호와 종교를 모방하여 행하는 이기주의적이며 가식적인 행위입니다.

[질 문] 24

삿 20:17-28, 하나님의 응답을 받고 불의를 징벌하는 일에 두 번이나 패전한 이유는 무엇입니까?

[답 변]

신학적인 차원에서 접근해 들어가면 쉽게 풀릴 수 있는 문제입니다. 불의와 죄악을 징벌하시는 칼이 하나님의 응답에 의해서 이뤄졌는데도, 두 번씩이나 패전했으니 의문이 일어날 만한 문제입니다. 그러나 하나님의 불의에 대한 심판은 어떠한 모양으로든지 우선 하나님의 백성들에게서부터 시작되고, 그 후에 이방 내지 악인들에게 임하게 됩니다.

계시록에 보면 하나님의 성전에서부터 측량이 시작되는 것을 볼 수 있습니다. 그리고 하나님의 백성들의 죄악을 정결케 합니다. 그러고 나서 이방인의 궁극적인 심판이 시행되는 것입니다. 이러한 원리는 하나님의 구원과 심판의 기본적인 원리입니다. 본 문제도 이러한 차원에서 접근해야 합니다.

하나님의 백성에 대한 근재적 심판(일시적 죄에 대한 심판)과 궁극적 구원(구원의 약속)으로 진행됩니다. 이것이 하나님께서 세상을 심판하시는 순서로, 하나님의 백성의 불의를 심판하시기 위하여 악의 세력(앗수르 몽둥이와 같이)을 사용하십니다.

이러한 측면에서 보면 이스라엘의 범죄가 문제가 되는 것입니다. 이스라엘의 죄에 대해서는 성경에 기록되어 있기 때문에 분명하게 알 수 있습니다. 그러고 나서 베냐민의 죄를 묻게 되는데, 이것이 근본적인 악에 대한 심판입니다.

하나님의 응답에는 두 가지 양상으로 나타나게 됩니다. 하나는 구원과 축복을 위하여, 또 하나는 멸망과 저주를 위해서입니다. 예를 들면, 여호사밧에게 내리셨던 기도의 응답이라든지, 또 다른 차원에서 거짓 선지자의 입술에 거짓 영을 붙여주거나 거짓 계시와 거짓 예언을 하도록 해서 망하게 하는 응답입니다.

이러한 예들은 성경에서 심심찮게 발견되는 사건들로 인간적인 사고방식으로 보면 이해할 수 없는 하나님의 속임수 같이 보여 하나님을 오해하기 쉬우나, 이것은 하나님의 고차원적인 섭리에 속하는 형이상학적 영적인 전략이라고 할 수 있습니다.

이스라엘과 베냐민과의 전쟁문제에 대한 하나님의 섭리는 전에 말씀드린 대로 두 가지 차원에서 이해해야 합니다. 하나는 하나님의 근재적 작정(결심, 결정의지)과 다른 하나는 하나님의 궁극적 작정입니다. 하나님의 이스라엘에 대한 섭리는 근재적 작정의지에 의해서 접근하셨고, 베냐민에 대한 섭리는 궁극적 작정의지에 따라 접근하신 것입니다. 이러한 원리는 조직신학의 하나님의 작정과 예정에 잘 나타나 있습니다.

먼저 이스라엘의 죄를 묻고 이에 대한 공의를 실행하신 것입니다. 그렇게 하기 위하여 이스라엘을 기도의 응답이라는 방식으로 유도하신 것입니다. 그러나 이것은 일시적인 것이요 궁극적 승리는 다음에 주어지는 것이 하나님의 섭리입니다.

다음으로 베냐민의 죄를 묻고 이에 대한 공의를 실행하신 것입니다. 여기에는 베냐민의 본래의 죄는 물론, 플러스 알파(Plus Alpha) 이스라엘을 친 것(하나님께서 승리를 안겨주었지만)에 대한 궁극적인 심판으로 대패를 안겨주셨습니다(삿 20:48).

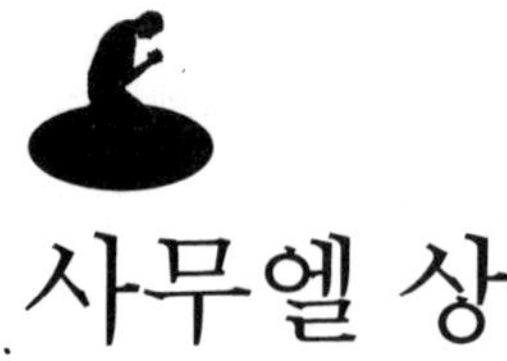

사무엘 상

[질 문] 25

삼상 6:19에 법궤를 들여다 본 일로 오만 칠십 명이 죽었는데 그들이 다 한꺼번에 법궤를 보았다고 보기는 어려운데 어떻게 보시는지요?

[답 변]

이 문제는 두 가지 측면에서 접근하여 이해해야 합니다. 물론 결론부터 말하자면 5만 70명이 아니라 70명으로 보는 것이 여러 가지 정황으로 보아 타당합니다.

첫째는, 계산법의 문제입니다. 본래 히브리어를 비롯하여 헬라어, 나전어, 기타 언어 등에서 알파벳 마다 숫자가 붙어 있습니다. 이는 수비학(numerology)에서 다룹니다. 이 숫자를 잘못 보고 잘못 읽어서 5만에 70명이라고 기록했을 가능성이 있다는 것입니다.

둘째는, 대부분의 사본들에는 5만이라는 숫자가 빠져 있고, 70명이라고만 되어 있습니다. 히브리의 역사가 요세푸스의 기록에도 70명으로 되어 있습니다. 이러한 착오들이 성경에서 종종 발견되고 있어서 고등비평의 대상이 되기도 합니다. 그러나 필사자의 이러한 비본질적인 성경기록의 착오는 인간인고로 자연스러운 일입니다. 이런 것들로 인하여 성경의 기본적이며 전체적인 원리에는 아무런 영향을 미치지 못합니다.

또 한꺼번에 5만 명이라는 사람들이 몰려와서 법궤를 들여다 볼 수도, 들여다 볼 리도 없습니다. 더구나 그 당시 예루살렘의 인구를 약 7만여 명 정도로 추정하고 있으며, 벧세메스의 인구래야 최고로 15,000여명 정도밖에는 없었기 때문에 5만 명 이상의 사람들이 몰려들었다는 것은 타당성이 없습니다.

혹시 이러한 학설이나 근거에 관한 참고자료가 꼭 필요하시다면, 사본학이나, 주석학, 성서수비학, 그리고 성경의 원문들에 대한 자료들을 참고하시면 좋을 것입니다. 특히 역사가 요세푸스의 저서인 Antiquities나 Kennicott, Keil & Delitzsch, Smith, Fay 등의 저서들이나 주석들을 참고하시면 좋을 것입니다.

[질 문] 26

삼상 21장 2절, 8절, 13절의 다윗의 거짓말에 대해 어떻게 해석해야 하는지요?

[답 변]

질문하신 삼상 21장-22장에는 다윗의 거짓말과 그로 인한 결과가 분명하게 기록되어 있습니다. 그러나 이 문제를 풀기 위해서는 거짓말에 대한 전 이해(前 理解)가 있어야 합니다.

우선 거짓말에 대한 개념입니다. 거짓말은 한마디로 거짓말입니다. 말하자면 거짓은 거짓이라는 말입니다. 다시 말하면 불의는 불의요 죄는 죄라는 것으로, 거짓말은 바로 변명할 여지없이 죄라는 것입니다. 이것이 윤리와 도덕의 율법입니다.

다음으로 성경에서 말하는 율법은 인간이 세운 법의 차원을 훨씬 넘어섭니다. 즉 민법과 사법, 상법 등의 시민법과 예식과 제사법, 성결법 등의 의식 법을 넘어 하나님과 인간에 대한 윤리를 다루는 도덕법이 있습니다. 이 도덕법이 모든 법의 기초가 됩니다. 특히 하나님에 대한 윤리가 모든 법의 기초의 우선이 됩니다. 말하자면 하나님과의 관계에서 모든 법들을 해석하고 적용하게 되는 것입니다.

그러므로 거짓이란 하나님과의 관계와 인간과의 관계를 분리해서 그 잣대를 규정해야 합니다. 말하자면 인간에 대한 거짓은 용서될 수도 있지만(예: 인자에 대한 거역), 하나님에게 대한 의도적인 거짓말은 용서받을 수 없습니다(예: 하나님의 성령을 거역). 이는 하나님을 만홀히 여기는 것이기 때문입니다.

그 다음으로 거짓말의 기원입니다. 거짓말의 기원은 마귀에게 있습니다. 그러므로 예수께서도 마귀를 가리켜 거짓말쟁이요 거짓의 아비라고 했습니다(요 8:44). 결국 이 거짓말은 하나님을 만홀히 여기는 거짓말(mock)이기 때문에 용서받을 수 없는 죄입니다.

그러나 본문에서 다윗이 아히멜렉에게 한 거짓말은 하나님을 향한, 하나님을 만홀히 여기는 거짓말이 아니라, 스스로 두렵고 믿음이 약해져서 제사장인 아히멜렉에게 한 거짓말입니다. 그럼에도 불구하고 거짓말은 거짓말입니다. 이것이 공의의 율법입니다.

피상적으로 볼 때에 다윗은 거짓말을 했음에도 불구하고 그에 대한 징벌이나 손해를 보지 않았다고 생각하기 쉽습니다. 다시 말하면 자신과 따르는 무리들이 살기 위해서 한 거짓말이기 때문에 이런 경우에 이를 합리화시켜서 "거룩한 거짓말" 혹은 "선한 목적을 위한 거짓말" 또는 "거짓말이 아닌 거짓말"이라고들 합니다.

그러므로 이러한 생각에서 상황윤리(Situation Ethics)와 같은 윤리신학이 출현하게 된 것입니다. 조셉 플레처(Joseph Fletcher)는 그의 저서 「상황윤리」*(Situation Ethics)*에서 도덕법은 아가페(ἀγαπή)라는 절대적인 사랑에 기초해야 하기 때문에 다른 법들은 폐기되어야 한다고 주장합니다.

폴 틸리히(Paul Tillich)도 사랑이 "궁극적인 법"(Love is the ultimate law)이라고 했습니다. 이는 "네 이웃을 사랑하라"는 예수님의 가르침에 근거한 것으로 사랑만이 절대적인 도덕의 원리가 된다는 뜻입니다. 그러나 이는 주로 사랑을 강조하여 말씀하시던 예수님과 마찬가지로 바울도 율법을 폐기한 것이 아니라 율법을 온전케 하는 것이라는 일체적인 의미를 망각한 처사입니다.

플레처는 율법주의적인 윤리(legalistic ethics)와 반 율법적인 도덕폐기론의 윤리(antinomian ethics)의 충돌을 해결해보기 위하여 중도의 길(middle road)을 제시했으나 실패하고 말았습니다. 왜냐하면 사랑과 율법은 충돌하는 것이 아니라 동일한 법이기 때문입니다. 다만 논리적으로 설명하기 위한 이분법으로 말하자면, 사랑과 율법은 동전의 양면과 같고 이는 바로 복음과 율법이 충돌하는 것이 아니고, 구약과 신약이 충돌하는 것이 아닌 것과 같습니다. 왜냐하면 율법의 핵심이 사랑을 말하고 있기 때문이요 사랑이 율법을 외면하는 것이 아니라 율법을 이루게 하는 것이요 율법이 이루어진 것이 바로 사랑이기 때문입니다.

결론적으로 본문을 자세히 살펴보면, 다윗의 거짓말이 죄가 아니라는 것이 아니라, 죄는 죄로되 사함을 받을 수 있는 죄라고 봅니다(요일 5:17). 그러면 다윗이 거짓말을 하게 된 동기와 이에 대한 하나님의 처결과 그 결과가 어떻게 나타났습니까?(스토리의 줄거리는 다윗이 사울 왕을 피해 도망 다니다가 물과 떡이 떨어져 배고파 죽게 되므로 놉 땅의 제사장 아히멜렉에게 도움을 요청합니다. 제사장이 왜 혼자 왔으며 무엇 때문에 왔느냐고 물었을 때 다윗이 거짓말을 하였습니다. 자기는 사울 왕이 보내서 왔고, 혼자 온 이유는 은밀하게 다녀오라고 해서 호위병들도 좀 떨어진 곳에 머물라고 하고 왔으며, 음식이 떨어져서 왔다고 했습니다. 이 말을 믿고 제사장이 여인만 가까이 하지 않았으면 주겠다고 하며 제사장 밖에 먹을 수 없는 진설병을 주었습니다. 이것이 다윗이 거짓말을 하게 된 동기와 정황입니다.) 이러한 경우에 상황윤리에서는 다윗의 거짓말이 사랑을 이루기 위한 거짓말이기 때문에 죄가 될 수 없다는 것입니다.

그러나 다윗의 거짓말은 거짓이요, 이 거짓말은 죄입니다. 이것이 율법입니다. 그러면 이 다윗의 거짓말을 어떻게 평가해야 하겠습니까?

우선 긍정적인 면에서 볼 때에, 다윗의 거짓말을 통하여 결과적으로 자신과 그를 따르는 자들이 생명을 부지할 수 있었다는 것입니다. 말하자면 생명을 부지할 목적으로 거짓말을 하게 된 것입니다. 결국 목적을 달성했습니다. 이런 경우에 상황윤리는 목적이 수단을 정당화한다는 것입니다. 이것을 상황윤리에서 이 목적론 혹은 결과론적 이론

(teleological, or consequential theory)이라고 합니다.

그러나 목적이 수단을 정당화시킨다면 세상에는 수단과 방법을 가리지 않는 패역한 죄악이 만연될 수도 있을 것입니다. 성경은 목적이 수단을 정당화시키거나 수단이 반드시 목적을 이룬다고 말하지도 않습니다. 물론 때에 따라 수단이 좋은 목적을 이루는 것 같이 느낄 때도 있겠으나, 그렇다 해도 악한 수단은 곧 악이요 죄입니다.

그리고 그 거짓말과 같은 악의 수단을 동원하지 않고서는 선한 목적을 이루지 못할 것으로 알지만 그것은 인간의 생각입니다. 이는 하나님을 의지하지 않는, 믿음이 없거나 믿음이 약한 처사입니다. 하나님의 능력을 믿을진대 거짓말을 하지 않더라도 선한 목적은 이루어집니다(22:22 참고).

설령 당면한 목적을 이루지 못한다고 할지라도 하나님께서는 그 가치를 인정해주실 수도 있습니다. 반대로 거짓말을 통하여 현실적으로 당면한 목적을 이루었다면, 하나님께서는 그 거짓말을 인정하지 않으실 것이나, 그럼에도 불구하고 인간의 연약성에 의한 거짓말을 회개라는 방식을 통하여 용서하시면서 하나님의 뜻을 이루어나가신다는 놀라운 진리가 담겨져 있다는 것을 알아야 합니다. 아마 다윗이 정직하게 고했더라도 아히멜렉 제사장이 다윗을 사울 왕에게 신고하지 않았을 수도 있었을 것입니다. 물론 사울이 두려워서 다윗을 도와주지 않았을 수도 있었겠지요.

그러나 아히멜렉 제사장은 하나님을 두려워하고 하나님께서 다윗의 편에 있는 것도 알고 있었으며, 제사장밖에는 먹을 수 없는 진설병까지 그에게 내어준 것을 보면 알 수 있습니다. 그럼에도 불구하고 하나님께서는 이왕에 저지른 인간의 거짓말을 통해서도 그의 궁극적인 목적을 이루신다는 것이 성경의 원리입니다(마 26:24).

본문의 내용을 보면 다윗이 거짓말을 하거나 하지 않거나 하는 문제는 하나님의 사역에 그리 중요하지 않습니다. 무엇보다도 중요한 것은 하나님의 섭리(providence)입니다. 이 문제는 놉의 제사장들과 놉의 사람들이 학살될 것이라는, 전에 하나님의 사람을 통하여 이미 예언된 것이기 때문에 이해할 수 있는 것입니다(삼상 2:31-32).

다음으로 부정적인 측면에서 볼 때에 다윗이 거짓말로 제사장에게 도움을 받은 것으로 인하여 무서운 결과를 초래하게 되었습니다. 말하자면 다윗의 거짓말로 인해 도움은 받았지만 아히멜렉 제사장과 놉 땅 사람들에게 큰 재앙이 미쳤습니다. 다윗도 회개했고 계속해서 고통을 당하는 보응을 받았습니다(22:22; 시 52편).

다윗의 거짓말 도움으로 인하여 놉 땅의 제사장 85명이 무참히 학살되었습니다. 이 문제를 어떻게 해석해야 되겠습니까? 한 명의 제사장이 아니라 이 사건에 직접적인 관련도 없는 85명의 제사장들이 희생되었습니다. 이 문제는 신비에 쌓여 있습니다. 물론 원인이 있겠으나 각 제사장들의 원인에 대해서는 성경이 침묵하고 있기 때문입니다. 개개인의 인과관계에 대해서도 설명이 없기 때문입니다.

놉 땅의 남녀노소 주민들이 무참히 학살되었습니다. 이것도 역시 위의 사정과 마찬가지로 개개인에게서 원인을 찾기란 신비에 쌓여 있기 때문에 어렵습니다.

그러나 하나님의 섭리로 볼 때에 이러한 학살사건은 이미 하나님의 사람에 의하여 엘리 제사장의 후손에 대한 심판의 예언이 이루어진 것으로 확인된 것입니다(삼상 2:31-32). 이렇게 볼 때에 개개인들의 죄는 몰라도 엘리 제사장의 후손의 집단적 연대적인 죄에 대한 심판이 이루어진 것으로 판단할 수 있습니다.

[결론]

다윗의 거짓말에 대한 성서적인 원리를 요약하자면 결론은 다음과 같습니다.

거짓말은 죄입니다. 이는 거짓말의 기원이 마귀에게서 나왔을 뿐만 아니라 거짓이란 진리에 반대되는 것이기 때문입니다.

그러므로 과거 아담을 비롯하여 가인이나 심지어 아브라함 이삭 야곱 그리고 본문의 다윗 등에 이르기까지 그들이 한 거짓말은 모두가 죄입니다.

거짓말은 죄이기 때문에 반드시 그에 대한 보응이 따르게 됩니다. 단지 그 심판의 성격이 다를 뿐입니다. 하나는 영원한 심판으로 다른 하나는 보응으로 이어집니다.

믿음의 자녀들이 거짓말을 했을 경우에는 이 불의가 죄로되 사망에 이르지 않는 죄가 되며, 불신의 자녀들이 거짓말을 했을 경우에는 사망의 심판으로 이어집니다.

이는 죄의 삯은 사망이라는 말씀(롬 6:23)에 따라 거짓말하는 자들은 성문 밖으로 쫓겨납니다(계 22:15). 이는 하나님을 만홀히 여기는 것이기 때문입니다. 그러나 신자들은 설령 거짓말을 할지라도 회개라는 방법을 통하여 용서를 받을 수 있기 때문에 신자들에게 있어서 거짓말의 죄는 사망에 이르지 않는 죄가 됩니다(요일 5:16).

그렇다면 신자들이 서슴없이 거짓말을 할 수 있지 않겠느냐고 반문을 할 수 있지만, 사실은 그렇지 않습니다. 성령으로 거듭난 신자는 의도적으로 거짓말을 못합니다. 그리고 인간 사이에 순간적으로 연약해서 거짓말을 할 수는 있어도 하나님에게는 거짓말을 할 수 없습니다. 왜냐하면 하나님의 씨가 그 안에 있고, 하나님의 영이 그 안에 계시고 또 하나님께서 그를 지키시기 때문입니다(요일 3:9; 5:18).

이는 비록 인간 사이에 거짓말을 했다 하더라도 회개가 가능하다는 말씀입니다. 그렇다고 해서 죄에 대한 아무런 대가를 치루지 않아도 된다는 뜻은 아닙니다. 그 죄에 대한 대가를 보응이라는 방식으로 이 세상에서 철저하게 치르게 된다는 진리를 잊지 말아야 합니다. 성경에는 범죄하고 보응을 받는 실례가 얼마든지 있습니다. 아브라함, 야곱, 다윗 등 이는 누구도 예외 없이 받아야 하는 하나님의 공의의 심판입니다.

[질 문] 27

사무엘상 21:10에 나오는 가드 왕 아기스가 삼상 27:3, 29:2에 나오는 블레셋 왕 아기스, 또 왕상 2:39에 나오는 아기스 등이 동일 인물인지요?

[답 변]

질문하신 삼상 21:10의 가드 왕인 아기스(Achish)와 27:3; 29:2에 나오는 블레셋 왕인 아기스(Achish)는 동일 인물입니다. 그는 블레셋의 오대 도성(Gaza, Ekron, Ashkelon, Ashdod, Gath) 중의 하나인 가드(Gath)의 왕이었습니다. 당시 종주국 블레셋 나라는 다섯 개의 성읍들을 분봉왕 식으로 두고 있었습니다. 그래서 가드 왕 아기스를 블레셋 왕이라고도 했습니다. 물론 애굽의 바로(Pharaoh)와 같은 블레셋의 공식적인 왕명(a general title of royalty)은 아비멜렉

(Abimelech)이었고, 아기스(Achish)는 그의 왕가(王家)의 명칭이었습니다.

성경에 나오는 아기스에 대해서 학자들 간에 약간의 이견들이 있지만 대부분 견해 일치를 보고 있습니다. 물론 사무엘서나 열왕기서에 나타나는 아비멜렉 왕가의 아기스 왕들은 같은 집안사람들입니다. 단지 그들이 서로 같은 인물이냐 아니면 다른 인물이냐에 초점을 맞추어서 살펴보아야 할 것입니다.

삼상 21장, 22장, 27장, 29장에 나오는 아기스는 다윗이 피신할 때에 찾아갔던 가드 왕입니다. 다윗이 첫 번째로 찾아갔을 때의 기사가 삼상 21장과 22장에 소상히 기록되어 있습니다. 이는 사울의 낯을 피하여 찾아갔던 때였습니다. 다윗이 사울의 낯을 피하여 놉 땅의 아히멜렉 제사장에게 가서 진설병 떡과 골리앗의 칼을 받은 후에, 사울의 신복 도엑에게 발각된 것을 알고 가드로 가서 피하려 했으나, 아기스의 신복들에게 신분이 노출되자, 침을 흘리며 대문을 극적 거리는 시늉으로 미친 체를 해서 쫓겨났던 때입니다. 그 당시의 가드 왕이 아기스였습니다.

이 가드 왕인 아기스는 마옥(Maoch)의 아들(삼상 27:2), 그리고 마아카(Maacah)의 아들로도 알려져 있습니다(왕상 2:39). 열왕기 상에서는 아기스는 후에 다윗이 다시 방문했을 때 선대해서 맞아주었으며, 시글락(Ziklag)을 거처로 제공하기까지 했습니다. 그리고 그는 이스라엘과의 전쟁에 참전하여 충성하려는 다윗을, 블레셋 방백들의 반대를 들어 만류함으로써 다윗을 보호하려는 성의까지 보였습니다.

왕상 2장에 기록된 아기스에 대해서는 학자들 간에 이견의 차이를 보이고 있습니다. 처음에 다윗을 도와주었던 가드 왕 아기스는 사울의 통치 기간에 블레셋 왕이었고, 왕상 2:39에 기록된 아기스는 솔로몬 왕 시대의 블레셋 왕이었기 때문에 학자들 간에 견해를 달리하고 있는 것입니다.

먼저, 두 사람이 동일한 인물이라는 학자들은 다윗을 도와주었던 사울 왕 시대의 가드 왕인 아기스가 40여 년간이나 장기 통치를 했다는 데 무게를 두고 있습니다. 말하자면, 사울 왕 말기와 다윗 왕 통치 기간, 그리고 솔로몬 왕 초기를 잇는 40여 년간의 통치기간의 블레셋의 가드 왕이었다는 것입니다. 그는 시편 34편의 표제에 기록되어 있는 블레셋 왕 아비멜렉으로 가드의 왕이었다는 것입니다.

그러나 두 사람이 다른 인물이라고 주장하는 학자들은 전자는 사울 왕 시대의 블레셋의 가드 왕이었고, 후자는 삼대인 솔로몬 왕의 통치 기간이라는 데 무게를 두고, 시므이의 신복 둘이 찾아 갔던 가드 왕은 선친 특히 사울 왕 시대의 가드 왕인 아기스의 손자(probably grandson of foregoing)라는 것입니다.

[결론]

간단히 결론을 내리자면, 목사님께서 질문하신 삼상 21장, 27장, 29장에 나오는 아기스는 동일 인물임에 틀림없습니다. 단지 열왕기상의 솔로몬 통치 초기에 나오는 아기스에 대하여 이견들이 있으나, 40여 년간의 통치기간은 왕권세계에서는 흔히 있는 일이며, 특히 솔로몬이 부왕인 다윗을 저주하던 시므이가 자기의 두 신복을 찾으러 아기스에게로 갔다는 것을 알고 붙잡아서 처단한 사실을 보면, 다윗을 선대했던 아기스와 솔로몬 시대의 아기스가 동일 인물일 수 있다는 추정이 가능하다고 봅니다.

사무엘 하

[질 문] 28

사울 왕이 버림을 받은 이유는 무엇입니까?

[답 변]

사울 왕에 대한 하나님의 섭리도 정확하게 이해하는 차원에서 접근해야 할 것입니다. 대부분의 교역자들이 사울 왕이 버림받은 이유를 단순히 제사문제와 아말렉에 관한 문제로만 생각하는데, 이것들은 하나의 피상적인 동기에 불과한 것입니다.

사울이 왕이 된 동기와 경위부터 이해해야 합니다. 사울이 왕이 된 것은 근본적으로 하나님께서 원하지 않았지만, 인간의 자유의지를 존중하시는 하나님의 뜻에 따라 허락하신 것입니다. 이것을 허용적 작정이라고 합니다. 하나님께서 원치 않으신 것이라도 인간의 자유의지에 의하여 허락은 하시지만 성공하지 못합니다.

사울이 왕이 된 경위를 보면, 결론은 이스라엘 백성의 요청을 하나님께서 재가하는 방식으로 왕이 되었습니다. 그러나 하나님께서 재가하셨다고 해서 모든 것이 다 하나님께서 기뻐하신 것이라고 할 수 없습니다, 사울은 다음과 같은 세 가지 방법으로 왕이 되었습니다. ① 사무엘 선지자의 기름부음을 통하여(삼상 10:1), ② 장로들의 제비뽑기와 백성들의 동의로(삼상 10:17-24), ③ 야베스의 말을 듣고 하나님의 신에 감동되어(삼상 11장; 12:12)입니다.

위의 세 가지 방법 중에 첫 번째는 사무엘이 하나님의 유노에 의하여 정식 기름 부었고, 둘째는 인간이 제비뽑고, 셋째는 하나님의 신에 감동되었지만 인간의 의지에 따라 선택하는 형식을 취하고 있습니다. 그러나 이 모두가 근본적으로 하나님의 통치를 벗어나 인간 스스로 왕국을 이끌어내겠다고 하는 사람들의 요구에 의한 것이요, 사무엘의 기름부음도 마찬가지로 하나님께서 억지로 유노한 것일 뿐입니다.

결론적으로 근재적인 원인으로 보면 대부분의 교역자들의 해석에도 일리가 있지만, 근본적인 원인은 하나님의 섭리에 따라 유다지파가 아닌 베냐민 지파라는 것입니다. 유다 지파에게서 한 다스리는 자가 나오리라는 것은 하나님의 예정입니다(창 49:10). 때를 기다리지 못하고 하나님의 통치를 벗어나서 왕을 세우려는 것은 오만에서 비롯된 죄악입니다.

[질 문] 29

엔돌에 있는 신접한 여자가 하나님의 사람 사무엘을 불러 올렸다고 했는데 신접한 여자가 하나님의 사람을 불러올렸다는 것은 귀신의 역사로 볼 수밖에 없는데 학자들의 견해는 어떤지요?

[답 변]

맞습니다. 정통신학에서는 이 모든 것을 마귀의 속임수로 봅니다. 이 부분에 관해서는 구약의 Keil & Delitzsch의 Commentary를 참고하시면 좋습니다.

사울이 시도하고 있는 시작부터 하나님이 떠난 심리상태에서 이루어져 종국에 가서는 하나님의 참 선지자를 만날 수 없어 결국 신접한 엔돌의 여자에게 의지하는 불신앙적인 행동입니다. 이러한 행위는 하나님께서 가장 미워하시는 십계명을 범하는 범죄행위입니다.

[질 문] 30

삼하 21:1-9에 보면 사울이 조상들이 하나님께 세운 맹세를 어기고 아모리 사람을 죽인 일로 다윗 때에 삼년 기근이 들었는데 왜 사울 때에 기근이 들지 않고 다윗 때에 들었는지? 또 사울의 혈통 중에서 일곱을 죽이므로 하늘에서 비가 내리게 된 일이 우리에게 주는 교훈은 무엇인지요?

[답 변]

우선 질문하신 두 가지 질문을 하나씩 다루기로 하겠습니다. 물론 이 두 가지 질문은 하나로 연결된 것으로, 그 원인과 결과 그리고 해결과 적용에 관한 것이라고 생각합니다. 우선 범죄와 그 결과에 대해서 살펴보기로 하겠습니다.

범죄는 사울과 그의 집사람들이 했는데 왜 기근을 그 당시 내리지 않고, 직접적으로 그 죄와는 관계가 없는 다음 대(代)의 왕인 다윗과 그의 백성들에게 임했는가? 라는 문제인데,

이는 죄의 유전적 법칙에 의해서 다음 대(代)에도 적용이 된다는 원리입니다. 다시 말하면 우리 조상 아담이 지은 죄가 개별적으로 우리에게 직접적인 관련이 없는 것(자범죄)이지만, 그의 죄가 우리에게 유전된 것(원죄)과 같습니다. 아담이 받는 저주가 그 후손인 우리에게까지 미친다는 것입니다. 그 이유는 아담이 온 인류의 존재론적, 그리고 언약의 대표가 되기 때문입니다. 다시 말하면 온 인류가 아담 안에서 지음을 받았고 에덴에서 하나님의 언약관계에 들어갔기 때문이라는 것입니다.

그러나 율법에 보면, 조상의 죄를 후손이 담당하지 않는다고 했는데(신 24:16), 사울왕의 죄로 인한 저주(기근)가 왜 다윗 왕에게 임했느냐는 의문이 들 수 있습니다. 그러나 그 율법의 조항의 원의(原意)는 범죄의 유전적인 관계가 아니라 범죄의 개별적인 관계를 말하고 있는 것입니다. 이는 그와 반대의 율법을 보면 이해가 될 것입니다. "만일 아비가 범죄 하면 아들에게로 삼사 대까지 이르게 하고, 계명을 지키는 자에게는 천대까지 은혜를 베푸신다."(출 20:5-6)고 한 율법에 해당되는 것입니다.

사울 왕과 다윗 왕의 관계는 개별적으로 보면 전혀 무관하지만, 이스라엘 국가라는 차원에서 보면 계대적인 관계가 있는 대표자들이기 때문입니다. 그래서 사울 왕과 그의 백성들에게 임할 저주가 다윗 왕과 그의 백성들에게 임한 것입니다. 이는 왕이나 백성들 중에서 하나님의 계명을 어길 경우에 그 나라 전체에게 징벌이 임한다는 원리로

아간 사건의 경우가 그 중의 하나입니다.

그렇다면, 사울은 기근과 같은 직접적인 징벌을 면하고 오히려 죄가 없는 다윗에게 임했으니 말도 되지 않는 것이 아니냐? 라는 의문입니다. 그러나 자세히 살펴보면, 사울은 그의 모든 죄 값을 짊어지고 패망하여 심지어 그의 아들 요나단을 비롯한 식솔들과 함께 비참하게 죽어갔습니다.

그러면, 다윗은 어떻습니까? 다윗도 사전에 차단시킬 수 있었던 그 기근이라는 저주의 흐름을 조속히 차단시키지 못한 잘못으로 인하여 전대(前代)로부터 유전되어 남아 있던 저주(기근)를 면치 못하게 된 것입니다. 기근이라는 하나님의 징벌을, 그것도 3년 후에야 깨달은 것이지요. 일찍부터 하나님의 말씀을 깨달았다면, 사전에 차단할 수 있었다는 것입니다.

먼저 이 사건은 이곳 밖에 기록된 곳이 없어서 사울이 언제 기브온 사람들을 죽였는지 알 수 없기 때문에, 이 본문을 통해서 사건의 개요를 파악하고, 성경의 다른 곳에서 간접적인 지원을 받아서 본문의 진상을 이해하는 길 밖에 없다고 생각합니다.

본문 속에는 수많은 의미 있는 내용들이 담겨져 있지만, 질문과 관련된 몇 가지 중요한 신학적인 문제를 설명하도록 하겠습니다. 먼저 하나님의 공의의 측면에서 살펴보아야 할 것입니다. 이 면에서 볼 때에, 범죄 한 사람은 징벌을 받아야 마땅한 것입니다. 사울과 그 집사람들은 기브온 사람들을 죽인 죄에 대한 징벌을 받아야 할 것입니다. 물론 이스라엘 나라를 위한다는 명분으로, 기브온 사람들(다른 이름들인 히위, 아모리, 가나안)이 이방사람들이라는 구실과, 아마도 당시에 사울정권에서 못마땅하게 여겼던 탓으로 그들을 죽였을 것입니다.

그러나 기브온 사람들은 여호수아가 가나안을 정복할 때에 여호와의 이름으로 죽이지 않겠다고 약속한 언약관계에 있었으므로(수 9:15), 그들은 이스라엘 사람들 중에 거할 수 있는 생존권을 부여받고 있는 상태이기 때문에 그들을 죽일 수 없게 되어 있었습니다.

그럼에도 불구하고 그들을 죽인 것은 하나님 앞에 엄연한 범죄행위이며 그러므로 하나님의 공의의 심판을 받아야 마땅합니다. 그런데 어떤 이유에서인지 사울 왕 시대에 이 죄에 대한 징벌이 유보되고 다윗의 대(代)에까지 유전되어 남아있던 문제였습니다. 이는 선대의 죄에 대한 하나님의 섭리가 당대에서는 유보되어 징벌을 모면하고 후대에 와서 시행되는 경우이거나, 사울 당대로부터 계속되어 진행되다가 다음 대(代)인 다윗 대(代)에 와서 종결시키시는 완료진행형의 하나님의 섭리가 아닌가 생각이 됩니다.

그러면 다윗 대에 왜 그 죄에 대한 징벌(삼년 연부년 기근)이 임하게 된 것입니까? 이는 앞서 언급한대로, 사울의 범죄에 대한 공의로운 심판의 연속선상에서 그 공의를 충족시키는 일에 완성으로 종결을 지어야 하기 때문이며, 그 전이라도 다윗이 일찍 깨닫고 선왕의 죄를 청산하므로 그 징벌(저주)의 고리를 끊었어야 했는데 그러지 못했기 때문이라고 생각합니다.

다음으로 하나님의 사랑의 측면에서 볼 때, 사울이나 다윗, 더 앞서서 기브온 족속에 대한 하나님의 속죄의 언약관계에서 생각해야 할 것입니다. 이 면에서 기브온 족속들은 믿음으로 언약의 은총을 받은 사람들입니다. 본래는 이방인들로서 가나안의 죄인들이었지만 기생 라합과 같이, 이스라엘을 그의 권능으로 인도하셔서 가나안 땅을 기업으로 주시겠다는 여호와 하나님을 두려워하여 여호수아에게 나아와서 여호와의 이름으로 언약을 맺은 사람들입니다. 다시 말하면, 하나님의 공의로 죽을 수밖에 없는 사람들이 하나님의 사랑에 의한 하나님의 은총으로 이스라엘 백성이 되는 생존권을 부여받았다는 것입니다.

다윗도 이와 같은 하나님의 사랑의 은총을 받은 택한 백성의 왕으로서 이 일에 무죄하지만, 무죄한 자의 책임을 이행하지 못한 죄로 사울의 죄 값인 저주(기근)에 휘말리게 된 것입니다. 그러나 이를 깨닫고 하나님의 공의를 충족시켜주는 희생의 속죄행위를 통하여 기근을 멈추게 할 수 있었던 것입니다.

그러나 사울은 스스로 범죄 했을 뿐만 아니라, 이에 대한 속죄의 행위를 보이지 않았기 때문에, 당대의 비참한 종말과 그 죄 값인 저주를 다음 대까지 물려주는 엄청난 오류를 범하게 된 것입니다. 결국 사울은 그 크신 하나님의 사랑, 하나님의 자비의 은총을 외면하고 만 것입니다.

마지막으로 범죄로 인한 저주(기근)를 멈추게 하는 속죄행위에 관하여 생각하지 않을 수 없습니다. 속죄행위로 저주가 멈췄기 때문입니다. 연부년 삼년 기근의 원인을 위하여 다윗이 하나님께 기도함으로써 응답을 받아 그 원인이 기브온 족속을 멸한 사울의 죄에 있다는 것을 깨달았습니다. 이 저주는 사울의 죄 값에 포함되어 계속 진행되어 오다가 당대에 치루지 못한 것이 다윗 대에까지 내려온 사울의 남은 죄 값이라고 생각합니다.

사울의 죄로 흘러내려온 저주의 여운이 다윗 대까지 미쳐오는데도 모르고 있었기 때문에 그 저주의 징벌이 실제로 임하고도 삼년이나 지나서야 다윗이 하나님께 기도함으로써 응답을 받고 나서야 알게 된 것인데, 이는 사전에 차단할 수 있는 것이었습니다. 자기와 상관없는 죄라고 생각했기 때문인 것 같습니다.

이 기근이라는 저주는 사울의 지은 죄에 대한 심판과 기브온 사람들의 원한을 갚고, 심지어 사울의 딸의 간곡한 애원으로 일곱 명의 희생자들의 시체를 사울의 열조의 묘실에 매장해줌으로 완전히 청산되어 깨끗하게 마무리함으로써 그곳의 저주가 벗겨졌다는 데 의의가 있습니다.

다음으로 이 사건을 통하여 현재 우리가 배워야 할 신학적, 신앙적인 교훈이 무엇인가? 라는 문제에 대하여 생각해보기로 하겠습니다. 이 문제는 인간의 범죄와 그 결과 그리고 그리스도의 속죄의 은총에 연관시켜서 생각하지 않을 수 없습니다. 이 사건의 내용 하나하나가 하나님의 뜻에 의하여 진행되고 있는 인간의 죄와 심판 그리고 구속에 관한 섭리이기 때문입니다.

범죄 한 사울의 집의 죄악을 청산하지 못하고 다윗 대에까지 이어져 온 저주를 통하여 우리 조상 아담과 선조들의 죄가 유전되어 온다는 사실을 알 수 있습니다. 이 유전되어 온 죄로 인한 저주의 줄을 끊기 위하여 예수 그리스도께서 십자가에 달리셨습니다. 그러므로 근본적으로 원죄로 인한 저주가 벗어지게 된 것입니다. 본문에서 신학적으로 상징적인 의미를 가지고 있는 것이 바로 속죄를 위하여 일곱 명의 사람이 매달려 죽었다는 사실입니다. 일곱 수는 완전해결을 의미합니다.

이 사건을 통하여 우리는 조상이 지은 죄로 인한 저주가 후손에까지 이어진다는 집단적 대표의 관계와 이와는 전혀 관계가 없는 자신의 개인적 죄로 인한 징벌의 관계가 어떠함을 배울 수 있습니다. 즉 개인적으로 자신은 무죄하다 하더라도 연대적인 책임으로 대표성이 있는 선조들의 죄가 이어질 수 있다는 진리입니다.

우리 조상 아담이 지은 원죄를 예수 그리스도께서 속해주셨지만, 우리 자신이 부단히 짓고 있는 자범죄로 인해 치명적인 멸망에 들어가지는 않지만, 그 자범죄에 대한 보응은 피할 수 없다는 진리를 알 수 있습니다.

조상으로부터 이어져 온 죄는 당시 조상이 해결하지 못했기 때문에 후손에게 이어진다는 사실을 인식하고, 그 죄에 대한 속죄행위를 통하여 해결해야 합니다. 본문의 장본인인 다윗도 늦기는 했지만 하나님 앞에 속죄행위를 통하여 이스라엘이 내려진 저주의 기근을 그치게 했습니다.

[결론]

오늘 문제의 핵심은 유전된 인간의 죄와 징벌 그리고 속죄를 통한 회복에 관한 내용입니다. 사울의 죄를 사울 자신이 해결하지 못함으로 그 죄와 직접적인 관계가 없는 다윗에게 전이되어 연부년 삼 년 동안 기근으로 고통을 받았지만, 다윗이 여호와께 물어서 그 원인을 알아내어 속죄행위를 통해 그 죄의 원인을 제거함으로써 하나님이 응답하심으로 삼년 동안의 기근의 저주가 벗어졌다는 진리입니다.

결국 일곱 명의 희생을 통하여 기브온 사람들의 원한이 풀리고, 다윗이 사울의 집에서부터 기인된 저주의 흔적들을 말끔하게 정리하기 위하여 사울과 요나단의 뼈와 당시 희생된 일곱 명의 시신을 사울의 아비 기스의 묘에 장사한 후에야 하나님께서 그 땅을 위하여 기도를 들으셨습니다(삼하 21:14).

[질 문] 31

다윗에게는 일남일녀의 잣대를 적용시키지 않은 이유는 무엇입니까? (삼하 12:8; 말 2:15)

[답 변]

다윗에게 일남일녀의 잣대를 적용하지 않는 문제(삼하 12:8; 말 2:15)는 역시 하나님의 근본 원칙과 상황에 따른 하나님의 섭리를 통하여 이해해야 합니다.

본래 하나님께서는 예수님의 말씀과 같이 일남일녀의 원칙을 세워 놓으셨습니다. 그러나 그 원칙을 적용하는 데는 상황을 고려하지 않을 수 없는 것입니다. 그렇다고 해서 예수께서 이혼에 관해 해명해주신 것과 같이 이혼이나 일부다처를 인정하거나 옹호하신 것은 아닙니다. 예수님의 말씀의 의미는 원칙이 상황에 어떻게 절묘하게 적용되는가에 초점이 맞추어져 있습니다. 이혼에 관한 예수님의 교훈을 잠시 분석해보도록 하겠습니다.

예수님의 말씀을 분석해보면, 상황에 따라 이혼을 허락하기는 하나, 본래(원칙)는 그렇지 않은 것이라고 못을 박고 말씀을 시작하십니다. 원칙이 있고 그 원칙은 변함이 없다는 말씀입니다. 그럼에도 불구하고 한편으로 인정하시는 듯한 말씀을 하셨습니다.

이것은 원칙을 깨라는 뜻이 아닙니다. 이왕의 원칙을 깬 후의 문제를 해결하는 방법을 말씀하신 것입니다. 성경을 잘못 이해해서 예수께서 이혼을 허락하신 것으로 오해해서는 안 됩니다. 이혼은 금물이요 범죄행위입니다. 예수께서 심지어 이혼자와 결합을 하는 사람들까지 범죄자로 정죄하셨습니다. 예수님께서 하신 이혼에 대한 재 선언은 이

왕에 이혼한 사람들에게 해당되는 말씀입니다. 아직 이혼하지 않은 사람들에게 이혼의 조건으로 간음하면 된다는 이야기가 아닙니다.

그러면 이왕에 간음의 연고가 생긴 경우에는 이혼이 가능하다고 했는데, 이런 경우에 이혼을 목적으로 간음을 해야 되겠습니까? 만일 그렇게 한다면 이것은 고범죄로 용서받기 힘들게 됩니다. 아니 악의적이라면 용서받을 수 없습니다.

그러면 어쩌다 간음한 사람에게는 어떤 조치를 취해야 합니까? 두 가지 방법이 있습니다. 하나는 용서하고 결합하는 방법과, 아니면 이혼하는 방법인데, 그렇게 된다면 모든 것에 아무런 문제가 없다고 생각합니까? 그렇지 않습니다. 이 문제는 전적으로 하나님의 주권적인 원칙법에 저촉되기 때문에 둘 다 벌을 받게 됩니다. 간음한 자는 용서를 받는다 해도 간음에 대한 보응이 따라옵니다. 다른 한편은 역시 이 문제가 발생하게 된 간접적인 책임을 면치 못하여 거기에 대한 고통이 따르게 됩니다.

다윗의 경우도 예외 없이 하나님의 섭리의 법칙이 적용됩니다. 먼저 다윗이 우리아의 아내 밧세바를 취한 것은 무서운 죄악입니다. 이 행위에 대한 보응은 아시다시피 다윗의 뒤를 무섭게 따라다녔습니다. 나단 선지자를 통해서 선언된 하나님의 공의가 실현되는 장면입니다.

그럼에도 불구하고 하나님의 더 크신 사랑으로 다윗의 회개를 들어 용서하시고 오히려 그 밧세바를 통하여 메시야의 모형인 솔로몬이 나왔습니다. 이것이 하나님의 섭리의 아이러니이며, 차원 높은 섭리입니다(예수님의 계통 중의 네 명 여자의 예). 이 하나님의 섭리 속에는 신비로운 원리가 담겨져 있습니다. 그렇다고 다윗의 죄를 합리화시킨 것은 아닙니다. 밧세바의 남편 우리야는 이왕에 죽었습니다. 이제 다윗이 취해도 밧세바 쪽에서는 별 문제가 없어졌습니다.

그러나 다윗에게는 아직도 문제가 남아 있습니다. 바로 목사님이 지적하신 일남일녀의 원칙이 무너진 사실입니다. 그러나 하나님께서 일부다처를 인정하신 것이 아니라, 이는 그 당시의 상황을 고려할 때 다반사였던 사실(아브라함을 비롯하여 대부분의 믿음의 조상들까지)로서 미루어 내려오는 관습이었습니다.

그렇다고 합법이거나 불의가 아니라는 뜻은 아닙니다. 인간의 불법함에도 불구하고 하나님께서는 계획하시는 역사에 좌절하시거나 포기하시는 분이 아니십니다. 이러한 인간의 불의가 하나님의 의를 희석시키거나 없이 할 수 없다는 뜻입니다. 죄인인 인간들을 제외하거나 버리는 것이 아니라 죄인들을 통하여 하나님의 거룩하신 의를 이루시는 것입니다. 이것이 하나님의 은혜요 자비입니다.

아브라함도, 모세도 마찬가지입니다. 그 일들로 엄청난 위기와 고통을 당했습니다. 그럼에도 불구하고 그들을 통해서 하나님의 성스러운 사역들을 이루어나가신 사실들은 아이로니컬하면서도 신비로운 하나님의 섭리입니다. 하나님께는 인간이 허물어놓은 돌들로 다시 하나님의 구속의 역사의 돌담을 쌓고 계신다는 것이 자비로우시고, 은혜로우신 하나님의 모습입니다. 그러면 다윗을 비롯하여 그들의 다처생활을 어떻게 이해해야 하겠습니까?

하나님의 공의의 원칙으로 볼 때에 엄연한 죄악입니다. 그러므로 그들은 용서를 받았음에도 불구하고, 그들의 행위에 대한 책임을 면치 못했습니다.

그럼에도 불구하고 하나님의 대역사를 진행하시는 데는 실패가 없다는 교훈입니다. 이는 하나님께서 인간과 세상을 창조하시면서 사탄이 들어와 에덴을 파괴할 것을 알고 미리 대비해두신 것과 같은 맥락에서 이해하면 됩니다.

인간의 실수와 범죄에도 불구하고 하나님은 실패하지 않으십니다. 이는 하나님의 창조가 파괴되는 것 같으나 다시 회복시키시는 능력이 있기 때문입니다. 사탄이 뱀이라는 바이러스를 침투시켜 하나님의 창조 프로그램이 망가지는 것 같았으나, 이를 예지하신 하나님께서 창조 프로그램에 구속 프로그램을 함께 넣어서 창조가 아주 망가지지 않고 즉시 구속프로그램이 작동하여(창 3:15) 자동적으로 회복되게 만드신 것입니다.

[결어]

다윗의 범죄 행위나 다처생활에 대한 원칙이 적용되지 않은 것이 아닙니다. 일차적으로 하나님의 일부일처주의 원칙이 적용되어 심판을 받은 것입니다. 그러고 나서 후속 조치를 취한 것입니다. 후속 조치는 회개라는 과정과 우리아의 죽음으로 율법에도 위배되지 않도록 해서 밧세바를 데려올 수 있도록 조치가 된 것입니다. 이는 일부일처의 원칙에서가 아닌 책임론이라고 생각합니다.

열왕기상

[질 문] 32

솔로몬의 말년에 이방신에 빠진 것을 신앙의 완전 타락으로 볼 수 있는지요?

[답 변]

솔로몬은 초기에 하나님의 은혜의 언약에 의하여 전무후무한 축복을 받아 누렸습니다. 그러나 하나님의 은혜의 선물을 받기 전에만 아니라, 받은 후에도 조건이 붙어있다는 사실을 망각한 솔로몬은 은혜를 받아 누리다가, 그의 후반에 그 조건을 어김으로 인하여 신앙적인 타락을 가져왔습니다. 여기서 솔로몬에게 중요한 것은 하나님의 은혜를 받을 때의 조건은 없었으나(부왕 다윗과의 언약 때문에), 은혜를 받은 후에 행위언약에 준하는 엄한 조건이 붙어있다는 사실을 망각했다는 것입니다.

첫째로, 이방여인과의 통혼을 금하라는 조건입니다(왕상 11:2). "여호와께서 일찍이 이 여러 백성에 대하여 이스라엘 자손에게 말씀하시기를 너희는 그들과 서로 통혼하지 말며 그들도 너희와 서로 통혼하게 하지 말라 그들이 반드시 너희의 마음을 돌려 그들의 신들을 따르게 하리라 하셨으나 솔로몬이 그들을 사랑하였더라."

둘째로, 여호와의 언약과 법도를 지키라는 조건입니다(왕상 11:11). "여호와께서 솔로몬에게 말씀하시되 네게 이러한 일이 있었고 또 네가 내 언약과 내가 네게 명령한 법도를 지키지 아니하였으니 내가 반드시 이 나라를 네게서 빼앗아 네 신하에게 주리라."

솔로몬은 집권 초기에 하나님을 향해 진솔하고, 열정적이며, 겸손한 마음으로 하나님을 섬겼습니다. 그러므로 전무후무한 축복을 누리면서 이스라엘 나라로 하여금 가장 강력한 국가로 만들었습니다. 그러나 그의 후반에 도덕적(이방인과의 결혼), 신앙적(우상숭배)인 타락으로 인하여 하나님 여호와의 진노를 사서 분열왕국을 남겼습니다. 그러면 솔로몬이 타락하여 죄를 짓게 된 동기와 죄질과 그 결과가 무엇입니까? 솔로몬이 범죄 하게 된 동기는 한마디로 여호와 하나님을 떠나서 자신의 생각대로 행했다는 데 있습니다(왕상 11:9).

하나님을 떠나게 되니 그의 언약을 망각하게 되고 그의 법도를 행할 수 없게 된 것입니다(왕상 11:11). 하나님의 언약과 법도는 하나님과 직접 관계되는 이방신 즉 우상을 섬기지 말라는 것과 이방과의 통혼 즉 이방여인과 잡혼을 하지 말라는 것입니다. 이유는 신앙적 타락을 가져오기 때문입니다.

솔로몬의 죄는 여호와의 십계명을 어긴 것입니다. 이방신을 섬기므로 대신계명(對神誡命)을, 이방여인과 통혼으로 대인계명(對人誡命)을 어긴 결과가 되었습니다. 한마디로 우상숭배 죄와 혼음 죄에 빠졌다는 것입니다. 여호와 하나님 앞에 다른 신을 두지 말고 우상을 섬기지 말라는 계명을 어겨, 이방신을 들여와서 섬길 수 있도록 함으로써 순수한 여호와의 종교를 혼합종교(syncretistic religion)로 전락시켰습니다.

그리고 이방여인과 통혼하지 말라는 하나님의 계명(왕상 11:2)을 어겼습니다. 물론 이방인과의 결혼이 절대적인 죄는 아닙니다. 그러나 하나님의 뜻은 잡혼도 죄이지만 그로 인하여 이방신을 섬기게 되기 때문에 철저히 금하신 것입니다(왕상 11:2).

솔로몬의 범죄의 결과가 무엇입니까? 물론 솔로몬 자신에게 미친 보응도 죄의 결과이지만, 더 심각한 것은 분열왕국으로 계속적인 저주의 결과를 남겼다는 것입니다.

솔로몬에게는 죄에 대한 보응으로 많은 고통이 따랐습니다. 수많은 이방여인으로 인한 갈등과 고통, 더 나가서 자기 인생에 대한 회한과 잘못을 심각하게 느끼며 기록한 전도서에 나타난 바와 같이 영육간의 보응을 면치 못했습니다. 그럼에도 불구하고 선왕 다윗과의 약속을 생각하여 하나님께서 솔로몬의 당대에는 자비를 베풀어 평안히 열조의 묘에 들어갈 수 있도록 허락하셨습니다(왕상 11:34).

솔로몬에게 있어서 이스라엘에 남긴 죄악이 분열왕국을 만든 것입니다. 이로 인하여 그 후손들이 대대로 내우는 물론 외환에 시달리는 고통을 받았던 것입니다.

[결론]

솔로몬의 말년은 열왕기나 역대기에 기록된 대로, 두 가지 죄로 인하여 신앙의 타락을 가져왔습니다. 하나는 이방여인을 끌어들인 것입니다. 이것은 하나님의 명령을 어기고 인본주의적인 생각에서 행한 정략적인 결혼이었습니다. 이로 인하여 이방신을 들여와 함께 섬기게 된 혼합신앙(syncretistic religion)에 더욱 큰 문제가 있는 것입니다.

이 두 가지 죄악은 우리 신앙에도 결정적인 결과를 가져다주는 아주 나쁜 죄질입니다. 물론 이 솔로몬의 신앙적 타락(왕상 9:6-9)은 전도서의 기록으로 보아 돌이킨 것으로 생각됩니다. 그리고 다윗과 예루살렘을 위하여 솔로몬 당대에는 면하고 아들의 손에서 보응하시겠다고 하시며(왕상 11:34), 한 지파만은 그의 아들 르호보암에게 주시겠다고 약속하셨습니다(왕상 11:12-13). 이것이 하나님의 긍휼입니다(합 3:2).

[질 문] 33

여로보암의 편 손이 말라 다시 거두지 못했는데 왜 즉시 또 고쳐 주셨는지요? 모세의 기도에도 미리암의 나병은 7일 동안 그대로 두었는데 도리어 즉시 고침을 받은 일로 여로보암은 이스라엘 역사에 큰 죄인이 되었습니다. 징계로 회개할 기회를 주는 것이 더 중요하지 않은지요? (왕상 13:1-22)

[답 변]

답을 하기 전에 먼저 이 사건들에 관하여 하나님의 섭리를 생각해야 합니다. 여기서 하나님의 섭리의 큰 틀(frame work)과 하나님의 섭리의 방식을 파악해야 합니다. 하나님께서는 인간의 역사를 꼭 베를 짜 나가는 것과 같이 엮어나가고 계십니다. 즉 베를 짤 때에 씨줄을 먼저 깔아놓고 날줄을 통하여 베를 짜는 것과 같이 하나님께서는 씨줄과 같은 경륜과 날줄과 같은 섭리에 의해서 인간의 역사를 엮어나가신다는 것입니다. 그러므로 우리가 천이 어떻게 짜였는지를 알려면, 먼저 베틀의 구조와 그 기능, 그리고 짜는 방법을 알아야 하듯이 하나님께서 짜나가시는 역사의 사건의 전말을 정확하게 알려면, 역시 하나님의 경륜과 섭리와 그 방법을 알아야 합니다. 우선 질문하신 역사적 사건에서 큰 틀은 하나님과 인간의 관계입니다. 구체적으로 말하자면, 하나님께서 하나님의 사람과 여로보암, 그리고 벧엘의 선지자에 대한 하나님의 계시와 섭리가 무엇인가의 문제입니다.

하나님께서는 여로보암을 하나님의 사람을 통한 특별계시의 차원에서 다루고 계십니다. 큰 틀에서 보면, 여로보암의 본질적인 큰 죄(왕상 12:25-33)로 인하여 하나님께서 여로보암을 징치하시기로 결정이 나 있는 본질적인 문제로서, 상황이 어떻든 끝내는 멸망시키시려는 하나님의 궁극적 작정에 속한 것입니다(왕상 13:32-34). 결론이 이미 나와 있다는 뜻입니다.

그 징치의 예조로 제단이 갈라지고, 손이 말랐다가 치료되는 기적적인 사건들로 나타난 것입니다. 이 부분에서 제단이 갈라지는 사건은 하나님께서 그가 임의로 세운 산당에 관한 심판을, 그리고 손이 말랐다는 것은 여로보암에 대한 심판을 예조로 보여주신 것입니다.

물론, 손이 말랐다가 하나님의 사람의 기도에 의하여 회복된 사건은 여로보암에 대한 하나님의 특별섭리로서의 임시적 혹은 허용적 작정(*βουλ?*)으로, 이것도 하나님의 궁극적 작정(*θ?λημα*)을 이루기 위한 한 과정에 불과한 것입니다. 하나님의 계시를 이루기 위하여 필요하다면 악인이라도 고치시는 하나님의 특별섭리로서, 사울 왕과 같이 끝내는 멸망입니다.

여기에서 악인인 여로보암이 완전히 전인적인 회개를 해서가 아니라, 순간적으로나마 뉘우치고 하나님의 사람에게 애원한 것에 대한 순수한 응답과, 하나님의 계시를 이루기 위한 한 과정으로서의 허용적인 응답의 결과일 뿐입니다(왕상 13:33).

하나님은 공의로운 분이십니다. 하나님의 공의에는 누구나 차별이 없습니다. 범죄하면 징벌하시고 뉘우치고 회개하면 치료하십니다. 해당 사람들에 연연치 않고 객관적인 사실에 초점을 맞추시는 하나님의 순수한 공의로 선인이나 악인 모두에게 해당됩니다. 이것은 하나님의 일반 은총에 해당하는 것과 같은 이치로, 여로보암과 같이 미운 자식이라고 무조건 내치시는 것이 아닙니다. 하나님의 공의를 하나님의 사랑과 같이 순수한 차원에서 이해하는 것입니다. 그러나 하나님의 특별은총의 차원에서 볼 때에, 여로보암이 은혜를 입은 것은 아닙니다.

여로보암의 경우는 미리암의 경우와 본질적으로 다른 케이스입니다. 우선 미리암은 하나님의 사역을 위하여 모세를 보좌하라고 선택된 여종입니다. 그러므로 여로보암과 같이 즉시 회복되지는 않았지만, 여로보암과 같이 영원한 퇴출 내지는 멸망을 당하지도 않았습니다. 궁극적인 차원에서 볼 때에 미리암은 하나님의 사역을 위하여 쓰임 받을 뿐만 아니라 일시적인 범죄와 일시적인 징벌이 있을 수 있겠지만, 궁극적으로는 하나님의 은총으로 구원을 받은 케이스이고, 여로보암은 하나님의 사역을 위하여 악인의 역할을 담당하는 과정에서 일시적인 은혜를 입기는 했지만 결국에 가서는 멸망을 받은 케이스입니다.

그렇다고 해도, 미리암은 왜 즉시 고쳐주지 않으셨는가? 라는 의문을 제기하신 줄 압니다. 여기에는 이유가 충분히 있습니다. 내용을 잘 살펴보면 즉시 알 수 있는 문제입니다.

미리암은 하나님의 대리자격인 모세를 투기해서 하나님의 신정정치인 이스라엘 명령체계를 뒤흔들어 놓는 결과를 가져올 뻔 했습니다.

이것은 엄연한 하극상의 중죄로 더구나 하나님을 대적하는 결과를 가져오게 되는 것입니다. 그러므로 여기에 대한 심판이 불가피한 것입니다.

이러한 중죄로 인하여 미리암이 하나님의 벌을 받아 나병에 걸렸는데, 이 문제를 해결하는 방법이 무엇입니까? 하나님의 은혜를 입는 길밖에는 없는데, 그러기 위해서는 공의심에 의하여 발하신 하나님의 노를 풀어드려야 할 것입니다. 이렇게 하는 방법은 하나님의 공의를 충족시켜드려야 한다는 말씀입니다.

첫째로, 중보기도가 필요합니다. 그래서 미리암이나 여로보암도 모세와 파송된 하나님의 사람의 기도에 의해서 나병이나 마른 손이 회복되게 되는 것입니다.

그러면, 여로보암은 즉시 고침을 받았는데, 미리암은 왜 즉시 고쳐주지 않고 7일 동안 진밖에 가두었느냐? 라는 의문이겠지요? 본문의 문맥들을 보면, 여로보암의 경우와 미리암의 경우 사이에 차이점들이 많이 있습니다. 중요한 것들만 열거한다면,

여로보암은 악인인데 반하여, 미리암은 범죄는 했지만 하나님의 택하심을 따라 모세의 조력자가 된 선택된 하나님의 여종입니다.

여로보암은 진심으로 근본적인 회개가 아니라 일시적인 회개를 했지만, 미리암은 진심으로 회개를 하여 아론과 함께 모세에게 중보기도를 요청한 사람입니다.

여로보암의 경우는 앞으로 있을 심판의 예조로 실행된 질병이지만, 미리암의 경우에는 실제적인 죄에 대한 실형이라는 나병에 걸렸다는 점입니다.

그러므로 미리암의 경우에는 그 실형절차에 의하여 사면절차를 밟아야 합니다. 그 실형은 즉시 나병으로 나타났지만, 그 사면절차는 분명히 순서가 있는 것이 하나님의 공의입니다. ① 입으로만 용서를 구하면 되는 것이 아니라 ② 실제보응이 필요합니다. 이는 하나님의 공의를 충족시키는데 반드시 필요한 조건입니다. 예수께서도 역시 하나님의 공의를 충족시켜드리기 위하여 겟세마네에서 기도만 하신 것이 아니라 십자가의 실형을 받으셨습니다. 그리고 ③ 나병의 규례상 정결케 하는 절차를 밟아야 합니다(민 13:13-15; 5:2-3; 레 13:2-8; 신 24:8-9). 여로보암의 경우에는 하나님께서 "예조"로 보여주신 병이며, 거기에 대한 정결케 하는 규례를 적용시킬 필요가 없습니다. 왜냐하면 여로보암은 정결케 되어 다시 구원받을 일이 없을 것이기 때문입니다.

[결론]

간단히 결론을 정리하자면, 여로보암의 경우는 '예조' 로 나타난 손이 마르는 병에 걸렸기 때문에 즉시 회복을 허락했지만, 미리암의 경우에는 '실형' 으로 나타난 '나병' 이기 때문에 그에 따르는 '보응' 과 '사면' 과 '회복' 의 절차를 밟아야 하기 때문입니다.

[질 문] 34

하나님께서 거짓말을 한 사마리아 선지자에게는 책임을 묻지 않고 유대 선지자에게만 물은 이유는 무엇입니까? (왕상 13:29-32)

[답 변]

이는 현미경식(microscopic)으로 보면 이해가 되지 않습니다. 망원경식(telescopic)으로 보아야 그 이유를 볼 수 있고, 알 수 있습니다. 왜냐하면, 이 사건 역시 하나님의 섭리의 큰 틀에서 진행되고 있기 때문입니다. 하나님의 총체적인 섭리에서 그 핵심을 찾아내야 합니다.

이 사건의 핵심은 범죄한 여로보암의 심판과 이 심판선언에 대하여 특사의 자격으로 여로보암을 찾아갔던 하나님의 사람에게 있는 것입니다. 여기서 "하나님의 사람"의 원어는 '이쉬 엘로힘' (אִישׁ אֱלֹהִים)으로 사명을 받은 사람입니다. 이는 "선지자"보다는 그 사명 자체에 초점을 맞추고 있는 반면에, "선지자"의 원어는 '나비' (נָבִיא)로 선지자의 직분으로 사명을 받은 그 사람 자체에 비중을 두고 사용되는 용어입니다. 여기의 "하나님의 사람"은 선지자의 직분보다는 필요시에 파견되는 특사 혹은 암행어사와 같은 사람을 의미합니다.

이 사건의 드라마에서 여로보암은 심판의 대상으로, 하나님의 사람은 선고의 사명을 띠고 간 주인공입니다. 그러므로 다른 일에 관해서는 중요하지 않기 때문에 당시에는 침묵하시거나 나중에 언급하시는 방법으로 말씀의 유보형식을 취하신다는 뜻입니다.

이 사건에서 벧엘의 늙은 선지자는 하나님의 관심의 초점이 아닙니다. 이 늙은 선지자는 하나님의 사명을 완수하는 과정에서 필요한 시험의 도구역할로 쓰임을 받은 조연일 뿐입니다. 하나님의 성역을 이루는 데 있어서 꼭 필요한 과정 중의 하나가 테스트 과정입니다. 첫째 아담은 이러한 관문에서 낙제하고 말았습니다. 그러나 둘째 아담이신 예수께서는 40일간의 금식한 몸으로도 이 사탄의 시험에 승리하셨습니다. 물론 시험하는 자는 사탄이지만 그 시험을 받도록 인도하신 이는 성령이십니다(마 4:1).

유다에서 온 하나님의 사람은 처음 단계에서 여로보암의 시험을 통과했고, 두 번째 단계에서 사탄이 늙은 선지자를 통하여 속임수를 사용한 시험에서 낙방하고 말았습니다. 그러므로 유다에서 온 선지자는 하나님의 공의의 심판을 면치 못한 것입니다.

그런데 선한 하나님의 사람을 실족케 한 벧엘의 늙은 선지자에 대해서는 왜 심판받았다는 언급이 없느냐는 의문이 제기되겠지요. 맞습니다. 성경은 그에 대한 심판에 관해서는 침묵하고 있습니다.

그 이유는 몇 가지로 설명할 수 있다고 봅니다.

하나님의 관심의 초점이 하나님께서 심판하시려고 작정하신 여로보암과 이 심판을 선언하기 위해 파견된 하나님의 사람에게 맞추어져 있기 때문입니다.

이 하나님의 심판사건에서 들러리 역할을 한 벧엘의 늙은 선지자에 관해서는 꼭 언급해야 할 필요가 없기 때문입니다.

그러나 성경이 침묵했다고 해서 벧엘의 늙은 선지자가 죄가 없다거나 그냥 넘어갈 것이라고 생각해서는 안 됩니다. 그의 죄는 대단히 큽니다. 그러므로 어떤 방식으로라도 그의 죄에 대한 책임추궁을 하시게 될 것입니다. 성경에 보면 "어떤 사람들의 죄는 밝히 드러나 먼저 심판에 나아가고 어떤 사람들의 죄는 그 뒤를 따르나니"(딤전 5:24)라고 했습니다. 단지 이 기록에서는 거기까지 필요가 없는 것이기 때문에 언급하지 않고 침묵한 것이라고 생각합니다.

또 한 가지 집고 넘어가야 할 부분이 있습니다. 본문을 자세히 읽어보면, 벧엘의 늙은 선지자가 처음에는 만감이 교차되는 심정으로 유다에서 온 하나님의 사람을 만났다가 하나님의 말씀이 자신을 통하여 나타난 것이 유다에서 온 선지자에 대한 심판임과 동시에 자신에 대한 심판선언임을 느꼈을 것입니다. 즉 깨닫고 회개하는 기회가 된 것이라고 추측할 수 있습니다.

그러므로 벧엘의 늙은 선지자가 행동으로 회개를 하는 장면을 볼 수 있습니다. 물론 죽은 유다 선지자에 대하여 통분히 여기며 자책하는 감정도 볼 수 있습니다.

[결론]

하나님께서 거짓말을 한 사마리아 선지자에게는 책임을 묻지 않고 유대 선지자에게만 물은 이유에 관해서는 몇 가지로 요약할 수 있습니다.

유다에서 온 하나님의 사람은 물론 벧엘의 늙은 선지자에게도 죄에 대한 책임을 물었다고 보는 것이 하나님의 공의의 원칙입니다.

단지 본문에서는 유다에서 특사로 온 하나님의 사람에게 초점이 맞추어져 있기 때문에 벧엘의 늙은 선지자의 죄책에 대해서는 언급을 하지 않았을 뿐입니다.

유다에서 온 하나님의 사람은 하나님께서 경고하신 말씀을 지키지 못했기 때문에 그의 사명의 기간에 말씀대로 즉시 심판을 받았지만, 벧엘의 늙은 선지자는 그러한 사전 경고도 없는 상태에서 마음에서부터 사탄의 유혹에 말려 범죄를 했기 때문에 하나님께서 주실 회개의 기회가 남아 있었을 것으로 생각되나, 유다에서 온 하나님의 사람은 강력한 하나님의 경고를 받았음에도 불구하고 하나님의 말씀을 어긴 죄로 즉결심판을 면치 못한 것이라는 생각입니다.

본문에서는 하나님의 강력한 경고의 성격으로 보아 회개할 기회가 없었는지 유다에서 온 하나님의 사람이 회개했다는 내용이 없는 반면에, 벧엘의 늙은 선지자는 처음에는 의도적이 아니라 자신의 죄를 해결할 방도를 찾아보려는 호기심에 범한 죄에 대해서도 마음과 말뿐만 아니라 행동으로 회개를 했다고 볼 수 있습니다(왕상 13:29-32).

[질 문] 35

왕상 20장과 22장을 보면 하나님께서 아합과 이세벨을 미워하시는데 하나님의 사람이 전쟁의 승리를 예언했고 또 그대로 된 이유는 무엇입니까?

[답 변]

앞에서 하나님의 경륜과 섭리에 관해서 베 짜는 비유를 들어 설명한 적이 있습니다. 하나님의 경륜과 섭리가 절묘하게 엮어져서 세상역사를 만들어 나가시는 하나님의 신비로운 솜씨에 대해서는 완전하게 알 수 있는 것은 아닙니다. 다만 하나님의 주권적 섭리에 의해서 역사가 엮어져 나간다는 사실을 알 뿐입니다. 다시 말하면 하나님의 주권적 작정에 의하여 우리가 다 알 수 없는 역사를, 하나님의 섭리적 작정 즉 허용적 작정에 의하여 우리가 알 수 있는 역사를 만들어 나가신다는 사실을 알 뿐입니다.

다시 말하면, 하나님께서 주관하시는 역사에 관하여 우리가 알 수 없는 것과 알 수 있는 것이 있다는 말씀입니다. 우리가 알 수 없는 것은 하나님께서 알려 주시지 않거나 인과관계를 초월해서 하나님의 절대 주권적 의지에 의해서 만들어 내신 역사적 사건들을 의미합니다. 그럼에도 불구하고 인과관계에 의해서 빚어지는 인간역사에 관해 하나님의 의중을 엿볼 수 있는 지혜를 우리에게 주셨는데 그것이 바로 성경과 성령의 감동을 통해서입니다.

오늘 문의하신 악한 왕인 아합과 그의 부인 이세벨에 관한 하나님의 섭리에 대해서는 먼저 하나님의 근재적인 작정과 궁극적인 작정이라는 차원에서 접근해 들어가야 합니다. 우선 하나님의 궁극적 작정에 의하면 아합과 이세벨은 종국에 가서 하나님의 준엄한 심판을 받게 된다는 것이고, 근재적 또는 허용적 작정의 측면에서 보면, 아합과 이세벨의 생존 시에 인과관계에 의하여 일시적인 승리를 맛보게 될 수도 있다는 것입니다.

아합과 이세벨은 하나님께서 미워하시는 사람들입니다. 그럼에도 불구하고 하나님께서 시리아의 벤하닷 2세와의 전쟁에서 2번씩이나 승리하게 하신 이유는 하나님의 섭리 중 인과관계가 작용한 것이기 때문이라는 사실을 알 수 있는 부분입니다.

물론 이스라엘은 하나님의 선민이었고, 게다가 하나님께서 총애하시는 유다의 여호사밧 왕과 관계(물론 시돈 왕의 딸인 이세벨을 보아서는 몹시 밉지만)라는 정치적 동맹관계에도 일말의 영향이 있었을 것입니다. 그리고 시리아는 당시로서는 이스라엘을 괴롭히는 이방나라입니다. 그러나 그보다도 우리가 분명히 알 수 있는 직접적인 원인은 본문에서 찾아야 합니다.

아합이 전쟁에서 승리하게 된 이유 중의 하나는 시리아의 벤하닷 2세가 하나님의 백성인 이스라엘을 무시하고 능멸하는 태도로 대단히 무리한 요구를 해온 데 대한 하나님의 노여움 때문이었습니다. 이는 벤하닷이 하나님의 백성과 더 나가서 하나님에 대한 극도의 교만을 드러낸 결과로 그에게 패전을 안겨준 것입니다. 이 부분에서 하나님께서는 아합을 생각해서라기보다는 벤하닷에 대한 공의의 심판을 내리신 것으로 보아야 합니다.

이는 마치 부모가 자식이 밉기는 하지만 다른 자식에게 욕을 먹거나 구타를 당하는 모습을 그대로 볼 수 없는 것과 같습니다. 이것이 자식에 대한 부모의 사랑인 것같이 이스라엘(아합)에 대한 하나님의 사랑도 동일합니다.

또 아합이 미워도 선지자의 말을 들어 순종했다는 데 있습니다. 이 부분이 가장 중요한 내용으로서 결정적인 원인이 된 것이라고 보아야 할 것입니다. 하나님께서는 아무리 악한 사람이라도 순간 하나님을 믿고 의지하며 간구하는 사람을 외면하지 않으신다는 사실입니다.

이것은 누구든지 하나님을 의지하는 사람들을 도우시는 한량없는 하나님의 은혜와 사랑의 속성에서부터 비롯된 결과라고 할 수 있습니다. 물론 아합과 이세벨은 그들의 죄를 돌이키지 아니해서 참 선지자 미가야의 말을 듣지 않고 거짓 선지자 시드기야의 말을 들었기 때문에 (왕상 22장) 길르앗 라못 전투에서 전사했고, 이세벨도 예후에 의하여 비참하게 죽어서 개들이 그 피를 핥게 될 것이라는 예언이 성취되었습니다.

열왕기하

[질 문] 36

왕하 3:27에 모압 왕이 전세가 불리하자 그의 맏아들을 성 위에서 번제를 드린 일로 이스라엘에 크게 격노함이 임했다고 했는데 어떻게 해석되어야 하는지요?

[답 변]

성경이 가끔 정확한 언급을 하고 있지 않고 생략하는 부분들이 있기 때문에 일어나는 난제입니다. 이 문제에 대하여 학자들 마다 여러 가지 견해들을 피력하고 있습니다. 이 문제를 풀기 위해서는 두 가지 의문을 해결해야 합니다. 이 두 가지 의문을 해결하는 것이 본문의 난제를 푸는데 결정적인 키(key)가 됩니다.

본문에서 문법적으로 허사(There, "וַיְהִי")를 사용하고 있기 때문에 격노한 주체가 누구인지? 정확하게 알 수가 없습니다. 다시 말하면 격노의 주체가 하나님이신지, 아니면 모압 사람들인지, 아니면 이스라엘 사람들인지? 분명치 않다는 것입니다. 더구나 NIV 성경번역에서는 격노(fury)를 주어(subject)로 사용하고 있기 때문에 주체가 불분명하다는 것입니다.

이스라엘과 유다와 에돔의 동맹군이 모압에 대한 승전을 코앞에 두고 왜 포위망을 풀고 철수를 했는지? 에 대한 의문을 풀어야 할 것입니다.

그런 후에, 범죄는 모압 왕이 했는데 왜 하나님께서 이스라엘을 향하여 크게 격노하셨는지 그 이유에 대한 문제를 풀어나가야 할 것입니다.

물론, 목사님의 질문은 격노하신 분이 하나님이심을 전제로 하고 범죄는 모압 왕이 했는데 왜 하나님께서 이스라엘에 크게 격노하셨느냐? 는 뜻으로 이해하고 있는 줄 압니다. 이 문제를 다루기 전에 우선 격노의 주체가 누구인지 학자들의 견해를 들어보도록 하겠습니다.

모압 왕 메사(Mesha)가 자기의 왕위를 계승할 장자를 번제물로 드린 것은 ① 모압의 신인 그모스를 달래기 위해서였고, ② 적군을 두렵게 하기 위해서 동맹군이 다 볼 수 있는 성벽 위에서 드린 것이라고 합니다. 이렇게 본다면 격노의 주체는 이방신인 그모스라고 할 수 있습니다. 그모스의 노를 풀기 위해서였다는 것입니다. (Matthew Henry)

모압 왕 메사가 자기 장자를 희생물로 그모스 신에게 드리는 것을 보고 모압 사람들이 격분하여 결사항전으로 공격해서 동맹군을 퇴각시켰다고 하는데 이것은 격노의 주체가 바로 모압 사람들로 이들의 사기를 격앙시켰다는 것입니다. (Pulpit)

모압 왕 메사가 자기 장자를 번제물로 드리는 것을 본 이스라엘을 비롯한 동맹군이 모압의 그모스 신에 대한 신적 공포로 포위를 풀고 철수했는데, 이는 이방신인 그모스 신에 대한 두려움과 여호와 하나님에 대한 불신 때문에 하나님께서 격노하심으로 심판을 내리셨다는 것입니다. 이것은 격노의 주체가 하나님이라는 것입니다. (Keil & Delitzsch)

모압 왕 메사가 자기 장자를 번제물로 드림으로 하나님께서 격노하신 것은 사실이나 열왕기 저자는 이에 대하여 침묵하고 있다는 것입니다. (Lange)

모압 왕 메사가 어쩔 수 없이 자기 장자를 번제물로 드리는 죄악을 범하도록 이스라엘이 포위하여 원인을 제공하였기 때문에 하나님께서 격노하셨다는 것입니다. (Keil)

대부분의 주석학자들은 성경의 다른 구절들을 인용하여(민 1:53; 18:5; 수 19:20; 22:20; 19:10; 24:18), 하나님의 격노 혹은 하나님의 심판으로 생각하고, 그 원인을 제공한 것이 바로 동맹군이라는 것입니다. (Keil)

그러나 신적인 격노(wrath, קֶצֶף)라는 말의 용법으로 보면 하나님의 진노인 것은 사실이나, 그 문맥(context)으로 보아 모압 왕 메사의 가증한 행위 때문에 이스라엘에게 격노 하셨다고 보기에는 무리가 없지 않다는 것입니다. 왜냐하면 하나님께서 이스라엘에게 진노하실 때에는 이스라엘의 죄 때문인데, 이 경우는 모압 왕의 죄 때문에 이스라엘에 진노하신다는 것은 어폐가 있지 않느냐는 것입니다. 그러므로 이 해석에 의하면 격노의 주체가 하나님이 아니라, 인간(이스라엘 왕과 유다 왕과 에돔 왕)이었다는 것인데, 랑게는 이것은 잘 못된 해석이라고 주장합니다. (Lange)

또 어떤 학자는 모압 왕이 자기의 장자를 번제물로 성벽에서 드리는 것을 보고 유다 왕이 모압의 가증한 행위와 이스라엘에 대한 불신으로 본래의 전쟁의 의도와는 다르다는 것을 깨닫고 에돔 왕과 함께 모압 원정에서 손을 떼고 고국으로 돌아갔다는 것입니다.

이스라엘 왕과 유다 왕 그리고 에돔 왕 등 동맹군들이 포위를 풀고 모압을 떠나 각기 고국으로 돌아간 것에 대한 정확한 이유가 무엇이든지 간에 분명한 것은 모압 왕 메사가 자기의 장자를 번제로 드림으로서 동맹군이 철수하게 되었다는 것입니다. (Beacon)

위의 학자들의 이론을 종합해볼 때에, 격노의 주체가 하나님과 인간 둘 중에 하나로, 격노의 주체를 하나님에게 무게를 두는 것이 지배적인 것 같습니다. 이렇게 볼 때에 모압 왕이 범죄 했는데 하나님께서 왜 이스라엘에게 격노하셨는지에 대하여 살펴보아야 할 것입니다. 이 문제도 간단한 것은 아닙니다. 왜냐하면 본문에는 격노의 주체가 누구이며, 이스라엘이 왜 포위를 풀고 철수했는지에 대한 정확한 이유를 밝히고 있지 않기 때문입니다.

우선 하나님께서는 선민이든 이방이든 이방신인 그모스(Chemosh, 전쟁의 신)나 몰록(Moloch/Molech) 신에게 아들을 번제(burnt offering)로 바치는 가증한 죄악에 대해서 격노하십니다. 이는 모두가 하나님의 통치 아래에 있기 때문입니다.

이러한 하나님의 공의의 원칙에서 볼 때에 하나님께서 우선 모압 왕의 죄에 대해서 격노하셨을 것입니다. 이 부분에 대하여 성경은 언급하고 있지 않습니다. 아마 이는 이방 자식이며, 정한 때까지 그 심판을 보류했을 것입니다

그리고 성경은 필요한 부분, 핵심이 되는 부분만을 언급하고 다른

부분들은 다른 곳에서 언급하거나, 아예 언급을 하지 않고 생략하는 것이 상례이기 때문입니다.

그리고 이와 반면에 이스라엘에 대해서 격노하신 것인데, 이 부분이 중심부분이며, 필요한 부분이기 때문에 성경에서 언급한 것이라고 생각합니다. 왜냐하면 본문의 전쟁사에는 이스라엘이 중심에 놓여있기 때문입니다.

성경은 구속사로서, 하나님의 택한 백성 유다와 이스라엘에 집중해서 기록하고 있습니다. 그래서 악왕(惡王)인 여로보암과 아합 등의 행위로 보아서는 하나님께서는 이스라엘 왕 여호람을 도울 생각이 없으나 유다의 선왕(善王)인 여호사밧 왕을 보아서 모압 원정을 도우신 것이기 때문에 이스라엘이 이 전쟁의 중심에 놓이게 된 것입니다.

그런데 이스라엘의 죄가 무엇이기에 하나님께서 이스라엘을 향하여 격노하셨는지? 이것이 질문의 핵심인 줄 압니다. 이 부분에 대해서 본문에 나타나지 않은 것들이 있습니다. 본문은 이 부분에 대해서 언급하고 있지 않다는 것입니다.

① 이스라엘의 죄가 무엇인지?

② 그 죄에 대한 심판이 무엇인지?

[결론]

위에 언급된 사실들을 종합 정리해보면 다음과 같이 요약할 수 있습니다. 하나님께서 왜 이스라엘에게 격노하셨는지 본문의 기록으로는 알 수가 없다는 것이며, 이에 대한 추리가 난무할 뿐입니다. 한 가지 분명한 것은 모압 왕 메사(Mesha)가 가증한 번제를 성벽 위에서 드리는 것을 본 이스라엘 동맹군들이 포위망을 풀고 철수했다는 사실입니다. 그들이 왜 철수했는지에 대해서는 성경 본문이 침묵하고 있다는 것입니다. 단지 위에서 언급한 것과 같은 여러 가지 추측들이 가능할 뿐입니다.

그러므로 성경 본문의 스토리에 기록된 내용, 특히 엘리사의 예언과 그 결과를 보아서 이스라엘이 처음에는 승전하다가 나중에는 전쟁을 포기하는 패전으로 결론이 났는데(이 내용은 모압 왕 메사의 비문의 기록과 일치함), 이는 모압 왕의 가증한 번제와 하나님의 격노 때문인 것만은 틀림없습니다. 아마 하나님께서 모압 왕의 아들을 번제로 드리는 가증한 행위에 대한 혐오와 이를 보고도 여호와를 의지하지 않는 것에 대한 이스라엘의 불신 때문에 하나님께서 이스라엘에 대하여 격노하신 것으로 생각합니다.

[질 문] 37

왕하 17:25에 사마리아에 이주한 이방인을 몇 사람 여호와께서 죽이셨다 하였는데 유다가 망한 후에 예루살렘에서는 그런 일이 없었으니 어떻게 해석되어야 옳은지요?

[답 변]

질문 중에 이스라엘(사마리아)에서는 하나님께서 앗수르가 이주시킨 북방민족들 중에 몇 사람을 사자들(lions)을 통하여 죽이신 사건이 일어났는데, 그 이유는 본문에 자세히 기록되어 있습니다. 그런데 왜 예루살렘에는 그런 일이 없고 사마리아에서만 그런 일이 있었는가? 라는 질문인데 본문을 통하여 그 당시 배경사(historical settings)를 이해하면 쉽게 풀리리라고 생각합니다.

물론 그 이유는 여호와 하나님을 섬기지 않고 이방신들을 끌어들여 그들을 섬겼기 때문입니다. 그리고 그들 몇 사람만을 죽이신 것은 하나님께서 경고의 사인(sign)이며, 사자들(lions)을 사용하신 것은 성경에서 종종 발견되는 하나님의 심판에 대한 그의 경고의 도구라고 생각합니다(왕상 13:24; 20:36).

그러나 사마리아는 유다의 예루살렘과 차이가 있습니다. 예루살렘 사람들은 바벨론으로 끌려가고도 유다 인들이 얼마간 남아있었으나, 이스라엘은 북방 여러 지역으로 끌려간 그 자리에 북방민족들을 이주시킨 곳입니다. 어떤 의미에서 사마리아는 이방인들에게 송두리째 붙여졌고, 예루살렘은 후에 바벨론으로 포로 갔지만, 그루터기는 남겨두어 다시 귀환할 수 있는 여지(은총)가 있는 곳입니다(사 6:13). 사마리아가 범죄를 해서 하나님께서 완전히 멸망시키지만, 그 땅만은 하나님의 택한 땅이므로 이방인들에게 잠시만 허락할 뿐(계 11:2), 영원히 허락하시지는 않으시겠다는 하나님의 의지와 엄한 경고의 메시지라고 생각합니다.

그들은 누구이며 왜 그들을 죽이셨는가?(왕하 17:1-41). 본문에서 사자들에게 죽임을 당한 사람들은 북방 여러 곳에서 온 앗수르 이주민들입니다. 이들이 죽임을 당한 이유는 하나님을 경외하지 않았기 때문입니다. 그들이 이방인들이지만 하나님의 택한 땅인 이스라엘에 들어온 이상 여호와 하나님만을 섬겨야 하기 때문입니다. 다시 말하면 이스라엘 땅에 온 이상 그 땅의 율법이 적용되어야 하기 때문입니다.

왜 몇 사람입니까? 이는 전체가 아닌 일벌백개(一罰百改)로 경고하기 위해서입니다.

왜 그 사람들입니까? 그들의 죄에 대해서는 개인적인 섭리로, 이유에 대한 언급은 없습니다. 본문에서 하나님의 섭리는 국가, 민족에 대한 섭리를 보여주는 것이기 때문입니다.

그들을 왜 죽이셨습니까?(왕하 17:1-41). 유일하신 여호와 하나님을 섬기지 않았기 때문입니다. 하나님의 율례와 법도를 지키지 않았기 때문입니다.

이방신인 자기들의 신을 들여와서 섬겼기 때문입니다. 후에 이스라엘 제사장을 통하여 하나님의 법도를 가르쳤지만, 그 제사장은 벧엘의 금송아지를 섬기는 제사장입니다. 그러므로 그의 가르침이 올바를 리가 없습니다. 그의 가르침마저 외면했습니다. 각각 자기들의 신을 섬겼습니다. 강요에 못 이겨 여호와와 자기들의 신을 함께 섬겼습니다. 두 신을 같이 섬김으로 혼합종교(Syncretism)가 되었습니다.

유다가 망한 후에는 그런 일이 없었는데, 왜 사마리아에서만 그런 일이 일어났습니까? 이스라엘은 건국 시초부터 여러모로 유다와 달랐습니다. 그럼에도 불구하고 하나님께서는 유다와 이스라엘은 택한 백성으로 함께 품어주셨습니다.

두 왕국의 역사를 보면 전체적으로 하나님께서 이스라엘보다는 유다에게 더 관심을 가지고 계셨습니다. 예루살렘을 통하여 다윗의 계통을 이어나가시려는 섭리입니다. 북조 이스라엘의 역사는 하나님을 떠나는 방향으로 흘러갔는데, 그 일예로 벧엘에 금송아지 우상을 두고 자체의 제사장들을 통하여 제사를 드렸습니다. 알고 보면 사마리아에 거주하는 앗수르 이주민들에 대한 여호와 하나님의 엄중한 경고의 메시지라고 할 수 있습니다.

[결론]

위의 언급들을 정리하여 간단히 요약해서 말하자면, 사마리아의 몇 사람을 죽이신 것은 하나님의 엄중한 경고의 메시지입니다. 그 이유는 여호와 하나님의 거룩한 땅에서 그를 외면하고 이방신들을 섬겼기 때문입니다.

죽은 몇 사람은 앗수르에 의해 이주한 북방의 여러 족속들 중의 몇 사람입니다. 그러므로 이 경고의 메시지는 특히 앗수르에 대한 경고의 메시지입니다. 이는 하나님의 거룩하신 주권적인 섭리입니다.

역대하

[질 문] 38

대하 35:20-24, 애굽 왕 느고는 갈그미스를 치려고 출전했을 때 그가 하나님의 계시를 받았다고 했는데 하나님께서 애굽 왕 느고에게 계시를 하면서 요시야에게는 왜 계시하시지 않으셨는지 궁금합니다.

[답 변]

이 말씀은 하나님과 요시야와 바로 느고 사이의 삼각관계에서 이루어지는 하나님의 섭리를 이해해야 합니다. 그리고 이 삼각관계에서 전개되는 콘텍스트(context)를 이해하고 나서야 비로소 실마리가 풀린다고 생각합니다.

하나님의 섭리에는 절대섭리와 상대섭리가 있습니다. 절대섭리에서는 하나님의 주권이 절대적으로 행사됩니다. 상대섭리에서는 인간의 상황을 고려하십니다. 요시야와 바로 느고에 대한 하나님의 섭리는 상대섭리 차원에서 다루십니다. 하나님께서 무엇을 기준으로 해서 요시야와 느고를 다루셨는지? 그 상황을 자세히 분석해 보아야 할 것입니다.

이 사건의 배경은 바벨론이 앗수르(갈그미스)를 치려고 했을 때(왕하 23:29), 앗수르와 동맹관계에 있는 애굽의 바로 느고가 "유다를 치려는 것이 아니라" "나로 더불어 싸우는 족속"인 바벨론의 침략을 받고 있는 앗수르를 돕기 위한 원정이었습니다. 다시 말하면 유다와는 아무런 상관이 없는 전쟁이라는 뜻입니다. 그런데 요시야가 이 전쟁에 임의로 개입을 하였습니다. 이것이 첫 번째 패망의 원인입니다.

다음으로, 바로 느고가 앗수르를 도와 바벨론을 치는 것이 하나님의 뜻이었습니다. 하나님께서 느고에게 바벨론을 치라고 명하신 것입니다. 요시야는 이 하나님의 명령을 거스르고 느고의 경고에도 불구하고 전쟁에 개입했다가 전사한 것입니다. 하나님의 뜻과 명령을 거역한 일로 멸망을 자초한 것입니다.

여기에서 몇 가지 성경적인 교훈을 발견할 수 있게 됩니다.

첫째로, 아무리 경건한 사람이라고 할지라도 지금 하나님의 엄중한 명을 어기면 심판을 받는다는 것입니다. 이전에 의로운 행위가 소용없다는 말입니다(에스겔서 참고).

둘째로, "느고를 막는 것이 과연 하나님의 뜻에 맞는 행위인가?"라는 문제입니다. 이 문제는 대단히 심각한 문제입니다. 왜냐하면 하나님의 명령을 거스르는 것이 바로 하나님을 거스르는 행위이기 때문입니다.

셋째로, 하나님께서 자기 종이라고 해서 하나님의 모든 역사를 다 알려주시는 것이 아니라는 것입니다. 각자에 대한 하나님의 섭리가 따로 있다는 사실을 알아야 합니다.

이 전쟁은 요시야가 끼어들 성격의 사건이 아닙니다. 이 사건은 바벨론과 앗수르 그리고 애굽의 느고와의 삼각관계에 따른 하나님의 섭리에 속한 일입니다. 여기에 분수없이 끼어든 요시야의 과실이 컸습니다. 물론 이것을 비롯하여 모든 것이 하나님의 미리 아시고 예정된 섭리 속에서 진행되는 것이 사실입니다.

[질 문] 39

미가야 선지자 때, 하나님께서 아합을 죽이기 위해 거짓말하는 영을 거짓 선지자들에게 들어가게 했는데 이 거짓말 하는 영이 욥을 참소하고 괴롭혔던 영과 동일한 영으로 볼 수 있는지요?

[답 변]

결론부터 말하자면 아닙니다. 열왕기상에 나오는 "거짓말하는 영"(왕상 22:21)은 욥을 참소했던 "사탄"(욥 1:6)과는 다릅니다. 여기에는 몇 가지 이유가 있습니다. 한마디로 말하면 이는 "예언의 영"(the spirit of prophecy)을 말합니다. 물론 "예언의 영" 중에는 하나님의 주권적 명령에 따라 참 예언자를 통하여 예언하는 영이 있는가 하면, 거짓 선지자를 통하여 예언하는 영이 있습니다. 일반적으로 참선지자의 영은 성령에 의한 것이므로 성령이라고도 합니다.

그러나 거짓 선지자의 영은 성령이라고 할 수 없고, 악한 일을 수행하기 때문에 영이기는 하지만 그렇다고 그가 바로 사탄이라고는 하지 않습니다. 왜냐하면 사탄이 예언한다고 할 수 없기 때문이며, 오히려 하나님의 허락 하에 사탄이 거짓말 하는 권한(영)을 받아서 행사한다고 할 수 있습니다.

본문에서는 그 존재의 기능에 초점을 맞춘 것으로 보는 것이 타당할 것 같습니다. 이 문제는 이해하기가 까다롭기 때문에 주의하지 않으면 안 됩니다.

우선 본문부터 주석을 해보는 것이 가장 좋은 방법 중의 하나입니다. 본문의 "한 영"은 히브리어 "הָרוּחַ"로 정관사(ה)가 붙어있는 "the spirit"(그 영)으로 번역되어야 합니다(Luther, LXX). 이 "영"(רוּחַ)은 사탄(הַשָּׂטָן)과 다른 뜻, 말하자면 사탄이 행사할 수 있는 "영의 그 능력" 혹은 "영의 그 권한"을 의미합니다. 이러한 의미에서 "능력의 영"을 부어준다고 말하게 됩니다. 만약 이 "거짓말 하는 영"이 바로 "사탄"을 의미한다면 "영"(רוּחַ)이라고 할 것이 아니라 바로 "사탄"(הַשָּׂטָן)이라고 해야 할 것입니다(유다에게 들어간). 그리고 사탄은 고유명사나 다름없어서 첫 글자를 대문자(Satan)로 씁니다.

본문의 이 "영"은 "예언의 영"(the spirit of prophecy)으로 하나님께로부터 나오며 사람에게 위임되어 선지자가 되게 하는 영입니다(삼상 10:6, 10; 19:20, 23). 그래서 "선지자"(נָבִיא)를 "영의 사람"(רוּחַ אִישׁ)라고 합니다. 물론 참 선지자에게는 참 영이신 성령을, 거짓 선지자에게는 거짓 영을 부어주는 것이라고 말할 수도 있습니다.

그러나 본문의 문맥을 고려할 때 영들 가운데 "한 영"이 아합을 죽게 하기 위해서 "거짓말하는 영"이 되어(I will be a lying spirit) 거짓 선지자들에게 들어가겠다고 자원한 것으로 보는 것이 무리가 없을 것입니다. 사실 성경에는 이와 같은 드라마틱한 문학적, 수사적 표현들이 많습니다. 이는 영적인 세계를 물리적인 세계의 인간 언어로 표현하기가 충분치 못하고, 더구나 그 상황을 생생하게 표현하기 위해 사용한 형식(the dramatic figurative form of representation)입니다. 그래서 성경에는 수많은 비유들(parables, figures)과 은유들(metaphors)과 직유(similes), 상징(symbols)들이 나타나는 것을 볼 수 있습니다.

이 거짓말 하는 거짓 선지자의 파송도 역시 참 선지자의 파송과 같이(사 6:1-10) 삼위일체이신 하나님의 내적 교통(intra-communication)의 상의를 통한 하나님의 회의(Divine counsels)에서 결정됩니다. "내가 누구를 보내며, 누가 우리를 위하여 갈꼬?"(사 6:8).

여기서 "영"(רוּחַ)은 사탄이나 다른 어떤 악한 영(evil spirit)이 아니라, 하나님의 뜻에 의하여 사탄의 영향력 아래 있는 "거짓말 하는 영"(רוּחַ שֶׁקֶר)을 말합니다. 그럼에도 불구하고 이 환상은 전혀 사탄에게 관련된 것은 아닙니다. 거짓말 하도록 씌워진 영입니다. 이 환상은 불림(사명)을 받는 내용과 성격에서부터가 다릅니다.

본문의 상황과 이사야가 불림(사명)을 받았던 상황(사 6:1-10)은 전혀 다른 대칭적인 내용을 담고 있습니다. 전자는 "거짓 선지자"의 사명으로, 후자는 "참 선지자"의 사명으로 불림을 받은 것입니다. 거짓 선지자에게 사명을 주면서 "성령"을 부어줄 리가 없습니다. 오히려 "거짓말 하는 영"을 부어주어야 합니다. 그러나 이 "거짓말 하는 영"도 역시 하나님의 허락 하에서 주어지는 것입니다. 물론 이 영은 사탄의 영향 아래서 운용이 됩니다.

본문의 상황과 욥기의 상황과도 전혀 다릅니다. 본문은 하나님께서 아합을 심판해서 멸망시키려는 의도에서 열린 소위 하나님의 심판법정이지만, 욥기의 장면은 욥에게 믿음을 승화시키고 더 큰 축복을 주시기 위해서 열린 의인의 자격시험장입니다. 그러므로 아합의 생명은 내어주셨지만, 욥의 생명은 건드리지 못하도록 엄중한 명령을 내리셨습니다. 그러므로 욥의 경우와 달리, 본문은 엄중한 하나님의 법정심판으로 그 성스러운 법정에 사탄을 끌어들여 참석시킬 이유가 전혀 없는 것입니다.

성경의 여러 곳(이사야, 요한계시록)에서 하늘의 보좌의 광경이 나타납니다. 그런데 어느 곳에서도 하나님의 성스러운 법정에 사탄이 직접 개입하거나 참석하는 일은 없습니다. 왜냐하면, 사탄은 더러운 대적자이기 때문입니다. 그렇다면, 욥의 경우는 어떻게 이해해야 합니까?

이 문제를 이해하기 위해서는 하나님의 존전인 보좌가 시공의 제한을 받는 형이하학적인(physical) 장소에 국한시키려는 인간의 이해를 초월해야 합니다. 하나님에게는 "하늘이 그의 보좌이며 세상이 그의 발등상"이기 때문입니다. 이는 하나님의 보좌와 하나님의 발등상은 하나라는 뜻입니다.

다시 말하면, 하나님은 누구든지, 심지어 사탄을 만나기 위해서 마치 대통령이 청와대로 불러드려야만 만날 수 있는 것과 같이 하지 않습니다. 하나님은 어느 때에, 어디서든지, 누구든지 만나실 수 있는 초월적인 존재이십니다. 그렇다면, 본문이나 다른 성경에서 왜 하나님 보좌가 펼쳐져 있고 사람들이나, 심지어 사탄도 그리로 초대되는 것으로 되어 있느냐고요? 이러한 표현은 시공에 제한을 받고 있는 인간들의 언어로 표현하기 위한 방법입니다.

예를 들어 영이신 하나님께서 인간을 만나시려면, 인간의 모습을 하고 나타나셔야 하는 것과 같습니다. 그래서 구약에서는 천사와 같이, 사람과 같이 나타나시곤 했습니다. 이것을 신학적인 용어로 하나님께서 의인화(personification)하신 말씀인 신인동형(Anthropomorphism/ Bogochelovechestvo)이라고 하며, 신약에 와서는 예수께서 사람의 모습으로 직접 나타나셨는데, 그래서 이것을 성육신(incarnation)이라고 합니다.

성경 본문(왕상 22:23)에 보면 "이제 여호와께서 거짓말하는 영을 왕의 이 모든 선지자의 입에 넣으셨고 또 여호와께서 왕에게 대하여 화를 말씀하셨나이다."(So now the LORD has put a lying spirit in the mouths of all these prophets of yours. The LORD has decreed disaster for you.)라고 말씀하심으로 아합의 승리가 아니라 아합의 죽음을 유도하기 위하여 거짓 선지자들이 불림 받아 거짓 예언을 하는데, 이 "거짓말 하는 영"이 이용된 것입니다. 말하자면 하나님께서 이 거짓말 하는 "영"(רוּחַ)을 거짓 선지자들의 입에 붙여서 거짓 예언을 하도록 유도하신 것입니다.

이러한 의미에서 "거짓말 하는 영"(רוּחַ שֶׁקֶר)은 대부분의 정통 주석가들이 주장하듯이 "사탄"(הַשָּׂטָן)이라고 할 수 없습니다. 왜냐하면 하나님의 보좌 앞에서 항상 호위하며 사명의 명령을 기다리고 있는 "천군"(heavenly host, 22:19)은 사탄에게 속한 사자(천사)들이 아니며, 본문에서는 단순히 "한 영"(הָרוּחַ)으로 되어 있기 때문입니다.

[결론]

한 마디로 말하자면 참말을 하는 영이나 거짓말을 하는 영 모두가 하나님의 주권 아래서 하나님의 사역을 담당하고 있는데, 참 말하는 영은 참 선지자를 통하여, 거짓말하는 영은 거짓 선지자를 통하여 역사한다는 사실입니다. 참 선지자가 거짓말을, 거짓 선지자가 참말을 할 수 없다는 뜻입니다. 이런 의미에서 거짓말하는 영은 사탄에게 속했다고 할 수 있습니다.

[질 문] 40

하나님의 언약궤(Ark of the Covenant)가 사라진 이유는 무엇입니까?

[답 변]

모세 시대에는 모세가 성막을 짓고 언약궤(법궤)를 만들어 지성소에 안치했습니다(출 40:21). 그 당시 고핫 자손(레위인)이 돌보는 일에 봉사했습니다(민 3:29-31). 요단강 도강시(수 3:3), 여리고성 정복 시(수 6:6), 솔로몬성전 봉헌 시(왕상 8:3)에는 제사장들이 돌보고 궤를 메었습니다. 광야생활이 끝날 즈음(하나님의 백성을 인도할 목적이 끝날 때)에는 언약궤가 실로로 옮겨졌습니다(수 18:1).

사사시대에도 역시 실로에 안치되어 있었습니다(수 18:1). 이스라엘이 블레셋에게 패했을 때에, 법궤를 빼앗겨 이곳저곳으로 이동하다가(에벤에셀, 아스돗, 가드, 에그론, 벧세메스) 돌아와서 기럇여아림의 아비나답 집에 안치하게 되었습니다(삼상 5-7장).

열왕시대에 다윗이 법궤를 예루살렘으로 옮겨오던 중 아비나답의 아들 웃사가 죽는 사고로 인하여 임시로 오벧에돔의 집에 3개월 동안 모셨고(삼하 6:10-11; 대상 13:13-14), 다윗이 3개월 후에 법궤를 예루살렘 장막으로 옮겼습니다(삼하 6:12; 대상 15:25).

솔로몬이 성전을 짓고 그 법궤를 성전 지성소에 두었습니다(왕상

8:1-9).

선지자 시대에 예레미야가 법궤(언약궤)가 없어질 것을 예언했는데, 그것은 예루살렘 자체가 하나님의 보좌가 될 것이기 때문이라고 그 이유를 밝혔습니다(렘 3:16-17).

예레미야의 예언대로 바벨론의 느부갓네살에 의하여 예루살렘과 성전이 파괴된 이후에 성경에는 더 이상 언약궤에 대한 언급이 없습니다(어디로 종적을 감추었는지 모름).

포로귀환 후, 스룹바벨이 지은 성전과 헤롯의 성전에 법궤가 없었습니다. 다만 신약에 와서 언약궤에 대한 상징적인 의미를 부여했을 뿐입니다(히 7-9장, 계 11:19).

[결론]

위에서 살펴본 대로 하나님의 언약궤는 바벨론 포로 시에 이미 그 종적을 감추어 지금까지 찾을 수 없습니다. 마치 모세의 시체를 찾을 수 없듯이 말입니다. 어떻게 종적을 감추었는지에 대해서는 성경도 침묵하고 있을 뿐만 아니라, 역사의 기록도 없고, 아무도 알 수 없다는 것이 하나님의 뜻이라고 믿습니다.

중요한 것은 성전재건 시에는 언약궤가 필요 없을 것이라는 예레미야 선지자의 예언입니다(렘 3:16-17). 예레미야의 예언의 의미는 하나님께서 옛 언약을 폐하시고 새 언약을 세우시겠다는 이야기입니다(렘 31:31). 복음서에서 예수께서, 그리고 바울서신과 히브리서에서도 강조하고 있습니다(히 7-9장). 구약의 성전과 제사 제도를 연상하며 예수 그리스도와 연계하여 히 7-9장에 자세히 나와 있습니다.

이곳에 성경 전체에 흐르고 있는 맥(성서신학적으로 언약교리), 계시발전 사상과 개혁사상이 잘 표현되어 있습니다. 개혁사상이란 좁은 의미에서는 개혁자들(루터, 칼빈, 츠빙글리 등등)의 개혁신앙(Sola Scriptura, Sola Fidei, Sola Gratia Dei, Sola Gloria Dei/오직 성경, 오직 믿음, 오직 하나님의 은혜, 오직 하나님의 영광)의 중심사상을 말하지만, 넓은 의미에서는 (1) 성경 전체를 관통하는 맥(脈/rhythmic expansion)인 기독교의 중심교리로, 시대에 따른 계시의 발전 사상을 말하며(예: 메시아에 대한 발전적 계시/여인의 후손-아브라함의 자손-다윗의 자손-처녀에게서 잉태-나귀를 탔도다-의의 태양-신약의 세상 죄를 지고 가는 하나님의 어린양-예수 그리스도), (2) 좀 더 넓은 의미로는 하나님의 성경의 중심사상인 교리(Dogma, Doctrine)가 역사의 진행에 따라 어떻게 발전되어 왔는지에 대한 정확한 이해와 실천사상을 말합니다.

그러나 전자에만 치우치는 사람들 중에는 근본주의자(Fundamentalists), 그리고 또 지나친 보수주의(Extreme Conservatives)가 있고, 후자에만 치우친 사람들 중에는 역사주의(Historicism) 혹은 구원사학파(Heilgeschichte)가 있습니다.

이 옛 언약과 새 언약에 관한 신학적인 의미는 조직신학과 성서신학적으로 접근하면 확실해집니다. 모세로 인해서 세우신 옛 언약(율법)을 폐하시고, 예수님을 통해서 세우신 "새 언약의 피"(복음)가 성경의 핵심입니다(히 7-9장).

옛 언약이 폐해진 마당에 법궤(언약궤)는 짐승의 피를 뿌리는 것과 함께 필요 없어지게 된 것입니다. 왜냐하면 언약궤 속에는 삼위일체 하나님을 상징하는 성물들(돌판/성부, 만나단지/성자, 싹 난 지팡이/성령)이 들어 있는 궤로서 옛 언약 상징의 핵심이었습니다. 그러나 새 언약은 살아계신 성삼위의 임재를 의미하기 때문에 의문의 죽은 것은 폐하게 되어 있습니다. 이제는 새 언약의 중보가 되시는 그리스도의 "언약의 피"(히 9:20)가 이제부터 영원토록 우리에게 필요한 것입니다.

이제는 살아계신 하나님을 직접 대할 수 있는 하나님의 은총이 임했기 때문에 법궤는 더 이상 의미가 없어진 것입니다. 그래서 에스겔 선지자도 우리 마음에 하나님의 새 영을 부어 주어 육신의 굳은 마음을 제하고 부드러운 마음을 줄 것이고, 하나님의 성령을 우리 마음속에 두어 율례를 행하게 하신다고 했습니다(겔 36:26-27).

어떤 이들은 그 법궤가 예루살렘의 이슬람 신전 지하에 묻혀 있기 때문에 찾을 날이 올 것이라고 말하지만, 이는 성서적으로 볼 때에 어불성설이며, 혹시 누가 법궤를 찾았다든지 만들었을지라도 그것은 전혀 의미가 없는 법궤가 될 것입니다. 만약, 법궤 즉 하나님의 언약궤에 대한 의미를 모르고 법궤를 찾는다면 우상을 만들려는 것과 다름이 없을 것입니다. 만일 모세의 무덤이라도 찾았다면 그곳이 아마 모세 우상 성지가 되었을 것입니다.

하나님의 언약궤에 대한 이해는 한 마디로 결론을 내리자면 언약교리에 의해서 이해되고 설명되어야 할 것입니다. 옛 언약궤는 성삼위의 상징입니다. 좀 더 구체적으로 말하자면 새 언약의 중보이신 예수 그리스도의 상징입니다(히 9:11-15). 본체가 오셨으니 이제 그림자는 중요하지 않은 것입니다(골 2:16-17).

그러므로 언약궤가 없어진 것은 당연한 하나님의 섭리라고 봅니다. 구태의연하게 옛 것에 매달릴 수 없다는 뜻입니다. 그 법궤가 어디에서 사라졌고 지금은 어디에 묻혀있는지 아무도 모릅니다. 마치 모세의 시체와 같이…

욥기

[질 문] 41

욥기 1장에 나오는 하나님의 아들들은 천사들을 의미하는 것인지요?

[답 변]

욥기에 나오는 하나님의 아들들은 천사들을 지칭하는 말씀입니다. 이는 적대자인 사탄과 대치되는 하나님의 선한 천사들을 의미합니다. 이는 사람이 아닌 것은 죽은 사람들 중에 하나님 앞에서 사탄과 대치하고 있는 상황은 생각할 수 없기 때문입니다.

[질 문] 42

욥기서 일장에 나오는 하나님의 아들들을 타락하지 않은 천사들로 해석했는데 히 1:5과 비교해서 어떻게 해석해야 하는지요?

[답 변]

이 구절은 반문적인 부정형의 의문문입니다. 여기의 만유의 후사로 세우신 아들은 예수님을 지칭하는 말씀이고, 천사들은 하나님의 아들에게 수종을 드는 종들입니다, 그러므로 천사더러 아들이라 한 적이 없고, 천사를 아들로 낳은 적도 없고, 그 천사에게 모든 천사들이 아들같이 경배해야 된다고 한 적도 없다는 뜻입니다. 여기서의 천사는 하나님의 아들은 아닙니다.

말하자면 히 1:5에 나오는 아들은 예수님이고, 나머지는 수종을 드는 천사들일 뿐이며, 욥 1:6에 나오는 아들들은 예수님이나 성도들이 아니고 하나님의 아들 예수 그리스도나 성도들에게 수종을 드는 그들의 종인 천사들을 지칭하는 말씀입니다. 이러한 문제들은 항상 신학적인 배경을 가지고 해당 문맥을 자세히 살펴보아야 하는 문제들입니다.

[질 문] 43

욥기 4장부터 25장까지 욥의 세 친구가 비방하였고, 32장부터 37장까지는 엘리후가 욥을 비방하였는데 하나님께서 욥의 세 친구에게는 노하셨으나(욥 42:7) 엘리후에게는 노하시지 않은 이유는 무엇입니까?

[답 변]

아주 좋은 질문입니다. 엘리후 한 사람에 관한 것이라기보다는 욥기 전체를 조직신학과 성서신학적으로 정확하게 파악해야 알 수 있는 문제라고 생각합니다. 욥기의 전체적인 기초그림(big picture)을 먼저 그릴 줄 알아야 이해가 가능합니다.

욥기는 신구약 전체를 집약해 놓은 내용을 담고 있습니다. 율법적인 변론과 예언적인 권고, 그리고 중보자의 필연성과 이에 대한 욥의 갈구, 마지막으로 복음에로의 귀결과 하나님의 축복으로 이어집니다. 여기에서 욥은 죄인인 인간, 욥의 세 친구는 율법의 변사, 그리고 엘리후는 예언의 변사로 등장해서, 하나님의 특별계시의 배경을 가지고 하나님의 일반섭리와 특별섭리를 통하여 인간(욥)을 다루고 계십니다. 즉 하나님의 일반섭리와 특별섭리의 방법을 말합니다.

여기에서 등장하는 주제가 곧 "상대적 의"(율법의 의)로서의 "인간의 의"와 "절대적 의"(믿음의 의)로서 "하나님의 의"입니다. 결론부터 말하자면, 욥은 "상대적 의"만 고집하고 하나님의 "절대적 의"를 몰랐기 때문에 하나님께 무지하다는 책망을 들었고, 욥의 세 친구는 "상대적 의"의 차원에서 욥을 정죄했기 때문에 욥의 기도를 통해서만 용서를 받도록 하셨으나, 엘리후는 욥과 욥의 세 친구가 "상대적 의"(인간의 의 곧 율법의 행위로서의 의)에 집착하고 있는 것에 대한 책망과 더불어 "절대적 의"(하나님의 의, 곧 복음을 믿음으로서의 의)를 제시하며 하나님 앞에 회개를 촉구하고 있는 것으로 보아 엘리후는 하나님께 책망 받을 이유가 없기 때문입니다.

욥이 까닭 없이 고난을 당한다는 것은 욥이 "상대적 의"의 차원에서의 생각이고, 세 친구가 "까닭 없이 망하는 자 보았느냐," "원인 없는 결과가 있느냐" 등 인과관계로 욥을 책망한 것도 역시 인간의 "상대적 의"의 차원에서의 생각입니다. 이 모두가 율법적인 차원에서 변론하는 것입니다.

그러나 엘리후는 저들의 논쟁을 주의 깊게 주시하며 말을 아끼고 침묵하고 있다가 마지막에 가서 하나님의 "절대적 의"의 차원에서 공평

무사한 논리를 펴나가고 있다는 것이 의미가 있는 것입니다. 더구나 성령의 감동을 받아서 말하는 것이라고 주장하고 있는 것은 대단히 의미심장한 언급인 것입니다(욥 32:6-10).

이런 면에서는 엘리후가 예언자로서의 그리스도의 모형이라고 할 수도 있습니다. 엘리후의 책망과 권고의 내용을 보면, 욥의 상대주의적인 "인간의 의"에 대한 책망과 회개를 촉구하며, 하나님의 "절대적 의"에 이르도록 권고하고 있습니다. 그러므로 욥의 세 친구는 마땅히 책망을 받아야 하지만, 엘리후는 그럴 이유가 없다는 것입니다.

[결론]

다시 말하자면 욥은 "상대적 자기 의" 즉 "율법의 의"를 고집했기 때문에 책망을 받았고, 욥의 세 친구는 상대주의적인 "율법의 잣대"(인과응보)로 욥을 정죄했기 때문에 책망을 받았지만, 엘리후는 상대적인 "인간의 의"를 버리고 회개하며, 믿음을 가지고 절대적인 "하나님의 의," 말하자면 "믿음의 의"(righteousness by faith/justification by faith: 믿음에 의한 칭의)를 입으라고 했기 때문에 책망 받을 이유가 없다는 뜻입니다. 즉 엘리후는 예언자의 역할을 한 것이라고 할 수 있습니다.

시편

[질 문] 44

시 72:20에 "이새의 아들 다윗의 기도가 끝나니라" 하였는데 그 시제는 솔로몬의 시라고 되어 있고, 그 이후에도 시 103편을 비롯하여 열여섯 편의 시제에 '다윗의 시' 라 하였는데 어떻게 보시는지요?

[답 변]

이 문제는 성경번역상의 문제입니다. 시편 72편의 시제인 "솔로몬의 시"란 원문의 전치사에 대한 오역이라고 봅니다. "솔로몬의 시"의 원문은 '로쉐로모흐'(לִשְׁלֹמֹה)인데, 여기에 붙은 전치사 '로'(ל)에 대한 미숙한 번역에서 비롯되었다고 생각합니다. 다시 말하면 "솔로몬의 시"가 아니라 다윗이 "솔로몬을 위하여" 기도로 쓴 시라고 보아야 합니다.

전치사 '로'(ל)는 다른 모든 전치사들이 그렇듯, 다양한 의미로 번역이 됩니다. 이 전치사가 영어로는 "…의"로 번역되었는데, 이와는 달리 "for", "to", "towards," "as to", "with regard to", "on account of", "concerning", "about", "of", "on behalf of", "according to" 등등 다양하게 번역될 수 있는 히브리어 전치사입니다. 이 중에서 영역을 따라 한역에서는 "of"(…의)를 채택한 것 같습니다. 물론 어떤 번역 성경에서는 "of"(…의)를 채용하지 않고 "for"(…을 위하여)를 채용한 것도 있습니다.

그러므로 위의 사전적인 의미(Lexical meaning)로 볼 때 외연 의미(denotation)는 물론, 내연 의미(connotation)로 보아도 영어로 "of"(…의)보다는 "for"(…위하여) 또는 "about", "concerning"(관하여)로 번역되는 것이 타당하다고 생각됩니다.

시편 72편의 내용을 보면, 그리스도의 모형으로 솔로몬 왕을 지칭하여 다윗이 이 지상의 이상적인 나라를 갈구하는 마음에서 "솔로몬을 위하여" 기도로 지은 다윗의 시입니다. 다시 말하면, 이스라엘이 이상적인 메시아 왕국의 모형으로서의 위대한 나라를 솔로몬이 잘 통치하게 해달라는 기도로 "다윗의 시"라고 봅니다.

성경을 번역하다 보면, 수다한 문제들이 우리를 혼란케 하고 있다는 경험을 하게 됩니다. 그래서 하나님께서 축자적으로 영감해서 쓰게 하신 원전(Original Text)을 빼놓고는 이 세상에 완전한 번역을 기대할 수 없다는 것입니다. 지난번에 말한 대로 그 원전이라는 것이 법궤와 같이 세상에서 사라져서 찾을 수가 없으니 말입니다. 만일 찾는다고 해도 히브리어의 다양한 의미로 보아 정확한 번역은 기대할 수 없고, 다만 성경 전체의 원리를 정확히 파악하고 이에 준하여 해석하는 것으로 만족해야 할 것입니다.

질문하신 다른 부분들도 우선 그 시편의 정확한 내용을 파악해서 과연 그 내용이 무엇을 의미하는지, 누구를 지칭하는지, 무슨 목적으로 쓴 시인지, 누구를 위하여 썼는지, 등을 파악하고 나서 위와 같은 문제가 있을 경우에 어원학적 접근(etymological approach)을 통하여 정확한 성경적 용어를 찾아서 번역을 해야 할 줄 압니다.

번역상의 문제, 해석상의 문제, 특히 원어에 대한 어원학적 접근의 문제와 성서신학적인 그리고 조직신학적인 방법, 기타 여러 가지 방법들을 동원하여 하나님의 성령의 지도에 의하여 성경을 풀어나가는 것이 최상의 방법이 아닌가 생각합니다.

[질 문] 45

시 72:20에 "이새의 아들 다윗의 기도가 끝나니라" 했으나, 시제에 보면 시편 103편, 108, 109, 110, 122, 124, 131, 133, 138, 139, 140, 141, 142, 143, 144, 145편에 다윗의 시라고 되어있고 그 외에도 형식으로 보아서는 더 있을 수도 있을 것 같은데 어떻게 보시는지요?

[답 변]

물론 시편은 거의 대부분이 "다윗의 시"입니다. 이에 대한 이유는 여러 가지로 증명이 됩니다. 특히 시제에 "다윗의 시"라고 되어 있는 것들은 말할 것도 없고, 그 외의 시들 중에도 특히 그 내용과 문체로 보아 대부분이 다윗의 다양했던 신앙경험의 싯글(poetic story)이라 생각합니다.

시편의 저자에 관해서는 대략 세 가지로 생각합니다. 첫째는 "다윗"(표제에 "다윗의 시"라고 된 부분들과 지난번의 72편과 같이 "솔로몬을 위한 시" 등등이 포함됩니다). 둘째로 "무명"으로 무제로 되어 있는 시들로서 이것들도 대부분의 학자들이 다윗의 시로 간주합니다. 시제는 없지만 다윗의 시편집에 포함되었다는 것과, 신약에서도 시제가 없는 시편을 다윗이 저자라고 증거하고 있는 것을 감안할 때에(행 4:25) 대부분이 다윗의 시라고 보는 것이 좋을 듯합니다.

물론 고등 비평가들의 견해는 다르지만 내용이나 시의 문체로 보아서 다윗의 시로 보는 것이 타당할 것입니다. 셋째로 "아삽의 시"(시 73편)로 아삽은 다윗과 동시대의 선지자와 시인이었습니다. 기타, "고라 자손의 시"가 있는데 사실 고라 자손 누구인지 기록되지 않은 것으로 보아 고라 자손이 지은 것이라기보다는 누군가가 영감을 받아 지은 시들을 고라 자손이 관리해온 것으로 보는 것이 좋을 것 같습니다.

전도서

[질 문] 46

전도서가 솔로몬의 어느 때에 기록된 것으로 보아야 하는지요?

[답 변]

전도서에 관하여 보수주의자들의 주장과 같이 솔로몬의 작품으로 당대(935 B.C.)에 저술된 것이 확실한 것으로 생각됩니다. 그런데 이 전도서의 저작자나 저작 연대에 관해서는 작품의 문체나 특징들을 감안하여 몇 가지 견해들을 내놓고 있습니다.

솔로몬의 작품이 아니기 때문에 타인이 솔로몬에 관해서 저술한 것이다.

솔로몬의 작품이 아니기 때문에 후대(3C B.C.)에 기록된 것이다.

솔로몬의 작품이지만 다른 사람이 후대(3C B.C.)에 기록한 것이다.

솔로몬의 작품이기 때문에 솔로몬 시대(935 B.C.)의 저술이다.

이 문제에 관해서, 전도서의 문체와 여러 가지 특징으로 말미암아 혹자는 솔로몬의 작품이 아니며, 그러므로 후대(3 C B.C.)에 저술된 것이라고 하고 혹자는 솔로몬의 작품이 확실하지만 전도서의 문체나 특징들로 인하여 솔로몬 시대에 저술된 것인지는 확실치 않다고 합니다.

그러나 후에 보수주의자들이 이 작품이 솔로몬의 작품으로 당대에 저술된 것으로 확인했습니다. 그 이유는 다음과 같습니다.

전 1:1에 근거하여 솔로몬의 작품이 분명하다고 합니다(다윗의 아들 전도자로 기록됨). 그리고 언어학적으로 다양한 독특성 때문에 그 기록연대를 추정할 수 없다고 합니다.

신구약 중간기의 기록이나 쿰란 기록들과 어휘나 문법이나 문체가 전혀 다르고, 페니키아 언어학적인 유사성이 있기 때문에 B.C. 10세기경의 기록들이라고 합니다.

전도서에 나타난 정치적 사회적 상황을 고려할 때 솔로몬 말기의 기록이라고 합니다. 전도서에 나타난 정치적 탄압(전 4:1; 8:9)의 기록. 전도서에 나타난 불의(전 5:8)의 기록, 전도서에 나타난 불의한 왕(전 1:16-20)의 기록으로 보아 솔로몬의 작품이 분명합니다.

[결론]

전도서의 저자나 기록연대에 관해서 직접 언급한 자료가 없기 때문에 확정지을 수는 없으나, ① 언어학적으로나 ② 역사적 배경으로 보나 솔로몬의 저술이 아니라는 결정적인 단서가 없으며, 오히려 전 1:1의 "다윗의 아들 예루살렘 왕 전도자"라는 기록으로 보아 솔로몬의 작품이 확실하며, 솔로몬 시대(B.C. 935)에 기록된 것으로 생각됩니다.

이사야

[질 문] 47

사 14:3-20, 특히 14:12은 바벨론의 멸망을 가리키는 것인데, 이 말씀이 왜 천사의 타락으로 해석되고 있는지요?

[답 변]

우선 이 구절들에 나타난 말씀 중 키워드(key word)가 곧 "루시퍼"(Lucifer)인데, 바로 이 루시퍼(הֵילֵל)가 풍자적인 은유(metaphor)로 사용된 바벨론(Babylon)에 대한 언급에 국한한 것인지, 아니면 사탄(Satan)에게 직접 언급된 것인지에 대하여 학자들마다 다른 견해들을 가지고 있습니다. 그러므로 우선 양쪽의 학자들의 주장을 간단히 살펴보고 성경본문과 성경해석 방법의 가능성을 통하여 좀 더 정확한 뜻을 알아보는 것이 가장 현명한 방법이라고 생각합니다.

루시퍼(Lucifer, הֵילֵל)를 단순히 바벨론 왕으로 보고, 단지 그의 멸망에 대하여 언급한 것이라는 견해가 있습니다. 여기에는 몇 가지 이유가 있습니다.

본문의 핵심주제가 역사적인 바벨론의 멸망으로 이 바벨론의 멸망을 이사야 선지자가 미리 풍자적으로 묘사하여 예언한 말씀이라고 합니다. 본문의 역사적 배경이 곧 바벨론의 멸망사이므로, 열국 위에 앉아 열국을 호령하며 다스리는 바벨론 왕을 아침의 아들 계명성, 곧 루시퍼에 비유하여 풍유적으로 예언한 말씀이라고 합니다. 계속 이어서 나오는 바벨론 멸망에 대한 풍유들이 사실상 바벨론에 대한 풍자적 표현이라고 합니다.

그러므로 칼빈(Calvin)은 어떤 이들과 같이, 이것을 사탄에게 적용하는 것은 무지의 소치라고 하면서, 그 이유는 이 문맥이 분명히 바벨론 왕에 대하여 언급하고 있기 때문이라고 합니다(Calvin Commentary, Isaiah, p.442).

본문의 루시퍼(Lucifer, הֵילֵל)는 계명성(Morning Star)으로 새벽별을 의미하는 것으로 성경에서 별(Star)을 종종 왕에 비유하기 때문이라고 합니다(박윤선, 구약주석, 이사야서, p.150). 악마(devil)에 붙여진 이름인 루시퍼(Lucifer)는 교부들이 어떠한 확증도 없이 천사들의 반역과 징벌에 언급한 것으로 해석했던 것이라고 합니다. 왜냐하면 초기 바벨론 문화에 의하면, 그 명칭이 앗수르나 바벨론 왕에게 적용되었기 때문이며, 그리고 그것이 주로 천문학적 성격을 띠고 있었기 때문이라고 합니다(Keil & Delitzsch, 구약주석, 이사야서, p.312).

[결어]

이상과 같은 견해는 성경본문을 문자적(문법적) 내지 역사적 해석법을 적용한 것으로 신학적, 영적인 해석은 도외시된 것으로 생각됩니다. 루시퍼(Lucifer, הֵילֵל)를 바벨론 왕에 비유해서 풍자적으로 예언한 것으로, 사실상 바벨론 왕의 타락을 천사장의 타락에 연계시켜서 보는 견해입니다.

우선 루시퍼(Lucifer, הֵילֵל)라는 명칭이 사탄에게 적용되는 말이라고 합니다. 이 말의 유래가 곧 하늘에서 떨어진 사탄의 명칭으로부터 왔다는 것입니다(Lange's Commentary on the Holy Scripture, Isaiah, p.187). 루시퍼를 하늘에서 떨어진 사탄(Satan)이라는 성경적인 근거가 곧 누가복음 10:18로서 예수께서 제자들에게 하늘에서 사탄이 떨어지는 것을 보셨다는 말씀에 근거를 두고 있습니다(Tertullian, Gregory the Great, Stier).

루시퍼를 땅에 떨어진 별(계 9:1)과 연계시켜서 하늘에서 내어 쫓긴 큰 용(계 12:9)으로 보고 천사의 타락의 근거로 보는 견해입니다. "다섯째 천사가 나팔을 불매 내가 보니 하늘에서 땅에 떨어진 별 하나가 있는데 그가 무저갱의 열쇠를 받았더라"(계 9:1). "큰 용이 내어 쫓기니 옛 뱀 곧 마귀라고도 하고 사탄이라고도 하는 온 천하를 꾀는 자라 땅으로 내어 쫓기니 그의 사자들도 그와 함께 내어 쫓기니라"(계 12:9).

사실 "새벽별"이라는 이름은 영광으로 강림하시는 예수 그리스도이신데(계 22:16), 성경은 그리스도를 모방하려는 사탄에게도 그 이름을 붙인 것이라고 합니다(*The New Bible Dictionary*, p.755).

어떤 유력한 학자들에 의하면, 바벨론의 멸망을 사탄의 타락에 적용하는데, 그 이유는 본문 내용이 전형적으로 사탄의 성격으로 언급된 조롱조의 노래로서 아직도 그 주제가 바벨론 왕이라는 것입니다. 요약

해보면,

Ah, how you have fallen,
You shining son of the dawn!
You who once laid all nations low
Are now cut down to the ground.
Recall your boasts!
You who would ascend above the stars,
And sit among the gods beyond the northwind,
Are now cut down to the abyss! (Lit)
너 아침의 아들 계명성이여
어찌 그리 하늘에서 떨어졌으며
너 열국을 엎은 자여
어찌 그리 땅에 찍혔는고.
네가 네 마음에 이르기를
내가 하늘에 올라 하나님의 뭇 별 위에
나의 보좌를 높이리라
내가 북극 집회의 산 위에 좌정하리라
이제 네가 음부 곧 구덩이의 맨 밑에 빠치우리로다.

[결어]

이상과 같은 견해들은 성경해석학적으로 문법적, 역사적인 해석보다는 상징적, 은유적인 해석법에 비중을 둔 결과라고 할 수 있습니다.

[결론]

위의 두 가지 견해들이 일면 일리가 있지만, 이 문제를 좀 더 정확하게 이해하기 위해서는 종합적인 성경해석법을 적용해야 할 것입니다. 결론부터 말하자면, 문자적으로 역사적인 실제 나라의 왕인 바벨론의 왕(느부갓네살)이 하나님에게까지 높아지려는 교만을 하나님께서 꺾으시고 그 왕좌에서 내쫓으신 것을 모형으로 하여 자기의 위치를 이탈한 천사 장을 하나님께서 심판하시고 하늘에서 내쫓으신 사탄에 언급한 것으로 그와 바벨론 왕에 대한 조롱조의 심판의 노래라고 생각합니다.

우선 역사적인 실제 나라인 바벨론과 실제의 인물인 바벨론의 왕에 대하여 심판하시는 역사적인 사건을 배경으로 하고 있기 때문에, 이는 분명히 과거 바벨론과 바벨론 왕에 대한 언급임에 틀림이 없다고 봅니다. 역사를 살펴보면, 그 당시에 성경의 예언대로 바벨론의 멸망의 예언이 문자적으로 성취되었다는 것(바사의 고레스에게 정복됨)을 인정해야 할 것입니다.

이러한 성경해석학적인 안목은 성경을 단순히 역사적, 여자적인 기록으로만 취급하는 것이기 때문에 성경을 전체적으로 이해하기가 어렵습니다. 그러므로 성경의 본문말씀도 역사적, 여자적인 예언 성취를 기본으로 하는 역사적 해석과, 이에 신학적인 해석방법에 따라 모형적, 영적인 이해를 조화시킬 때에 성경본문의 역사적, 예언적, 영적인 의미가 온전하게 드러나는 것입니다.

즉 성경의 평면적 아날로그 방식으로 역사적인 정확한 사건을 이해하고, 입체적인 디지털 방식으로 지상적, 천상적인 하나님의 사건을 동시에 이해할 수 있게 됩니다. 이와 같이 성경을 온전히 이해하기 위하여 영적인 원근화법, 이것을 다시 말하자면 예언적 축화법(prophetic foreshortening), 예언적 전망법(prophetic prospective), 예형적 혹은 모형적 해석법(typological interpretation) 등을 이용한 신학적 해석방법(theological interpretation)을 사용해야 합니다.

본문의 역사적 바벨론 왕과 영적인 루시퍼(천사, 사탄)는 상호 비유적인 관계를 가지고 있는데, 그 이유는 바벨론 왕의 타락상(범죄의 성격)과 그 성격이 사탄의 타락상과 그 성격과 완전히 일치하기 때문입니다.

다시 말하면, 귀납적으로 생각하여, 타락하여 쫓겨난 바벨론 왕을 통하여 타락하여 하늘에서 쫓겨난 천사 장 즉 사탄을 보는 반면에, 연역적으로 생각하여, 하늘에서 쫓겨난 천사의 타락상을 통하여 역사상의 바벨론 왕의 타락상을 묘사하는 내용의 말씀이라고 생각합니다.

이는 마치 성육하신 예수 그리스도를 통하여 하늘에 계시는 하나님의 모습을 보는 것과 같은 이치라고 생각합니다. 예수께서 제자 빌립에게 말씀하신대로, "나를 본 자는 아버지를 보았거늘 어찌하여 아버지를 보이라 하느냐"라고 말씀하신 내용이 바로 그 뜻입니다(요 14:9).

그리고 세례요한을 통하여 엘리야를 보는 것과 같은 이치로, 세례요한이 엘리야의 정신과 능력을 이어받았기 때문입니다(마 11:14; 눅 1:17).

예레미야

[질 문] 48

예레미야의 예언과 다니엘의 예언이 연대별로 기록되지 않은 이유는 무엇입니까?

[답 변]

문의하신 예레미야의 예언과 다니엘의 예언이 연대적으로 기록되지 않은 것이 맞습니다. 역사서뿐만 아니라 예레미야서를 비롯하여 다른 성경들, 특히 예언서나 요한계시록 같은 성경들이 순서나 연대를 초월하여 구성된 것들이 많습니다. 그 이유는 계시와 예언이기 때문인데, 그 배열이 뒤바뀌는 경우를 말합니다.

이러한 기록체계는 학술적으로 이해해야 합니다. 학문적으로 이러한 체계를 Sequence of topics(주제들의 연속), 그리고 Order of events(사건들의 배열)의 방법이라고 하여 글의 효과를 나타내기 위하여 융통성 있게 사용하고 있다는 것입니다.

[질 문] 49

렘 34:5에 보면 시드기야가 평안히 죽으리라 예언했는데 렘 52:11, 왕하 25:7에 보면 그러지 못했으니 그 이유를 어떻게 해석해야 하는지요?

[답 변]

우리가 성경을 읽고 상반되는 내용이 나오면 반드시 두 내용을 비교해서 분석하고 난 후에 해석을 해야 합니다. 제시하신 바와 같이 시드기야에 대한 예레미야의 동일한 예언을 살펴보면 두 내용이 상반된 내용으로 기록되어 있습니다.

말하자면, 유다의 마지막 왕인 시드기야에 대하여 렘 34:4-5에서는 칼에 죽지 아니하고 평안히 죽을 것이며, 죽은 후에도 선조들과 같이 후손들의 조문을 받을 것이라고 했는데, 렘 52:11과 왕하 25:7에 보면 바벨론 왕 느부갓네살에게 사로잡혀 심문을 받고, 그의 눈앞에서 아들들과 모든 방백들이 살해되고 자신의 두 눈을 빼고 결박된 채 바벨론으로 끌려가서 죽는 날까지 옥에 갇혔으니, 예레미야의 예언이 어긋난 것이 아니냐고 할 수 있을 것입니다.

이러한 경우, 우선 성경은 정확무오하다는 것으로 전제할 때에, 본문의 예레미야의 예언도 틀림이 없다고 보아야 합니다. 역시 정확무오하다는 것입니다.

이런 전제 하에서 상충되는 두 개의 내용을 조화 있게 풀어나가야 합니다. 무슨 말이냐 하면, 결론적으로 두 내용이 상충되는 것 같으나 상충되지 되는 것이 아니라는 것입니다. 그러면 이것을 어떻게 증명해야 하겠습니까?

문제는 간단합니다. 예레미야가 예언하던 시점의 상황과 그 예언이 성취되는 시점의 상황을 분석하면 쉽게 답을 얻을 수 있다는 말씀입니다.

먼저, 예레미야가 예언한 시점의 상황을 보면, 시드기야를 향해 바벨론 느부갓네살 왕에게 항복하라는 것이었습니다. "항복하면…" 칼에 죽지 않고 평안히 죽을 것이라고 했습니다. 즉 이는 "조건부 예언"이라는 말입니다(cf. 렘 38:17).

그러나 시드기야 왕은 항복하지 않고 저항하다가 결국 느부갓네살 왕에게 잡혀 심문을 받고, 두 눈을 잃은 채 사슬에 매어 바벨론으로 끌려갔습니다(렘 39:4; 52:7).

시드기야가 항복하면, 자기 생명도 살고 예루살렘 성(城)도 불사름을 입지 않고 가족들까지 살리라(렘 38:17)는 예레미야의 예언을 순종하지 않았고, 바벨론에게 항복하지 않으면 그들의 손에 붙이고 잡혀갈 것(렘 38:18)이라는 말씀에 순종하지 않았기 때문에 결국은 비참한 종말을 맞게 된 것입니다. 예레미야가 시드기야에게 이르되 만군의 하나님이신 이스라엘의 하나님 여호와께서 이같이 말씀하시되 "네가 만일 바벨론 왕의 고관들에게 항복하면 네 생명이 살겠고 이 성이 불사름을 당하지 아니하겠고 너와 네 가족이 살려니와 네가 만일 나가서 바벨론 왕의 고관들에게 항복하지 아니하면 이 성이 갈대아인의 손에 넘어가리니 그들이 이 성을 불사를 것이며 너는 그들의 손을 벗어나지 못하리라 하셨나이다"(렘 38:17-18).

안타까운 것은 시드기야를 중심으로 유다 사람들이 하나님의 섭리를 이해하지 못하고 있었다는 사실입니다. 무조건 이방인 바벨론에게 항복하는 것은 야웨 신앙에 어긋난다는 잘못된 인식을 가지고 있었다는 것입니다. 그래서 순교를 각오하고 항전했던 것 같습니다. 이는 극단적인 보수주의적 발상이며, 극단의 민족주의적 사고방식(선민의식)으로 우주를 통치하시는 하나님의 섭리를 이해하지 못한 결과입니다.

사실 야웨 신앙은 선지자들의 예언을 믿고 순종하는 것으로, 예레미야 선지자도 야웨 하나님의 명령에 따라 예언한 것이기 때문에 예레미야의 예언이 곧 하나님의 뜻이요 명령임을 알아야 합니다. 그러나 시드기야는 그렇지 못했습니다.

그러면 왜 어떤 때는 유다에 평안히 거하며 살 수 있는 복은 내리시겠다고 하다가, 지금에 와서는 바벨론으로 포로 되어 가라고 하셨습니까? 라는 의문이 생길 것입니다. 그러나 이것도 조건부 예언의 말씀임을 인식한다면 이해할 수 있을 것입니다.

하나님께서 유다를 지켜주시고 복을 주시겠다는 것은 예레미야 선지자의 예언대로 죄를 회개하고 여호와에게로 돌아올 경우라는 조건이 붙은 예언입니다. 그렇지 않고 계속 범죄하고 불순종할 경우에는 이방 바벨론에게 내주시겠다는 조건이 붙어 있는 예언의 말씀임을 알아야 합니다. 후자의 경우에 해당되어 포로가 된 것이지요.

[결론]

오늘 문제의 핵심은 하나님의 예언이란 반드시 조건부 예언이라는 진리입니다. 말하자면 시드기야에게 두 개의 길을 두고 선택하라는 것이었습니다. "여호와께서 말씀하시기를 보라 내가 너희 앞에 생명의 길과 사망의 길을 두었노라…"(렘 21:8). 이 말씀은 인간의 자유의지를 존중하시는 하나님의 사랑입니다.

만일 바벨론에게 항복하라는 하나님의 말씀에 순종하면 평안히 살다가 죽겠지만, 순종치 아니하면 비참한 종말을 맞게 된다는 뜻입니다. 말하자면 철저하게 조건부 예언으로 시드기야 앞에 사는 길과 죽는 길 중에 선택하라는 조건부 예언이었던 것입니다. 여기서 시드기야는 후자 즉 죽는 길을 택하고 만 것입니다.

에스겔

[질 문] 50

겔 38-39장에 있는 곡과 마곡이 계 20:7-9의 곡과 마곡으로 동일하게 볼 수 있는지요?

[답 변]

이 문제를 이해하기 위해서는 성경은 물론, 역사적인 지식과, 그보다도 더욱 중요한 것은 성경해석학적 방법을 알아야 할 것 같습니다. 겔 38장과 39장의 마곡의 땅(the land of Magog, אֶרֶץ הַמָּגוֹג), 즉 로스와 메섹과 두발과 그들 연합군의 우두머리인 곡에 대한 성경해석상의 문제가 풀려야 하는데, 이 문제를 해결하려면 역사적, 문자적 해석을 넘어서 영적, 상징적, 예언적인 의미를 찾아야 합니다. 그러기 위해서는 성경원리로서의 발전적 계시(progressive revelation)에 의한 예언적 전망 법(prophetic perspective)을 사용해야 합니다. 에스겔의 곡과 마곡을 요한계시록의 곡과 마곡과 연계시켜서 이해하려면 곡과 마곡에 대한 정확한 예언적 의미(prophetic significance)를 알아야 합니다.

에스겔서의 곡과 마곡이 요한계시록의 곡과 마곡과 동일하게 볼 수 있는지?에 대한 답변은 한마디로 말하기에는 어려운 면이 있습니다. 왜냐하면 구약계시인 창세기나 또 에스겔서에 언급된 곡과 마곡은 역사적(historical), 실제적(physical) 이름들로 언급되어 있으나, 신약의 요한계시록에서는 영적이며, 상징적인 이름의 의미로 사용하고 있기 때문입니다.

그러므로 요한계시록에 언급된 곡과 마곡(요 20:7-9)은 역사적인 이름이나, 그 실제 이름대로 동일하지 않습니다. 다만 예언적 전망법에 의하여 두 곳에서 동일하게 염두에 두고 있는 곡과 마곡은 마지막 때의 곡인 적그리스도와 적그리스도의 연합전선으로 보는 것이 타당할 것입니다. 그 이유를 알아보기 위해서 구약의 언급과 신약의 언급을 분석해보기로 하겠습니다.

구약에 언급된 곡과 마곡에 대한 의미를 살펴보도록 하겠습니다. 창세기 10:2-3의 족보를 보면, 마곡은 노아의 아들인 야벳의 족속들로 주변 족들(고멜, 마대, 야완, 두발, 메섹, 다라스)들과 함께 역사적으로 실존했던 족속이었습니다(창 10:2). 이 야벳 족속은 오늘날 서구인들로 이어져 와서 서양문명을 형성했습니다.

역사적으로 살펴보면, 이들은 B.C 8~3세기경에 이스라엘 북쪽, 흑해 연안을 중심으로 광범위하게 거주하고 있었던 시디안 족속(Scythians)을 중심으로 한 유목민들로서 B.C 6세기경에서부터 왕성했던 족속들(페르샤, 고멜, 도갈마 등)이었습니다.

그럼에도 불구하고, 이들의 세력이 실제적으로 에스겔 선지자의 예언과 동일한 사건들로 역사상에 출현한 기록에 대해서는 정확히 확인되지 않고 있습니다. 그러므로 어떤 이들은 이 세력을 바벨론, 페르샤, 헬라, 로마 등으로 추측하기도 합니다.

이는 아마도, 노아가 세 아들을 축복하고 저주할 때, 야벳에 대한 축복 내용에 이미 예시된 것이 아닌가 생각됩니다. 즉 하나님께서 축복하신대로 야벳은 지상에서 창대하게 될 것이라는 사실과 셈의 장막에 거하리라는 예언입니다. 예언대로 야벳은 세상에서 가장 창대한 족속들(서구인들)이 되었고, 아마도 이들을 중심으로 마지막 때에 하나님의 백성을 공격하기로 되어 있는 큰 바벨론과 넷째 짐승으로 상징되어 있는 적그리스도의 세력이 형성되지 않을까 생각됩니다.

그러나 이들의 세상 마지막 세력은 하나님의 직접적인 개입으로 패배하고 이들 역시 이왕에 기독교 영향력 하에 있었던 것 모양으로, 앞으로 셈의 장막, 하나님의 백성의 장막에, 즉 주님의 통치하에 거하게 될 날이 올 것이라는 종말론적 예언이 성취될 것으로 예상됩니다.

에스겔서 38~39장에서 마곡은 여러 족속들이 거주하던 야벳 자손의 마곡의 땅으로 마지막 날에 하나님의 백성을 공격할 세상의 세력으로 언급한 것입니다. 에스겔이 예언하고 있는 곡과 마곡의 의미는 좀 더 영적으로 발전되고 있는 것을 볼 수 있습니다. 처음에 그 당시 북쪽 마곡 땅에 대한 구체적인 이름과 사건, 상황들이 소상하게 언급되고 있습니다. 즉 포로에서 돌아와 평안하게 거하고 있는 이스라엘이라든지, 북쪽의 곡이 이끄는 연합군의 땅 즉 마곡이라든지, 또 북방의 메섹, 로스, 두발, 도갈마 족속 등과 남방의 구스와 애굽, 에티오피아, 리비아 등과 같이 당시에 역사적으로 존재했던 나라들의 이름들을 구체적으로 거론한 것들로 보아서 예언의 시작과 근거를 역사적인 사실에 두고 있다는 것입니다.

그러나 후반으로 갈수록 점점 더 상징적이며 영적인 의미로 발전되고 있는 것을 볼 수 있습니다. 본문에 나타나 있는바 포로에서 돌아와 회복된 이스라엘, 마곡 땅의 족속들의 연합전선이나 전쟁, 그리고 전쟁의 상황 등이 리얼하게 구체적으로 언급되고 있는 것에 대해 문자적으로 해석하기 어려운 면이 있다고 생각됩니다. 왜냐하면 미래에 그러한 상황이 불가능하기 때문입니다.

예를 들어 이스라엘 땅을 정결케 하신다고 하셨는데, 하나님께서 실제 이스라엘 땅을 어떻게 정결케 하신다는 것인지? 사실 여기의 이스라엘 땅은 팔레스타인의 실제적인 이스라엘 땅이 아니라 하나님의 백성들의 상징적, 영적인 영역 즉 성도들의 영역을 의미하기 때문입니다.

겔 39장 마지막 부분으로 갈수록 더욱 상징적이며 영적인 언급들로 바뀌어가고 있는 것을 볼 수 있습니다. 특히 마지막 부분을 보면, 하나님의 신, 즉 성령을 이스라엘 족속에게 쏟는다고 했는데(겔 49:29; 36:26-28), 이는 요엘 선지자가 예언한 대로 마지막 때에 영적으로 택한 이스라엘 백성들을 비롯하여 세상 만민에게 성령을 부어주실 것(욜 2:28-29; 행 2:17-18)을 예언한 것으로 육적인 이스라엘의 역사적인 차원으로부터 영적인 차원으로 승화해가는 계시로 발전해가고 있는 것입니다.

신약에 언급된 곡과 마곡에 대한 의미를 살펴보도록 하겠습니다. 신약의 요한계시록 20장, 이 부분에 와서는 마지막 전쟁을 예비하기 위해서 천년 후에 사탄이 잠시 놓여 곡과 마곡을 미혹하여 하나님의 성도들의 진과 성을 둘러 포위할 때에 하나님의 불이 내려와서 저희를 소멸하고 마귀를 유황불 못에 던지게 됩니다.

이와 같은 요한계시록의 기록은 문자적으로 해석할 수 없는 영적인 부분들이기 때문에 에스겔서에 나오는 육적 이스라엘이 아니라 영적인 이스라엘인 성도들이라는 것입니다. 그리고 이스라엘 지역이 아니라 성도들의 진과 성이라고 했으니, 이것은 문자적인 실제적 성이 아니라 이들로 상징되는 하나님의 백성이 거하는 영적인 성, 곧 한 장소를 초월한 성도들이 거하고 있는 영역을 의미합니다.

그러므로 이곳에 나타나는 곡과 마곡은 역사적, 실제적인 곡과 마곡이 아니라, 역사적인 곡과 마곡으로부터 영적인 곡과 마곡인 적그리스도와 그의 영역으로 묘사하게 된 것입니다. 사실 역사적으로 곡과 마곡에 대한 실제적인 전쟁과 상황들에 관한 정확한 역사에 대해서는 아직도 확인되지 않고 있으며, 추측에 불과합니다.

그러나 세대주의(dispensationalism)에서는 이 모든 것들을 문자적으로 해석하여 앞으로 종말에 이스라엘 백성들이 고토로 돌아와 평안히 거할 때에 북방의 마곡의 땅에 거하는 메섹과 로스와 두발과 도갈마 족속들과 남방의 구스 족속들(애굽, 에티오피아, 리비아)이 이스라엘의 산인 하몬곡 골짜로 모여 마지막 일전을 치르게 될 것이라고 봅니다. 이것이 천년왕국 후인 사탄이 무저갱에서 놓인 다음 마지막으로 성도들과 싸우려고 할 때 하나님께서 하늘로부터 불을 내려서 저들을 멸하게 될 것이라고 합니다.

[결론]

위의 언급들을 정리하여 간단히 요약해서 말하자면 구약 창세기에 언급되어 있는 역사적 실존인 곡과 마곡에 대한 실제적인(physical)

역사적(historical) 사건에 근거하여 에스겔 선지자가 역사적 이스라엘에 상응하는 실제적 곡과 마곡에 언급하여 예언하고 있으나 그 역사적인 성취를 확인할 수 없고 에스겔의 예언의 발전적 성향으로 보아 마지막 영적인 이스라엘인 성도들과 사탄의 사주를 받는 곡, 즉 곡으로 상징되어 있는 세상 끝 날에 출현할 적그리스도의 세력으로 보아야 할 것입니다.

이들에 관해서 성경 본문들을 자세히 살펴보면 잘 이해될 것입니다. 특히 요한계시록 20장에 언급된 곡과 마곡은 세상 끝 날에 나타날 적그리스도와 적그리스도의 나라로 다니엘 선지자는 이들을 세상의 마지막 나라인 넷째 나라(당시에는 로마)라고 했습니다. 이들 마지막 세상 권세를 잡은 자들이 사탄의 사주를 받아 하나님의 거룩한 백성인 성도들의 진과 성을 두르겠으나 하나님의 불이 내려와서 멸망시키게 되어 있습니다. 그리고 마귀도 잡혀서 유황불 못에 던져지게 되어 인간을 유혹했던 마귀는 그 종말을 맞게 됩니다.

다니엘

[질 문] 51

다니엘서에 나오는 바벨론 왕 느부갓네살과 그의 아들 벨사살 사이에는 일반 역사에 다른 왕들이 있는 것으로 아는데(참고. 왕하 25:27, 에윌므로닥을 비롯하여) 알려 주었으면 합니다.

[답 변]

먼저 히브리어의 표현 중에 '아들' (벤, בן)이라는 표현은 자기 아들에게만 아니라, 손자, 혹은 증손자, 고손자에 이르기까지 심지어는 자기의 양자에게까지 붙이고, 아버지(부친)라는 표현도 '조상' '조부' '증조부' '고조부' 에 이르기까지 5-7가지에 사용했다는 것을 염두에 두고 이해하시기 바랍니다.

당시의 신 바빌론의 왕조는 B.C 7세기(구 바벨로니아는 B.C 20세기)로 그 마지막 왕이 바로 벨사살 왕입니다. 그런데 나보포라살의 아들인 느부갓네살 2세가 성경대로 바벨론을 강국으로 만든 후에 하나님의 심판을 받아 정신이상이 된 후, 바벨론의 마지막 왕인 벨사살에 이르기 까지 파란만장한 왕위계승의 역사가 계속되었습니다. 느부갓네살 2세 다음으로

(1) 아멜마르둑(에월므로닥) (느부갓네살의 아들)

(2) 네르갈샤르우수르 (느부갓네살의 사위)

(3) 라바쉬마르둑 (네르갈샤르우수르의 아들)

(4) 나보니더스 (느부갓네살의 사위)

(5) 벨사살 (나보니더스의 아들) (동위섭정하였음)로 이어졌습니다.

전술한 바와 같이 히브리나 바벨론과 같은 나라에서는 '부친' '조부' '증조부' '고조부' 등을 그냥 '부친' 으로 표현하는 관습이 있었기 때문에 느부갓네살을 벨사살의 '부친' 이라고 부른 것이라고 생각합니다(단 5:2).

[질 문] 52

단 2:34-35에 뜬 돌이 신상을 깨뜨린 것과 뜬 돌이 태산을 이룬 문제에 대하여 설명해주시기 바랍니다.

[답 변]

단 2:34-35에 신상을 깨뜨린 뜬 돌이 태산을 이룬 것은 신학적으로 접근해야 쉽습니다. 사람들이 성경해석에 있어서 편중된 해석법을 사용하기 때문에 잘못된 해석이 나오게 됩니다. 물론 성경해석학적인 차원에서 문법적, 역사적, 신학적 해석법을 사용해야 합니다. 그러나 이

러한 성경해석학의 도구(tools)도 조직신학과 성서신학의 지원(support)을 받지 못하면 편향된 해석을 하게 된다는 것입니다.

다니엘서를 이해하려면 역사적인 사실을 통한 예표(typology)의 차원에서 이해해야 합니다. 물론 성경의 대부분에서 이와 같은 예언적 전망(prophetic perspectives)을 볼 수 있어야 합니다. 왜냐하면 성경이 예언으로 되어 있기 때문입니다.

이러한 측면에서 볼 때에 "뜬 돌"로 예언되어 있는 메시아의 사건은 역사적 사건으로 실현되어 넷째 나라인 로마 제국에 뒤따라 초림 메시아 예수께서 오셨습니다. 이 사건은 다니엘서 7장~9장에 상세하게 설명되어 있습니다. 이러한 새나라는 영적인 통치의 나라로서의 하나님의 나라로 그 에이전시(Agency)가 곧 교회(Church)라는 조직으로 나타났습니다.

여기서 이미 예수 그리스도(뜬 돌)의 구속을 통하여 새로운 하나님의 나라가 시작되었기 때문에 신학적으로 이미(Already) 실현된 하나님의 나라(Realized Kingdom of God)이라고 하고, 다음 역사의 종말에 재림 주(뜬 돌)에 의하여 세상이 심판을 받고 아직(Not yet) 완성되지 않은 하나님의 나라가 온전히 완성된다고 해서 미래에 완성될 하나님의 나라(Accomplishing Kingdom of God in the future)라고 합니다. 이때를 혹자는 천년왕국(전 천년주의자)라고 하나 개혁주의(무 천년주의)에서는 신천신지라고 합니다.

결론적으로 "뜬 돌"은 두 가지 차원에서 적용되어야 합니다. 하나는 바벨론(사자), 메대?바사(곰), 헬라(표범)의 나라들 다음으로 넷째 나라인 로마 제국에 뒤따라 이 세상에 오신 초림 예수를 통하여 이루진 하나님의 나라의 예표인 교회에 적용(물론 이 교회는 가시교회와 불가시 교회를 포함)되는 것입니다.

그리고 이 "뜬 돌"은 로마 제국으로 표상이 된 넷째 나라가 적그리스도의 나라로 나타나는데(단 7장), 이 적그리스도 왕국(계 11:7-8; 계 13장)에 뒤따라 재림하시는 재림 주께서 세상을 심판하시고 영원한 하나님의 나라로 완성하시게 되는 것입니다. 그러므로 "뜬 돌"에 대한 역사적인 의미는 이 두 부분에 모두 적용되는 것이 신학적 입장입니다.

이 세상 역사의 진행과정을 좀 더 이해하기 쉽게 여러 가지로 설명하고 있는 저의 웹사이트(www.mission4.org)의 여러 부분에서 자세히 설명하고 있습니다. 특히 [제4세계 선교] 메뉴에 들어가 보시면 많은 참고가 될 것입니다.

[질 문] 53

다니엘서에 나오는 한 때, 두 때, 반 때(삼 년 반)와 계시록에 나오는 1,260일(계 11:3, 12:6)의 관계는 어떠한지요?

[답 변]

다니엘서와 요한계시록은 가장 밀접한 관계를 가지고 있는 예언서로 직접적인 관계를 가지고 있다고 해도 과언이 아닙니다. 단지 다니엘서는 세상 나라들을 중심하고, 세상 나라를 통하여 하나님의 나라를 말하고 있고, 요한계시록은 세상 나라를 적그리스도의 나라라는 하나의 나라로 보고 하나님의 나라와의 관계를 예언하고 있는 것입니다.

그러므로 다니엘서의 "한 때, 두 때, 반 때"는 요한계시록의 "삼일 반" 즉 "1,260일"과 같은 시기를 말합니다. 그런데 여기에서 좀 더 고려해야 할 것은 이 시기들, 즉 "한 때 두 때 반 때", "1,260일", "삼일 반", "42개월", 구약 엘리야 시대의 "삼년 반" 등은 같은 환난의 시기를 가리키는 것으로 이 모두가 144,000이라는 숫자가 실수가 아닌 상징적인 숫자인 것같이, 수학적 실수(conventional number)가 아니고, 상징적인 숫자(symbolic number)입니다. 말하자면 같은 성도의 환난의 시기를 각각 그 상황과 특성에 따라 다르게 표현하고 설명한 것뿐입니다.

이 기간은 다니엘서의 70주는 세상을 섭리하시는 하나님의 예정된 기간 중에 7주와 62주를 지나 마지막 1주간 중의 반을 의미합니다. 그래서 세대주의에서는 이 "한 주"를 7년 대환난이라고 하여 "전 삼년 반", "후 삼년 반"으로 나눕니다. 물론 이렇게 나누는 것은 그 기간을 상징적인 날수를 전제로 한다면 맞는 말입니다. 왜냐하면, 이 기간이 성경에는 여러 모양으로 표현되어 있기 때문입니다.

단지 마지막 한 주간에 대하여 간단하게 설명한다면, 이 기간에 대해서 우선 세대주의(dispensationalism)와 개혁주의(reformed)와의 그 견해가 많이 다릅니다. 우선 세대주의에서는 그 기간을 문자적으로 해석, 십진법을 사용해서(40일을 40년, 1일을 1년으로 계산) 한 주간을 7년으로 보고, 그 전반의 3년 반, 그 후반의 3년 반으로 계산, 성도들의 환난을 7년 대 환난으로 보는 반면에 개혁주의에서는 그 수를 상징적으로 보고 신약시대 전체를 한 주간으로 보고 마지막 후반부를 적그리스도가 출현해서 성도들을 박해하는 기간으로 봅니다(계 11:3-6, 13장). 물론 안식교회에서는 주로 문자적, 역사적 해석법을 사용하여 소위 그들이 주장하는 조사심판에다 초점을 맞추어 계산하기 때문에 또 다릅니다.

다니엘의 예언은 이미 역사적으로 성취되었고, 또 계속해서 성취되어가고 있는 것으로 보는 것이 성서적인 역사의식입니다. 이것을 학문적으로 이미(already)와 아직(not yet)이라고 표현합니다. 아닥사스다왕이 주전 457년 10월에 예루살렘을 중건하라는 영을 내린 후 7주(일곱 이레)와 62주(육십이 이레)를 지나 마지막 1주(한 이레)에 있어질 적그리스도의 박해통치의 기간 중의 절반을 "한 때, 두 때, 반 때"(단 9:25-27), 혹은 "삼일 반"(계시록)으로 예언하고 있습니다. 한 주간의 전반인 "3일 반"에 해당되는 "전 삼일 반"에는 환난의 정도가 소강상태여서 선교도 가능하나(계 11:3-5), 후반 삼일 반(계 11:7-10), 즉 "한 때, 두 때, 반 때"의 기간으로 적그리스도가 무저갱에서 올라와 두 증인과 성도들을 죽이므로 박해가 그 절정을 이루어 성도들의 권세가 다 깨어지고 매일 드리는 제사도 폐하게 되는데 이때에 666수의 짐승 권세가 그 절정을 이루게 됩니다. 이때에 많은 순교자들이 나오게 됩니다. 물론 그 후에는 주님의 재림과 심판으로 성도들이 나라를 얻게 되는 것이지요(단 7-9장, 계 11-13장).

[결론]

"한 때, 두 때, 반 때"와 "1,260일"과의 관계는 상징적 예언적 성격을 가지고 상관관계가 있는 하나님의 말씀입니다(the co-relative word of God). 때로는 직접적인 숫자로 일치가 되기도 하지만(1,260일은 3년 반), 성경의 전체적인 원리로 볼 때, 상징적인 숫자로 보고 그 의미, 특히 영적이며 예언적인 의미를 찾아야 합니다.

앞에서도 말씀드렸지만, 성서에 나오는 숫자들을 정확히(물론 신비적인 숫자들도 있기 때문에 전체의 숫자는 아닙니다.) 해득해야 무리가 없고 이단사설에 미혹되지 않는다고 생각합니다.

대부분의 이단들이 종종 이와 같은 숫자놀음(number' s game, number' s pun-play)으로 성경을 자기들의 주장에 억지로 맞추어 해석함으로써 성도들을 미혹하고 있다고 생각합니다. 우리가 성서에 나오는 숫자에 관하여 좀 더 잘 알 수 있는 방법은 앞에서 말한 바와 같이 성서수비학(Biblical Numerology)을 공부해야 합니다. 물론 여기는 성령의 절대적인 도움이 필요합니다. 아무리 공부를 한다고 해도 성령의 도우심이 없으면, 착각이나 오류에 빠질 수 있습니다.

신약

마태복음

[질 문] 54

마 8:32에 군대 마귀가 이천 마리의 돼지에게 들어간 후 "물에 빠져 죽은 것"과, 마 12:43-45에 귀신이 물 없는 곳으로 다니다가 찾지 못하고 일곱 귀신을 데리고 먼저 있던 곳으로 다시 들어오므로 후환이 더 컸다고 하셨는데 "물 없는 곳"을 어떻게 보아야 하는지?

[답 변]

성경말씀의 어느 부분이나 정확하게 해석하려면, 먼저 본문을 문법적으로 보아야 하고, 더욱 중요한 것은 그 본문의 문맥을 정확하게 파악하는 것입니다. 그렇게 하기 위하여 역사적 배경을 파악한 다음 신학적인 이해로 접근해 들어가야 합니다.

질문하신 내용의 핵심이 돼지가 "물에 빠진 곳"(바다)과 "물 없는 곳"(광야)에 대한 상관관계로 귀신이 정반대의 장소를 택한 이유가 무엇인가? 로 "물 없는 곳"의 의미가 무엇인가? 라고 보는데, 이 경우 본문의 문맥이나 그 배경을 살피지 않고 그 부분에만 집착한다면 잡다한 추측들로 일관하기 쉽습니다.

사실, 성경은 귀신들린 "사람"과 귀신의 "활동", 그리고 이를 제어하시는 "하나님의 능력," 그 결과 "하나님의 나라가 가까웠다"는 메시지에 초점을 맞추고 있을 뿐, 귀신론(demonology)에 관하여 구체적으로 언급하고 있지를 않습니다. 예를 들어, 본문의 내용에서 왜 귀신이 물 없는 곳에서 방황하며 쉴 곳을 찾지 못했는지? 그 물 없는 곳이란 무엇을 의미하는지? 귀신의 특성과 버릇이 무엇인가? 등등 성경에서 별로 언급하지 않는 부분들에 집착하다보면, 중심 메시지를 놓쳐버리고 비유와 상징과 은유와 영해 등으로 일관된 끝없는 추측의 세계를 방황하게 됩니다.

오늘 본문 말씀의 주제는 귀신이 아니라 "하나님의 권능"과 영육 간 병들어 고통을 받고 있는 "인간의 구원"에 맞추어져 있습니다. 우리가 원한다면, 이러한 전제하에서 귀신이 방황하며 황막한 곳에서 쉴 곳을 찾지 못했다고 하는 "물 없는 곳"(waterless or desert places)에 대한 의미를 찾아야 할 것입니다. 말하자면 이 "물 없는 곳"에 대한 언급은 그 자체에 중요한 의미를 부여한 것이 아니고, 귀신의 행동반경에 대한 서술적인 표현을 위하여 등장한 곳입니다.

목사님의 질문이 마 8:32과 마 12:43-45의 두 가지가 따로 따로 된 것인지 아니면 한 가지 질문인지 몰라서, 우선 한가지로 된 질문으로 보고, 두 개의 성경구절에서 "물에 빠져"(rushed down into the lake, 마 8:32)라는 표현과 "물 없는 곳"(waterless or desert places, 마 12:43-45)이라는 상반된 표현들이 어떻게 다른지에 대해서 말씀드리려고 합니다.

우선 "물 없는 곳"과 "물 있는 곳"에 대한 개념에 관하여 생각해보기로 하겠습니다. 물론 성경은 그 개념들에 대해서 고정적이며 구체적으로 언급하고 있지를 않습니다. 왜냐하면, 해당 문맥(context))에 따라 그 개념과 의미가 다르게 사용되고 있기 때문입니다(같은 누룩이라도 다른 의미로 사용되고, 같은 물이라도 다른 의미로 사용되고 있기 때문입니다).

그래서 헨드릭슨은 "물 없는 곳"에 관해서 다음과 같이 언급하고 있습니다. As to the "waterless places" or deserts(Isa. 13:21; 34:14; Matt. 4:1; Rev. 18:2), only this: if we are accustomed to associate the good angels with places in which order, beauty, and fullness of life prevail, does not it not seem natural to link evil angels with regions where disorder, desolation, and death dominate? 즉 헨드릭슨(Hendriksen)의 이 말의 뜻은 선한 천사들에 관하여는 질서와 미와 생명의 풍요함에, 악한 사자들에 관하여는 무질서와 황폐와 죽음이 지배하는 곳들에 관련되어 있다는 개념을 가지고 있다는 것입니다. 그러나 오늘 질문의 의미는 서로 상반된 행동에 관한 문제로 그 이유가 무엇인가? 라는 의문이라고 생각합니다.

먼저, 귀신이 "물 없는 곳"(마 12:43-45)과 "물 있는 곳"(마 8:32)이라는 상반된 환경을 택한 이유가 무엇이냐? 라는 문제부터 생각해 보겠습니다. 이 문제를 이해하려면 우선 본문들의 각 문맥(context)에서 그곳들을 택한 이유를 알아내야 할 것입니다.

귀신이 "물 없는 곳"(마 12:43-45)을 택하게 된 이유 역시, 성경에서는 직접적인 언급을 하고 있지 않습니다. 문맥으로 보아 "쉴 곳"을 찾기 위해 "물 없는 곳"으로 간 것이 아니라 쫓겨나 "물 없는 곳"으로 가서 "쉴 곳"을 찾은 것으로 이해되어야 할 것입니다.

그러나 성경의 전체적인 사상과 흐름으로 볼 때에, 귀신들이 택하기를 즐겨하는 곳이 바로 "물 없는 곳"(waterless place), 혹은 광야, 사막, 무덤과 같은 적막하고 황폐한 곳으로 그곳이 귀신들의 성품과 습성에 적합한 곳들입니다. 그곳에서 쉴 곳을 얻으려고 찾았던 것 같습니다.

그러나 그곳에서 쉴 곳을 얻지 못했는데, 그 이유는 인간(인격) 속에 거처하여 인간을 지배하던 귀신이 황막한 광야에서 "쉴 곳"을 찾을 리가 만무하기 때문입니다. 그럼에도 불구하고 귀신이 광야를 찾은 이유는 아마 예수님의 명령으로 거처할 곳을 잃었기 때문이었을 것입니다. "쉴 곳"을 찾아다녔다고 한 것을 보면, 아마 하나님의 말씀에 위압되어 지쳤거나, 다음을 위해 우선 정신을 차려야 하기 때문이었을 것이라고 생각합니다.

귀신이 "물 있는 곳"(바다, the lake)을 택하게 된 이유도 역시 예수님을 보자마자 위압되어 영원한 멸망을 선고받지나 않을까? 하는 초조감과 다급함 때문이었을 것입니다. 그런데 왜 앞서 "물 없는 곳"을 택한 귀신의 행동과 달리, "물 있는 곳"을 택하였을까? 라는 의문입니다. "물 있는 곳"을 택한 이유 역시 돼지 떼를 통하여 급히 피해야 할 곳이 필요할 뿐만 아니라 다음 행동을 목적으로 하고 있었기 때문이 아닌가 생각됩니다.

다음으로, 귀신이 "물 없는 곳"과 "물 있는 곳"이라는 상반된 곳을 선택한 데에는 그만한 목적이 있을 것입니다. 본문의 문맥을 따라가 보면, 그 뉘앙스를 짐작할 수 있습니다.

"물 없는 곳"을 택한 목적은 두 가지로 정리할 수 있습니다. 우선, "쉬기" 위함이었습니다(마 12:43). 예수 그리스도를 만나는 순간 그 귀신은 먼저 알아보고 자신의 거처에 대하여 염려하며 초조해했습니다. 그 사람에게서 나오라는 주님의 불 같은 명령에 다급한 나머지 그 상황에서 우선 피하여 간 곳이 귀신의 습성대로 광야(물 없는 곳)였습니다. 거기서 우선 쉬고 보자는 것이었습니다.

다음으로, 귀신이 "다음의 행동"을 취하여 전열을 가다듬기 위하여서였습니다. 쉬면서 숨을 돌리고 거처할 곳이 없을 경우에 다음번의 공격으로 자기보다 더 강한 일곱 귀신을 데리고 다시 나온 집(사람)에게 들어가기 위함이었습니다(마 12:45).

"물 있는 곳"을 택한 목적도 역시 두 가지로 정리할 수 있습니다. ① 우선, "피하기" 위함이었습니다(마 8:29-31). 예수님을 보자마자 다급해진 귀신이 우선 나와서 갈 곳이 없으니 급한 대로 돼지 떼를 택한 것 같습니다. 물론 이것은 다음에 취할 액션의 전 단계가 되겠습니다. 상황으로 보아 그럴 수밖에 없었습니다. ② 다음으로, 귀신이 "돼지 떼를 죽음으로 몰고 가기" 위함이었습니다. 그러면 왜 돼지 떼를 "물 있는 곳"으로 데려가 죽이려는 것입니까? 이것도 본문의 중심 주제가 아니기 때문에 정확한 이유에 대해서는 직접적으로 언급하고 있지 않지만, 간접적인 충분한 언급을 문맥을 통해서 찾을 수 있습니다. 성경에서 돼지는 부정한 짐승으로 취급되고 있습니다. 귀신이 들어가기 안성맞춤이라고 생각합니다. 물론 방법은 달리 할 수도 있습니다. 그러나 여기에서 방법 (돼지 떼를 죽이는 방법과 같은)이 중요한 것이 아니라 귀신이 분풀이를 하는 것이라고 생각됩니다. 왜?

(1) 아마, 추측컨대 예수님께 쫓겨나서 분했던 모양입니다. 쫓겨난

것에 대한 분풀이를 하는 방법으로 돼지 떼를 바다에 빠뜨려 죽이는 것이었습니다.

(2) 본문에 보면, 사람들이 몰려와서 믿고 하나님께 영광을 돌리는 것이 아니라 항의하려다 예수님의 위압에 눌려 그만 예수님에게 그곳을 떠나라고 하십니다.

(3) 귀신은 아마 돼지들의 주인과 동리를 비롯한 주위 사람들의 불만을 유발시켜 예수님에 대하여 분풀이를 하려고 했던 것이 아닌가 생각됩니다. 물론 이것도 실패로 돌아가고 말았지만 말입니다. 사실 이것도 문맥을 참고로 한 추측입니다.

[결론]

한 마디로 "물 없는 곳"에 관한 사고(思考)는 불필요한 것 같습니다. 왜냐하면 성경이 말씀하고자 하는 메시지의 중심이 아니기 때문입니다. 본질적인(essential) 것이 아니라 비본질적인(nonessential) 것이기 때문입니다. 본질이 아니라 방법이기 때문입니다. 그리고 "물 없는 곳"의 의미에 대해서 성경의 직접적인 언급이 없기 때문입니다.

(1) 전술한 바와 같이 "물 없는 곳"에서 방황했든, 도시에서 방황했든, 그리고 "물 있는 곳" 즉 돼지 떼를 "바다"에 몰살시킴으로써 분풀이를 했던, 귀신이 돼지 떼에게 광우병과 같은 전염병을 발병시켜서 죽였든, 그 방법이 중요한 것이 아니라는 말씀입니다. 상황(context)으로 보아, 역시 귀신이 그곳에서 그러한 방법이 가장 쉽고 편리하고 합당한 정황이기 때문이었을 것이기 때문이라고 보아야 할 것입니다.

(2) 이 본문들은 한 결 같이 죄인을 사랑하시는 주님께서 병자를 불쌍히 여겨 구원하시는 구속적인 의미와 하나님의 주권으로 이루어지

는 하나님의 나라가 가까웠다는 것을 우리들에게 주지시키시기 위하여 행하신 기적들이라고 믿습니다.

(3) 위의 두 본문 중의 "물에 대한 의미"는 문맥에 의하여 이해되어야 합니다. 귀신들이 왜 "물 없는 곳"(광야)을 택하기도 하고 "물 있는 곳"(바다)을 택하기도 하느냐에 대한 문제는 그 문맥에서 귀신들의 자유의지에 따른 하나님의 허락에 달려 있습니다. 이것은 방법의 문제로 그리 중요하지 않습니다. 그리고 "물 없는 곳"에 지나치게 집착할 필요가 없을 것 같습니다. 메시지의 핵심이 아니기 때문입니다.

(4) 그리고 마 12:43-45의 본문 말씀의 내용이 비유라고 가정할 때에 각 말씀마다 분리해서 세밀하게 그리고 문자적으로 의미를 붙여서 해석해야 할 필요가 없다는 것입니다. 어떤 문구에 잘 못 지나치게 집착하다가는 여러 가지 억측으로 신비주의적 알레고리 해석으로 심한 경우에는 이단 사설로 오해받을 수도 있기 때문입니다.

[보충설명]

목사님께서 "물 없는 곳"의 '물'에 대하여 특별한 의미를 부여하고 싶은 생각이 있으신 것 같은데, 물은 말 그대로 물입니다. 단지 "물 없는 곳"은 광야나 사막 등과 같이 황량한 곳을 의미합니다. 아마 물에 대한 상징적, 영적인 의미를 부여하고 싶어서인지는 몰라도 우선 문자대로 보아야 합니다. 귀신들이 돼지 떼를 이끌고 바닷물에 뛰어 들었을 때와 같은 바로 그 물입니다.

그럼에도 불구하고 굳이 물에 대한 영적인 의미를 부여하고 싶다면 아마 '생명'을 의미한다고 보아야겠지요. 그러므로 물 없는 곳이란 생명이 없는 '죽음이 있는 곳'이라고 말할 수 있습니다. 성경에 보면 귀신들은 더러운 곳, 질병과 저주가 있는 곳, 죽음이 있는 곳으로 모인다고 했습니다. 그래서 성경에 보면 귀신이 사람 속에 들어가 죽음의 장소인 무덤 사이에 거하고 있었던 것입니다.

이와 반대로 바다의 물은 심판과 죽음을 상징하는 물이라는 것을 알아야 합니다. 같은 이스라엘 땅에 생명의 바다인 갈릴리 바다와 죽음의 바다인 사해바다가 공존해있다는 것을 기억해야 합니다.

귀신들이 돼지 떼 속으로 들어가 그 돼지 떼를 이끌고 바닷물 속으로 빠져 들어갔다고 했는데, 여기서도 바닷물의 물은 물리적인 물입니다. 이 물에 돼지 떼가 익사하게 된 것입니다. 그러나 귀신들은 물리적 존재가 아니고 영적인 존재이기 때문에 죽지 않습니다. 익사하지 않는다는 말입니다. 다시 말하면 물리적 죽음이 없다는 뜻입니다. 그래서 귀신들이 돼지 떼 속으로 들어갈 것을 구했습니다.

그 이유는 아마 아직 그들의 때가 아닌데 예수께서 무슨 상관이 있느냐고 하면서 돼지 떼 속으로 들어갈 것을 구했던 것인데, 무저갱에 들어가거나 영원한 심판을 받지 말게 해달라는 뜻입니다. 다시 말하며 물리적인 죽음이 아니라 영적인 영원한 죽음을 미루어달라는 뜻입니다.

물론 돼지 떼를 바닷물에 익사시킨 후, 그 귀신들이 어디로 갔는지에 관해서는 성경이 침묵하고 있습니다. 공중을 떠돌며(엡 2:2; 6:12) 또 다시 거처할 곳, 그들이 들어갈 곳인 사람을 찾고 있는지, 알 도리가 없지요. 다만 그 귀신들이 주님께서 오신 후에 대부분 행동의 제한을 받아서인지 현대에는 귀신의 출현 이야기가 거의 없지 않습니까?

이 두 가지 질문에는 육적 물리적인 것과 영적인 것이 교차하는 신비스러운 진리입니다. 마치 인간에게 영과 육이 공존하며 상생하는 신비로운 원리와 같은 이치라고 할까요.

[질 문] 55

마 12:32에 "말로 인자를 거역하는 죄와 말로 성령을 거역하는 죄" 에 대해 어떻게 구분해야 옳은지요?

[답 변]

결론부터 말씀드리자면, 인자를 거역하는 죄는 회개가 가능한 죄로 사망에 이르지 않는 죄이지만, 성령을 거역하는 죄는 회개가 불가능한 사망에 이르는 죄입니다(요일 5:16-18). 그러므로 인자(예수)를 거역하는 죄는 사함을 받을 수 있지만, 성령을 거역하는 죄는 사함을 받을 수 없다는 뜻입니다. 성경에는 결과론적으로 이 두 가지 죄로 죄의 개념이 요약되어 있습니다.

그러면 인자를 거역하는 죄와 성령을 거역하는 죄가 무엇이 다르기에 인자를 거역하는 죄는 회개가 가능해서 사함 받고, 성령을 거역한 죄는 왜 회개가 불가능해서 사함을 받지 못하는가 하는 문제입니다. 이 문제는 몇 가지 측면에서 살펴보아야 합니다.

죄에 대한 개념과 종류에 관하여(The Concepts and Kinds of Sin) 성서적으로 볼 때에 죄는 하나님을 거역하는 것입니다. 인간에 대한 불경뿐만 아니라 하나님을 향한 불경(blasphemy)을 말합니다. 물론 인간에 대한 불경죄는 당연히 회개가 가능하고 용서를 받습니다. 하나님께 대한 불경에 있어서 하나님은 성부, 성자, 성령 등 삼위일체로 설명이 되는데, 그러면 같은 하나님이신 성자를 거역하면 사함을 받을 수 있고, 성령을 거역하면 왜 용서를 받을 수 없느냐? 라는 문제입니다.

누구든지 죄를 회개하면 용서를 받습니다(막 3:28; 눅 12:10). 그러나 이 구절들 중에 어느 것도 회개에 대한 언급이 없다는 것이 문제입니다. 이 죄는 아주 무서운 죄로서 "불경죄"(blasphemy)를 의미합니다. 그런데 성경에서는 이 "불경죄"가 때때로 넓은 의미로 사용되어 예수께서 말씀하신 "모든 죄(불경죄)는 사함을 받을 수 있지만"이라고 하신 말씀은 일반적인 의미로서의 죄를 말합니다.

헬라어로 이 "불경죄"는 무례하고 거만한 언사로서 하나님에게나 사람에게 일반적으로 사용되고 있어서 "불명예" "폭언" "욕설" 등의 의미를 가지고 있으나(엡 4:31; 골 3:8; 딤전 6:4), 예수 그리스도께서 예외로 사용하신 이 "불경죄"(blasphemy)는 "성령을 거역하는 죄는 사함을 받지 못한다"는 죄로 그 의미를 가지고 있습니다.

즉 하나님이나 왕에 대한 "도전적인 불경죄"(defiant blasphemy)를 의미합니다. 예를 들면, 하나님을 저주하거나(cursing God), 의도적(willful) 범죄로서의 역적이나 세속화로 인하여 하나님의 영광을 가로채는 죄들을 의미하는 것으로 이는 신성모독죄에 해당됩니다(눅 9:3; *cf.* 막 2:7; 눅 5:21; 요 10:30, 33; 계 13:1, 5, 6; 16:9; 17:3).

죄에는 두 가지 종류가 있는데, 그중에 하나는 원죄(peccatum originale)와 또 다른 하나는 자범죄(peccatum actuale)입니다. 원죄는 아담으로부터 유전 받은 죄로서 이 죄로 인하여 영원한 멸망(지옥)을 받게 되고, 자범죄로 인해서 보응을 받게 되는 것입니다. 우리가 천래적으로 유전 받은 원죄가 곧 아담이 지은 죄로 모든 죄의 근원이 되는 죄입니다. 그러므로 이 원죄를 해결하면 자범죄를 해결할 수 있게 됩니다. 자범죄는 원죄를 뿌리로 해서 나오는 싹들이며 이것이 장성하게 되면 사망의 열매를 맺게 되는데 죄의 뿌리를 제거하면 사망의 열매를 맺지 않는다는 것입니다.

원죄와 자범죄와의 관계는 불가분의 관계를 가지고 있어서 원죄의 해결여부에 따라 자범죄의 결과가 달라집니다. 원죄가 해결되지 않으면 자범죄는 원죄와 더불어 사망에 이르는 이차적인 원인이 되지만 원죄가 해결되면 자범죄는 "사망에 이르지 않는 죄"로 남게 되어 영원한 사망이 아니라 이에 해당하는 "보응"이 따르게 됩니다. 다시 말하면 원죄가 해결된 사람의 자범죄는 "회개가 가능한 죄"라는 뜻입니다.

결국 영원한 구원과 영원한 멸망, 즉 천국 가는 문제와 지옥 가는 문제는 전적으로 원죄에 달려있습니다. 그러므로 여기서 원죄와 같은 죄는 "사망에 이르는 죄"이며(히 10:26; 요일 5:16), 원죄를 해결한 사람이 스스로가 짓는 자범죄를 "사망에 이르지 않는 죄"라고 합니다(요일 5:16). 그러므로 사망에 이르는 죄를 짓게 되면 사함을 받을 수 없습니다. 그러나 사망에 이르지 않는 죄는 사함을 받을 수 있다는 말씀입니다.

사함을 받을 수 있는 죄와 사함을 받을 수 없는 죄(요일 5:16-18)에 관하여 성경에 보면, "사망에 이르지 않는 죄"와 "사망에 이르는 죄"에 대한 실례들이 분명하게 나타나 있습니다. 예를 들면, 베드로와 바울 사도는 사망에 이르지 않는 죄, 즉 회개가 가능한 죄의 경우입니다. 베드로는 예수님(인자)을 세 번씩이나 부인했고, 바울은 앞장서서 하나님의 아들 예수님(인자)과 성도들을 박해했습니다. 그러나 그들은 가슴을 치며 하나님 앞에 회개하고 돌아와서 하나님의 훌륭한 종들이 되었습니다. 그들은 하나님 앞에 지은 인자(예수)를 거역하는 죄에 대하여는 사함을 받았습니다(막 14:71; 요 21:15-17; 딤전 1:12-17). 이와 반대로 가룟 유다는 예수님을 팔고 성령의 감동을 무시하고 예수님

(인자)을 거역하는 죄뿐만 아니라 인자를 "사탄에게 파는 죄"로 사함을 받지 못하였습니다.

그 외에도 다윗의 경우(삼하 12:13; 시 51편, *cf.* 시 32편)와 같이 간음죄와 살인죄 또 부정직한 거짓말을 한 죄를 지었어도 사함을 받았습니다. 이 모든 경우에 중요한 것은 죄에 대한 심각한 후회와 철저한 회개를 통하여 사함을 받았다는 사실입니다.

그러나 성령을 거역하는 죄는 사함을 받을 수 없는데 그 이유가 무엇입니까? 이 경우에는 본문(text) 자체에 직접적으로 언급하지 않고 있기 때문에 주위의 문맥(context)을 잘 이해하여야 알 수 있는 것입니다. 앞의 구절을 보면 성령의 능력으로 귀신을 쫓아내시는 것을 바리새인들은 귀신의 왕인 바알세불 즉 사탄에게 돌리고 있습니다.

더구나 바리새인의 이러한 태도는 의도적이며 고의적인 고범죄로 하나님을 대적하는 죄로서 사탄과 결탁된 상태를 말합니다. 이들은 죄에 대한 가책과 통탄이 없었고, 회개 대신에 마음이 강퍅하게 되고 죄에 대한 고백이 아니라 음모를 일삼고 있습니다.

이러한 죄들은 사함을 받을 수 있는 길을 거역하기 때문에 용서받지 못합니다. 도적이나 간음한 자나 살인자들에게도 소망이 있습니다. 왜냐하면 복음의 메시지가 하나님의 자비를 위해 외치기 때문입니다. 그러나 마음이 강퍅해져서 성령의 권고와 경고에도 불구하고 회개하지 않으면 심판을 받게 됩니다. 즉 이것이 사망에 이르는 죄가 되는 것입니다(요일 5:16; 히 6:4-8).

성령을 거역한 죄는 점차적으로 죄의 결과를 초래하게 됩니다. 먼저 성령을 슬프게 하면서(엡 4:30), 회개치 않으면 성령에게 저항하게 되고(행 7:51), 이러한 현상이 지속되어 발전하게 되면 성령을 소멸하게 됩니다(살전 5:19).

이러한 과정을 거치면서 마음을 열어 죄의 참상에 대한 두려움과 죄에 대한 슬픔에 사무쳐 회개하지 아니하면, 그 마음이 강퍅하게 되어 회개를 하려고 해도 회개가 되지 않는 상태(암 덩어리)가 되어 회복불능으로 사망에 이르게 된다는 것입니다.

인자를 거역하는 죄와 성령을 거역하는 죄와의 차이에 관하여 우선 삼위일체 유추를 통하여 인자를 거역하는 죄는 사함을 받을 수 있으나, 성령을 거역하는 죄는 사함을 받을 수 없는 이유를 알아보겠습니다.

삼위일체는 성부, 성자, 성령의 삼위께서 일체라는 뜻입니다. 이것을 학문적으로 표현하자면, 본체론적 삼위일체 (Ontological Trinity)의 차원에서 볼 때에 성부, 성자, 성령은 한 분(일체)이라는 뜻이고, 경륜론적 삼위일체(Economical Trinity)의 차원에서 볼 때에, 하나님은 성부, 성자, 성령의 삼위로 계신다는 뜻입니다. 이 삼위일체 이론은 조직신학적인 이론으로 실제적으로 형이하학적인 설명으로는 불가능한 신비입니다.

하나님의 본체는 한 분으로 존재하시는 반면에, 사역상의 활동으로서는 삼위의 사역으로서 공동사역으로 진행됩니다. 좀 더 구체적으로 말하자면, 하나님의 창조와 구속사역은 하나님의 회의(Divine council)에서 결정되어 공동사역으로 진행되되 논리적인 순서로 말하자면 성부, 성자, 성령의 순서로 구속사에 등장하십니다.

좀 더 자세히 설명하면 세 분이 일체가 되어 창조사역을 하셨고 구속사역에도 함께 하시지만 논리적으로는 구약시대에는 성부께서 전면에 신약시대 초에는 성자께서 전면에 예수님 승천 후에는 성령께서 전면에 나타나시는 것으로 표현합니다.

그러므로 예수님(인자)께서 아버지의 구속계획을 완수하시고 이제는 성령께서 그 구속을 인간에게 적용시키시는 마지막 단계이므로 성령을 거역하면 달리 기회가 없다는 뜻입니다. 그러므로 성령을 거역하면 사함을 받을 수 없다는 논리입니다.

구원론적 차원에서 중생한 사람과 중생하지 못한 사람과의 차이에서 유추해보면 결과론적으로 중생하지 못한 사람은 인자뿐만 아니라 성령을 거역하나 중생한 사람은 인자와 성령을 거역하지 않습니다. 그 이유는 간단합니다. 그 안에 내주(indwelling Spirit)하시는 성령이 계시기 때문입니다. 이 문제를 조직신학적으로 설명하자면,

중생하지 못한 사람은 성령을 받지 못하였기 때문에 성령을 거역할 수밖에 없습니다. 물론 중생하지 못한 사람들도 하나님의 일반적인 은총에 의하여 권세와 능력을 받을 수 있습니다. 그러나 이들은 중생의 은총을 입지 못하여 구원에는 이르지 못합니다. 이런 경우에 신학적으로 외적 소명(external calling)이라고 합니다. 이 외적 소명을 받아서 은사와 능력을 행하지만 내적 소명(inner calling)으로 중생하지 못할 경우에는 내주하시는 성령을 거역할 수 있다는 것입니다(히 6:4; 10:26; 마 7:21).

그러나 중생한 사람은 성령을 거역하지 않는 이유가 내주하시는 성령께서 계시기 때문입니다. 중생한 사람은 새로운 피조물로서 하나님의 양자로 입적하게 되고 곧 바로 하나님의 후사가 되어 생명책에 녹명된 사람입니다. 물론 알미니안주의(Arminianism)에서는 중생한 사람도 타락할 수 있다고 하나 칼빈주의(Calvinism)에서는 중생한 사람은 일시적인 타락(자범죄)은 있을 수 있으나 영원한 타락(원죄)은 하지 않는다고 합니다. 이 교리에 의하면 중생한 사람에게는 '성령을 거역

하는 죄'가 해당되지 않고 중생하지 못한 사람들에게 해당된다는 것입니다.

인간의 자유의지는 하나님의 주권 안에서 작용할 뿐, 하나님의 절대주권을 넘어서는 작용을 할 수 없기 때문에 중생하지 못한 사람에 한해서 성령을 거역할 수 있는 자유가 허용되고 중생한 사람에게는 성령을 거역할 수 없는 성품으로 변화되는 것입니다.

물론 알미니안주의를 따르는 자유주의신학에서는 인간이 타락하기 전이나, 타락 후 구속받은 다음에도 영원한 사망에 이르게 하는 범죄 즉 예수를 십자가에 다시 못 박는 죄와 같은 죄, 그리고 성령을 거역하는 죄를 범할 수 있다고 봅니다. 인격적으로 보면 지적 거역이나 감정적 거역을 넘어 의지적인 고의적 거역은 사함 받지 못한다는 것입니다.

수비학적(Biblical numerology)인 영적 접근을 통하여 유추해 볼 수 있습니다. 예수께서 말씀하신대로 죄에 대하여 "일곱 번씩 일흔 번이라도 용서해주라"고 했는데 이는 하나님의 사랑에 대한 성격을 말하는 것입니다. 하나님의 사랑의 길이와 넓이와 깊이와 높이가 무한하신 반면에(엡 3:18-19), 그 제한성을 동시에 보여주는 말씀입니다. 수비학에서 7자 수자는 완전수입니다.

일곱 번씩 일흔 번은 7×70=490번이라는 계산이 나오는데, 이 숫자는 십진법에 따라 바벨론에 마지막으로 포로 간 때로부터(B.C. 586) 49년 만에(B.C. 537) 바벨론 포로에서 제일차 귀환이 이루어졌는데 이 기간을 바벨론에서 회개의 삶을 사는 기간으로 보고 이 기간에 회개의 기회를 잃어버리면 십진법에 따라 다음 해인 50년에는 희년이 되어, 영적으로 말하면 5순절 성령강림일인데 이때에 성령을 거역하면 다시는 사함을 받을 기회가 사라진다는 것으로, 하나님의 사랑의 무한성과 제한성에 대한 수비학적 의미를 통하여 성령거역 죄를 알 수 있다는 뜻입니다.

영적인 상태를 통하여 성령을 거역하는 죄가 확실하면 사함을 받을 수 없습니다. 다시 말하면 영적으로 사탄과 결탁하는 경우를 말합니다. 오늘 본문의 문맥을 살펴보면 알 수 있습니다. 예수께서 귀신을 내쫓으니까 바리새인들이 귀신의 왕인 바알세불에 집혀서 귀신을 내쫓는다면서 비난(defiant blasphemy)한 것은 곧 하나님의 성령의 역사를 사탄의 역사로 비난하는 불경죄로 성령을 거역하는 죄라고 할 수 있습니다.

율법적인 서기관들의 전승에 의하면 바리새인들의 비난과 동일한 비난으로 하나님의 권위와 능력을 비난하는 말이라고 합니다. (Blasphemy is an expression of defiant hostility toward God. The scribes were thoroughly familiar with this concept under the rubric "the profanation of the Name," which generally denoted speech which defies God's power and majesty. "The Holy One, blessed be he, pardons everything else, but on profanation of the Name that is blasphemy, he takes vengeance immediately.") 이러한 죄는 용서받을 수 없다고 합니다.

그러면, 인자를 거역할 경우에는 왜 거역을 해도 사함을 받을 수 있느냐? 라는 것입니다. 인자의 경우는 아직 아버지의 최후의 영광을 받기 전인 예수님의 비하의 상태(His humiliation)이기 때문에 인자를 거역해도 성령에 의하여 용서가 가능하지만 예수님의 승귀의 상태(His exaltation)에 이르게 된 후에 그를 증거하는 이인 성령을 거역하게 되면 다시는 기회가 없기 때문에 사함을 받을 수 없는 것입니다.

다음으로 살펴보아야 할 것은 "말로" 성령을 거역하는 것은 무엇을 의미하느냐? 라는 것입니다. 이 말씀은 병행구절인 "네가 만일 네 입으로 예수를 주로 시인하며 또 하나님께서 그를 죽은 자 가운데서 살리신 것을 네 마음에 믿으면 구원을 받으리니 사람이 마음으로 믿어 의에 이르고 입으로 시인하여 구원에 이르느니라"(롬 10:9-10) 하신 말씀을 보면 입으로 즉 말로 성령의 증거인 예수 그리스도를 주로 시인하면 구원을 얻으나 말로 그 성령을 거역하면 구원을 얻지 못합니다. 즉 입으로 신앙고백을 하면 구원을 얻으나 성령을 거역하는 말을 하게 되면 사함을 받지 못한다는 말씀입니다.

[결론]

인자를 거역하는 죄와 성령을 거역하는 죄와의 차이는 몇 가지 키워드를 살펴보면 알 수 있습니다. 키워드들을 통해서 그 의미를 간단하게 이해할 수 있다는 말씀입니다. 즉 (1) 사탄에게 결탁되어 있는 경우에 성령을 거역하는 죄가 됩니다. (2) 고의로 짓는 고범죄의 경우, (3) 회개를 할 수 없는 죄, (4) 회개의 기회 즉 성령을 받을 기회를 놓친 경우, (5) 하나님의 성령에 대하여 신성을 모독하는 죄 등이 성령을 거역하는 죄에 해당됩니다.

그러나 그 외의 모든 죄는 회개가 가능하여 사함을 받을 수 있는 죄입니다. 다시 한 마디로 말하자면, 자범죄와 같은 죄는 사함을 얻지만 원죄와 같은 죄 즉 하나님의 아들을 다시 십자가에 못 박는 죄를 범하면 다시 새롭게 하여 회개케 하는 속죄의 제사가 없고, 무서운 심판을 기다리는 맹렬한 불만 있으리라고 했습니다(히 6:4-6; 10:26-27).

[질 문] 56

마 13:13-14, 요 12:40에 "눈으로 보고 마음으로 깨닫고 고침을 받을까" 했는데 이는 유대인으로 복음을 믿을 수 없도록 하셨다는 의미일까요?

[의미]

예수께서 씨 뿌리는 비유를 말씀하시면서 인용하신 이사야 선지자의 글을 증거로, 가장 근본적인 것은 창 3:24에 근거를 두고 있는 말씀으로, 범죄 한 인간(유대인을 포함)에게는 생명의 길(영생)이 허락되지 않는다는 뜻입니다. 그래서 예수께서 비유로 말씀하신 이 천국의 비밀이 제자들에게는 허락되었으나 다른 이들에게는 허락되지 않았다고 하시면서, 저희의 귀는 들음으로 저희의 눈은 봄으로 복되다고 하셨습니다.

[답 변]

질문 내용을 담고 있는 세 개의 본문들(창 3:22-24; 사 6:9-10; 마 13:13-15, 요 12:40)은 같은 원리를 담고 있는 말씀으로, 인간의 범죄와 하나님의 심판에 관한 내용입니다. 창세기에서는 아담이 범죄 한 후 그에 대한 하나님의 심판이고, 이사야서에서는 이스라엘의 범죄에 대한 하나님의 심판이며, 마태복음(마가복음, 누가복음)에서는 유대인들을 포함한 불신 인류의 죄에 대한 하나님의 심판을 선고한 내용입니다. 다시 말하면, 범죄 한 인간에게는 영생의 길이 막혔는데, 이 길을 하나님께서 의도적으로 막아놓으셨다는 것입니다.

그러면, 아담이 혹은 이스라엘 백성들이 돌이켜 영생하는 것이 하나님의 뜻일진대, 하나님께서 왜 인간이 보지 못하고, 듣지 못하고 깨닫지 못하도록 눈과 귀를 막고 마음을 둔하게 해서 영생을 얻지 못하게 하시는 것입니까? 이것이 이번 질문의 핵심인줄 압니다.

그러나 이 질문에 대한 간단한 답변은 하나님께서 범죄 한 인간에게 영생을 얻을 수 없도록 생명 길을 막아놓으신 것이 하나님의 공의라는 것입니다(창 3:24). 이 하나님의 공의의 심판에 관한 메시지를 선포하신 후에, 하나님의 사랑의 구원에 관한 메시지를 선포하게 되어 있는 것이 성경 전체의 원리입니다.

이 심판의 선포는 범죄 한 인간에게 내리는 사망선고로서, 창세기에서는 모세를 통하여, 이사야서에서는 이사야를 통하여, 신약에서는 예수님을 통하여 최종적으로 확정 선포된 사형선고입니다. 이 선고의 내용에 관하여 서로 비교해서 살펴보는 것은 대단히 흥미로운 일이라고 생각됩니다. 크게 나누면 하나님의 주권과 인간의 자유(죄)에 초점을 맞추어 말씀하고 있습니다.

아담의 범죄와 창세기 저자 모세를 통한 사형선고(창 3:22-24). (인류의 대표) 아담이 범죄함으로 하나님의 공의의 말씀이 모세를 통해서 선포되었습니다. 아담의 범죄는 생명과를 버리고 사망에 이르게 하는 선악과를 먹은 것입니다. 일단 이 선악과를 먹으면 다시 생명과를 따먹을 수 없게 되어 있습니다.

그래서 하나님께서 아담을 에덴에서 내쫓았습니다. 그리고 다시 스스로의 힘으로 생명과를 먹을 수 없도록 했습니다(영생 불가).

① 에덴 동편에 (영생을 주는 생명과의 방향)

② 생명과의 행방 (감추어진 영생의 생명과)

③ 생명의 길을 (생명과가 있는 곳으로 가는 길)

④ 그룹과 화염검으로 (하나님의 행위계약에 의해)

⑤ 생명 길을 막으셨습니다. (구약, 즉 창세기에서는 하나님 주권에 초점)

이스라엘의 범죄와 선지자 이사야를 통한 포로선고를 한 것입니다(사 6:9-10). (민족의 대표) 이스라엘이 범죄 함으로 하나님의 공의가 이사야를 통해서 선포되었습니다. 이스라엘의 범죄는 생명의 근원 하나님을 거역하고 이방 신들을 섬긴 것입니다. 일단 하나님을 거역하면, 버림을 받아 이방에 붙이게 됩니다. 그래서 하나님께서는 이스라엘을 이방 앗수르와 바벨론에 붙였습니다.

그리고 다시 스스로의 힘으로 돌아오지 못하게 하셨습니다. (포로해방 불가)

① 이스라엘 동방에 (동방의 포로해방자의 방향)

② 이스라엘의 해방자 (감추었던 동방의 고레스)

③ 해방의 길 (이스라엘이 포로에서 해방되는 길)

④ 70년 동안 바벨론 포로로 (하나님의 율법에 의해)

⑤ 돌아오지 못하게 하셨습니다. (구약, 즉 이사야에서도 하나님 주권에 초점)

전 인류의 범죄와 그리스도 예수를 통한 선고입니다(마 13:9-17). (인류의 구속주) 전 인류의 범죄로 하나님의 공의의 말씀이 예수님을 통해서 선포되었습니다. 인류의 범죄는 예수를 믿지 않는 것입니다(요 16:9). 일단 믿지 않음으로 이미 심판을 받아 버림을 받게 되었습니다. 그래서 하나님의 나라에서 쫓겨나 세상에서 방황하는 탕자가 되었습니다.

그리고 다시는 스스로의 힘으로 구원을 얻을 수 없게 되었습니다. (구원 불가)

① 영적인 동편에 (의의 태양이신 예수 그리스도의 방향)

② 감추었던 생명의 주 (전 인류 구원의 감추었던 비밀)

③ 구원의 길 (구속 주이신 예수 그리스도의 길)

④ 주님의 때까지 죄의 종으로 (하나님의 율법에 의해)

⑤ 구원을 받지 못하게 하셨습니다. (신약, 즉 복음서에서는 인간의 믿음에 초점)

이제부터 세 본문을 통하여 하나님께서 왜 유대인들뿐만 아니라 하나님과 그리스도를 거부한 불신자들에게 생명과를 먹고(복음을 듣고) 영생(구원)하는 것을 막아놓으셨는가에 대한 이유를 자세히 살펴보기로 하겠습니다. 크게 두 가지로 분석할 수 있습니다.

하나님의 주권행위에 초점을 맞추어서 말씀하신 내용. (하나님의 절대성의 주권)

범죄한 인간이 돌이켜 구원을 얻지 못하게 되는 이유 중의 하나가 죄 값은 사망이라는 엄중한 율법의 법도에 의한 하나님의 주권적 선언행위 때문입니다. 인간이 범죄 함으로 인해서 하나님께서 영적인 눈을 멀게 하고 귀를 막아 깨닫지 못하도록 하신 것입니다. 말하자면, 범죄한 인간 스스로가 영생할 수 없도록 하나님께서 주권행사를 하신 것입니다.

세 구절의 말씀 내용 중에서 구약 즉 창세기에는 하나님 편에서 하나님의 주권적인 선포의 방식으로 말씀하신 내용입니다. "여호와 하나님이 가라사대 보라 이 사람이 선악을 아는 일에 우리 중 하나같이 되었으니 그가 그 손을 들어 생명나무 실과도 따먹고 영생할까(lest, must not be allowed) 하노라 하시고"(창 3:22), "여호와 하나님이 에덴동산에서 그 사람을 내어 보내어(sent him forth, banished him) 그의 근본 된 토지를 갈게 하시니라"(창 3:23), "이같이 하나님이 그 사람을 쫓아내시고(drove out) 에덴동산 동편에 그룹들과 두루 도는 화염검을 두어 생명나무의 길을 지키게(to keep, to guard) 하시니라"(창 3:24). (KJV, NIV, NRSV)

① 위의 창세기 기록을 보면, 범죄 한 인간이 영생하지 못하도록 막으신 분이 곧 하나님(One, I는 하나님을 지칭하는 주어)이심을 알 수 있습니다. 다시 말하면, 그 범죄 한 인간을 영생하지 못하도록 행사한 주체가 하나님(One, I)이시라는 것입니다.

② 이것은 하나님께서 능동적으로 범죄 한 인간이 영생할 수 없도록 그 길을 막아서 하나님의 절대적인 주권행사를 하신다는 것을 의미합니다.

③ 이와 같은 하나님의 절대주권을 이해하지 못하는 경우, 본문에 의구심을 가질 수밖에 없습니다. 왜 인간이 구원받기를 원하신다는 분께서 인간이 구원을 얻을 수 없도록 생명의 길, 영생의 길을 막으신다는 말입니까? 그러나 이는 범죄 한 인간에게는 의와 생명의 법이 아니라 사망의 법이 왕 노릇하기 때문입니다. 이것이 하나님의 철저한 공의입니다. 구원과 멸망의 선고는 하나님의 절대주권 하에 있기 때문에 누구도 죄가 있는 한, 인간을 구원할 수 없으며, 정죄할 수도 없습니다.

세 구절 중에서 예수님께서 구약성경 이사야서에서 인용하신 말씀도 역시 하나님의 주권적 선언의 방식으로 말씀하신 내용입니다. "여호와께서 가라사대 가서 이 백성에게 이르기를 너희가 듣기는 들어도 깨닫지 못할 것이요 보기는 보아도 알지 못하리라(perceive not, do not, never understand)하여"(사 6:09), "이 백성의 마음으로 둔하게 하며 그 귀가 막히고 눈이 감기게 하라 염려컨대 그들이 눈으로 보고

귀로 듣고 마음으로 깨닫고 다시 돌아와서 고침을 받을까 하노라(lest…convert and not be healed)"(사 6:10). (KJV, NIV, NRSV)

① 위의 이사야의 기록을 보면, 이스라엘이 고침을 받지 못하도록 하신 분이 곧 하나님(One, I)이시라는 것입니다. 심판의 주체가 곧 하나님이시라는 뜻입니다.

② 이것은 하나님께서 적극적으로 범죄한 이스라엘을 일단 징벌하시겠다는 하나님의 주권적 의지임을 의미합니다. 하나님의 능동적인 액션입니다.

③ 이와 같은 하나님의 절대주권을 이해하지 못하는 경우, 본문에 의구심을 가질 수밖에 없습니다. 왜 이스라엘이 돌아와서 고침을 받기를 원하신다는 분께서 이스라엘이 돌아와 구원을 얻을 수 없도록 그들의 눈을 멀게 하고 귀를 막으셔서 마음으로 깨닫지 못하게 하셨느냐는 말입니다. 이것은 범죄한 이스라엘이 모세의 율법에 의하여 징벌을 받도록 되어 있는 것이 하나님의 공의이기 때문입니다.

[결어]

구약의 하나님은 범죄 한 인간에게 공의를 적용하시는 데 더욱 초점을 맞추시기 때문에, 범죄하면 일단 심판하셔서 징벌하시는 것입니다. 다시 말하면, 죄를 범한 인간은 영적으로 눈과 귀가 먹고 마음은 둔하여져서 영적인 감각, 양심이 둔하여져서 하나님의 말씀을 듣고도 깨닫지를 못합니다. 이러한 상태가 되도록 하나님께서 그의 주권으로 영적인 감각을 둔하게 만드셨다는 뜻입니다.

인간의 자유의지에 의한 범죄 행위에 초점을 맞추어서 말씀하신 내용(인간의 죄)

범죄한 인간이 돌이켜 구원을 얻지 못하게 되는 이유 중의 다른 하나는 철저하게 인간의 죄 때문으로 범죄한 인간에게 주어지는 사망선고라는 것입니다. 인간이 범죄를 하지 않았다면, 영적인 감각이 살아있어서 하나님과의 교통으로 말씀에 순종해서 영생에 이를 수 있었을 것입니다. 말하자면, 생명과를 먹고 영생에 이를 수 있었다는 것입니다. 그러나 인간이 영적인 감각을 잃고 죽게 된 것은 철저하게 인간의 죄 때문입니다.

마 13:13에 "그러므로 내가 저희에게 비유로 말하기는 저희가(they) 보아도 보지 못하며 들어도 듣지 못하며 깨닫지 못함이니라," 마 13:14에 "이사야의 예언이 저희에게 이루었으니 일렀으되 너희(you)가 듣기는 들어도 깨닫지 못할 것이요 보기는 보아도 알지 못하리라," 마 13:15에는 "이 백성들의(this people' s) 마음이 완악하여져서 그 귀는 듣기에 둔하고 눈은 감았으니 이는 눈으로 보고 귀로 듣고 마음으로 깨달아 돌이켜 내게 고침을 받을까 두려워함이라 하였느니라"라고 했습니다.

본문을 자세히 살펴보면, 구약에서는 주로 하나님의 주권적 행사로 범죄한 인간에게 능동적으로 생명의 길을 막기 위하여 보아도 보지 못하고 들어도 알지 못하게 하며, 마음을 둔하게 만들어 깨닫지 못하게 하셨다고 했는데, 신약의 본문에서는 인간 스스로가 범죄로 인하여 깨닫지 못한다고 해서 전적으로 인간의 죄 때문이라고 했습니다. 인간의 죄 때문이라는 말씀은 그 죄의 원인이 인간의 자유의지를 잘못 행사했기 때문에, 이 면에서 보면, 철저하게 인간에게 그 책임이 있다는 말씀입니다.

이런 면에서 보면, 인간이 생명의 열매를 먹을 수 없고, 하나님의 말씀을 깨닫지 못하여 영생할 수 없는 원인이 곧 인간에게 있으니 할 말이 없다는 뜻입니다. 결국 인간이 영생하기를 원하시지만, 인간이 범죄함으로 ① 하나님께서 주권으로 그 길을 막으셨고, ② 인간이 자유의지를 잘못 사용하여 범죄 함으로 그 길이 막혔다는 이중적인 의미를 가지고 있는 것입니다.

[결론]

위에서 언급한 내용들을 정리하여 간단히 요약해서 말하자면, 다음과 같습니다.

하나님께서는 인간이 영생하는 것을 원하고 계십니다. 그러나 인간이 범죄함으로 그 영생에 들어가지 못하게 되었습니다. 그 이유는 다음과 같습니다.

① 하나님께서 능동적으로 그 영생의 길을 막으셨습니다. 왜냐하면 죄인이 영생할 수 없는 것이 하나님의 공의이기 때문입니다. (하나님의 주권적 행사)

② 인간이 범죄함으로 그 영생의 길이 막혔습니다. 왜냐하면 죄 값은 사망이기 때문이며, 혈과 육은 하나님 나라에 들어갈 수 없기 때문입니다. (인간의 범죄행위의 결과)

범죄한 인간이 보아도 보지 못하고 들어도 알지 못하며, 마음으로 깨달을 수 없는 것이 곧 생명과요, 예수 그리스도시요, 하나님의 말씀이요, 예수님의 복음입니다.

하나님의 말씀 곧 복음에는 양날을 가지고 있는 칼과 같아서, 예를 들면, 끝내 회개치 않는 죄인들에게는 사망의 살인 칼로, 회개하고 예수를 믿는 의인들에게는 생명의 수술 칼로 다가오는 것입니다. 그래서 죄인들을 향한 복음에는 몇몇 성격이 나타나는 것입니다.

① 때때로 죄인들을 자극하고 격동시켜서 더욱 악한 자가 되게 하기도 하는데,

② 그럼에도 불구하고 복음은 전파되어야 한다는 것입니다. (Barns' Notes)

③ 이러한 부정적인 효과는 복음의 잘못이 아니라는 것입니다. (Barns' Notes)

마지막으로 범죄한 나라요 허물진 백성, 유대인들을 포함하여 그리스도 예수를 믿지 않는 사람들은 영생으로 들어가는 길이 막혔으나, 제자들과 같이 그리스도 예수를 믿고 영접하는 자들은 영생의 길이 허락되었다는 것입니다. 그러므로 많은 선지자와 의인이 이들이 보는 것을 보고자 하여도 보지 못하였고, 이들이 듣는 것을 듣고자 하여도 듣지 못하였다고 하시면서, 이들의 눈은 봄으로, 이들의 귀는 들음으로 복이 있다고 말씀하셨습니다(마 13:16-18).

[질 문] 57

주님께서 "자기가 그리스도인 것을 아무에게도 이르지 말라" 하신 이유가 무엇일까요? 마 16:20; 막 1:44; 7:36; 8:30; 9:9; 눅 9:21 등.

[답 변]

결론부터 말하자면, 예수님께서 십자가의 죽음 후 부활 시까지 자기가 메시아(그리스도)임을 말하지 말라는 뜻인데, 그 이유는 사람들이 예수님에 대해서 오해를 하고 있기 때문입니다. 당시 사람들은 예

수님을 정치적, 경제적인 메시아로 오해를 하고 있었기 때문에 그때에 메시아라고 말씀하시면 큰 혼란이 일어나게 되어 있기 때문입니다. 한마디로 말하자면 때가 아직 이르지 않았기에 예수께서 아직 말하지 말라는 것입니다.

예수님의 메시아 직은 고난과 부활에 직결되어 있기 때문에 아직 그의 생애의 초기 단계에서는 드러내놓고 말씀하시지 않았으며, 그의 생애 중에 그의 고난과 부활에 관해 말씀하실 때에 제자들에게 넌지시 말씀하셨지만 아직도 사람들에게 말씀하지 않고 계시다가 예수님께서 십자가를 지시기 직전 빌라도에게 고난을 받으실 때에 비로소 드러내놓고 직설적으로 자기가 메시아이심을 말씀하셨습니다(막 15:2). 이 부분에 대하여 현대 신학자들은 여러 가지 견해들을 가지고 있습니다.

특히 이 부분은 현대 신학자들이 예수님의 메시아 직에 대하여 오해하고 있는 부분입니다. 심지어는 스트라우스(David Strauss)는 "메시아 의식의 발전설"을 주장하여 예수께서 처음에는 자기가 메시아임을 깨닫지 못하고 있다가 상황이 진전됨에 따라 자기가 메시아임을 깨달아 메시아 직을 수행하려고 했다고 합니다.

브레데(Wilhelm Wrede)는 그의 저서인 「메시아의 비밀」*(The Secret of Messiah)*이라는 저서를 통해 예수님의 메시아 됨이 철저히 은익(隱匿)되어 있었는데, 그것은 예수님 자신이 지상의 사역기간에 자기가 메시아라고 주장한 일이 없기 때문이라고 합니다.

홀츠만(H. J. Holtzmann)은 예수 그리스도께서 예언의식(prophetic consciousness)의 메시아 의식에서 시작하여 자신이 실제 메시아(true Messiah)라는 의식을 갖게 되었다고 합니다. 그래서 처음에는 자신이 메시아로 알려지기를 꺼려했다는 것입니다.

슈바이처(Albert Schweitzer)는 메시아의 비밀에 관하여 예수께서는 장차 하나님의 나라가 갑자기 임하여 나타날 때에 자신이 메시아가 된다고 확신했으나, 그 나라가 아직 나타나지 않았기 때문에 자신이 메시아라는 것을 숨기었다는 것입니다. 그리고 처음에 이 비밀을 세 제자(베드로, 요한, 야고보)에게, 그리고 가이사랴 빌립보에서 열두 제자들에게 공개했고, 세 번째로 가룟 유다가 배신함으로 대제사장에게 이 비밀을 말함으로 심문 중에 대제사장은 무지한 군중들에게 이 사실을 공개함으로 예수께서는 이로 인하여 사형선고를 받게 되었다고 합니다.

자연신학파에서는 위의 홀츠만의 주장과 같이 처음에는 선지자로 인식하고 있다가, 후에 자아의식의 변화에 따라 자신을 메시아라고 말하게 되었다고 합니다. 그러므로 처음에는 자기의 메시아 됨을 말하지 않았기 때문에 말하지 말라고 했다는 것입니다.

리델보스(J. Ridderbos)는 불신앙과 끝까지 회개치 않는 사람들에게는 진리를 함부로 말씀하지 않는 원리에 따라 예수님의 메시아의 직이 은익되었다고 합니다.

예수께서 처음부터 자기를 메시아라고 선언하면 군중들이 그를 정치적인 메시아로 오해할까 염려되어 이런 오해를 막으려고 그리했다는 것입니다.

즈안(Zahn)은 그 당시 군중들이 지상적인 메시아 대망사상에 젖어 있었기 때문에, 예수께서 자신을 메시아로 알리시면 큰 혼란이 일어날 것임으로 군중들의 올바른 교육을 위하여 자신을 메시아로 알리지 말라고 했다고 합니다.

[결론]

예수께서 자기의 메시아이심을 알리지 말라고 하신 이유는 아직 때가 아니기 때문입니다. 그 때는 예수님의 수난과 부활의 때까지를 말하는 것입니다. 그 전에 메시아이심을 알림으로 오는 결과가 예수님의 성역에 도움이 되지 않기 때문입니다. 예수님의 메시아 격은 처음부터 지니고 계신 것이지만 대상인 민중들의 의식과 심지어 제자들의 의식까지도 미숙한 상태이기 때문에 자못 오해가 일어날 수 있어서 현실적으로 혼란을 초래하여 여러 가지 문제들이 야기될 수 있기 때문입니다.

사실 예수님의 메시아 되심은 두 가지 방면에서 직간접적으로 나타나고 있었습니다. 이때마다 예수께서는 자기의 메시아 격에 대하여 주의시키셨습니다. 먼저는 간접적으로 이적을 통하여 나타나는 메시아 격에 대하여 주의를 시키셨습니다(마 12:22; 14:33; 12:38; 16:1; 막 2:10, 11; 요 4:46; 7:31; 10:25; 14:11; 행 2:22). 그리고 예수께서 직접적으로 메시아이심을 말씀하심으로 주의시키셨습니다(막 1:25, 34; 3:12; 7:36; 8:30; 9:9).

예수님의 메시아 직에 대한 근본적인 오해는 막 8:29-33에 언급되어 있는데, 여기서 예수님께서 변화산상의 기적을 아무에게도 알리지 말라고 하신 의미를 아직도 확실히 인식하지 못하고 있었던 것입니다.

예수님께서는 제자들이 본 것을 말하는 것을 금한 이유는 예수님의 메시아 격과 아들 격에 대한 피상적인 선입견에 따라 진리가 잘못 전달될 수 있기 때문이었습니다.

이러한 분석으로 볼 때에, 예수님께서는 제자들에게 이러한 메시아의 은익 사실을 숨겨야 할 필요성이 있었기 때문에 예수께서 직접적으로 말씀하시거나 혹은 예수님의 십자가와 부활의 진리를 통하여 알려질 때까지 말하지 말라고 하신 것임을 알 수 있습니다.

[질 문] 58

예수께서 부활의 그날까지 "알리지 말라."라고 하신 것은 몇 번에 그쳤으나 3년 동안 복음 전하는 사역을 하셨고 또 12제자, 70문도들에게 은사를 부여하여 복음을 전하게 하셨으니 "알리지 말라."고 당부하신 경우와 천국복음을 전하게 하신 거기에 대한 질문입니다.

[답 변]

맞습니다. 답변에 소개된 신학자들의 말은 대부분 자유주의 신학자들의 주장입니다. 지난 번 답변에서 말씀드린 것과 같이 예수께서 제자들을 비롯하여 특정인에게 자기가 메시아이심을 말씀하셨지만, 공적으로(publicly)는 직설적으로 "알리지 말라"고 하신 것입니다.

물론 복음자체가 예수 그리스도를 지칭하고 있지만 공적으로, 직설적으로 메시아이심을 선언하지는 아니 하셨다는 뜻입니다. 예수께서 성역 말기에 가서 자신이 그리스도이심을 직접, 직설적으로 선언하셨습니다. 만약에 예수께서 성역을 마치시기도 전에 공적으로 드러내놓고 말씀하신다면 큰 혼란이 올 수 있기 때문입니다. 그러다가는 성역을 마치기도 전에 예수께서 십자가에 달리시게 될 수도 있다는 것입니다.

그리고 예수께서 메시아이심에 대한 확실한 지식은 아무나 가질 수 있는 것이 아닙니다. 이는 하나님께서(마 16:16-17), 혹은 주님께서(요 14:25-26). 오늘날에는 성령께서(요 14:16, 26) 알게 해주셔야 알 수 있는 하나님의 은혜입니다. 이러한 지식은 제자들에게는 허용되었으나 아무나 깨달을 수 있는 것은 아닙니다. 그래서 주님께서도 하나님의 나라 즉 복음의 비밀에 관해서 제자들에게는 허락되었으나 다른 사람들에게는 비유로 하셨다고 했습니다(눅 8:10; 막 4:11; 마 13:11). 그리고 자신의 메시아 격에 대해서도 직설적으로가 아니라 이적과 치유와 귀신 쫓는 사역 등을 통해 암시하셨습니다.

또 하나님의 은혜로 이 지식을 가지고 있다 하더라도 그 내용(그리스도의 고난과 죽으심과 부활의 의미)을 정확히 알지 못할 경우에는 사탄에 의해서 시험을 받을 수도 있습니다. 베드로의 경우가 바로 그런 것으로, 예수님을 "그리스도시요 살아계신 하나님의 아들이심"을 고백한 직후에, 잘못함으로 인하여 "사탄아 내 뒤로 물러가라"는 예수님의 책망을 들었고, 예수께서 십자가에 달리실 때에도 사탄의 시험에 넘어지고 말았습니다. 사실 복음의 내용이 그리스도의 탄생과 생애와 고난과 부활과 승천을 내포하고 있기 때문에 복음자체가 그리스도이심을 알아야 합니다.

결론적으로, 예수께서 제자들에게 복음을 전하라고 하시면서도 자기가 메시아라는 사실을 직설적으로 말하라고 하지는 않았습니다. 단지 간접적으로 예수께서 전하시는 복음과 행하시는 이적들을 행하며 "하나님의 나라가 가까웠다"는 메시지를 전하라고 하신 것입니다. 예수께서 제자들을 전도하러 보내시면서 "거기 있는 병자들을 고치고 또 말하기를 '하나님의 나라가 너희에게 가까이 왔다' 하라"고 말씀하셨습니다(눅 10:9).

다만 주님께서 오신 목적은 고난을 받으시고 부활하신 전과 후 관계없이 주님께서 메시아이심을 전하는데 있었습니다(요 4:26; 4:42). 다만 경계를 삼은 것은 진리는 공개된 비밀로서 원수 마귀에게는 끝까지

비밀을 지켜야 하기 때문입니다

[질 문] 59

마 22:32에 "하나님은 아브라함의 하나님이요 이삭의 하나님이요 야곱의 하나님이로라…하나님은 죽은 자의 하나님이 아니요 살아 있는 자의 하나님이시니라" 하신 말씀을 어떻게 해석하시는지요?

[답 변]

이 문제를 이해하기 전에 먼저 몇 가지 알아야 할 것이 있습니다. 이 문제는 구약과 신약의 사상이 아주 잘 요약되어 있는 구절 중의 하나입니다. 중요한 것은 "하나님의 영원성"과 "하나님의 언약"에 관한 내용으로 하나님이 영원히 살아계신 분이라면, 그분께서 약속하신 언약도 변함없이 영원히 계속된다는 내용입니다. 그래서 "아브라함의 하나님, 이삭의 하나님, 야곱의 하나님"은 "죽은 자의 하나님이 아니라 산 자의 하나님"이시라는 논리입니다.

그런데 이 문제를 충분히 정확하게 설명하자면 이 말씀의 배경을 잘 알아야 합니다. 이 문제의 배경에는 두 가지 중요한 주제들이 있습니다. 즉 사두개인의 사상과 예수님의 사상입니다. 그러므로 이 문제를 통하여 예수님께서는 사두개인의 잘못된 사상을 바로 잡아 주시는데, 사두개인의 사상 중에 중요한 것이 바로 "내세"와 "부활"과 "천사"의 존재를 믿지 않고 부인한다는 것입니다. 그러는 이유를 알기 위해서는 사두개인에 대해서 알아야 합니다.

사두개인이란 누구입니까? 그 유래는 아마 '사독' 제사장의 전통을 이어받은 사람들인 것 같습니다. 이들은 제사장과 장로를 비롯한 그 당시 귀족들로 구성된 집단으로, 그들은 주로 산헤드린 공회의 회원의 대부분을 차지하고 있었습니다. 그러므로 그들은 현실주의자들이기 때문에 내세에 관해서는 아주 부정적입니다. 오히려 현실정치적인 성향이 많았습니다.

그래서 바리새인들과 달리 그들은 오직 토라(모세오경, Pentateuch)만을 믿고 있기 때문에 전체적인 구약이나 더구나 신약 사상에는 문외한들입니다. 그러니 부활에 대해서 이해할 리가 있겠습니까? 모든 것을 현실적인 면에 초점을 맞추게 되니, 자신들이 가지고 있는 모세오경에서도 분명히 언급되고 암시되어 있는 "부활"의 뜻을 알 수가 없었던 것입니다. 마치 편협한 사람들이 성경을 정확하게 이해하지 못하는 것과 같습니다.

부활이 없다 하는, 사두개인의 질문에 주님께서 답변하신 내용 중에 중요한 것은, 사두개인들이 "성경"과 "하나님의 능력"을 알지 못한다고 책망하신 말씀입니다.

그런데 사두개인들은 구약성경의 가장 핵심이 되는 모세오경(Pentateuch) "토라"(Torah)를 절대적으로 믿고 그것을 그들의 종교적, 정치적, 사회적인 모든 것의 표준으로 삼고 있는 사람들입니다. 그런데 예수께서 이들에게 자신들의 "성경"(토라)조차도 알지 못한다고 책망을 하셨습니다. 그들의 성경에도 부활에 대한 말씀이 기록되어 있다고 하시면서, 가시나무 떨기에 관한 모세의 글을 소개하셨습니다(출 3:1-8). 이 중에서 특히 출 3:6의 "나는 아브라함의 하나님, 이삭의 하나님, 야곱의 하나님이라"는 말씀에 초점을 맞추셨습니다. 이 말씀이 곧 부활에 대한 확실한 증거로 하나님께서 약속해주셨다는 말씀입니다.

다음으로, 사두개인들은 "하나님의 능력"을 모른다는 것입니다. 물론 그들도 유대인들이기 때문에 하나님의 능력을 믿고 있습니다. 그럼에도 불구하고 그들은 철저히 현실주의자들이기 때문에 내세에 대해서는 믿지 못했습니다. 내세에 대해서도 현실적인 개념으로 해석하고 이해하려고 하기 때문에 내세에 있을 부활에 대해서는 알 리가 없었습니다. 부활이라는 것, 특히 바리새인들까지 믿고 있는 천사의 존재나 영원한 생명에 대해서는 현실적으로 전혀 불가능한 논리가 되기 때문에 믿지를 못했다는 것입니다. 그러다보니 하나님의 능력을 제한시키고 불신하였습니다.

먼저, 그들이 "성경" 즉 토라(Torah)를 모른다는 말씀입니다. "하나님이 이미 죽은 아브라함의 하나님, 죽은 이삭의 하나님, 죽은 야곱의 하나님 이라면서 어찌하여 죽은 자의 하나님이 아니라, 산자 즉 지금 살아있는 자의 하나님이라고 말씀하신 것은 무슨 뜻이냐"라는 문제인 줄 압니다. 맞습니다. 그러나 이러한 의심이 일어나는 것은 사두개적 사고방식을 떨쳐버리지 못하기 때문입니다. 다시 말하면, "현실적인 관념"에 갇혀있기 때문이라는 뜻입니다. 물리적이며 육적인 관념에 매어 초월적인 영적 관념이 빈약하기 때문에 영적인 세계를 이해할 수가 없다는 것입니다.

그러면, 유대주의자들 중에 영적인 세계를 인정하는 바리새인들은 어떻습니까? 물론 바리새인들은 영적인 세계를 인정하기 때문에 천사의 존재나, 부활을 믿고 있었습니다. 그럼에도 불구하고 그들 역시 영적인 세계에 대하여 완전히 이해하지 못하고, 현세적인 관념에 치우쳐 있기 때문에 부활에 대한 개념을 정확하게 알지를 못하고 있었습니다.

예수님께서 말씀하신 영적인 세계는 천사의 세계와 같다고 합니다.

그 때의 부활한 사람들은 천사와 같아서 장가도 가지 않고 시집도 가지 않는 육체를 초월한 영육 간에 새로운 피조물로 부활된 몸이라는 뜻입니다.

이제부터 예수님께서 인용하고 계시는 모세의 가시떨기에 관한 글에서 "나는 아브라함의 하나님이요, 이삭의 하나님이요, 야곱의 하나님이라…하나님은 죽은 자의 하나님이 아니라 산 자의 하나님이시니라"(마 22:32)라는 말씀에 대하여 생각해보기로 하겠습니다.

이 사두개인들에게 설명하고 계시는 예수님의 말씀을 이해하기 위해서는 전술한 바와 같이 "하나님의 영원성"과 "하나님의 언약"이라는 차원에서 접근해 들어가야 합니다.

하나님의 "영원성"은 하나님의 "존재"에 관한 문제입니다. 인간을 비롯하여 세상의 모든 것들이 때가 되면 죽어 사라지지만, 하나님은 세상을 창조하신 창조주로서 영원히 존재하신다는 것입니다. 이 하나님의 영원한 존재로부터 출발하여, 내세의 인간의 존재를 증명하려는 것입니다. 즉 하나님의 피조물인 인간도 영원하신 하나님의 형상을 닮은 피조물인고로 영원히 존재하게 된다는 논리입니다. 이것을 하나님께서 이스라엘 역사를 통하여 약속하셨습니다. 이것이 곧 인간에 대한 "구속의 언약"이라는 말씀입니다.

이 "언약"이 바로 사두개인들이 성경으로 믿고 있는 모세오경(Torah)에 기록되어 있는 것입니다. 사두개인들은 모세를 가장 신봉하는 자들입니다. 물론 종교적인 형식을 가지지만 정치적인 면, 현실적인 면에 더욱 관심이 있는 자들입니다. 그러므로 영적으로 예시된 부활에 대하여 알 리가 없었습니다. 그러므로 본문에서 사두개인들에게 "성경"도 모르는 고로 오해하였다고 예수께서 질타를 하신 것입니다.

먼저, 본문의 말씀에서 하나님께서 약속하신 내용은 ① 현실적으로 이스라엘 민족을 가나안 땅에 들어가기까지 보호하시고 인도하시고 지켜주시겠다는 보장입니다. 그러나 이 말씀은 ② 내세의 영원한 하나님의 나라, 영적인 가나안 땅 즉 천국에 들어가도록 지켜주시고, 보호하시고 인도해주시겠다는 보장의 약속입니다. 성경을 가지고 있으면서도 이 진리를 현실주의자들인 사두개인들이 깨닫지 못한 것입니다.

다음으로, 사두개인들은 그들의 성경에 "나는 아브라함의 하나님이요, 이삭의 하나님이요, 야곱의 하나님이로라"라는 말씀을 이해하지 못한 것입니다. 이는 마치 바리새인들이 예수님을 "오십도 못된 사람이 어찌 아브라함보다 먼저 있었다고 하느냐"라고 하면서 예수님에 대하여 이해하지 못했던 것과 같습니다.

사실 아브라함과 이삭과 야곱은 이미 죽었습니다. 현실적으로 볼 때, 의미가 없어진 사람들입니다. 그런데 이들을 들어 부활과 연계시킨다는 것은 무리가 아니냐는 것입니다. 그러므로 이치에 맞지 않는 것과 같은 이 성경을 그들이 이해할 리가 있습니까? 이 말씀에 대해서 주님께서 정확히 설명하셨습니다.

예수께서는 그들의 의문점에서부터 출발하십니다. 즉 아브라함과 이삭과 야곱 등 그들의 조상은 이미 "죽었다"는 전제에서부터 출발하십니다. 이렇게 하지 않을 경우에 사두개인들의 관심을 끌 수가 없기 때문입니다. 그러면서 결론적으로 예수께서는 그들이 "죽었다"는 그 "죽음"의 대한 개념을 뒤집어 엎으셨습니다.

육적으로는 죽었지만 영적으로는 살아 있다는 뜻입니다. 다시 말하면 그들의 조상들인 아브라함과 이삭과 야곱이 죽어 있는 것이 아니라 살아 있다는 말씀입니다. 하나님께서는 죽어서 영원히 사라진 조상들에게 약속하신 것이 아니라, 지금도 낙원(눅 16장)에서 살아 있는 아브라함과 이삭과 야곱과 같은 그들의 조상들, 즉 지금도 살아 있는 바로 그 조상들에게 약속하신 것이라는 뜻입니다. 바로 지금도 그 조상들이 더 좋은 "부활"을 기다리면서 살아 있다는 말씀입니다. 이 약속이 지금도 유효하다는 뜻입니다.

다음으로, 사두개인들이 "하나님의 능력"도 알지 못하고 있다는 것입니다. 부활이라고 하는 것은 이 세상의 개념으로는 있을 수 없는 사건입니다. 이 세상에 속한 것이 아니라는 말씀입니다. 즉 현실주의자인 사두개인에게는 있을 수 없는 개념이라는 뜻입니다. 부활이라는 사건은 곧 하나님에게 속한 것으로 하나님의 능력으로만 가능하다는 것입니다.

부활을 가능케 하는 "하나님의 능력"을 인식하려면, 하나님의 창조능력부터 인식해야 할 것입니다. 그래서 사도 바울은 그 하나님의 능력을 창조적인 능력이라고 증거 하였습니다(롬 4:16-18). 즉 "없는 것을 있는 것 같이 부르시는 하나님"의 능력을 믿었다는 것입니다. 즉 무에서 유를 창조하시는 하나님(Creatio Exnihilo)의 능력을 말합니다. 이는 "하나님께서는 없는 데서 있는 것 같이 인간을 창조하신 능력을 가지신 분이신데, 어찌 죽은 인간을 부활시키지 못하시겠느냐?"라는 말씀입니다. 사두개인들이 하나님의 능력을 아는 것 같지만, 바로 이 하나님의 능력, 부활의 능력을 몰랐다는 것입니다. 그러므로 사두개인들이 죽은 자의 부활을 믿지 못한 것입니다.

이 부활을 가능케 하는 "하나님의 능력"을 인식하려면, 하나님의 부활능력을 이해해야 할 것입니다. 사도 바울은 역시 "죽은 자 가운데서 살리시는" 하나님의 능력을 부활능력이라고 증거 하였습니다(롬

4:24). 우리 주를 죽은 자 가운데서 살리신 것 같이 아브라함과 이삭과 야곱에게 약속하신 것이 바로 우리를 죽은 자 가운데서 살리실 것을 약속하셨다는 것입니다. 이와 같이 하나님께서 조상들을 통하여 우리에게 부활을 약속하셨는데도 모른다는 것입니다.

[결론]

하나님의 부활에 대한 약속은 이미 모세의 글에 나타나 있습니다. 이 약속은 하나님께서 우리 조상 아브라함과 이삭과 야곱을 통하여 하신 약속으로, 이 약속은 이 조상들이 죽은 지 수백 년(약 500여년)이 지난 모세 시에도 유효하며, 오늘날까지도 유효하다는 것이 주님의 말씀입니다.

그 이유는 부활은 살아계신 하나님의 능력을 전제로 하기 때문에, 아브라함과 이삭과 야곱도 그들의 육신은 오래 전에 죽었지만, 그의 영혼은 죽지 않고 지금도 살아 있어서 하나님의 신실하신 그 부활의 언약을 믿고 기다리고 있다는 말씀입니다.

그래서 그 조상의 하나님은 죽은 자의 하나님이 아니라 산 자의 하나님이라고 예수께서 분명히 증거하신 것입니다.

[질 문] 60

마 23:35에 '바라갸의 아들 사가랴' 가 나오는데 이 사람에 대한 확실한 정보가 있는지 궁금합니다.

의 아들 스가랴"(Zecharish the son of Jehoiada)일 것이라는 견해입니다. 이 스가랴는 성전 뜰 안에서 죽음을 당했는데, 이 사건은 히브리 정경(正經)에서 마지막 책의 끝 부분에서 언급되고 있습니다.

그러나 랑게(Lange)는 이 견해에도 난관들이 있다고 주장합니다. 그는 두 가지 이유에서 난관이 있다고 설명하고 있습니다. 사가랴가 구약성경의 마지막 순교자가 아니라는 것입니다. 그보다도 더 훗날에 순교한 우리아가 있다는 것입니다(렘 26:23). 그리고 히브리 정경의 기록 외에 유독 전자의 죽음에 악한 어떤 것이 있었다는 것입니다.

그런데, 사가랴는 가장 위대한 대제사장인 여호야다의 아들로서 성전과 제단 사이에서 살해되었다는 것입니다. 그리고 그가 죽으면서 여호와께서 보시고 신원하실 것이라고 외쳤다는 것입니다. 그리고 더욱 그의 죽음이 유대인들 가운데서 항상 생생하게 추모되고 있다는 사실입니다.

사가랴의 아버지는 여호야다로 여기에서는 바가랴로 불리었다는 견해가 있는데, 여기에도 여러 가지 다른 설명들이 있다는 것입니다. 사가랴의 아버지는 두 개의 다른 이름들을 가지고 있었다고 주장합니다(Beza, Crotius). 또 사가랴의 아버지(father)는 바라갸이고 그의 조부(grandfather)가 바로 여호야다라는 것입니다(van Hengel, Ebrard). 그리고 사가랴가 '바가랴의 아들'(the son of Barachia)이라는 단어들은 그에 대한 하나의 설명이라는 것입니다(Kuinoel).

또 다른 견해는 그 이름에 있어서의 오류는 서서히 변형되어온 것이라고 합니다(de Wette, Bleeck, Meyer, and Alford). 아마도 예수께서는 그의 아버지에 대해서 언급하지 않으신 것(눅 11:51)을 본래의 전통에 의해 가입된 것으로, 이 사가랴를 훌륭한 선지자 사가랴로 왜곡되지 않게 하려는 데서 생긴 오류라고 합니다. 이 전통이 마태에 의해 따른 것이나 히브리 사람들의 복음에는 이 오류가 발견되지 않는다고 합니다(제롬에 의하면 그 이름이 거기에서는 여호야다였다는 것입니다).

함몬드(Hammond)와 훅(Hug)에 따르면, 거기서 의미하는 바 사가랴는 예수께서 죽으신 후, 성전 안에서 죽임을 당했던 바룩(Baruch)의 아들이었다는 사실입니다(Joshepus. *Bell. Jud.* iv. 6, 4).

크리소스톰(Chrysostom)은 옛날 견해를 인용하여, 그것이 마지막이지만 소선지자들 중의 하나인 사가랴라는 견해를 따릅니다.

어떤 학자들은 단순한 전설에 따라 사가랴를 세례 요한의 아버지인 사가랴였다는 견해를 가지고 있습니다(Origen, Bassil, and others).

[결어]

랑게(Lange)는 이들 중에서 두 번째를 선호합니다. 그러나 만일 이름의 오류가 있었다면, 초기 복음적 전통에 있다기보다(de Wette and Meyer), 마태복음 역자에게 돌려야 한다고 합니다(Ammon, Eichhorn). 그럼에도 불구하고 이 문제는 많은 난관이 있다는 것입니다.

어떤 이들은 다음과 같이 여러 가지 결론을 내리기도 합니다(Hockma Commentary).

예수님의 이 말씀, 곧 히브리 성경의 첫 책(창 4:8)에서 마지막 책(대하 24:20-22)에 기록된 모든 순교자들이란 기독교적인 입장에서 다시 생각한다면 이 말이 적용될 수 있는 범위는 창세기에서 요한계시록까지의 모든 순교자들이라는 의미로 이해할 수 있습니다. 한편, 예수께서 말씀하는 사가랴(Zechariah)가 대하 24:20-22에 나오는 여호야다의 아들 스가랴(Zechariah)라고 생각한다면 '여호야다' 라는 부칭(父稱)이 문제가 됩니다.

이것을 해결할 수 있는 가능성을 제시하면 다음과 같다고 합니다.

슥 1:1에서는 선지자 스가랴의 아버지인 베레갸의 이름이 언급되는 한편 스 6:14에서는 그의 할아버지인 잇도의 이름이 언급되고 있는 점을 생각해 볼 때 여호야다가 대하 24장에 나오는 스가랴의 아버지가 아니라 할아버지일지도 모른다고 생각할 수 있다는 것입니다.

여호야다가 130세까지 살았던 사실(대하 24:15)은 이런 견해의 가능성을 높여주는데, 왜냐하면 스가랴는 여호야다가 죽은 직후부터 그의 사역을 시작했기 때문입니다. 그러므로 다른 방법으로는 알 수 없는 바라갸(Berekiah)는 스가랴를 낳고 평온한 세월을 살다가 그의 아버지보다 먼저 죽음으로써 그의 아버지의 대제사장직을 계승하지 못했다고 생각할 수 있습니다.

이렇게 생각할 때, "바라갸의 아들 사가랴"(본절)라고 말할 경우 바라갸가 사가랴(대하 24장에서는 스가랴)의 아버지라는 것도 설명이 될 것입니다. 그러나 이런 설명들이 확실히 증명되는 것은 아니라는 것입니다.

[결론]

질문하신 사가랴의 이름이 성경에 28번이나 나타나고, 그 이름마다 정확한 인포메이션에 대한 언급이 없기 때문에 누구라고 단정 짓기는 어렵습니다. 단지 가능성으로 보아 할아버지 여호야다의 손자일 것이라는 견해가 우세합니다. 그 이유는 (1) 사가랴의 할아버지가 130세에 세상을 떠났다는 사실과, (2) 사가랴는 그 후에 성령에 사로잡혀 선지자가 되었다는 것입니다. (3) 그리고 족보를 기록할 때에 히브리 원어에서 할아버지를 아버지로 기록하기도 한다는 사실을 감안하면 충분히 가능성이 있는 것입니다.

그럼에도 불구하고 성경 어느 곳에서도 질문하신 사가랴에 관한 한 치의 오차도 없이 정확한 인포메이션에 대한 언급이 없기 때문에 난제 중의 하나입니다. 단지 여러 가지 정황으로 미루어 추측할 뿐입니다.

[질 문] 61

마 27:52-53에 주님께서 운명하실 때 "무덤들이 열리며 자던 성도들의 몸이 많이 일어나되 예수의 부활 후에 그들이 무덤에서 나와서 거룩한 성에 들어가 많은 사람에게 보이니라" 하셨는데 이들은 그리스도 부활하신 몸을 영의 눈 곧 믿음의 눈을 가지지 않으면 볼 수 없듯이 진리 밖에 있는 자들은 알 수 없는 것이 아닐까요? (참고. 요 14:21-23)

[답 변]

한마디로 답변을 하자면, 하나님께서 보여주시면 진리밖에 있는 불신자들도 부활하신 예수님의 몸을 볼 수 있습니다. 왜냐하면 부활하신 예수님께서 재림하실 때에 찌른 자들도 보리라고 했기 때문입니다. 그때에는 온 천하 만민이 보게 될 것입니다(행 1:7).

그러나 은혜로우신 주님(재림과 심판의 주님이 아닌)의 모습을 보는 것은 주 안에 있는 자들만이 볼 수 있는 것입니다. 주님을 알아보는 것도 주안에 있는 자들만이 알 수 있습니다. 그러나 사실 부활하신 주님을 볼 수 있는 길은 주를 믿지 않는 자들이나, 심지어 주를 믿는 자들까지도 주님께서 자신을 나타내 보여주셔야만 볼 수 있습니다.

그래서 막달라 마리아는 부활하신 주님을 동산지기로 착각했고, 엠마오로 가던 두 제자도 주님과 대화를 나누면서도 부활하신 주님이신 줄을 몰라보았습니다. 심지어 주님의 제자로 3년씩이나 주님의 모습을 보아왔던 도마도 주님의 못 자국을 만져보고야 알고 믿지 않았습니까?

문제의 핵심은 주님께서 우리로 하여금 볼 수 있도록 현현하셔서 보여주셔야만 보고 알 수 있다는 말씀입니다. 물론 우리가 부활한 후에는 얼굴과 얼굴로 대면하듯 보고 알 수 있을 것입니다.

요한복음 14장은 우리가 삼위일체 하나님을 알 수 있으나, 세상은 그 하나님 즉 성부와 성자와 성령을 알지 못한다는 말씀이 주제입니다. 그 이유를 자세히 설명하고 있는데, 하나님을 사랑하는 자가 그의 계명을 지키게 되고, 이러한 자들이 아버지를 알 수 있고, 볼 수 있으며, 아버지께서 계신 천국에 들어갈 수 있다는 말씀으로, 하나님을 사랑하고 그의 계명을 지킬 수 있도록 보혜사 성령을 보내주시겠다는 약속의 내용입니다.

우선 요 14:1-6은 하나님 아버지가 계신 천국에 관하여 관설하고, 그 아버지에게 가는 길을 말씀하시면서, 예수님께서 성부 하나님과 하나이심을 설명하고 계십니다. 이는 존재론적인 논리이며, 사역적(경륜론적)인 측면에서 말할 때에는 예수님은 아버지로 말미암아 오셨다고 말하고, 아버지의 뜻을 따라 보혜사 성령을 보내주시겠다는 약속을 하신 것입니다. 다시 말하면, 성부, 성자, 성령께서 일체라는 뜻입니다.

예수께서 아버지와 하나이시기 때문에, 아버지를 보여 달라는 빌립의 요청에 대하여 대답하시기를 “나를 본 자는 아버지를 보았거늘 어찌하여 아버지를 보이라 하느냐”고 하셨습니다. 즉 하나님께서 성육신으로(incarnation) 형상화하셨다는 뜻입니다.

그러므로 예수님을 본 자는 하나님을 보았다고 했는데, 그 이유는 예수께서 아버지 안에, 아버지가 예수님 안에 있는 것과 같이 우리도 예수 안에 예수께서 우리 안에 있으면 아버지를 보고 알 수 있다는 논리입니다. 이에 대하여 가룟인 아닌 유다가 묻습니다. "주여 어찌하여 자기를 우리에게는 나타내시고 세상에게는 아니하려 하시나이까?" 이 말씀의 뜻은 은혜와 사랑의 주님의 모습으로 세상에 나타내지 않으신다는 말씀으로 그 이유는 요 14:19-21에 잘 나타나 있습니다. 즉 주 안에 있어서 주를 사랑하는 자는 아버지의 사랑을 받을 것이요 주님도 그를 사랑하여 그에게 자기를 나타내시리라는 말씀입니다. "나를 사랑하는 자는 아버지께 사랑을 받을 것이요 나도 그를 사랑하여 그에게 나를 나타내리라"(요 14:21).

그러나 주 안에 있지 않는 자들은 부활하신 예수님을 볼 수 없다는 것은, 본질상 진노의 자녀들은 거듭나지 못하여 주님을 볼 수 있는 신령한 눈이 열리지 않아서 부활하신 주님을 볼 수 없다는 뜻이며, 그럼에도 불구하고 하나님께서 보여주시면, 즉 주님께서 스스로 자신을 현현해서(manifestation) 나타내 보이시면 그들도 주님을 볼 수 있으되, 사랑의 주님이 아니라 심판의 주님으로 보게 된다는 것입니다.

이제 마 27:52-53 말씀에 관하여 알아보기로 하겠습니다. 이 구절 역시 성경말씀에서 가장 난해한 구절 중의 하나입니다. 이 말씀을 이해하려면, 성경해석학 상으로 몇 가지 연장 즉 툴(tools)을 사용해야 할 것입니다. 우선 예언적 전망법(prophetic perspective)과 아울러 예언적 통시법(prophetic foreshortening), 그리고 또한 이에 따른 주제들의 배열(sequence of topics)과 사건들의 배열(order of events)에 대하여 정확히 이해해야 하는데, 이렇게 하기란 그리 쉽지 않습니다. 왜냐하면 이것들은 시간과 공간을 초월해서 전개되기 때문입니다.

본문에서 먼저 이해해야 할 주제들이 있습니다. 예수께서 십자가에서 운명하실 때에 일어났던 다음과 같은 일연의 사건들의 의미를 이해하려면 위의 성경해석학적인 툴들을 가지고 시간과 공간을 초월한 입체적인 이해가 필요합니다.

성소의 휘장이 찢어진 사건(마 27:51)은 세 가지 차원에서 조명하는 것이 좋습니다. 첫째로, 예수님의 육체가 찢어진 사건입니다. 둘째로, 성전의 성소와 지성소 사이에 있는 휘장이 찢어진 사건이며, 셋째로, 영적으로 하늘의 성소에 들어가는 길이 열렸다는 사건입니다. 이 세 가지 사건이 예수님께서 죽으심과 동시에 일어났다는 데 의미가 있습니다.

땅이 진동하여 바위가 터진 사건(마 27:51)은 현실적이며 영적인 사건을 묘사하고 있습니다. 역사적인 사실에 근거하여, 예수님께서 운명하실 때에 천지가 진동하며 바위가 터진 사건입니다. 한편 이 사건은 영적인 차원에서 상징적인 의미로 천지의 사망권세를 정복하시는 능력과 예수님의 부활의 능력을 예시한 것입니다.

무덤들이 열린 사건(마 27:52), 무덤이 열렸다는 것은 사실적인 면에서 이해해야 되지만 실제적으로 누구의 무덤들이 열렸는지 언급이 없다는 점에서 보면, 다분히 영적인, 예언적인 의미를 내포하고 있는 것이 사실인 것 같습니다. 문제의 핵심은 예수님의 죽으심으로 사망권세를 깨친다는 진리입니다. 물론 부활에서 그것이 완성됩니다.

자던 성도들의 몸이 많이 일어난 사건(마 27:52)은 성도들의 부활을 의미하지만, 문제는 이 부활사건의 시점입니다. 예수께서 부활하시기 전에 이들(성도)이 먼저 부활했다는 것은 부활의 차서에 맞지 않기 때문에 난해한 부분입니다. 그럼에도 불구하고 예언적 축화법과 사건의 배열의 방법을 알면 이해할 수 있다고 생각합니다.

무덤에서 나온 사건(마 27:53) 즉 자던 성도들이 무덤에서 나온 것이 본문의 논리적 순서로 보면 예수께서 운명하시는 순간, 성도들의 몸이 일어남과 동시에 나온 것으로 표현되어 있습니다. 물론 논리적인 순서로 이해한다면, 예수께서 운명하시는 순간에 앞의 여러 가지 사건이 순차적으로 일어난 것같이 표현되어 있지만, 시간적인 순서로 정확히 말하기는 어렵습니다.

이러한 성경의 표현을 이해하기 어려운 이유는 역사적인 사건과 영적인 사건이 맞물려 있기 때문입니다. 그러므로 시간적으로 말할 때에, 성도들이 일어난 시점과 동시에 무덤에서 즉시 나왔는지, 일어난 후 나오기 전까지 무덤에 있었는지에 대하여 정확하게 알기 어렵습니다. 그리고 또 무덤에서 나온 후 거룩한 성에 들어가기까지는 어디에 있었는지 등 난해한 부분들입니다.

거룩한 성에 들어간 사건(마 27:53)을 본문의 논리로 말한다면, 예수께서 부활하신 후가 됩니다. 이러한 경우에 성도들이 일어난 사건(부활)과 무덤에서 나온 사건 사이의 난관도 여전히 존재할 뿐만 아니라, 성도들이 일어난 후 성에 들어간 것이 예수님의 부활 후라고 못을 박고 있기 때문에, 시간적인 순서로 말하자면, 몸이 일어난 후 약 3일 동안 무덤에 있었다는 결론이 됩니다.

이것도 논리적인 순서와 시간적인 순서가 영적인 차원에서 맞물려 있기 때문에 인간의 이성으로 이해하기가 어렵습니다. 물론 주님께서 부활하신 후 40일 동안 어디 계셨는지 알 수 없는 것과 같습니다.

많은 사람들에게 보인 사건(마 27:53)은 성도들이 거룩한 성에 들어간 사건과 동시에 있는 것같이 표현되어 있기 때문에 한데 묶어서 이해해야 할 것 같습니다.

그러나 이것 역시 예수님의 부활 후에 된 사건으로 기록하고 있기 때문에, 여전히 앞의 사건들과의 조화가 어렵게 되어 있습니다. 이것도 역사적, 영적 사건과 맞물려 있기 때문입니다.

[문제제기]

이러한 일련의 사건들을 하나의 연속된 사건으로 이해한다면, 첫째로 시간적 순서와, 공간적인 문제가 발생하게 됩니다. 이는 형이하학적인 차원에서 말합니다.

시간적인 순서로 볼 때에, 이 사건들의 차서를 이해하기 어렵습니다. 말하자면, 예수께서 운명하신 시점과 예수께서 부활하신 시점 사이에는 약 3일이라는 간격이 있었다는 사실입니다. 이 사이에 위의 여러 가지 사건들이 순차적으로 일어난 것인지? 그렇다면 부활의 차서에 배치되는 부분은 어떻게 해석해야 할는지? 등의 문제들이 발생한다는 것입니다.

이 사건들을 나열해보면, 예수께서 십자가에서 운명하시는 순간 ① 무덤이 열렸습니다. ② 성도들의 몸이 많이 일어났습니다.

예수께서 부활하신 후에(운명하신 후 3일 만에) ① 성도들이 무덤에서 나왔습니다. ② 성도들이 거룩한 성에 들어갔습니다. ③ 성도들이 많은 사람에게 보였습니다.

공간적인 차원에서 볼 때에, 역시 이해하기 어려운 문제들이 발생

합니다. 이러한 문제를 어떻게 해결해야 할지가 우리들의 과제입니다.

예수께서 십자가에서 운명하시는 순간과 그 이후 ① 예수께서는 십자가상에 계셨습니다. ② 성도들의 몸이 일어나서 어디에 있었는지?

예수께서 부활하신 후에(운명하신 후 3일 만에) ① 성도들이 무덤에서 나와서 어디에 있었는지? ② 성도들이 곧 바로 거룩한 성에 들어갔는지? ③ 거룩한 성에 있는 사람들은 누구인지?

[해결]

그러므로 이 사건들은 형이하학적인 이해를 통해서 이해하기가 어렵기 때문에 형이상학적이며 영적인, 즉 입체적인 차원에서 이해해야 할 것입니다. 이러한 이해를 위해서 앞에서 언급한대로, 성경기록의 특징인 예언적인 조망법과 시간과 공간을 초월한 주제의 배열과 사건의 순서를 통하여 이해해야 할 것입니다.

예수께서 운명하시는 순간 무덤들이 열리고 성도들의 몸이 많이 일어났다고 했는데, 이는 구체적으로 어느 무덤들이며, 성도들은 누구인지에 관해서 본문에는 언급이 없습니다. 그러므로 이 사건은 영적인 차원에서 그 원리를 이해하는 것으로 만족해야 할 것 같습니다.

이 사건은 신비로운 사건으로 인간의 이성으로는 이해할 수 없는 것이기 때문에 앞으로 이어지는 일련의 사건들을 정확하게 이해하기가 어려운 내용들입니다. 다만, 이 사건이 예수님의 죽으시는 순간 무덤에 갇혀 잠자고 있던 죄인들이 죄에서 해방되어 사망의 잠에서 깨어난다는 것을 말해주고 있는 것입니다. 즉 부활에 초점을 맞추고 있는 것입니다.

이 사건은 예수님의 죽음의 순간에 일어났고, 다른 사건들과 함께

다 같이 예수님의 죽으심의 중요성에 그 초점이 맞추어져 있고 또 이 사건의 초점은 "부활"에 맞추어져 있습니다. 부활의 성격 자체가 시간과 공간을 초월한 것이기 때문에, 그 사건 역시 이해가 어려운 면이 있는 것입니다. 그래서 사실적이면서 영적인 차원에서 이해해야 합니다.

이 사건의 이해를 위하여 몇 가지 문구에 의존해야 할 것 같습니다. 즉 "그리스도의 부활 후에"와 그의 부활 후에 "무덤을 떠났는지," 아니면 부활 후에 "그들이 간 곳"에 관한 말씀입니다. 이 구절들은 살펴보면,

성도들이 부활한 영광스러운 몸으로 금요일 오후부터 주일 아침까지 어두움에 남아 무덤의 부패한 상태로 있을 수 있는 것은 불합리하다는 것입니다. 이것은 성도들이 십자가상에서의 예수님의 운명과 동시에 일어나 무덤을 떠났다는 것을 의미하는 것입니다. 예수께서 부활하실 때까지는 성도들이 예루살렘에 들어가서 많은 사람들에게 보였다는 것은 있을 수 없다는 것입니다.

그런데 성도들이 무덤을 떠난 후에 소위 "거룩한 성"이라는 곳에 있는 많은 사람들에게 보일 때까지 어디에 있었는지에 대한 설명이 없습니다. 이것은 예수님께서 부활하신 후에 자신을 보이신 사건들 사이에 어디에 계셨는지 어디에서도 언급되어 있지 않은 것과 같습니다.

사실 이러한 일련의 사건들은 성도들이 다시 죽지 않았다는 사실을 가리키는 것으로 보이는데, 얼마동안 많은 사람들에게 보인 후 하나님께서 전에 그들의 영혼이 있었던 천국에 계시는 그에게 그들의 현재 몸과 영혼을 데려갔다고 봅니다.

결론적으로 이같이 신비로운 사건들은 예언적 사건들(prophetic events)이라는 것입니다(마 27:51-52). 이 사건들은 우리들에게 그리

스도의 죽으심이 그리스도께서 재림하실 때에 우리의 영광스러운 부활을 보장한다는 것을 의미입니다.

[결론]

이러한 신비로운 사건들을 종합해볼 때에, 우선 그리스도의 죽음과 부활, 그리고 이에 따른 성도들의 부활에 그 초점을 맞추고 있는 사건들입니다. 그러므로 이 사건들은 그 특징에 따라 그 시점과 장소를 초월하여 시간과 공간을 넘나들면서 계시하는 예언적 통시 법을 사용하여 표현하고 있는 것을 발견할 수 있습니다.

예수께서 십자가에 운명하시는 순간에 이론적인 순서와 시간을 초월하여 원론적인 표현에 그 의미를 두고 있습니다. 그 시점은 예수님의 운명하는 바로 그 순간이면서, 이 사건이 예수님의 부활 후로 연결되는 방식으로 표현하고 있습니다.

자던 성도들이 무덤이 열리며 많이 일어나서 거룩한 성에 들어가 많은 사람들에게 보인 사건은, 논리적인 순서와 시간적인 순서로 표현하고 있기 때문에 그 간격이 있는 것 같이 보이나, 사실은 예수님의 운명의 순간에 원론적으로 설명하여 부활을 말하고 있는 반면에, 그 부활의 완성적인 차원에서 설명할 때에 예수께서 부활하신 후에 있을 것이며, 최종적으로 그의 재림 시와 연결시키게 되는 것이 성서적인 원리라고 생각합니다.

이러한 성서해석의 방법에도 불구하고 이 사건들에 나타나는 키워드들의 의미들이 이해할 수 없는 개념들을 가지고 있기 때문에 신비로운 사건이라고 합니다. 즉 성도들은 누구이며, 무덤은 어디 있는 것들이며, 성도들이 일어났다는 것은 실제적으로 어떻게 이해해야 하며,

거룩한 성에 있는 많은 사람들은 누구를 의미하는지 등등 모두가 그 정확한 정의가 언급되어 있지 않기 때문입니다.

[다른 해석]

이 난제의 성경구절에 관하여 몇 가지 다른 해석들이 있습니다. 그러나 세계적으로 저명한 주석학자인 윌리엄 헨드릭슨(William Hendriksen)은 아래와 같은 해석들에 반대합니다. 이 사건은 전혀 부활의 실제적인 사건이 아니라고 합니다(F. W. Grosheide). 이 부활은 예수의 부활과 함께 혹은 조금 늦게 일어났다고 합니다(H. N. Ridderbos). 이 성도들은 죽지 않은 몸으로 일어난 것이 아니라고 합니다(W. R. Nicholson).

위의 해석들은 부활사건을 형이하학적인 단면으로만 본 것이며, 형이상학적, 영적인 차원에서 조명하지 못했기 때문에 여러 가지 난관에 봉착하게 된 것입니다.

마가복음

[질 문] 62

막 2:9에 "어느 것이 쉽겠느냐"라고 하시고 중풍병자를 고쳐주셨는데 속죄와 치유에 있어서 사람이 할 수 있는 영역(치유)과 하나님만이 할 수 있는 영역(속죄)을 비교하신 말씀인지요?

[답 변]

"네 죄 사함을 받았느니라"라는 말과 "일어나 네 상을 들고 걸어가라"는 말 중에 어느 것이 쉽겠느냐? 라는 질문인데, 결론부터 말씀드리자면, "네 죄 사함을 받았느니라"라는 말이 더 쉽습니다. 물론 위의 두 질문 모두가 인간으로서 할 수 있는 말은 아닙니다. 누구도 죄 사하는 권세가 없고, 치유의 이적을 행할 권세가 없기 때문입니다.

그럼에도 불구하고 "죄 사함을 받았느니라"라고 한 말에 대한 책임은 바로 지지 않아도 되지만, "네 상을 들고 걸어가라"고 한 말에 대한 책임은 즉시 져야 하기 때문입니다. 다시 말하면 즉시 중풍 병자를 일으켜야 한다는 말씀입니다. 그러므로 이 말이 더 어렵고, "네 죄 사함을 받았느니라"는 당장 증명할 필요가 없기 때문에 말하기가 쉽다는 것입니다.

물론 오늘날에도 중풍병은 불치병으로 분류되어 있어서 의학적으로도 어려운 질병으로, 그 당시에는 전혀 대책이 없었던 병입니다. 이런 상황에서 "네 상을 들고 걸어가라"고 말하기는 전혀 불가능합니다. 더구나 유대인, 특히 바리새인들에게 예수를 죽일 단서로 가장 유력하게 생각하고 있던 것 중의 하나가 죄를 사하는 권세로서 자신이 하나님이라고 하는 말입니다. 하나님 외에는 죄 사하는 권세가 없는데 "네 죄 사함을 받았느니라"고 말하기는 더욱 위험한 일이기 때문에 둘 다 인간으로서는 불가능한 상황입니다.

그런데 유대인들이 아니라 예수님께서 왜 이런 딜레마의 상황을 스스로 만들어서 무덤을 파는 것입니까? 물론 유대인들이 예수께서 빠져나가지 못하도록 여러 번에 걸쳐 딜레마로 몰아넣은 적은 있었지만(예: 간음한 여인의 문제), 왜 스스로 자신의 올무가 될 이러한 딜레마의 상황을 만드셨는가? 하는 것입니다.

예수님은 바로 그런 분이십니다. 인간이 빠져나올 수 없는 딜레마를 만드시는 분입니다. 왜냐하면, 자신이 그리스도라는 사실을 입증하시기 위해서입니다. 인간이 할 수 있는 문제들로서 자신이 그리스도(메시아)라는 입증을 할 수 있겠습니까? 그럼에도 불구하고 아직은 직접적으로 자신이 그리스도라고 선언하지 않으셨습니다. 자신의 입으로 그리스도라고 자백을 하시면 그것이 결정적인 단서가 되기 때문입니다. 그래서 우회적으로 이적을 행하시고, 병을 고치시고, 귀신을 내

좇는 것으로서 그리스도시오 하나님의 아들이시오, 바로 그 분이 하나님이시라는 것을 암시하신 것입니다.

예수님께서 "네 죄 사함을 받았느니라"라고 하시는 말씀을 듣고 바리새인들과 서기관들이 '신성모독이다' 라고 속으로 말함을 아시고, 이에 대응하여 하신 말씀이 바로 "네 죄 사함을 받았느니라"라는 말과 "일어나 네 상을 들고 걸어가라"는 것 중에 어느 것이 쉽겠느냐고 질문을 하신 것입니다. 이 말씀은 예수께서 자신의 권위를 구체적으로 알게 하시기 위하여 인간으로서는 할 수 없는 이와 같은 말씀을 하신 것입니다.

이 중에서 특히 "네 죄 사함을 받았느니라"는 말씀이 그들의 마음에 걸린 것입니다. 하나님 외에 누가 죄 사하는 권세가 있느냐는 것입니다. 그러나 이 말씀은 즉시 증명하지 않아도 되지만 중풍 병자를 고치는 일은 즉시 증거가 나타나야 하기 때문입니다.

[결론]

예수께서는 자신이 메시아이심을 우회적으로 나타내시기 위하여 자신의 권위가 인간에게서가 아니라 하늘에서 온 권세라는 것을 확증하시려는 의도에서 하신 말씀입니다. 중풍 병자가 찾아왔으면 그냥 고쳐주시면 될 것인데, 이 말씀을 하신 것은 자신의 권위를 인정하지 않고 신성모독이라고 말하는 바리새인과 사두개인들의 불신을 불식시키고, 자신이 하늘에서 오신 하나님의 아들이요 메시아이심을 우회적으로 나타내시는 말씀입니다.

주님께서 하신 "네 죄 사함을 받았느니라"라는 말과 "일어나 네 상을 들고 걸어가라"는 말은 두 가지 의미를 가지고 있는 것입니다. 하나는 영적인 의미이고, 다른 하나는 육적인 의미입니다. 이 두 가지 문제 중에 전자가 말하기 쉽다는 것입니다. 그 이유는 전술한 바와 같이 전자는 당장에 증거를 보이지 않아도 되지만, 후자는 당장 그 증거를 보여주어야 하는 것이기 때문입니다. 당장 중풍병자가 일어나야 한다는 뜻입니다.

그럼에도 불구하고 예수께서는 이 둘을 분리된 것으로가 아니라 연관된 하나로 보시고 말씀을 하시고 계십니다. 처음부터 "네 상을 들고 걸어가라"라고 하신 것이 아니라 먼저 "네 죄 사함을 받았느니라"는 말씀을 하신 것입니다. 이는 전자가 말하기가 더 쉽다는 뜻이며, 그러나 더 어려운 말인 "네 상을 들고 걸어가라"라는 말씀을 하심으로써 이 문제를 해결하심으로 앞의 죄 사하는 권세가 있다는 것을 증명하려고 하신 것입니다.

또 하나의 진리가 있습니다. 예수께서 질병을 고치시는 사역이 주가 되거나 우선이 아니라 보조적인 사역, 즉 회개케 하여 죄를 사하게 하시는 속죄사역에 대한 보조사역으로 보아야 한다는 것입니다. 예수님께서 병을 고치고 이적을 행하는 것은 하나님의 나라를 증거 하시기 위하여 보조적으로 사용하신 사역이라는 뜻입니다.

그리고 예수님의 참된 구원이란 '죄 사하시는 문제'와 '병 고치는 치유 문제'가 따로 떨어져 있는 것이 아니라 하나로 연결된 문제임을 알아야 합니다. 만일 이 둘이 따로 떨어져 있다고 생각한다면 불신자들의 치유와 혼동이 될 수 있다는 것입니다. 이 둘에 대한 크리스천의 개념은 죄 사함이 치유보다 우선이요, 치유가 목적이 아니라 속죄가 목적이기 때문에 치유는 이에 부응해서 시행되어야 하는 것입니다

[질 문] 63

예수께서 열매가 없는 무화과나무를 저주하신 일에 관하여 설명해주시기 바랍니다.

[답 변]

The Interpretations on the Cursed Fig Tree

(저주받은 무화과나무에 대한 해석)

Text: Mark 11:13 (막 11:13)

"Seeing in the distance a fig tree in leaf, he went to find out if it had any fruit. When he reached it, he found nothing but leaves, because it was not the season for figs"(Mark 11:13). (멀리서 잎사귀 있는 한 무화과나무를 보시고 혹 그 나무에 무엇이 있을까 하여 가셨더니 가서 보신즉 잎사귀 외에 아무것도 없더라 이는 무화과의 때가 아님이라)

καὶ ἰδὼν συκῆν ἀπὸ μακρόθεν ἔχουσαν φύλλα ηεἰ ἄρα τι εὑρήσει ἐν αὐτῇ, καὶ ἐλθὼν ἐπ̓ αὐτὴν οὐδὲν εὗρεν εἰ μὴ φύλλα· ὁ γὰρ καιρὸς οὐκ ησύκων.

[1] Realistic Interpretation: grammatical and historical setting (실제 문법적 역사적 해석)

(1) Grammatical Interpretation: (문법적 해석)

Bethphage(the house of figs): Fig trees were no doubt plentiful in the neighbourhood of Bethphage. (벧바게, 무화과의 집: 무화과나무들이 벧바게 근처에 풍부하다는 것은 의심의 여지가 없다.)

in conclusion this means that there are a lot of fig trees in the vicinity of Bethphage more than another trees. (이것은 벧바게 지역에 다른 나무들보다 많이 있다는 것을 의미한다.)

Matthew says he saw "one fig tree"(*μὶαν συκῆν*): more conspicuous. (마태는 "한 무화과나무"를 보았다고 말한다. 더욱 눈에 띄는)

In conclusion this suggests there are another fig trees with their fruits in the vicinity of Bethphage even though un-riped (green figs). (이것은 아직 익지 않는 푸른 무화과이지만, 벧바게 지역에는 열매가 있는 또 다른 무화과나무들이 있다는 것을 암시한다.)

Dean Stanley says that Mountain Olivet is still sprinkled with the fig trees (Sinai and Palestine, p. 418). (딘 스텐리는 감람산에는 아직도 무화과나무들로 덮여있다고 말했다.)

(2) Historical Interpretation: (역사적 해석)

1) "This fig tree had leaves, but no fruit; for it was not the season of figs"(*ὁ γὰρ καιρὸς οὐκ ησύκων*)

Not the season of fig tree: (무화과 때가 아님)

① It was the end of March or the beginning of the April because the Passover was at hand according to the context. (그 때는 3월 말 혹은 4월 초였다. 왜냐하면 문맥에 보면, 유월절이 가까웠기 때문이다.)

② The season of fig tree must be divided into the two times: One is the early year, that is May to June, the other later figs August to October. (무화과나무의 때는 두 번으로 나누인다. 하나는 연초로, 5월에서 6월이고, 다른 하나는 늦게 수확하는 것으로 8월에서 10월이 된다.)

③ Other trees would all be bare at this early season, but the fig trees would be putting forth their broad green leaves. (다른 나무들은 이 이른 때에 모두 열매를 맺지 않는다. 그러나 무화과나무들을 그들의 잎사귀들이 나오게 된다.)

④ while the main crop of figs does not ripen in the vicinity of Jerusalem until August, smaller figs begin to appear… as soon as the leaf buds are put forth… Even theses immature figs were eaten by the peasants….The lake of any fruit on the tree was proof of its barrenness. (무화과의 큰 열매는 8월까지 예루살렘 지역에서 익지 않는 반면에, 작은 무화과들은 잎이 나오자마다 보이기 시작한다. 이 덜 익은 무화과들을 농부들이 먹기도 한다. 나무에 어떤 열매도 없었다는 것은 열매를 맺지 못했다는 것을 증명하는 것이다.)

2) Possibility of no fruit: (열매가 없을 가능성)

① It is possible that this tree standing by itself as it would seem, was more forward the other fig trees around. It was seen "from afar," and therefore it must have had the full benefit of the sun. (열매가 있는 양 스스로 서 있는 이 나무는 더욱 주위의 다른 무화과나무들 앞에 있었다는 것은 가능한 사실이다. 이 무화과나무는 멀리서도 볼 수 있었고, 그러므로 햇빛을 충분히 받았던 것이다.)

② It would worse than any other trees, for there was not so much as one fig to be found upon it, though it was so full of leaves, or it was no good fig-year. (그 나무가 다른 나무들보다 더욱 나쁜 것은 그 나무가 풍부한 잎사귀가 있었거나 아니면 무화과나무의 좋은 해가 아니었겠지만, 하나의 무화과 열매도 없었기 때문이다.)

③ Smaller and larger figs: In the region referred to here in Mark, the early or smaller figs, growing from the sprouts of the previous year, begin to appear at the end of March and are ripe in May or June. The later and much larger figs that develop on the new or spring shoots are gathered from August to October. (작고 큰 무화과들: 마가복음인 이곳에 언급된 지역에는 작년에 피웠던 것으로부터 자라는 이르고 작은 무화과들이 3월 말에 나타나 5월 혹은 6월에 익게 된다. 늦게 열리는 큰 무화과는 새해에 자라거나 혹은 봄에 나와서 8월에서 10월에 거두게 되는 것이다.)

It is important to point out that the early figs, with which we are here concerned, begin to appear simultaneously with the leaves. Sometimes, in fact, they even precede the leaves.

(우리가 여기에서 관심을 가지고 있는 이른 무화과는 잎과 함께 동시에 나타나기 시작한다. 때때로 그들이 잎보다 앞서 나타나는 것도 사실이다.)

On the eastern side of the Mount of Olives fig trees can be seen in leaf at the end of March or the beginning of April. Only early green figs which actually appear before the leaves, could be expected at this time, and they are disagreeable in taste and are not ordinarily eaten. They are not ripe before June, and quite commonly they all fall off, so that after some days the fig tree has only leaves. (감람산 동편에서 무화과나무들이 3월 말이나 4월 초에 잎으로 덮여있는 것을 볼 수 있다. 다만 이른 푸른 무화과들은 실제로 잎이 나오기 전에 나타나는 것으로, 이때에 그 열매를 기대할 수 있다. 그리고 그것들은 맛이 없고 일반적으로 먹지를 않는다. 그것들은 6월 전에는 익지 않고, 아주 흔히 떨어지므로, 어느 날 보면 잎사귀만 있는 것을 볼 수 있다.)

3) The time at the hand of Passover (about March to April) (유월절이 가까워)

① The time when either the early or the later figs are ripe had not yet arrived (the end of March). It was therefore "not the season for figs." (이른 무화과이든 늦은 무화과이든 아직은 익는 때가 되지 않았다, 3월 말. 그러므로 무화과의 때가 아니었다.)

② Jesus' mission schedule: (예수님의 미션 스케줄)

Saturday evening: Supper in Bethany at the home of Simon

the leper (14:3–9). (토요일 저녁: 베다니 나병환자 시몬의 집에서 저녁식사)

Sunday: Jesus' Triumphal Entry into Jerusalem and return to Bethany (11:1–11). (주일: 예수님의 예루살렘 입성과 베다니로 회귀)

Monday: Cursing of the fig tree, cleansing of the temple, and exit from the city (11:12–19). (월요일: 무화과나무 저주, 성전 청결, 그리고 예루살렘을 떠남)

Tuesday: Conversation between Peter and Jesus, who teaches The Twelve the lesson of the withered fig tree and so on. (화요일: 베드로와 예수님 사이의 대화, 예수께서 시든 무화과나무에 대하여 열두 제자들을 가르치심 등등)

Wednesday: No events reported, unless the agreement between Judas and the chief priests(14:10, 12) took place on that day, but this may also have occurred a little earlier. (수요일: 유다와 대제사장 사이에 밀약 외에 아무 사건도 일어나지 않았으나, 이것은 좀 더 이르게 생긴 일일 것이다.)

Thursday: Preparation for the Passover (including the night from Thursday to Friday). (목요일: 유월절 준비, 목요일 밤으로부터 금요일까지 포함)

In Conclusion Jesus puts the fig tree first, as being of its own nature the most forward to put forth its buds. But then it is peculiar to the fig tree that its fruit begins to appear before its leaves. (예수께서 성격상 가장 먼저 꽃 봉우리를 트는 것으로 먼저 무화과나무를 적용하신다. 그러나 그 때에 과실이 잎사귀들이 나오

기 전에 나타나기 시작하는 무화과나무에 특별히 적용한 것이다.)

It was, therefore, a natural supposition that on this tree, with its leaves fully developed, there might be found at least some ripened fruit. He, therefore, approaches the tree in his hunger, with the expectation of finding fruit. (그러므로 이 나무에 잎사귀는 무성하지만 익은 열매를 찾을 수 없었다는 것은 자연스러운 추측이다. 그러므로 예수께서 시장하여 열매를 구하기 위하여 그 나무에 접근하신 것이다.)

[2] Prophetic Interpretation: prophetic realism (symbolic action) (예언적 상징적 액션)

(1) The difficulties (난관)

Presented by this incident involving a fig tree covered with leaves but without fruit are well known. It is usually treated as a miracle of destruction, and the question naturally arises if the cursing of fig tree–for so Peter understands verse 14 (Ch. 11:21)—is really consistent with what is otherwise known of Jesus character. (잎사귀는 무성하게 덮였는데 열매는 없었다는 무화과나무에 관한 사건이 제시된 것은 잘 알려진 사실이다. 이 사건은 보통 파멸의 기적으로 취급되고 있는데, 다른 한편 베드로가 14절에서 예수님의 성품을 알고 있는 것과 일치하여 과연 무화과나무에 대한 저주로 이해하고 있는지 의문이 일어나는 것은 자연스러운 일이다.)

(2) The juxtaposition of the two (병렬)

Seemingly contradictory assertion in verse 13 heightened the difficulty, for the explicit statement that it was not the season for figs appears to make Jesus' action arbitrary and meaningless. (외관상으로 13절에 모순되는 주장이 난관을 고조시켰다. 왜냐하면 무화과의 때가 아니라는 노골적인 언급이 예수님의 행동을 독단과 무의미한 것으로 만들기 때문이다.)

In Conclusion theses problems have often been regarded as an insuperable obstacle to accepting the account in its present form. (이 문제들은 종종 현재의 형식으로 그 이야기를 받아들이기에는 극복할 수 없는 장애로 간주되었다.)

(3) Resolution for these problems: (문제해결)

1) Mystical interpretation (신비적 해석)

① Local legend in the vicinity of the Bethany: a withered fig tree is too ordinary a thing to give birth to a legend (asserted by M. J. Lagrange). (베다니 지역의 지방전설: 시든 무화과는 흔한 것으로 전설로 탄생하기에 충분하다.)

② Contingency: It is an unnatural incident but only a contingent incident because in spite of much plenty leaves it had no any fruit. (우연: 그것은 부자연스러운 사건으로 단지 우연한 사건이다. 왜냐하면 잎사귀가 무성함에도 불구하고 어떤 열매도 있었기 때문이다.)

③ Parable account: the narrative had its origin in Jesus' parable of the unproductive fig tree(Lk. 13:6-9) has been transformed in the course of tradition into a factual account (H. van der Loos). (비유 이야기: 생산되지 않은 무화과에 대한 예수님의 비유에 그 기원을 가지고 있는 이 이야기는 전통의 과정으로부터 사실적 이야기로 전환되었다.)

④ Textual problem: More commonly, the final clause of verse 13 regarded as a gloss, inserted at a time when it was believed that the incident occurred near the time of Passover; when the gloss is removed, the account gains credibility because it has reference to the time of the fig harvest, in close proximity to the Feast of Tabernacle. (본문의 문제: 보다 흔하게 13절의 마지막 구절은 하나의 해석으로 간주되는 것으로, 그 사건이 유월절 가까이 일어났다고 믿을 때에 삽입된 것이다; 그 해석이 제거될 때에 그 이야기는 신빙성을 얻게 된다. 왜냐하면 그것은 장막절 거의 가까이 무화과 수확기에 대하여 언급하기 때문이다.)

But it is not necessary to resort to such expedients. Jesus evidently used his hunger as an occasion for instructing the Twelve. If the incident occurred in the period approaching Passover, the parenthetical statement in verse 13c is incontrovertible and suggests that Jesus had no expectation of finding edible figs. (그러나 이와 같은 방법에 자주 말려들 필요는 없다. 예수께서는 분명히 열두 제자를 가르치기 위하여 자기의 시장하심을 사용하였다. 만일 이 사건이 유월절이 다가오는 시기에 일어났다

면, 13절 난외의 설명은 논쟁의 여지가 없으며, 예수께서 먹을 수 있는 무화과를 찾으려고 하지 않았을 것이다.)

2) Prophetic and Symbolic interpretation (예언적 그리고 상징적 해석)

Jesus says "And he spoke to them a parable; Behold the fig tree, and all the trees; When they now shoot forth, ye see and know of your own selves that summer is now nigh at hand." (Luke 21:29-30) ("예수께서 이에 비유로 이르시되 무화과나무와 모든 나무를 보라; 싹이 나면 너희가 보고 여름이 가까운 줄을 자연히 아나니"(눅 2:29-31)

Events have meaning beyond their face value; they become significant as they ate interpretation. The unexpected and incongruous character of Jesus' action in looking for figs as a season when no fruit could be found would stimulate curiosity and point beyond the incident to its deeper significance. (사건들은 그것들의 표면적이 가치를 초월한 의미를 가진다. 열매를 맺지 않는 때에 무화과를 찾고 계시는, 예수님의 예기치 못하고, 어울리지 않는 성격은 호기심을 자극시키고 그 사건을 넘어 더욱 깊은 의미를 가르칠 것이다.)

His act was an example of prophetic realism similar to the symbolic actions of the OT prophets frequently spoke of the fig tree in referring to Israel's status before God (e.g. Isa. 20:1-6; Jer. 13:1-11; 19:1-13; Ezk. 4:1-15). The prophets (Jer.

8:13; 29:17; Hos. 9:10; 16; Joel 1:7; Michah 7:1-6), while the destruction of the fig tree is associated with judgement (Hos. 2:12; Isa. 34:4; *cf.* Lk. 13:6-9). (그의 행동은 하나님 앞에서 종종 이스라엘의 모습을 언급하고 있는 무화과나무를 말한 구약의 상징적 행동과 비슷한 예언적 리얼리즘의 한 예였다.)

① The fig tree symbolizes Israel in Jesus' day (Prophetic sign) (이 무화과나무는 예수님 시대에 이스라엘을 상징하고 있다. 예언적 사인)

Firstly, Jesus had used the fig tree to set forth the judgement that was about to fall on Jerusalem (Jesus' action in the Temple is firmly embedded within the fig tree incident) (첫째로, 예수께서는 이 무화과나무를 예루살렘에 다가올 멸망에 관한 심판을 선언하시는데 사용하셨다. 성전에서의 예수님의 행동은 이 무화과나무 안에서 구체화되었다.)

Secondly. Just as the leave of the tree concealed the fact that there was no fruit to enjoy, so the magnificence of the Temple and its ceremony conceals the fact that Israel has not brought forth the fruit of the righteousness demanded by God (scribes and Pharisees, hypocrites). (둘째로, 무화과나무 잎사귀가 먹을 수 있는 열매가 없다는 사실을 숨기고 있는 것과 같이, 이스라엘이 성전의 웅장함과 거기서 행해지는 축제가 하나님이 요구하시는 의의 열매를 가져오지 못하고 있다는 사실을 숨기고 있는 것이다. 서기관과 바리새인)

Both incidents have the character of prophetic sign which

warns of judgement to fall upon Israel for honoring God with their lips when their heart was far from him (*cf.* 7:6). (이 사전 둘 다 입술로는 하나님을 찬양하나 마음은 멀기 때문에 이스라엘 위에 임할 심판의 경고에 대한 예언적 사인의 성격을 가지고 있다.)

② The fig tree symbolizes Judaism in Jesus' day and today (이 무화과나무는 예수님 시대와 오늘날에 유대주의를 상징하고 있다.)

Another "action-parable" had been referred to Judaism symbolized by the fig tree with no fruit. The Jews were this unprofitable fig tree, full of the leaves of profession, but fruitless. (또 다른 "행동-비유"는 열매가 없는 무화과나무로 상징된 유대주의에 언급되어 왔다. 유대사람들은 이 무익한 무화과나무로 입술의 고백의 잎사귀들만 무성하고 열매는 없는 사람들이다.)

When Jesus said unto (14) the fig tree, No man eat fruit of thee hereafter for ever, He was pronouncing in symbol the certain doom of the Holy City (Jerusalem). (예수께서 무화과나무에게 이제부터 영원히 아무도 이 나무의 열매를 먹지 못하리라고 말씀하실 때, 그는 성시인 예루살렘의 운명을 상징적으로 선언하고 있었던 것이다.)

Christ was willing to make an example of it, not to the to trees, but to the men, of the generation, and therefore cursed it with that curse which is the reverse of the first blessing. (그리스도께서는 이 나무의 예를 들기를 기뻐하셨는데, 사실 그 나무가 아니라 그 사람들, 그 세대들을 향한 예이다. 그러므로 첫 축복을 엎어

버리시는 저주로 저주를 하셨던 것이다.)

③ Jesus' hunger desired for the fruits of fig tree: spiritual hunger (예수님의 시장하심으로 무화과나무의 열매를 갈망하게 되었다: 영적인 시장)

Nothing but his Divine yearning after the Jewish people, his spiritual hunger for their salvation, can explain this typical action with regard to the fig tree, and indeed the whole mystery of his life and death. (spiritual emblem). (유대 사람들에 대한 하나님의 경고에 불과한 것으로 유대인들의 구원에 대한 갈구하심이 이 무화과나무에 관한 전형적인 행동을 설명할 수 있다. 그리고 실로 예수님의 생애와 죽으심의 전체적인 신비를 설명할 수 있다, 영적 상징)

The fig tree in this passage may be interpreted both by the grammatical, historical background and by the meaning of prophetic reality in the near future in the light of the Biblical method of interpretation. In Summary: (본문의 무화과나무는 성경해석법에 비추어 가까운 장래에 일어날 일에 대한 문법적, 역사적 배경과 예언적 실제의 의미로 해석될 수 있다. 간단히 요약하면:

(1) There are another fig trees with their fruits in the vicinity of Bethphage even though un-riped (green figs). (아직 익지는 않았지만, 벧바게 지역에는 열매를 맺은 또 다른 무화과나무들이 있다.)

(2) While the main crop of figs does not ripen in the vicinity of Jerusalem until August, smaller figs begin to appear··· as

soon as the leaf buds are put forth··· Even these immature figs were eaten by the peasants. The lake of any fruit on the tree was proof of its barrenness. (예루살렘 지역의 무화과의 큰 열매는 8월까지는 익지 않는 반면에 작은 무화과는 그 잎이 나오자마자 그 열매를 보이기 시작한다. 이 덜 익은 열매들을 농부들이 먹기도 한다. 나무에 어떤 열매도 없었다는 것은 그 나무가 열매를 맺지 못했다는 것을 증명하는 것이다.)

(3) On the Eastern side of the Mount of Olives fig trees can be seen in leaf at the end of March or the beginning of April. Only early green figs which actually appear before the leaves, could be expected at this time, and they are disagreeable in taste and are not ordinarily eaten. They are not ripe before June, and quite commonly they all fall off, so that after some days the fig tree has only leaves. (감람산 동편에서는 3월 말이나 4월 초에 무화과나무 잎을 볼 수 있다. 단지 실제로 잎들이 나오기 전 이르고 푸른 무화과를 이 시기에 기대할 수 있었고, 그 무화과 통상적으로 들은 맛이 없어 먹지를 않는다. 그 무화과는 6월 이전에는 익지 않고, 대부분 떨어져서 잎만 남게 된다.)

(4) It was, therefore, a natural supposition that on this tree, with its leaves fully developed, there might be found at least some ripened fruit. He, therefore, approaches the tree in his hunger, with the expectation of finding fruit. (그러므로 잎이 무성한 이 나무에서 최소한의 어떤 열매를 찾을 수 없었다는 것은 당연한 것이다. 그러므로 예수께서 시장하시어 열매를 얻으실까 하는 기대

를 가지고 그 나무에 접근하셨던 것이다.)

(5) The fig tree symbolizes Israel in Jesus' day (Prophetic sign) (무화과나무는 예수님 시대에 이스라엘을 상징한다. 예언적 사인)

(6) The fig tree symbolizes Judaism in Jesus' day and today (무화과나무는 예수님 시대와 오늘날 유대주의를 상징한다.)

(7) Jesus' hunger desired for the fruits of fig tree symbolizes spiritual hunger. (예수께서 시장하시어 무화과나무 열매를 찾으셨다는 것은 영적인 배고픔을 상징한다.)

누가복음

[질 문] 64

눅 2:37, 과부가 되고 84세가 되어 (개역성경: 과부 된지 84년이라) 라고 했는데 어느 것이 맞는지요?

[답 변]

"And she was a widow of about fourscore and four years, which departed not from the temple, but served God with fastings and prayers night and day." (KJV)

"아셀 지파 파누엘의 딸인 안나라고 하는 여선지자가 있었는데 나이가 매우 많더라. 그녀가 결혼하여 칠 년을 남편과 함께 살았고 과부가 된지 약 84년이 되었으나 성전을 떠나지 않고 밤낮 금식과 기도로서 하나님을 섬기더라" (눅 2:36-37).

[해설]

이 부분에 관해서는 두 가지 학설이 있습니다. 과부가 된 때, 바로 그 당시의 나이가 84세라는 뜻입니다. 이 주장은 King James Version의 번역과 동일합니다. 그 여자의 나이 약 84세였는데, "그 때에 성전을 떠나지 않고…"라고 했습니다. 이 주장에도 여러 가지 이유가 있습니다. 여기 84세 안에는 결혼연령과 과부생활이 모두 포함되어 있다고 보는 것입니다(KJV, NIV, ASV, AV, NSA, Jerusalem Bible). 이 견해를 따르는 이유는 다음과 같습니다.

나이가 늙었다는 기록 문제에 관하여 당시에 건강해서 80세라는 시편기자의 말(시 90:10)에 비추어보면, 84세는 아주 늙은 것이기 때문이라는 것입니다.

누가가 나이에 대해 언급한 것은 별 의미가 없이 그냥 말한 것뿐이라는 것이기 때문에 안나 선지자의 나이에 너무 무게를 둘 필요가 없다는 것입니다. 누가가 어떤 외부자료(Judith 16:23)를 사용한 증거가 없으며, 오직 하나님의 성령의 감동으로 기록한 것이기 때문이라는 것입니다.

과부생활이 84년이라는 뜻으로, 과부되기 전의 나이가 있을 것이기 때문에 과부 된지가 7년이니 만일 결혼한 나이가 14세쯤 되었다고 가정한다면(유대인들은 일찍 결혼하는 관습이 있었기 때문에), 14세(결혼)+7년(결혼생활)+84세(과부생활)=105세가 되었을 것입니다. 이 주장에도 여러 가지 이유가 있습니다(RV, Lenski, Danker, Greijdanus, Sorger, Living Bible, Good News for Modern Man). 이와 같이 안나의 나이가 적어도 105세 정도는 되었다고 하는 견해에는 다음과 같은 이유가 있습니다.

당시 84세를 아주 나이가 많다고 할 수 없고(금식기도 할 정도), 위에서 계산한 바와 같이 105세 정도나 되어야 아주 늙었다고 할 수 있기 때문이라는 것입니다.

안나가 결혼한 나이가 얼마인지 언급되지 않았고, 이에 결혼생활 7년 만에 과부가 되어 84년을 살았기 때문이라는 것입니다. 만일 안나의 나이가 84세라면, 그냥 84세 과부라고 했어야 하는데, 누가는 부언하는 말로 결혼생활 7년, 과부생활 84년이라고 안나의 생애를 설명하고 있기 때문이라는 것입니다.

외경 Judith서에도 이와 병행하여 같은 내용으로 설명하고 있기 때문이라는 것입니다(Judith 16:23, Lenski, Danker).

[결론]

위의 두 견해 중에 어떤 것을 택할 지에 대해서는 목사님이 결정하시되, 단지 개역성경 한글판은 개역성경(RSV)을 따른 것 같습니다. 대부분의 영역성경은 (1)의 견해를 따르고 있어, 우리 한글 개역성경과 차이가 있는 줄 압니다. 그 외에 두 가지 견해를 모두 수용하는 학자와 번역 성경도 있습니다(Plumer, NEB).

[질 문] 65

누 12:51-53에 "화평하게 하려 함이 아니라 분쟁하게 하려 함이라" 하신 말씀의 뜻은?

[답 변]

이 문제는 예수께서 이 땅에 오심과 성역으로 인하여 일어나는 결과를 말하는 것입니다. 예수님께서 이 땅위에 오심과 성역자체가 사탄에게 매여 있는 사람들을 쟁취하러 오시는 투쟁이니만큼 분쟁이 일어나지 않을 수 없습니다. 주인이 바뀌는 전쟁이니 말입니다. 여기에서 몇 가지 키워드들을 주목하시기 바랍니다.

예수님의 오심과, 복음의 선포와, 성령의 역사 등, 이 모두가 이 세상을 틀어쥐고 있는 사탄과의 일전을 위한 하나님의 무기(?)입니다. 이 전쟁은 영적인 전쟁이며, 분쟁을 일으켜 가짜 화평을 제하고 진짜 평화를 주시기 위함입니다.

유대인들은 메시아가 오시면 세상에 평화의 낙원(Elysian paradise)이 이루어질 것이라고 생각하고 있었습니다. 그러나 예수님께서 오심으로 세상은 화평이 아니라 분쟁이 일어나 한 집안에서도 불화가 초래된다는 것입니다. 예수님 자신이 평화의 사도요 평화 그 자체이심임에도 불구하고 이런 일어나고 있는 이유가 무엇입니까?

예수님께서 진정한 화평을 위하여 오신 분이시기 때문에, 사탄의 거짓된 화평에 매어있는 사람들에게 걸림돌이 된 것입니다. 결국 예수님의 오심으로 편이 갈라지게 되는 셈입니다. 예수님의 "참 화평" 팀과 사탄의 "거짓 화평" 팀으로 말입니다.

그러므로 예수를 믿는 자들에게는 참 화평을 위하여 거짓 화평과의 투쟁이 불가피함으로 분쟁이 일어나게 되어 있습니다. 전장은 특히 가정이 될 수가 있습니다. 예수께서는 사탄과 죄를 멸하려 오셨습니다. 그러므로 예수님 편에 서지 않는 사람들은 어차피 사탄의 편에 서게 되어 있으므로 분쟁이 불가피합니다.

예수님은 그를 믿는 사람들에게는 평화의 왕(Prince of Peace)이 되실 뿐만 아니라 결국 세상 모든 사람들에게 평화의 왕이 되실 것입니다. 그러나 이 평화가 온전히 이루어지는 때는 예수님의 재림 후가 될 것입니다. 그러므로 현재는 온전한 화평의 시기가 아니라 영적으로 정쟁중이기 때문에 분쟁이 계속되는 것입니다.

그러므로 예수께서는 이 세상에 사탄과 전투를 하러 오신 것입니다. 사탄과 죄에 사로잡혀 있는 사람들을 구하시기 위하여 그들과 영적인 싸움을 하러 오셨기 때문에 화평이 아니라 우선 세상에 검을 주려고 오신 것입니다. 그래서 예수께서 탄생하셨을 때 헤롯왕을 비롯하여 세상이 소동을 하게 된 것입니다.

여기에서 예수님께서 오신 것은 마지못해서 오신 것이 아니라 적극적인 마음으로 오신 것이라는 사실에 의미가 있는 것입니다. 그래서 화평케 하려 오신 것이 아니라 분쟁케 하기 위하여 오신 것이라고 말씀하셨습니다. 그러므로 주님께서 재림하실 때까지 이 세상에서는 선과 악의 투쟁이 쉬지 않고 계속될 것입니다.

예수께서 복음을 전하시는 사역이 바로 죄와 사탄과의 싸움을 의미합니다. 그래서 복음의 능력과 이적이 나타날 때마다 사람들은 환호하며 하나님께 영광을 돌렸고, 유대인을 비롯하여 대적 자들은 소동하며, 환호하는 사람들의 입을 막으려고 안간 힘을 썼습니다. 이는 복음이 그들에게 거치는 돌이 되기 때문입니다.

복음의 내용은 죄인들에 대한 회개를 촉구하고 구원을 받아 하나님의 나라에 들어가라는 것입니다. 그러나 이 세상 사람들은 죄를 회개치 않고 있고, 이 세상나라가 아니라 하나님의 나라를 말하고 있으니 분쟁하지 않을 수 없습니다. 복음에는 이 세상을 이기는 능력이 있으니, 이 세상의 권세를 잡을 자들과 더불어 그의 추종자들과 분쟁하지 않을 수 없습니다. 그래서 복음이 들어가는 곳마다, 가정마다, 나라마다 박해가 일어나고 분쟁이 일어나는 것입니다.

예수께서 함께 일하시고, 우리에게 보내주셔서 복음을 전하시는 성령의 사역을 인하여 세상은 벌벌 떨게 되는 것입니다. 성령의 사역은 복음을 전하는 사역으로 그 능력이 나타나서 불의와 죄를 심판하고(요 16:7-11), 귀신을 쫓아내며, 병든 자를 고치고 죽은 자까지 살리시는 사역입니다. 그러니 세상이 용납하려 하지 않습니다.

오늘 본문의 바로 직전의 문맥을 보면, 주님께서 이 땅에 오신 것은 "불을 던지러 오셨다"고 했습니다. 여기의 불은 복음을 말하기도 하나 직접적인 의미로는 성령을 뜻하는 성경의 전문용어입니다. 불을 땅에 던짐은 이 세상에 주님이 오셔서 복음을 전하시며 성령의 능력을 행하심을 의미합니다. 특히 불은 성령의 사역을 직접적으로 언급하시는 것으로, 성령의 사역은 불이 떨어지는 곳에 불안이 일어나고 소동이 일어나는 것과 같이 진리의 성령께서 나타나시면, 비 진리의 세상은 소동하게 된다는 것입니다. 말하자면 진리운동은 비 진리와 충돌하여 불안을 초래하게 된다는 뜻입니다.

불은 소멸하여 정화시키는 기능이 있습니다. 성령의 불은 죄와 불의를 소멸하고 심령을 깨끗하게 하여, 궁극적으로는 세상을 회복시켜 하나님의 나라로 만든다는 것을 의미합니다. 말하자면 죄의 권세를 추방하고 하나님의 권세로 세상을 다스리시겠다는 하나님의 의지로 성령을 보내신 것입니다. 그러니 이 세상 임금들과 권세들과 충돌하여 분쟁이 일어나지 않을 수 없다는 뜻입니다.

[결론]

예수께서 세상에 화평을 주러 오신 것이 아니라 "분쟁하게 하려 함이라"는 말씀은 주님의 오심은 불의의 세상을 척결하고 하나님의 나라를 세우시려는 뜻으로 오시는 것이기 때문에, 필연적으로 분쟁이 일어나게 마련이며, 이 분쟁을 종식시키시기 위하여 영적인 전쟁을 할 수밖에 없다는 것입니다.

말하자면, 이 세상의 죄와 사탄에게 결박되어 있는 인간을 구원하시기 위하여 사탄과 타협하는 것이 아니라 선전포고를 해야 하는데, 선전포고를 하고 영적인 전쟁을 하기 위하여 주님께서 오심으로 죄와 사탄에게 매어 있는 사람들은 주님을 영접하는 사람들 사이에 분쟁이 일어날 수밖에 없다는 것입니다. 그러므로 예수께서는 인간을 구원하기 위하여 오셔서 잠시 분쟁을 일으키시겠다는 뜻입니다.

[질 문] 66

눅 13:33 "선지자가 예루살렘 밖에서는 죽는 일이 없느니라" 하셨는데 예루살렘 밖에서도 죽은 일이 있으니 어떻게 보아야 하는지요?

[답 변]

질문하신 문제는 앞뒤 구절(눅 13:31-36)을 읽어보면 곧 해답을 얻을 수 있는 문제입니다. 이 문제는 주님께서 헤롯과 예루살렘을 은유로 사용해서 한탄하시며, 암탉을 직유로 사용하여 바리새인들을 경고하시는 주님의 애가(lamentation)입니다.

이 문제는 성경해석상 은유(metaphor)와 직유(simile)의 사용법을 모르면 모순으로 난감해지는 문제입니다. 그러므로 성경해석의 원리를 알아야 합니다. 결론부터 한 마디로 말하자면 본문의 뜻은 예수께서 예루살렘 밖에서 죽으시는 법은 없을 것이라는 뜻입니다.

주님의 말씀 "선지자가 예루살렘 밖에서 죽는 법이 없느니라"를 문자적으로 보면 모순이 생길 것입니다. 왜냐하면 세례요한도 예루살렘 밖 마케루스(Machaerus)에서 죽었고, 전승에 의하면 예레미야 선지자도 애굽으로 끌려가서 순교를 당했다고 하니까 말입니다. 구약에 보면, 그 외에 많은 선지자들이 예루살렘 밖에서 죽은 일들이 허다한 것을 볼 수 있습니다. 그러므로 이러한 경우에는 다른 해석법을 찾아서 적용해야 합니다.

본문 앞뒤 구절을 자세히 읽어보면 분명히 이 말씀은 문자적으로가 아니라 상징적, 영적인 의미로 하신 말씀임을 잘 알 수 있습니다. 본문 말씀을 보기 전에 우선 앞에 있는 구절을 보면, 바리새인들이 거추장스러우니까 예수님에게 예루살렘을 떠나라고 했는데, 그 이유인 즉 헤롯 왕이 주님을 죽이려고 하기 때문이라고 했습니다. 이에 대한 주님의 대답이 "선지자가 예루살렘 밖에서 죽는 법은 없느니라"고 잘라 말씀하셨습니다.

이 말씀을 하시기 전 예수님은 자신이 해야 할 일이 있는데, 그 할 일이 바로 예루살렘에서 해야 할 일이며, 그 일을 마치고 예루살렘에서 죽으시겠다는 말씀입니다. 그러므로 이는 특수상황을 원칙으로 해서 일반원칙을 조건적으로 재정립하는 연역법을 사용하시는 장면입니다. 이 경우에 여기 선지자는 특별히 예수님을 지칭하신 것입니다.

그렇다면 예수님께서 하신 말씀이 다른 상황, 즉 세례요한과 같은 경우와는 모순이 되지 않느냐는 의문이 생길 것입니다. 그러므로 이 예수님의 말씀은 문자적으로 생각해서는 본문 말씀이 풀리지 않습니다. 결국 은유(metaphor)와 직유(simile)를 사용해서 이 성경 말씀을 풀어야 시원스럽게 풀려나갈 것입니다.

본문의 헤롯과 예루살렘에 대해서는 문자적이면서 은유를 사용하고 있는 것을 볼 수 있습니다. 여기서 헤롯은 여우에게 비유하는 은유로 사용했고, 예루살렘은 선지자를 죽이는 자 즉 살인자 곧 유대인이라는 은유로 사용하고 있고, 암탉은 하나님(예수님)을 병아리는 이스라엘 백성들을 비유하는 은유로 사용하고 있습니다. 말하자면 문자 그대로 보는 것이 아니라 은유적인 비유로 보는 것이 타당하다는 말씀입니다.

그러므로 여기의 예루살렘은 문자적, 지리적 의미가 아니라 은유적이며, 상징적이며, 영적인 의미로 사용되어(갈 4:25-26; 히 12:22; 계 3:12; 21:2, 10), 주님께서 예루살렘 밖에 있는 헤롯궁의 주인공인 헤롯 왕에게가 아니라 예루살렘 안에 있는 예루살렘의 주인공인 유대인들과 바리새인들에게 죽임을 당할 것이라는 예언입니다. 본래 예루살렘은 평화의 도성이었으나 타락된 종교지도자들로 인하여 살인의 도성이 되었으므로 예수께서 파괴될 수밖에 없는 도성이 될 것이라고 예언하셨습니다(눅 13:33).

예수님과 같이 참 선지자라면, 예루살렘을 떠나지 않고 아무리 타락되었다 하더라도 그 예루살렘이 다시 평화의 도성이 되게 하기 위하여 예언하며, 경고하며, 권면하며 그곳에서 마지막을 장식하려는 것이라는 뜻입니다. 예레미야도 하나님의 말씀을 따라 예루살렘에서 공의를 행하는 자 즉 의인 한 사람만 있어도 멸하지 않겠다고 하였습니다. 이것이 예루살렘을 떠나지 않는 참 선지자의 마음이요 선지자의 모습입니다. 이러한 사명감을 가진 참 선지자가 곧 그리스도이신 예수님이시라는 뜻입니다.

본문에는 두 가지 의미가 있습니다. 하나는 예루살렘은 거룩한 평화로운 도성이라는 뜻을 가지고 있는데, 오히려 사람을 특히 선지자를 죽이는 불안의 도성이라는 뜻이고, 다른 하나는 예수님께서 예루살렘 밖의 헤롯에게가 아니라(눅 13:31 참조), 예루살렘에서 바리새인들에게 죽임 당할 것을 염두에 두고 바리새인들을 경고하신 말씀입니다.

[결론]

예수께서 말씀하신 ① "선지자가 예루살렘 밖에서 죽는 법이 없느니라"라는 말씀은 실제적으로 모순인 것 같으나, 선지자를 예수님 자신으로 특별히 고정시켜 놓고 하신 말씀이라고 본다면, 예수님께서 예루살렘 밖에서 죽으시는 법은 없을 것이라는 뜻입니다. 예루살렘을 특별한 상황으로 본다면 문자적이 아니라 은유적으로 이해해야 할 것입니다. 왜냐하면 본문에서 헤롯(여우)이라든지, 예루살렘(살인자 유대인), 암탉(하나님), 병아리(이스라엘 백성) 등 모두 은유로 사용하고 있기 때문입니다. 본문을 중심으로 한 말씀은 예수께서 당분간(오늘, 내일, 모레) 성역을 하시다가 유대인들에게 예루살렘에서 죽으실 것과, 그 후 예루살렘이 처참하게 파괴되어 멸망할 것을 내포한 주님의 예언의 말씀입니다.

② "선지자들이 예루살렘 밖에서 죽는 법이 없느니라"는 것의 일반적인 상황을 적용한다면 선지자들이 유대인들(예루살렘)에게 죽임을 당하고 유대(예루살렘)의 밖, 즉 이방인들에게 죽임을 당하는 법은 없다는 뜻입니다.

요한복음

[질 문] 67

주님께서 성전을 청결하게 하신 일은 다니엘서와 연관하여(단 8:14) 더 깊은 의미로 해석되어야 하지 않는가 하는 생각이 듭니다. 이유는 그리스도의 행적은 모두가 상징적인 의미도 있으나 율법의 완성으로 보아야 하기 때문입니다. 이를 어떻게 생각합니까?

[답 변]

이런 문제들을 올바로 해석하기 위해 신학적 접근방법(theological approach method)이 불가피하다고 말씀드린 것으로 기억합니다. 다시 말하면, 예언에 관한 계시의 문제들은 획일적으로 보아서는 안 된다는 말입니다. 하나님께서 언약을 예언으로 주실 때에는 계시를 통해서 주시는데, 과거와 현재와 미래를 관통하는 예언적 통시법, 또는 예언적 축화법(prophetic foreshortening)을 사용하신다는 말씀입니다. 이는 예언 성취에 대해서 이미(already)와 아직(not yet)의 시차의 패턴을 말하는 것입니다.

예수님께서 성전 청결의 액션을 취하신 것이 그러한 의미입니다. 예를 들면, 이사야 선지자는 벌거벗고 예언을 했고, 예레미야 선지자가 멍에를 메고 예언을 했던 사건들이 이스라엘의 과거와 현재와 미래를 관통하는 예언적 사전 시위행위(prophetic demonstration)입니다.

우선, 이러한 의미에서 예수님께서 예루살렘 성전을 청결하시는 액션을 취하신 것에는 제일 먼저 과거 다니엘이 예언한 것에 대한 메시아적 예언 성취의 행위를 의미합니다. 물론 이러한 예언은 이미 역사적으로 한 번 마카비(Maccabees) 사건을 통해서 모형적으로 성취된 것입니다. 이 마카비 사건은 당시의 역사적 모형적인 성취이면서 앞으로 있을 메시야의 성전 청결 사건을 예고하는 사건입니다.

다시 말하면, 성전 청결에 대한 예언은 메시아적인 영적, 전체적인 성전 청결로서 예수님에게 와서 이루어진 것입니다. 물론 그 당시 마카비의 성전 청결 사건은 다니엘이 예언한 사건의 모형적인 성취라고 한다면, 예수님의 성전 청결 사건은 완전한 예언 실제 성취이기 때문에, 질적으로 꼭 같은 것은 아닙니다. 그러나 예수님의 예언 성취가 완전한 것이라고 해서 역사적으로 완성된 것은 아니라는 뜻입니다. 예수님의 예언 성취는 완전한 것이지만 역사적으로 지금도 진행 중에 있다는 뜻입니다. 주님의 재림 시에 완성될 것입니다.

또 이러한 사건은 당대의 종교개혁 사건으로 역사적으로 필요할 때마다 일어납니다. 예를 들면 요시야의 종교개혁이라든지, 마르틴 루터의 종교개혁과 같은 사건으로 표출되는 것입니다. 그래서 역사적으로 사람을 통하여 일어나는 이러한 사건들을 가리켜 메시아 사건에 대한 모형적인 사건 혹은 예표 (typology)라고 말합니다.

다음으로, 이 같은 성전의 청결 사건은 다분히 상징적(symbolical)이며 예표적(typological)인 의미를 가지고 있는 것입니다. 예수님의 성전 청결의 행위는 외식과 형식으로 부패한 유대인들의 종교를 혁파한다는 상징적인 액션이라고 보아야 합니다. 왜냐하면, 이 행위로 인하여 메시아에 대한 예언이 완성되는 것이 아니기 때문입니다.

다시 말하면 그 당시 예수님의 성전 청결 행동으로 예수님의 성전회복을 모토로 하는 구속사역이 완성되거나 종결되는 것이 아니고, 이 사건으로 이미 십자가의 승리가 쟁취된 것이지만 그 대관식을 위한 수순인 마지막 심판이 남아 있다는 뜻이며, 심판이 끝남과 동시에 주님께서 개선장군으로 대관식에 오르실 것입니다.

그 전까지는 성전이 영원히 깨끗해질 수가 없습니다. 원론적으로는 이미(already) 완성되었지만, 역사적으로는 아직(not yet) 아니며 진행 중이라는 뜻입니다. 그래서 상징적 내지 예표적인 의미를 가지고 있는 사건이라고 말하는 것입니다.

그러므로 예수님의 행위는 이 형식적이고 거짓된 유대인의 종교를 심판하여 하나님의 집을 깨끗하게 정화하시겠다는 예수님(메시아)의 의지적 행동이며, 상징적인 시위행위입니다. 그러므로 이 사건은 마지막 종말에 가서 완료될 것입니다.

마지막으로, 이 예수님의 성전 청결 행위는 상징적으로 우리에게 교훈을 주시는 행위입니다. 하나님의 집에 대한 청결문제, 더 나가서 성령이 거하는 자신을 청결케 하라는 예수님의 암묵적인 교훈으로 보여주시는 상징적인 의미를 가진 액션입니다.

[질 문] 68

요 2:17에 "주의 전을 사모하는 열심이 나를 삼키리라" 고 하신 말씀은 어떻게 해석해야 하는지요?

[답 변]

이 말씀은 주님께서 하나님의 성전을 위하시는 열심을 다윗이 하나님의 집을 위하는 열심을 인용하여 수사학적으로 표현한 내용입니다.

우선 다윗이 하나님의 집을 위하는 열심에 대하여 생각해보겠습니다. 다윗은 주의 집 특히 하나님의 집인 하나님의 나라를 위하는 열심히 특심했습니다. 여기서 하나님의 집은 성전을 가리키기도 하지만, 하나님의 교회(하나님의 나라)를 가리킵니다. 다윗이 하나님의 집을 성결하게 지키려는 열심히 특심했습니다.

다윗이 하나님을 위하여 열심이 특심했던 것을 연상하며, 예레미야 선지자가 자신의 마음이 불붙는듯하다는 것과 비길 수 있습니다. 예레미야가 하나님을 위하여 열심히 외치다가 사람들 특히 동료들까지 조롱하고 핍박하여 다시는 나가서 전하지 않겠다고 하자 그 마음이 불붙는 듯했다고 했습니다(렘 20:9; 23:1-9).

이러한 열심 때문에 다윗은 사람들에게 특히 형제들에게까지도 핍박을 받는다는 것입니다. 이 핍박은 바로 주의 집에 대한 열심이 특심해서였다는 것입니다.

이것은 주를 위하는 열심이 특심하여 형제들과 자매들에게 까지도 객이 되었다는 뜻입니다(시 69:7-8). 이제 예수님의 성전에 대한 열심이 무엇을 의미하는지에 대하여 생각해보기로 하겠습니다. 예수님의 마음을 다윗이나 예레미야도 가지고 있었다고 보아야 합니다. 이는 인간의 마음이 아니라 예수의 영이신 성령의 감동에서 나온 열성이기 때문입니다.

예수님의 행동 중에서 먼저 생각해야 할 것이 무엇이냐에 관한 문제입니다. 다시 말하면, "혈기" 또는 "열분"이냐 아니면 "의분"이냐 라는 것입니다. 이는 말할 것도 없이 혈분이 아니라 의분, 즉 하나님의 성전에 대한 의분입니다. 이것은 모세가 동족을 위한다고 사람을 죽인 것이나 십계명 판을 던져 깨뜨린 것, 그리고 반석을 내리친 일들과 같은 육신의 혈기와는 근본적으로 다른 것입니다.

예수께서 성전 청결을 위해 행하신 액션은 당연히 의분에 속한다고 보아야 합니다. 이것이 의분이라면, 예수께서는 의를 위하여 당연한 일을 하셨다고 보아야 합니다.

그런데 문제는 여기서 부터입니다. 의분으로 의로운 일을 했는데도 기드온과 같이 찬사가 아니라 찾아온 것은 바로 핍박과 박해였다는 사실입니다. 이것이 불의한 세상에서 당하는 예수님의 고난이요 우리가 그의 남은 고난을 받을 수밖에 없다는 진리입니다

[결론]

결론은 간단합니다. 예수님의 액션에 대하여 이는 당연한 것이며, 여기에는 몇 가지 의미심장한 뜻이 내포되어 있다는 사실입니다.

예수께서 하나님의 집, 즉 하나님의 교회인 그의 백성에 대한 애정과 열성이 어느 누구보다도 특심하셨다는 것입니다. 그러므로 하나님의 성전을 더럽히는 사람들의 불의를 보고 가만히 있을 수 없어 액션을 취하시는 열심이 특심하였다는 것입니다.

그리고 그의 액션이 혈기가 아니라 의분이었다는 것입니다. 그렇다면, 당시 그러한 액션을 취하였다고 해서 성전이 깨끗하게 될 수 있다는 것입니까?

여기 예수님의 액션에는 하나님의 성전을 사랑하는 마음의 열성이 불의를 보는 순간 즉각적으로 반응하신 것입니다. 이는 인격을 가지신 생명이신 하나님이시기 때문입니다. 우리도 예수님과 같이 불의를 보면 즉각적으로 의로운 반응을 해야 합니다.

그리고 이 예수 그리스도의 액션은 하나님의 사역과 우리들의 미래를 위한 예언적 액션(prophetic action)을 의미합니다.

마지막으로 다윗 왕은 특별히 시편에서 풍부한 메타포(metaphor)와 아름다운 언어(rhetoric words)를 동원하여 수사학적, 문학적, 그리고 시적으로 시편을 써나갔습니다. 본문에서도 "주의 집을 위하는 열심이 나를 삼키고"라는 표현과 같은 것들입니다.

[참고]

이와 같이 성경을 해석할 때에 성경에 쓰인 문장이나 문맥들의 성격과 형식에 관하여 자세히 알지 못하면 성경해석에 어려움을 겪습니다. 예를 들어 성경에 나타난 숫자에 관하여 그 성격을 잘 알지 못하면 성경해석에 있어서 오류를 범할 뿐만 아니라 심한 경우에는 이단사설에까지 빠질 수 있다는 것입니다.

예를 들어 144,000이라든지 666수와 같은 것의 해석의 오류로 인하여 이단사설에 빠지는 경향이 있다는 것입니다. 그래서 Biblical Numerology(성서수비학/숫자학)을 공부하게 됩니다. 성서에 나타난 숫자는 대략적으로 (1) 수학적 실제숫자(conventional/mathematical number), (2) 수사학적 숫자(rhetorical/poetical number), (3) 상징적 숫자(symbolical number), 그리고 (4) 신비적 숫자(mystical number)등으로 구성되어 있습니다. 이와 같은 숫자의 성격을 알고 해석을 해야 합니다.

[질 문] 69

주님께서 요 2:13에 성전을 청결케 하신 일과 공관복음(마 21:12-13, 막 11:15-17, 눅 19:45-46)에 있는 것이 같은 것인지 다른 시간으로 보아야 하는지요?

[답 변]

복음서(사복음서)에 보면 성전 청결사건이 두 번에 걸쳐 있었던 것으로 나타나 있습니다. 그 첫 번째는 요한복음 2:13의 성전 청결 사건으로 성역 초기에 있었고, 두 번째는 마 21:12-13, 막 11:15-17, 눅 19:45-46에 기록된 성전 청결 사건으로 성역 말기에 있었던 일입니다. 그러므로 예수님의 성전 청결 사건은 두 번 있었다고 보아야 합니다.

[질 문] 70

주님께서 베다니에서 기름부음을 받은 일이 한 번이 아니었다고 보아야 하는지요? 그런데 성경 마 26:6, 막 14:3의 간주에는 동일한 사건으로 되어 있으니 어떻게 된 것인지요?

[답 변]

성경 마태복음 26:6-13, 마가복음 14:3-9, 그리고 요한복음 12:3의 마리아의 기름부음의 사건은 동일한 사건이지만, 눅 7:36-50에 기록된 사건은 다른 사건인 것 같습니다. 왜냐하면, 이 두 사건의 장소와 주인공의 신상이 서로 다르기 때문입니다.

마태복음 26:6-13, 마가복음 14:3-9, 그리고 요한복음 12:3의 마리아의 기름부음은 그 장소가 베다니였으나, 눅 7:36-50에 기록된 사건은 갈릴리에서 있었던 일입니다. 마태복음 26:6-13, 마가복음 14:3-9, 그리고 요한복음 12:3의 마리아는 이름이 분명하게 명시되어 있지만(물론 마리아라는 이름을 가진 사람이 많기 때문에 혼동할 수도 있지만 사건의 장소와 내용이 같기 때문에 분별할 수 있음), 눅 7:36-50에 기록된 사건의 주인공, 즉 기름을 부은 사람은 익명으로 되어 있습니다.

마태복음 26:6-13, 마가복음 14:3-9, 그리고 요한복음 12:3의 마리아는 그 신분이 깨끗한 사람이지만, 눅 7:36-50에 기록된 사건의 주인공인 사람의 신분은 죄인으로 명시되어 있다는 점들을 감안할 때에 다른 인물로 보아야 합니다.

[질 문] 71

"그가 와서 죄에 대하여 의에 대하여 심판에 대하여 세상을 책망하시리라"(요 16:8)는 말씀을 자세히 주석을 해 주었으면 합니다.

[답 변]

질문하신 요한복음 16:8-11의 말씀을 정확히 이해하려면, 우선 본문의 문맥(context)부터 파악해야 합니다. 본문은 성경 전체적인 맥락에서 이해해야 합니다. 본문은 광의적(廣義的)인 의미로는 삼위일체(Trinity) 하나님의 공동사역을 나타내는 말씀으로, 협의적으로는 그리스도(보혜사)가 완성하신 사역을 다른 보혜사인 성령께서 세상에 적용하시겠다는 의미입니다.

이 사역은 이미 창조사역에 포함되어 있는 구속사역으로서, 비유하면 마치 컴퓨터를 만들 때에 바이러스가 들어와 컴퓨터를 망가뜨릴 경우를 대비해서 제작 당시 복구프로그램(recovery program)을 함께 넣어서 컴퓨터의 작동이 중단될 경우(freeze)에 다시 작동되도록 복구시켜주는 것과 같이, 하나님께서 창조사역을 하실 때 이미 악성 바이러스(뱀으로 형상화 된 사탄)가 침범해서 창조를 망가뜨릴 경우를 대비해서 다시 복구될 수 있는 구속 프로그램(구속사역)을 함께 넣어주셨기 때문에 하나님의 창조는 영원히 실패할 수 없게 만들어, 사탄이 들어와 아담과 하와를 타락시켜 에덴동산을 파괴했지만, 그 즉시 구속 프로그램이 작동되면서 망가진 하나님의 창조가 계시의 발전적 사역을 통하여 회복되어 그리스도(메시아)에게 와서 완전히 복구되었고 종말에 주님의 재림으로 완성되는 것입니다.

그래서 그 구속 프로그램인 구속사역의 핵심인 복음이 제일 먼저 창 3:15에 원시복음(protogospel), 혹은 어머니 언약(mother promise)으로 작동하기 시작하여 아브라함의 자손—다윗의 자손—임마누엘—그리스도로 현실화된 특별계시가 구체화되어 나타나 세상을 구속하신 것입니다. 이 구속사역은 창조사역과 동시에 하나님의 의중에 가지고 계신 창조의 컨셉(the Concept of God, the Idea of God)을 삼위 하나님(Trinity)의 내적 교통의 수단(intra-communication)인 하나님의 회의(Divine Council)에서 결정하여 창조사역에 포함시킨 것입니다.

그러므로 오늘 본문말씀은 삼위일체 하나님의 공동사역으로서 성부 하나님께서 계획하시고, 성자 하나님께서 성취하신 구속사역을 성령 하나님께서 세상에 적용하시게 된다는 의미로 이것을 가리켜 신학적으로 경륜론적 삼위일체(Economical Trinity)의 사역이라고 합니다. 물론 창조와 구속사역 모두 삼위일체 하나님의 공동사역입니다.

다음으로 중요한 것은 본문을 정확하게 이해하려면 키워드(key word)들을 파악해야 합니다. 본문의 문맥의 핵심적인 주제는 삼위 하나님의 구속사역을 성령께서 실행하신다는 것입니다. 즉 성령의 사역으로 그리스도께서 승천하시기 전에 위임하신 것입니다. 이 구속사역의 핵심적인 키워드는 세 가지로 분명하게 명시되어 있습니다. 즉 성령께서 세상을 책망하게 되시는데 (1) 죄(sin)에 대하여, (2) 의(righteousness)에 대하여 (3) 심판(judgement)에 대하여 책망하신다는 말씀입니다. 이 용어들은 전적으로 법적인 용어들로서 이 용어들의 신학적인 의미를 정확히 파악해야 합니다.

그 다음으로 보혜사(Comforter)를 통하여 이 세 가지 사역을 하시겠다는 말씀으로 "보혜사"라는 단어가 가지는 법적, 신학적 의미를 파악하는 것이 중요합니다. 주님께서 보내주시겠다는 다른 보혜사는 성령(the Holy Spirit)으로서 두 가지 직을 동시에 가지고 계시는 분입니다. 즉 피고인(dependant)에 대한 변호인(Advocator)의 직과, 피의자의 죄를 입증하는 검사(Prosecutor)의 직위입니다.

다시 말하자면, 그 직무가 (1) 책망하심으로 돌이키게 하심과 (2) 책망으로 정죄하시는 것입니다. 본문에서 세상을 책망한다는 말씀의 "책망"이라는 원어 '에레그케이' (ἐλεγξει)는 법정용어로 두 가지 의미를 가지고 있습니다.

첫째로 중요한 의미는 반대하는 사람을 설득시킴으로써 의(righteousness)에 대한 확신을 주어(convince) 돌이키게 하신다는 뜻과, 둘째는 죄(sin, fault, guilt)에 대한 선언으로 정죄한다는 뜻입니다. 이 말씀의 신학적인 의미는 회개를 통한 구원과 정죄를 통한 심판입니다.

이 "책망한다"는 용어의 영어 번역은 역본마다 여러 가지로 되어 있는데, 대략 대 여섯 가지로 번역되어 있습니다. 다시 말하면, 'convince' (확신시키다), 'convict' (정죄하다, 유죄로 선고하다), 'reprove' (꾸짖다, 견책하다), 'rebuke' (비난하다, 나무라다), 그리고 'expose' (폭로하다), 'punish' (벌하다) 등으로 크게 나누어 정리하자면 (1) convince(깨닫게 하여 확신을 주다)와 (2) convict(정죄하다)로 요약할 수 있습니다.

마지막으로 중요한 것은 이 세 가지의 책망에 대한 구체적이고 정확한 뜻을 신학적으로 이해하는 것이 무엇보다도 중요합니다. 즉 죄에 대하여 의에 대하여 심판에 대하여 세상을 책망하신다는 말씀의 의미를 이해하는 것입니다.

죄(sin)에 대하여 세상을 책망하시는 이유는 세상 사람들이 그리스도를 믿지 않기 때문입니다. 이 죄는 원죄(*pecatum originale*)와 같은 죄로 이 죄를 해결하지 않고는 구원을 받아 천국에 들어갈 수 없는 죄입니다. 이 죄는 아담이 지은 죄와 같은 죄를 의미합니다. 즉 아담이 하나님의 말씀을 거역한 것과 같은 죄로 원죄와 같은 죄를 의미합니다.

이 원죄문제에 대하여 세상을 책망하시는데, 이 원죄를 그리스도께서 해결해주셨음에도 불구하고 그 죄를 해결해주신 예수 그리스도를 믿지 않고 거역하는 것은 곧 원죄와 같은 죄를 다시 짓는 것과 같은 것으로 사함을 받을 수 없습니다(히 6:6; 10:29). 그러나 성령의 역사를 통하여 이 원죄에 대하여 책망을 받을 경우에 회개하면 구원에 이를 수 있는 것입니다. 성령이 죄에 대하여 책망하실 때에 두 가지 반응이 일어나게 됩니다.

그 하나는 그리스도를 믿지 않음으로 반응하는 자들에 대한 정죄와, 다른 하나는 그리스도를 믿음으로 반응하는 자들에 대한 구원을 의미합니다.

의(righteousness)에 대하여 세상을 책망하시는 이유는 주님께서 아버지께로 가시므로 다시 그를 보지 못할 것이기 때문이라는 것입니다. 사실 세상을 대표하는 유대인들이 "의"라는 명분으로 "참 의"(true righteousness)가 되시는 그리스도를 십자가에 못 박음으로 도리어 하나님의 의가 그리스도를 통하여 드러나게 된 것입니다.

말하자면 어둠으로 인하여 빛이 드러나는 것과 같이 유대인들의 거짓 의를 인하여 참 의가 드러난 것입니다. 예수께서 아버지께로 가시는 것이 의가 된다는 의미는 예수께서 십자가에 죽으심으로 율법의 요구를 충족시키시고 부활 승천하셔서 하나님께로부터 하나님의 의를 받아가지고 그를 믿는 자들에게 선물로 주시려는 것입니다.

이것이 바로 "믿음으로 말미암은 의"(righteousness by faith)라는 것입니다. 이 하나님의 의를 거절하고 자기들의 의를 고집하는 세상을 책망하신다는 뜻입니다. 이로 말미암아 사탄을 비롯하여 회개를 거절하고 하나님의 의를 거절한 사람들이 정죄를 받게 된다는 것입니다.

심판(judgement)에 대하여 라 함은 이 세상 임금이 심판을 받았기 때문이라는 것입니다. 이 세상 임금은 이미 심판을 받았다는 것입니다. 본문의 문맥으로 보아 이 심판사역은 그리스도께서 십자가상에서 사탄(Satan)을 패배시키신 것에 관하여 언급한 것입니다. 왜냐하면 이 세상 임금은 곧 사탄을 의미하기 때문입니다(12:31). 사탄의 패배는 능력행사에 불과한 것이 아니라 "심판"을 의미합니다. 사탄을 내던짐으로써 공의가 실현된 것입니다.

그런데 중요한 것은 본문에 나타난 성령의 세 가지 사역은 기독론적으로 취급되어야 한다는 것을 간과해서는 안 된다는 사실입니다. 즉 죄와 의와 심판 모두가 그리스도와 관련되어 있는 것으로 이해해야 한다는 말입니다.

[결론]

요약하자면, 복음의 증거를 통하여 성령께서 교회를 도우시고, 그리스도를 믿지 않는 세상 죄에 대하여 책망하시며, 그리스도께서 아버지께로 가심으로 충분히 증거가 된 그리스도의 의에 대하여, 그리고 세상 임금에게 선포한 하나님의 심판에 대하여 책망하신 것이 증명되었다는 것입니다. 주님의 이 말씀이 실제로 성취된 것을 볼 수 있습니다.

죄, 즉 그리스도를 믿지 않고 거절한 죄로 유대인들(세상) 무법한 손으로 그리스도를 십자가에 못 박고, 죽인 사실에서 확증되었고,

의, 즉 그리스도의 의는 나사렛 예수가 하나님의 아들이며 하나님에 의하여 인정된 의인이라는 사실에서 증명되었으며,

심판, 즉 그리스도를 거역하는 사람들에 대한 심판은 그리스도께서

하나님 우편에 앉아 저들을 발아래 복종시키신 것으로 확증된 것입니다.

[질 문] 72

부활하신 주님께서 막달라 마리아에게는 "나를 붙들지 말라"(요 20:17) 하셨는데, 마 28:9에는 "여자들이 그 발을 붙잡고 경배하니" 하셨고 눅 24:39과 요 20:27에는 제자들과 도마에게 "네 손을 내 옆구리에 넣어보고 믿음 없는 자가 되지 말고 믿는 자가 되라" 고 하셨으니 이렇게 차이를 두신 이유가 무엇일까요?

[답 변]

이 문제는 조금 복잡한 양상을 띠고 있는데 요한복음과 공관복음에 있는 이 사건에 대한 표현들이 문자적으로 보면 각각 차이들이 있기 때문입니다. 그래서 자유주의 신학자들은 문서 설을 통해서 이 문제를 해결해 보려고 합니다. 그러나 복잡한 학문적인 이해보다는 성경의 실제적인 이해를 위하여 개진하려고 합니다.

요한복음에서 예수께서 막달라 마리아에게 "나를 붙들지 말라"고 하셨는데, 왜 다른 복음서들에서는 예수께서 자신을 "만지고, 붙잡는 것"을 허락하셨느냐는 의문으로, 이 차이를 어떻게 설명해야 하느냐라는 뜻인 줄 압니다.

여러 가지 견해가 있지만 결론부터 말하자면, 막달라 마리아가 예수님을 보고 다시는 못 볼지도 모른다는 마음으로 붙잡으니까 예수께서 "아직 아버지께 올라가지 않았기 때문에 나와 영원히 함께하는 것은 좀 기다리라"는 뜻임과 동시에, "그런 걱정은 하지 말라, 아버지께 가기 전에도 함께할 것이고, 만일 아버지께로 간다 하더라도 다른 보혜사를 통하여 내가 너를 떠나지 아니하리니 붙잡지 말라"는 암시이지 다른 여인들이 했던 것과 같이(마 28:9) 주님을 붙들고 경배하는 것을 금한 것은 아닙니다.

이 문제에 관하여 여러 가지 견해들이 있습니다. 즉 예수께서 아직 아버지께 올라가지 않은 것이 왜 마리아가 예수님을 만지지 말아야 할 이유가 되는가? 라는 문제입니다. 어떤 사람은 예수께서 아직 승천하시지 아니하였고 또 즉시 승천할 것이 아니라 다른 제자들도 만나보고 올라가시려고 하므로 아직 시간은 충분하니 그리 조바심하며 걱정할 필요가 없다는 의미로 봅니다(Tenney).

먼저 아버지에게 간 후에야 제자들과의 접촉을 허락한다는 의미로 봅니다. 제자들을 만나는 것이 우선순위라는 것입니다. 여기에는 마 24:9와 조화될 수 없습니다.

예수께서 마리아의 행동을 제지한 것은 그녀가 주님을 보았을 때, 생전의 모습으로 돌아왔다고 여기는 태도를 보였기 때문이라고 봅니다. 즉 예수께서는 자신이 생전의 삶으로 복귀하는 것으로 오해되는 것을 막아야 했다는 것입니다.

어떤 이들은 이 문제를 영해(靈解)로 해서, 신앙의 손으로가 아니라 육신의 손으로는 만지지 말라고 하신 뜻이라는 것입니다. 이것은 지나친 알레고리입니다. 이는 막달라 마리아는 이미 육감적 신앙을 넘어서서 마음의 확신을 가지고 있었기 때문에 손으로 만지거나 붙잡을 필요가 없다는 뜻이라고 합니다(Bengel). 이 말의 의미는 "네가 전에 했던 것같이 나를 만지지 말라 왜냐하면(γὰρ) 지금은 전의 상태와 같지 아니하므로 전과 같이 너와 함께 할 수 없다"는 뜻이라고 합니다. 과거의 생활로 되돌아온 것으로 착각하지 말라는 뜻입니다(Chrysostom).

예수께서 마리아에게 "네가 이런 식으로 꽉 붙잡는다고 해서 항상 나와 함께 할 수 있다고 생각지 말라. 아버지와 영원히 함께 하기 위하여 승천할 때까지 기다려야 한다."는 뜻이라고 합니다(Hendriksen).

이 말씀이 이미 진행되고 있는 행동을 중지시키는 것인지, 아니면 행동하기 전의 상태에서 미리 중지시키는 것인지는 분명치 않습니다. 그러나 대개는 본문에서 예수께서는 이미 행동하고 있는 상태에서 중지하는 것으로 이해합니다(Lenski, Rebertson, Tenney). 이유는 여자들이 예수님의 발을 붙잡고 경배하는 것을 허락하시는 예수님의 모습을 보아서(마 28:9) 이 해석이 설득력 있습니다.

불트만(Bultmann)과 버나드(Bernard)는 마리아가 붙잡기 전에 그녀의 행동을 멈추게 한 것이라고 봅니다. 왜나하면 만약 마리아가 이미 주님의 발을 붙잡았다면 '만지지 말라'는 표현보다는 '나를 놓으라'는 표현을 사용하는 것이 타당하기 때문이라고 보기 때문입니다.

그러나 버나드는 본문에서 여러 가지 해석상의 문제가 생기는 것은 근본적으로 본문상의 훼손에 기인한다고 주장합니다. 즉 본문의 '메 아프토마' (μη ἅπτομα, 만지지 말라)는 '메 포베이스테' (μή φοβεῖσθε, 두려워 말라)의 훼손된 형태라는 것입니다.

이 문제를 해결하기 위한 키워드는 '시제' (tense)입니다. 본문의 중심 동사 "붙들지 말라"(메 무 아프토마, μή μοῦ ἅπτομα)의 시제 말입니다. 이 동사의 시제는 부정형 명령문으로 현재형입니다. 여기서 동사의 목적어가 동명사(gerund)라는데 주목해야 합니다. 동사가 현재 부정명령형이지만 문맥의 뉘앙스로 볼 때에 예수님이 여자(막달라

마리아)에게 “붙들고 있지 말라”는 의미로 말씀하신 것입니다. 물론 본문의 외연적인 표현에는 여자가 붙들기도 전에 예수님께서 “붙들지 말라”고 하신 것같이 기록되어 있으나, 문맥의 뉘앙스로 보아 여자가 붙들고 있는 상태에서 그만 놓으라는 뜻입니다.

이해를 돕기 위하여 영어로 표현한다면, “Stop clinging to me”(붙잡고 있는 것을 중지하라), 다른 표현으로 말하자면 “Do not start something”(어떤 것을 시작하지 말라)가 아니라 “Stop doing something”(어떤 것을 하는 것을 중지하라)라는 뜻입니다. 공관복음과 요한복음을 종합적으로 고려할 때에, 막달라 마리아가 제일 먼저 예수님을 만났고 공관복음에서는 예수님의 발을 붙잡은 것으로 되어 있기 때문입니다(마 28:9).

여기에서 예수님이 막달라 마리아에게 “나를 만지지 말라 내가 아직 아버지께로 올라가지 못하였노라”의 헬라어 원문을 보면, “*Μή μου ἅπτου, οὔπω γὰρ ἀναβέβηκα πρὸς τὸν πατέρα*”(메 무 아프투 우포 갈 아나베베이카 프로스 톤 파텔라)로 여자로 말미암아 “붙들지 말라”는 이유를 말해주는 “*γὰρ*”(왜 그러냐 하면)이라는 접속사로 연결되어 있습니다. 말하자면, 붙들지 말라는 이유를 말합니다. 그 이유가 곧 예수께서 아직 아버지께로 올라가지 못하셨기 때문이라고 했습니다. 이것을 다시 풀어서 말한다면, “아직 아버지께로 올라가지도 않았는데 왜 붙잡고 있느냐”라는 말입니다.

[결론]

이는 마치 부모님을 애타게 찾아 헤매다가 부모님을 갑자기 만난 어린 아이가 그 부모님을 다시 잃어버릴까봐 부모님을 꼭 붙잡는 것과 같이, 새벽같이 무덤에 제일 먼저 가서 예수님을 찾던 마리아가 갑자기 나타나신 예수님을 보고 다시는 예수님을 놓치지 말아야겠다는 심정으로 예수님을 붙들었기 때문에, 예수께서 "이제 너를 떠날 일은 없을 것이다. 왜 내가 아직 아버지께로 가지도 않았는데 이처럼 조바심을 하며 걱정을 하느냐? 아직 아버지께 올라가지도 않았으니 염려하지 말고, 또 아버지께로 간다 하더라도 내가 다른 보혜사로 영원히 너와 함께할 터인데 무엇이 걱정이냐? 나를 붙들지 말라"라는 뜻입니다.

[질 문] 73

예수께서 세상에 오시기 전의 모습과 부활체의 모습을 동일하게 볼 수 있는지요?

[답 변]

이는 질문 자체가 모순이 될 수도 있는 문제입니다. 왜냐하면 형이상학적 모습과 형이하학적 모습에는 설명할 수 없는 차이가 있기 때문입니다. 구태여 그 차이를 설명한다면 예수님의 모습 중에서 선재적인 그리스도(preexistent Christ)의 모습과 성육하신(incarnate) 후의 모습, 그리고 부활하신(resurrection) 후의 모습을 비교해서 그 차이를 설명해야 하는데 본질적으로 그 설명이 불가능하다는 것입니다. 이는 신비에 싸여 있기 때문입니다.

우선 예수께서는 하나님이심으로 변함이 없으시다는 원칙을 놓고 볼 때에 "하나님의 모습이 과연 변하실 수 있을까?" 하는 문제와 "현상학적으로 외형상의 변화가능성은 있을 수 있다고 볼 수 있지 않겠는가?"에 대한 이론이 있을 수 있겠지만 하나님의 모습이 칠면조가 아닌 이상 그의 내적 외적 모습에는 일관성이 있다는 것을 전제로 하고 본다면 인간의 언어로 설명할 수 있는 성질의 것이 아니라고 생각합니다.

하나님은 영이시니 하나님을 본 자가 없다(요 1:18; 6:46)고 하셨기 때문에 그 모습을 설명할 수 없다고 봅니다. 그래서인지 모세도 하나님의 얼굴은 보지 못하고 등만 보았다(출 33:23)고 했는데 그의 등마저도 어떻게 생겼는지 설명할 수 없었던 모양입니다.

그럼에도 불구하고 성육하신 예수님과 부활하신 예수님은 사람들이 보았기 때문에(제자들과 수많은 사람들이 보았음) 그 모습을 설명할 수 있을지 몰라도 "본래의 하나님의 모습과 어떤 차이가 있는가?"에 대한 질문에 정확하게 답할 수 있겠는가 하는 것입니다.

구태여 하나님의 모습의 현현이라고 할 수 있는 성육하신 예수님 자신의 모습이 하나님의 모습이라고는 하셨지만 과연 이 말씀의 의미가 "영이신 하나님의 모습과 육신이 되신 예수님의 모습과 동일하다는 뜻인지?"에 대한 의문입니다. 아마도 예수님께서 이 말씀을 하실 때에는 예수님의 전인적인 모습을 염두에 두고 하신 말씀이 아닐까? 생각됩니다.

하나님을 보여 달라고 하는 빌립의 요청에 대한 예수님의 대답으로 "나를 본 자는 아버지(하나님)를 보았거늘 어찌하여 아버지(하나님)를 보이라 하느냐?"(요 14:9)라고 해서 성육신 예수님의 모습과 아버지 즉 하나님의 모습과 동일한 것으로 말씀하신 것 같으나 실상은 그 다음 구절을 보면 외모에 국한한 모습이 아니라 내면적 연관성에서 예수님은 하나님 아버지시라는 뜻입니다. "나는 아버지 안에 있고 아버지는 내 안에 계신 것을 네가 믿지 아니하느냐 내가 너희에게 이르는 말이 스스로 하는 것이 아니라 아버지께서 내 안에 계셔 그의 일을 하시는 것이라"(요 14:10-11)라고 하신 말씀을 보면 알 수 있습니다.

하나님은 영이시니 보이는 형상을 초월하여 존재하시는 분이시기 때문에 우리의 언어로는 설명할 수 없음과 같이 예수님의 성육신과 부활하신 외모는 사실상 본래의 하나님의 모습이라기보다는 그 내면적인 영적인 모습에서 동일성을 찾아야 할 것입니다.

이는 사람이 하나님의 형상을 닮았다고 했는데(창 1:26) 이 하나님의 "형상"(image)이 우리의 외모(appearance)가 아니라 그 내면적인 형상을 의미하기 때문에 외모를 가지고 비교하는 것은 적절하지 않다고 생각이 됩니다. 왜냐하면 하나님은 외모 또는 형상을 초월하신 영이시기 때문입니다. 그래서 무슨 형상이든지 만들지 말라고 하셨습니다.

구약에 보면 현현하신 하나님의 형상에 대하여는 신인동성화(anthropomorphism)의 방법을 통하여 설명하셨습니다. 그래서 여호와 하나님이 나타나실 때에 인간의 모습을 한 천사로 나타나셨습니다. 그럼에도 불구하고 그 본 모습에 대해서는 신비에 싸인 것으로 되어 있어서 우리가 하나님의 모습을 일관성 있게 관찰할 수도 묘사할 수도 없습니다. 그래서 하나님에 대하여 여러 가지 비유로 설명할 뿐입니다. 하나님을 혹은 빛으로, 사랑으로, 태양으로, 기타 등등으로 설명하고 있을 뿐 정확한 모습은 알 수 없습니다.

신약시대에 와서 성육하신 예수님의 모습으로 우리에게 보여주셨지만 '이 예수님의 외모가 하나님의 포괄적인 본 모습이라고 할 수 있을까?' 하는 것입니다. 만일 그렇다면 하나님은 우리 사람의 외모와 꼭 닮은 것으로 보아야 하는데 이는 어불성설입니다. 성육하신 예수님에게서 우리가 하나님의 외모가 아니라 내면의 모습을 그것도 믿음으로만 볼 수 있다고 하는 것이 성서적이라고 생각합니다. 지, 정, 의가 하나님의 형상이기 때문입니다.

부활하신 예수님에게서도 우리가 인간의 모습으로 의인화(personification)하신 하나님을 보고 하나님의 본체에서 비추시는 하나님의 영광을 감지할 수 있을 뿐 본체는 볼 수 없어서 역시 하나님의 본 모습에 대해서는 신비에 싸인 것으로 생각할 수밖에 없다고 봅니다.

천국에 가면 "그의 얼굴을 볼 터이요" 하였으나(계 22:4), 과연 그 얼굴의 모습이 우리 인간의 얼굴과 꼭 같은 모습일까요? 그래서 사도 요한은 다시 부활하신 주님의 모습을 해가 힘 있게 비취는 것 같다고 했습니다(계 1:16).

[결론]

이 문제는 우리가 판단할 성질의 것이 못된다고 봅니다. 구태여 설명을 좀 붙이자면 예수님께서 세상에 오시기 전의 모습과 부활하신 예수님의 모습 사이에 본질적인 차이는 없습니다. 그러나 현상적인 즉 설명적인 차이를 말하자면 선재하신 예수님은 말씀의 모습으로 부활하신 예수님의 모습은 말씀이 육신이 되신 그리고 영육간의 부활하신 모습으로 묘사되어 있다고 설명할 수밖에 없습니다.

여기에는 본질적으로 동일하시며 현상적인 차이가 있을 뿐입니다. 그러나 결론적으로 예수님의 모습은 부활 전이나 부활 후에나 전체적이며 포괄적인 모습에서 동일하다고 보아야 할 것입니다. 그런데 우리가 예수님을 인간의 모습에만 국한시키다 보니 이해할 수가 없는 것입니다. 부활하신 예수님의 모습은 하나님의 모습과 다를 바 없다면 우리가 부활한 후에야 거울이 아니라 얼굴과 얼굴로 대면하듯 볼 수 있을 것입니다.

[질 문] 74

요 21:3에 "나는 물고기 잡으러 가노라" 한 것을 베드로의 타락으로 볼 수 있는지요? 마 26:32과 28:10에 "내가 너희보다 먼저 갈릴리로 가노라"라고 하셨고 무덤을 찾은 여자들에게 "제자들에게 갈릴리로 가라...거기서 나를 보리라" 하시고 또 "너희는 우로부터 능력으로 입혀질 때까지 이 성에 머물러라"(눅 24:49) 하셨으니 은혜가 아니고는 인생이 무익함을 보여주는 것이 아닌지요?

[답 변]

결론부터 말한다면 몇 가지 견해들이 있지만 모두 다 성경에서 분명치 않습니다. 다만 문맥과 성경 말씀의 배경들을 고려할 때에 베드로의 타락이 아니라 생활을 위한 단순한 고기잡이인데, 주님께서는 이러한 상황을 이용하여 우리에게 여러 가지 상징적이며 영적인 교훈을 주고 계신다는데 더 큰 의미가 있는 것입니다. 이제부터 몇 가지 견해들을 살펴보면서 좀 더 성경에 가까운 본문의 뜻을 찾아보기로 하겠습니다.

베드로가 고기 잡으러 간 것에 관하여 대단히 저명한 주석가들 중에서도 그가 과거의 직업으로 돌아갔다고 하는 사람들이 있습니다. (F. W. Grosheide)

이와 반면에 유명한 주석가들 중에 어떤 사람은 이 견해를 조소하며 일축하는 사람도 있습니다. (R. C. H. Lenski)

베드로가 고기 잡으러 간 것에 대한 이러한 견해들은 모두 충분치 못한 주장들이라고 생각합니다. 왜냐하면 본문의 문맥과 베드로의 고기잡이에 관련된 성서적 배경을 고려할 때 이러한 뜻으로 말하는 내용들이 없기 때문입니다.

베드로의 고기잡이에 관한 내용에는 두 가지 의미가 내포되어 있습니다. 하나는 육적인 의미로 생계를 위한 세상직업이고(마 4:18; 막 1:16), 다른 하나는 영적인 의미로 사역을 위한 성역(마 4:19; 막 1:17)을 의미합니다. 이러한 말씀에 기초해서 베드로가 고기 잡으러 간다는 의미를 파악해야 한다고 생각합니다.

과연 베드로가 세 번씩이나 주를 부인한 후인데도 주님이 주신 사명(성역: 사람 낚는 어부)을 버리고 세상 직업 (어부)으로 쉽게 돌아갈 수가 있었을까요? 만일 그렇다고 하더라고 베드로가 타락해서 다시 세상 직업으로 돌아갔다고 할 수가 있는지 말입니다.

본문의 문맥으로 보아 베드로가 타락했다는 암시나 뉘앙스를 전혀 찾아볼 수 없는 것입니다. 물론 상황이 비상 상황 즉 환난이나 목숨이 위험한 상황이라면 잠시나마 주를 버리고 도망갈 수도 있겠지만(요 16:32), 그런 상황이 아닌데, 타락할 이유가 있겠느냐는 말입니다. 이 당시 베드로를 비롯하여 제자들에게는 주님이 안 보이니까 딱히 할 일도 없고, 어떻게 해야 할지 방향을 모르고 있는 일시적인 상태에서 단순히 생계를 위해서 고기 잡으러 나갈 수도 있다는 것입니다.

이러한 상황에서 예수님이 나타나신 것은 중요한 의미가 있는 것입니다. 그 때 주님께서 제자들을 책망하지 않으셨습니다. 만약 베드로가 타락의 길로 갔더라면 주님께서 책망하셨을 터이고, 베드로는 엎드려 자복하며 회개했을 것입니다.

마지막으로 "고기 잡으러 가노라"의 '가노라'의 헬라어 원문은 '그파고 하리후에인'(Ύπάγω ἁλιεύειν)인데 이 헬라어 문장은 "나는 고기 잡으러 떠난다"(I am off to fish)인데, 이 말씀의 뜻은 직업을 바꾼다는 뜻이 아니고 잠시 고기를 잡으러 나간다(떠난다)는 뜻입니다.

[결 론]

베드로가 고기 잡으러 간 것은 신앙의 타락을 의미하는 것이 아니라 은혜가 아니고는 아무것도 할 수 없음을 뜻입니다. 그러므로 본문에나 성경 어디에서도 베드로가 타락해서 고기 잡으러 갔다고 할 만한 근거가 없습니다.

고린도전서

[질 문] 75

고전 5:5에 "이런 자를 사탄에게 내주었으니 이는 육신은 멸하고 영은 주 예수의 날에 구원을 받게 하려 함이라" 하였으니 사탄에게 내주었다는 말씀과 회개하지 않는 그 영이 마지막 날에 구원 받을 수 있다는 것은 무슨 말씀인지요?

[답 변]

고전 5:5의 말씀은 조직신학과 실천신학적으로 해결해야 할 문제입니다. 말하자면 조직신학적으로 죄에 대한 성격과 정의와 결론, 그리고 실천신학적으로는 교회의 권징에 관한 것입니다. 이는 그 죄인에 대한 관리를 어떻게 해야 하는가에 대한 바울의 권면으로 바울은 이 문제에 실제적인 고린도교회의 권징에 영적인 권위를 개입시키고 있습니다.

본문에서 죄(근친상간)를 범한 사람의 "육신은 사탄에게 내 준다"는 말씀의 "육신"은 그의 몸(σόμα, body)이 아니라, 죄의 성품을 가지고 있는 육신(σάρξ, flesh, 육성)을 의미합니다. 즉 죄의 성품을 가진 육신을 사탄에게 내준다는 뜻인데 이는 죄를 멸하기 위한 방법입니다. 그리고 주 예수의 날에 그의 "영은 구원을 얻게 한다"는 말씀의 뜻은 결과적으로 하나님의 주권적인 선택과 회개를 통하여 그의 영은 구원을 얻게 한다는 말씀입니다.

물론 이 말씀도 까다로운 말씀 중의 하나입니다. 그러나 위와 같은 신학적인 툴(tool)을 가지고 해결할 수 있습니다. 그것은 곧 죄의 판단과 권징입니다. 다시 말하자면 조직신학적으로 죄를 판단하고 실천신학(목회)적으로 권징을 한다는 것입니다.

본문의 문맥으로 보아 범죄자의 죄의 성격이 바로 "근친상간"(近親相姦)으로 이는 이방인에게도 없는 것이라고 못 박고 있습니다(5:1). 이 근친상간은 계모와의 간통사건입니다. 이러한 죄는 신학적으로 성범죄의 극단으로 어떻게 보면 "성도착증"(πορνεία, 포르네이아)에 해당되는 것입니다. 이 죄는 그 부분에 관한한 습관성에 빠진 것을 의미합니다.

이 범죄가 극단에 이르면 인간적인 도덕성 즉 성적 도덕성(sexual morality)이 상실되어 인면수심(人面獸心)으로 짐승과 같이 된 상태를 의미합니다. 우리 주위에서도 이런 경우를 종종 보게 되어 이런 사람들을 감시하기 위해 전자발찌를 사용하기도 합니다.

이런 경우에는 이미 고칠 수 없는 수준에까지 이르렀기 때문에 불가불 공동체(교회)에서 권징을 하지 않을 수 없게 된 것입니다. 그런데 이 문제를 해결하기 위해서 바울이 고린도 교회에게 초강수로 권면하는 내용이 나옵니다. 교회가 해결해야 함에도 불구하고 오히려 교만해져서 이런 자를 물리치지(권징) 않는다고 교회를 책망합니다(5:2).

바울은 교회를 권면하는데 있어서 자신의 권위가 아니라 그리스도의 권위로 자신은 멀리 떨어져 있으나 영으로는 함께 있어 이미 판단했다고 영적 권위를 말하고 있습니다(5:3).

우선 근친상간의 범죄를 한 사람을 "사탄에게 내주었다"는 말씀에는 두 가지 의미를 가지고 이해하는 것이 좋을 듯합니다. 말하자면 신학적인 차원과 목회적인 차원입니다.

신학적 차원에서 볼 때에 이미 회개와 개선의 도를 넘은 상태임으로 일단 하나님께서는 이 사람의 육신은 사탄에게 내어주시겠다는 뜻입니다. 이는 궁극적인 멸망을 의미하는 것이 아니라 일시적인 징벌을 의미하는 것입니다. 그 이유는 마지막 부분에 "육신은 멸하지만 영은 주 예수의 날에 구원을 얻게 하려 한다"는 말씀 때문입니다.

다음 절에 보면, "육신을 멸한다"는 말씀을 보아 알 수 있습니다. 육신의 멸망은 영원한 멸망이 아닙니다. 왜냐하면 우리의 육신은 한계성이 있기 때문입니다. 육신의 존재가 영원성을 가지고 있다면 당연히 영원한 차원에서 다루게 될 것입니다.

육신을 멸한다는 것은 우리 인간의 육성(σάρξ)을 죽인다는 뜻으로 그 방법은 여러 가지가 있을 것입니다. 육신상의 징벌로 고통을 주어 육성을 죽인다든지, 극단적으로 육신을 죽음에 내주어 육신을 아주 죽이는 방법도 있을 것입니다.

여기서 이 모든 징벌을 집행하는 대리자로 사탄을 사용하신다는 것입니다. 사탄에게 내주면 사탄은 이런 자의 모든 것을 자유자제로 주장할 수 있게 됩니다. 그러나 한 가지 구원에 직결되어 있는 영적인 생명만은 건드리지 못하게 하시는 것이 하나님의 의지입니다. 욥은 육신의 생명까지 보장하신 것을 볼 수 있습니다.

사탄은 이런 사람에게 질병과 불안과 실패 등등 다양한 방법으로 불행을 가져다주고 심지어는 죽음에 이르게 하기도 합니다. 생명을 제외한 육에 관한 모든 것을 빼앗아 갑니다. 그래서 육신의 멸망을 초래하게 만듭니다. 일련의 이러한 절차들은 교회의 청결과 그에게 회개의 기회를 만들어 구원하시려는 하나님의 사랑의 채찍(권징)이 될 것입니다. 육신은 멸하고 영을 살리려는 뜻입니다.

본문의 문맥으로 보면 권징이라는 교회의 징벌을 통하여 이러한 자를 버리는 것이라고 생각합니다. 말하자면 극단의 권징으로 출교 같은 것을 의미합니다. 출교되면 우선 명예와 육신 상으로, 또는 육적인 욕망으로서의 엄청난 제약을 받든가 심한 경우에는 그 육적인 욕심을 죽이는 효과가 있어서 깨닫고 돌아올 수 있는 회개에 이르게 될 수도 있다는 것입니다. 만일의 경우에 살아 있는 동안 돌아오지 못할 시에는 사탄으로 하여금 육신으로 죽음에 이르게 하고 마지막 주 예수의 날에 구원을 시키게 될 것입니다. 이것이 하나님의 궁극적인 구원입니다.

신학적으로 다시 정리하자면 육신을 사탄에게 내어준다는 것은 궁극적인 멸망을 의미하는 것이 아니라 임시적인 채찍(권징)을 의미하는 것입니다. 궁극적으로는 구원을 얻게 하신다는 것이 하나님의 작정이십니다(고전 5:3).

여기에서 육신(*σάρξ*)은 영어로 flesh로 "죄의 성품을 가진 육신"(sinful flesh)을 의미합니다. 하나님께서 사탄에게 내준 것은 죄인의 죄의 성품을 멸하게 하기 위한 것입니다. 그 방법으로 육신을 죽이는(멸하는) 것까지 포함합니다. 사탄에게 내주는 것이 육성을 죽이게 되고 결과적으로 영을 살리는 것이 된다는 패러독스(paradoxial)한 진리입니다. 우리도 육성을 죽이게 될 때에 영성이 살아나는 법입니다. 궁극적으로 육신이 완전히 죽으면 우리의 영은 자유롭게 훨훨 날을 것입니다. 그 후 주 예수의 날에 부활의 영광입니다.

[결론]

여기의 범죄자는 영원한 멸망을 받을 자가 아니라 임시적인 보응을 받는 사람으로 궁극적으로는 구원을 받게 되는 소위 택한 자로 중생한 자라고 할 수 있습니다. 왜냐하면 육신은 사탄에게 내주어 멸하지만 영은 주 예수의 날에 구원하신다고 했기 때문입니다. 이런 가정에서 출발할 때에 "사탄에게 내준 것"은 영이나 영육 간 모두가 아니라 오직 육신이므로 육신은 죽었다가 부활하여 다시 살 수 있는 존재입니다. 그러므로 육신의 멸망은 영원한 멸망이 아닙니다. 이는 징벌의 차원에서 이해해야 합니다.

영이 살아 있으면 주 예수의 날에 그 영의 구원에 육신을 포함하는 부활의 몸으로 변화될 것이기 때문에 육신의 멸망은 임시적인 것으로, 만일 영이 멸망한다면 문제는 심각하게 될 것입니다. 그러나 본문 말씀의 뜻은 범죄 한 사람의 육신은 사탄에게 내주어 그 육신은 멸하지만 그의 영은 구원하시겠다는 하나님의 의지의 작정이라고 할 수 있습니다.

이러한 상황은 우리의 목회현장에서 많이 볼 수 있는 사건들입니다. 은혜를 받고 중생해서 하나님의 자녀가 된 사람이 자신의 육성을 이기지 못하여 자꾸 범죄에 빠지는 경우를 볼 수 있습니다. 이러한 경우에 스스로가 죄악성 즉 육성을 이기지 못하기 때문에 연속적인 죄로 습관성 같이 되기 때문인데 이 경우를 말합니다.

그러나 하나님의 성령으로 거듭난 사람은 일시적인 타락이나, 육성에 못 이겨 계속해서 자범죄를 지을 수는 있지만 그리스도를 다시 십자가에 못 박는 것과 같은 원죄에 준하는 죄는 지을 수 없는 것인데 그 이유는 "하나님이 저를 지키시기" 때문입니다.

"하나님께로부터 난 자마다 죄를 짓지 아니하나니 이는 하나님의 씨가 그의 속에 거함이요 그도 범죄하지 못하는 것은 하나님께로부터 났음이라"(요일 3:9). "하나님께로부터 난자는 다 범죄하지 아니하는 줄을 우리가 아노라 하나님께로부터 나신 자가 그를 지키시매 악한 자가 그를 만지지도 못 하느니라"(요일 5:18).

[질 문] 76

고전 7:12에 '주의 명령'과 '바울의 권면'에 있어서 영감의 차이를 어떻게 보아야 옳은지요?

[답 변]

결론부터 말씀드리자면, 바울의 권면이나 주의 명령은 꼭 같이 하나님의 영감으로 된 하나님의 말씀입니다. 이제부터 자세히 설명을 하겠지만 바울의 권면이라고 해서 바울이 임의로, 인간의 생각대로 하는 말이 아닙니다. 이는 성경전체가 영감이 되었다는 전제 하에서 볼 때에 하나님의 말씀에 준해서 하는 말이기 때문입니다. 다시 말하면 주의 명령은 물론, 바울의 권면도 역시 "하나님의 말씀"의 영역을 벗어나서는 존재할 수 없기 때문입니다. 바울의 권면이라는 말을 정확하게 알기 위해서는 역사신학적인 어프로치가 필요할 것입니다.

신학적으로 주의 명령이 아닌 바울의 권면과 같은 것을 '아디아포라'(adiaphora, ἀδιάφορα, indifferent things)라고 합니다. 이 아디아포라라는 말은 "중요하지 않은 것들", "이래도 좋고 저래도 좋은 것들", 즉 교리적으로 "중립적인 것들"을 의미합니다. 다시 말하면 아디아포라는 교리적으로 고정된 것들, 즉 주의 명령이 아니고 바울, 즉 인간에게 선택과 결정권을 맡긴 것들을 의미합니다.

그러나 이 인간의 자유는 하나님의 말씀의 영역을 벗어날 수 없다는 전제에서부터 출발합니다. 인간의 자유가 하나님의 주권을 벗어나거나 넘어설 수 없다는 원리입니다. 이와 동시에 인간의 자유가 하나님의 주권과 모순되거나 충돌되지 않는다는 것이 신비입니다.

아디아포라의 개념 정의(the concept of adiaphora)에 대하여, 이 아디아포라는 본래 스토익 철학적인 개념(the concept of Stoic philosophy)으로 사용되었습니다. 이 말은 헬라어 ἀδιάφορον(아디아포론)의 복수로서 "아무래도 좋은 일"(indifferent things)들이라는 뜻입니다. 말하자면 성경에서 직접적인 하나님의 명령이 아닌 것들 중에는 인간의 신앙양심에 의거해서 결정하고 행동해도 좋은 것들이라는 뜻입니다.

여기서 주목해야 할 것이 바로 신앙 양심(conscience of faith)입니다. 그냥 양심도 아닌 신앙양심이라는 뜻입니다. 즉 불신자가 아니라 신자의 양심이라는 것입니다. 이 말은 성서적, 신학적으로 아주 중요한 의미를 가지고 있습니다.

그래서 바울은 디모데에게 보내는 편지에서 "청결한 양심"으로 하나님께 감사한다고 했는데(딤후 1:3), 여기에 기록된 "양심"이라는 말은 헬라어로 'συνειδήσει' (순에이데에세이)라는 단어를 사용하고 있는데, 이 말은 두개의 단어가 복합된 합성어입니다. 즉 헬라어 συν(순, with, 함께)과 ειδήσει(συνοράω, see, know, 보다, 안다)의 합성어로, "함께 보시는 양심" 즉 "하나님이 함께 보고 인정해주시는 양심"으로 조직신학적으로 말하자면 "성령으로 거듭난 양심"을 뜻하는 것으로 일반인의 양심과 다른 양심입니다.

아디아포라에 대하여 교회사적으로 고찰(the concept of adiaphora in Church History)해보면, 스토익철학에서 아디이포라는 "도덕법 외의 것들"을 지칭하는 말로, 말하자면 도덕성에서 명령도 아니고 금기사항도 아닌 행위들을 의미합니다. 좀 더 구체적으로 설명하자면, 스토익주의적인 아디아포라는 인간의 수행대상들을 세 등급으로 구분합니다. 즉 ① 덕과 지혜와 정의와 관용과 같은 것들은 선으로, 그 반대되는 것들은 악으로, ② 이것들 위에 부와 명성과 같은 것들은 좋든 나쁘든 스스로 수행대상으로 삼는 즉 중용의 영역으로, 그리고 ③ 아디아포라 등으로 구분해 놓았습니다. 이 구분은 실제로 도덕의 분야로부터 아디아포라를 제외한 것이나 다름이 없습니다.

기독교에서는 바울이 언급한 고린도전서 7장과 8장에서 처음으로 발견할 수 있는 내용입니다. 바울은 신자인 남편과 불신자인 아내, 신자인 아내와 불신자인 남편 중에 누구든지 서로 함께 살기를 원하면 갈리지(이혼하지) 말라는 것으로 처녀나, 과부의 혼인문제와 함께 아디아포라에 속한 바울의 권면입니다(고전 7:12). 물론 혼인한 사람은 갈리지 말라는 것은 바울의 권면이 아니라 주의 명령입니다(고전 7:10).

그런데 어떤 연구에 의하면 바울은 이러한 일들을 아디아포라고 말하고 있지 않다고 합니다. 그리고 말과 행동에 있어서 무엇을 하든지 모든 것을 주 예수의 이름으로 하되 하나님 아버지께 감사함으로 하라는 것입니다(골 3:17, NJV).

아디아포라는 행위자의 동기와 목적에 따라 하나님에 의해서 도덕적으로 수용할 수 있는 것이거나 혹은 수용할 수 없는 것이 될 수도 있는 것입니다. 이러한 의미에서 사실상 중요한 것이며, 임의로 이래도 좋고 저래도 좋은 것이 아니라, 언제나 하나님의 말씀에 의존해서 판단하고 결정하여야 할 문제들이라는 것입니다.

루터파에서는 이 아디아포라에 관해서 주요 논쟁이 있었습니다. 루터의 사망 2년 후인 1548년에 신성로마 황제 Charles V(찰스 5세)가 가톨릭과 신교(Protestants)를 Augsburg Interim(아우구스버그 잠정법)을 가지고 자기의 영역 안에서 통일하려고 시도했습니다. 그러나 이 법은 기본교리인 믿음에 의한 칭의(righteousness by faith)를 보장하고 있지 않은 것이라고 해서 루터의 동료인 멜랑톤(Phillip Melanchton)에 의해 거부되었습니다.

그 후에 그는 믿음에 의한 칭의와 관련되지 않는 교리적인 차이들은 아디아포라 혹은 중요치 않은 것들이라는 결정으로 Leipzig Interim으로 알려진 타협안을 수용하게 되었습니다. 이 타협안은 극단적으로 반대하는 Matthia Flacius(맛디아 플애시우스)에 의해 격렬한 반대에 부딪쳤습니다.

그런데 1576년까지 이 두 극단 파는 Martin Chemnitz(마르틴 켐니츠)와 Formula of Concord(일치신조)가 주도하는 주류 루터 파에 의해서 거부되었습니다. 1577년 이 일치신조는 원래 아디아포라의 성격의 문제를 정착시키기 위하여 정교한 작업을 했는데 그것은 "하나님의 말씀에서 명령도 아니요 금기도 아닌 교회의 의식들"로 정의한 것입니다. 그러나 이 일치신조는 신자들이 "하나님의 적들"에 의하여 그들에게 강요될 때 아디아포라의 일들에 있어서까지도 양보해서는 안 된다는 것을 덧붙였습니다.

웨스트민스터 신앙고백서에서 청교도들의 신앙고백으로 신앙의 요소들 혹은 행위들(예배의 차이)와 예배의 환경들을 구분하고 있습니다. 예배의 요소들은 성경에 있는 적극적인 보증, 즉 예배의 규정원리로서의 교리에 제한되어야 합니다. 이러한 체계에서 예배의 요소들은 찬송(노랫말들과 방식)과 기도와 설교와 성경교육과 맹서들과 세례와 함께 주의 만찬 즉 두 성례들을 포함하고 있습니다.

반면에 예배의 환경들은 건물과 그 건물에 필요한 비품과 예배 날짜의 시간 등을 포함하고 있습니다. 여기에서 예배의 환경들에 관한 것이 아디아포라에 속합니다. 그런데 그것들은 교회의 평화와 질서를 증진시키도록 해야 합니다(고전 14:26-33; 롬 14:19). 웨스트민스터 신앙고백 20:2에 따르면, 양심이란 무엇이나 "하나님의 말씀에 위배"되지 않는 영역 안에 있는 일반적인 신앙과 행위에 있어서는 자유롭다는 것입니다.

장로교인들은 웨스트민스터 신앙고백을 따르는데 예를 들면, 때때로 악기들과 예배의 요소들에 관련된, 성경으로부터 직접 인출되지 않은 찬송(배타적인 찬송에 반대되는)과 선택한 환경들이 아닌 문제들을 고려하기도 합니다. 이러한 이유로 그들은 성경에 의하여 명령된 것도 아니고, 그것으로부터 좋고 필요한 결과에 의하여 유래된 것도 아니라고 믿기 때문에 이와 같은 악기들과 찬송가들을 거부했습니다.

드물기는 하지만 현대 장로교인들 중에는 이러한 입장에 집착하는 사람들이 있습니다. 사실 예배에 관한 청교도의 입장은 이렇게 아디아포라에 관련하여 일반적으로 말하는 것과 조화를 이루는 것으로서 "필요한 것들은 통일하고, 의문이 되는 것들은 자유롭게, 모든 것들에 있어서는 관용하게 하라"는 것입니다.

관용주의(Latitudinarianism), 특히 영국 국교회주의에서 관용주의는 처음에는 영국 공교회의 관습을 따라 믿지만, 교리나 의식의 관습의 문제들과 교회조직은 상대적으로 별로 중요하지 않다고 생각하는 사람들인 17세기 영국 신학자들의 그룹에 적용된 경멸적인 용어였습니다. 그 관용철학의 좋은 예들이 캠브리지 플라톤주의자들 가운데서 발견되었습니다. 17세기 관용주의 영국 국교도들은 교회정책의 법에 대한 것에 있어서 리처드 후커(Richard Hooker)의 입장 위에 수립한 것으로, 하나님은 개인의 영혼의 도덕적 상태에 관심을 가지시고, 교회의 리더십에 관한 것들은 "무관심한 것들"이라고 합니다. 그러나 그들은 후커의 입장을 넘어 그것을 교리적인 것들로 취급하였습니다.

[결론]

고전 7:12의 말씀은 아디아포라에 속하는 것으로 신자들의 신앙양심에 따라 판단하고 결정해서 행동하라는 것입니다. 이것은 주의 명령이 아니라 바울의 권면으로서 바울은 정확히 신자들의 신앙양심에 따라 결정하라는 뉘앙스로 권면하고 있음이 틀림없습니다. 그리고 앞뒤의 문맥을 보면, 여러 가지 예견하는 문제들이 생길 수도 있으니 그것들에 관하여 신중하게 살펴서 행동하라는 뜻입니다. 이 아디아포라가 주의 명령이 아니고 바울의 권면이라고 해서 영감에 대하여 평가절하할 수는 없습니다. 그 이유는 다음과 같습니다.

(1) 주의 명령은 물론 바울의 권면을 비롯한 성경의 모든 부분들이 철저하게 하나님의 영감으로 된 것이기 때문입니다. 물론 고등비평가들의 입장은 다르긴 하지만 성경을 하나님의 정확무오한 말씀으로 믿는 사람들에게는 이의가 없습니다.

(2) 바울이 말하는 인간의 양심의 자유는 일반인의 양심이 아니라 하나님의 성령으로 거듭난 중생인의 양심을 뜻하기 때문에 이 중생인의 양심에 따라 판단하고 행동한다는 것은 곧 성령의 감동에 따라 행한다는 뜻이기 때문입니다.

(3) 본문의 문맥을 앞뒤로 살펴보면 틀림없이 하나님의 뜻에 따라, 자기의 신앙양심을 따라 행동하라고 합니다. 고전 7장에서 바울은 이와 같은 아디아포라에 관하여 여러 가지를 언급하고 있습니다.

바울과 같이 독신으로 지내는 것이 좋겠으나, 그렇게 하지 않고 장가 문제는 하나님의 은사에 따라 할 것이고, 처녀와 과부의 혼인문제는 자기의 뜻대로 하되(혼인하는 것이나 하지 않는 것, 이것들은 하나님 앞에 죄가 되는 것이 아니기 때문에) 자유이며, 절제할 수 없거든 혼인하라고 합니다.

그리고 불신 배우자와 사는 신자들은 불신 배우자가 함께 살기를 좋아 하거든 버리지 말며, 만일 불신자가 극구 이혼하자고 하면 이혼해도 된다고 했는데 그 이유는 하나님의 부르심에 있다는 것입니다.

(4) 이러한 바울의 권면은 틀림없이 하나님의 성령의 감동으로, 그리고 자기의 신앙양심을 따라 고린도 교인들에게 권면하는 권도이기 때문입니다. 여기서 중요한 것은 하나님의 영감과 인간의 양심이 일치한다는 것입니다. 특히 바울이 직접적으로 주의 명령을 받은 것은 아니지만, 성령의 영감으로 양심껏 호소하는 권도이기 때문에 주의 명령

과 함께 영감 된 하나님의 말씀으로 받아야 합니다.

[질 문] 77

고전 15:29, 죽은 자의 세례는 무엇을 의미합니까?

[답 변]

이 본문은 성경에서 가장 난해한 말씀 중에 하나입니다. 이 본문에 관하여 구구한 해석들이 있어왔습니다. 그러나 지금까지 절대적으로 만족할만한 해석은 없습니다. 그럼에도 불구하고 가장 정답에 가까운 해석에 접근해야 할 것입니다. 이 구절을 이해하려면 그 문구 하나에만 집착하면 해결할 수 없는 문제입니다.

성경해석학적인 방법에 의하면 본문 한 단어나 한 구절만으로도 그 의미가 명료한 경우에는 문제가 없으나 만일 그 의미를 분명히 이해하기가 어려울 경우에는 주위의 문맥(context)을 살펴서 본문말씀의 배경과 뉘앙스를 정확하게 판단한 다음에 성경의 원리에 입각하여 해석하고 신학적인 검증이 필요합니다.

본문 말씀(고전 15:29)을 풀어나갈 실마리로서의 키워드(key-word)는 바로 "부활"(resurrection)입니다. 본문에 가장 가까이 접근해있는 해석은 바울이 부활을 염두에 두고 "세례를 받는다"는 원론적인 말씀을 하고 있는 것이라고 생각합니다. "죽은 자들을 위하여" 세례를 받는다는 것은 원론적으로 "죽은 사람을 위하여 부활의 소망을 가지고 살아있을 동안에 세례를 받는다"는 뜻입니다.

물론 여기의 시제에 관한 혼선은 과거와 현재와 미래를 넘나들며 과거든 미래든 때때로 현재시제로서 표현하는 성경 기록의 특성으로 능히 극복할 수 있다고 생각합니다. 이 같은 방법으로 성경을 보는 시각을 성경 해석법 상으로 이것을 가리켜 예언적 축화법 또 다른 말로는 예언적 통시법(prophetic foreshortening)이라고 합니다.

본문의 "죽은 사람을 위하여"(for the dead)를 "죽은 사람의 유익을 위하여"(for the benefit of the dead)로 이해해서 이미 죽은 사람을 대신해서 산 사람이 세례를 받는다는 뜻이라고 하는 견해가 있습니다. 이 견해는 다음과 같은 이유로 적합하지 않습니다.

문맥으로 보아 이 본문은 죽은 자를 위한 세례 자체에 초점을 맞춘 것이 아니라 죽은 자의 부활을 강조하기 위하여 세례에 호소한 것이기 때문입니다. 사실 바울의 사상을 보면 율법에 준하는 할례나 세례를 중시하지 않고 오로지 그리스도의 부활에 따른 죽은 자의 부활에 중심을 두고 있다는 사실을 알 수 있습니다.

성경이나 교회사적으로 볼 때에 죽은 자들을 위하여 세례를 받은 적이 있었다는 어떠한 정보도 갖고 있지 않기 때문이라는 것입니다. 물론 터툴리안(Tertullian)은 고린도교회에 실재적인 의식에 관하여 아는 바가 없지만 본문에 있는 사건으로부터 추론하고 있다는 것입니다. 그러나 이는 초기 기록에도 존재하지 않습니다.

사실 이 문제는 바울이 죽은 자를 위하여 세례를 받는 사람들에 대하여 언급할 때에 부활을 부인하는 고린도 사람들을 생각하고 있었다는 것입니다.

다음으로 본문 중에 헬라어 *'ὑπὲρ'* (휘펠, for, 위하여)를 'above'(위에)로 번역을 하여 고린도교회에 어떤 사람들이 그리스도 안에서 죽은 친척, 즉 죽은 자의 무덤에 가서 그 무덤 위에서 세례를 받는다는 주장입니다. 이 견해는 롬 6:3에 근거하여 여러 세기 동안 교회에서 시행해왔던 관습인데 이것도 부활신앙이 전제되지 않는 한 무의미한 것입니다. 그리고 본문에는 무덤이라는 말이 없고 문맥에도 맞지 않는 견해입니다.

그 다음으로 본문 중에 헬라어 'ὑπὲρ' (휘펠, for, 위하여)를 'beyond' (넘어서)로 번역하여 이 말은 당시에 "피로 세례를 받는" 관습이 있었다는 것입니다. 말하자면 박해 중에 세례를 받지 못하고 죽은 사람들이 그들의 죽음으로 세례를 받았다는 말입니다. 이 주장은 고전 15:29-30을 근거로 하고 있는데 몇 가지 이유에서 적합하지 않습니다.

그 당시 고린도교회에 박해에 대한 언급이 없었고, 오히려 안정을 유지하고 있었다는 사실을 고려할 때에 위의 해석은 적절치 않습니다.

성경 어디서나 교회사에서 피로 세례를 받았는지에 대한 것을 알지 못하기 때문에 실제로 피에 의한 세례는 어불성설이라는 것입니다. 오히려 예수께서는 자신의 죽음에 관하여 은유적으로 표한 적은 있습니다(막 10:38; 눅 12:50). 그러나 예수님의 말씀이 실제적으로 피에 의하여 세례를 받는다는 것을 의미하는 것은 아닙니다.

또 어떤 사람이 죽어가면서 자신의 불신 가족이나 친척이나 친구들에게 예수를 믿고 세례를 받으라는 전도에 의하여 세례를 받은 것이라는 견해입니다. 이 견해도 본문의 문맥을 보아 합당치 않은 해석이라고 봅니다.

[결론]

이 외에도 30여 가지 이상의 해석들이 있는데, 어느 것이 절대적인 해석이라고 하기에는 각 견해에 따라 난관들이 존재하고 있기 때문에 난제임이 틀림없다고 생각합니다. 그러므로 우리가 취해야 할 해석은 본문의 뜻에 가장 근접한 견해를 찾아야 할 것입니다.

서론에서 언급한 대로 이 문제의 키워드는 "부활"이며 이 부활에 대한 설명을 위하여 동원된 술어가 곧 "세례 받는다"는 말입니다. 부활에 대하여 설명하기 위하여 세례라는 또 하나의 키워드를 사용한 것으로 원론적으로 "부활의 소망을 가지고 이미 죽은 자나 앞으로 죽을 자들 모두가 세례를 받는 것이 아니냐?"는 뜻으로 바울이 고린도교회에 설명한 것입니다.

고린도후서

[질 문] 78

음부와 지옥이 다른 곳입니까? 아니면 같은 곳입니까? 자세히 설명해주시기 바랍니다.

[답 변]

성경에는 음부라는 말과 지옥이라는 말이 모두 기록되어 있습니다. 이 말에 대하여 신학자들의 견해가 엇갈리고 있습니다. 신학적으로, 음부와 지옥이 동일하다고 보는 견해와 다른 곳이라고 보는 견해가 있습니다. 오늘날에는 주로 개혁주의에서 동일하게 보는 반면에 세대주의에서는 서로 다른 곳으로 봅니다.

이 문제의 이해를 돕기 위해 성서를 해석하는 방법들 중에서 시 의존사색에 의하여 성경에 나타난 단편계시들을 따로 [illegible] 것으로 보는 것이 아니라, 계시들이 일관성 있게 연으로 점진적 계시발전 사색(progressive revelation)이 필연적이라는 사실을 알아야 이 문제에 대한 이해가 가능합니다.

이 문제를 이해하기 위해서는 이 문제에 대한 전 이해(Preunderstanding)가 반드시 필요합니다. 우선 성경에서 음부의 기원을 살펴볼 필요가 있습니다(특별계시의 발전사색에 의하여).

구약에는 지옥이라는 말이 없습니다. 그 이유는 구약계시는 지상적 세계에 그 초점을 맞추고 있는 초기 계시의 시대이기 때문입니다. 구약에서 하늘(שָׁמַיִם, οὐρνός)과 반대되는 개념이 땅(אֶרֶץ, γὴν)입니다. 이는 지구의 영역인 땅을 말하는 것으로, 삼층 세계관에 의하여 음부와 지옥이 땅속에 자리 잡고 있는 곳으로 이해하였고, 이로부터 신약시대에서 천국(Kingdom of heaven)과 반대가 되는 영적 개념인 지옥(Hell)으로 발전하게 된 것입니다(땅속 무덤, 음부, 지옥).

중간시대를 거처 오면서 점차적으로 지상적, 집단적인 계시체계가 천상적, 개인적 계시체계로 발전되어 신약시대에 들어와서 음부(שְׁאֹל, ἅδής)와 지옥(γέεννα)의 개념으로 확실하게 드러난 것입니다.

본래 구약계시에 있어서는 음부와 지옥이란 개념이 지상적인 것에 초점을 맞추고 있어서, 땅 아래 즉 땅 아래의 깊은 곳에 자리 잡고 있는 것으로 표현했습니다. 이러한 삼층 세계관적인 관념으로 생각하여 오늘날도 어떤 이들은 지옥을 실제적인 땅 속에 있는 것으로 이해하고 있습니다(지하 25km 지점).

구약에 있어서 음부는 죽은 자의 영역(the realm of the dead), 무[illegible](grave), 구덩이(pit) 등의 뜻으로 사용되어 의인이나 죄인 모두가 [illegible] 들어가는 곳으로 묘사되어 있습니다(창 37:35; 욥 14:13; 삼하 [illegible]부의 개념은 중간시대를 거치면서 두 갈래로 갈라졌습니다.

그 하나는 악인만이 거하는 형벌의 장소로서의 음부로 남아 있게 되었고, 다른 하나는 의인들이 축복을 누리는 새로운 개념인 낙원으로 바뀌게 된 것입니다.

이 음부는 결국 구원의 완성인 천국과 반대로, 심판의 완성으로 악인들의 영혼이 가서 영으로 고통을 받고 있다가(홍포 입은 부자와 같이), 부활 후에는 영과 육이 절정의 고통 속에 영원한 지옥생활에 들어가는 것으로 되어 있습니다.

성경에서 지옥의 기원을 살펴볼 필요가 있습니다(특별계시 발전 사색에 의하여).

구약에서는 천상적 개념으로서 지옥의 개념이 아직 없고, 다만 지상적 개념으로서 "사자의 영역"으로서 음부의 개념이 있을 뿐입니다.

처음에는 음부의 개념은 악인이 고통 받는 곳이 아니라, 단순히 의인과 함께 사후에 들어가는 곳으로 죽은 자의 영역에 불과할 뿐이었습니다. 물론 그곳은 천계가 아니라 땅 아래로 지하로 묘사되었습니다(창 37:35; 49:33; 겔 31:14).

그러나 중간시대를 거치면서 음부의 개념은 악인들이 고통 받는 세계로 바뀌어가게 되었습니다(민 16:27; 왕상 2:6; 욥 26:6; 28:22; 시 88:11).

신약시대에 들어오면서 음부의 개념은 악인들의 형벌의 장소로 거론되면서 지옥의 개념과 혼용되었습니다(마 5:29, 10:28, 11:23; 막 9:48; 눅 16:23; 벧후 2:4). 다른 한편으로 음부는 의인들이 축복의 상태로 거하는 낙원으로 바뀌었습니다.

예수님과 교회시대에는 음부의 개념보다 지옥의 개념으로 강하게 부각되어 예수께서도 수차례에 걸쳐 강한 의미로 지옥을 거론하셨습니다.

구약에서의 음부는 스올(שְׁאֹל)로, 한글로는 "음부"라고 번역된 곳을 영역(英譯)에서는 "무덤"(KJV, NIV)으로 번역하고 있고, NKJV에서는 "스올"(sheol)로 번역하고 있습니다. 이 모두가 신약에서는 헬라어의 "하데스"(ἅδής)로, 영역(英譯)에서는 거의 모두 "지옥"(hell)으로 번역하고 있습니다. 일예로 홍포 입은 부자가 들어간 곳인 음부가 "하데스"(ἅδής)인데 이것을 영역(英譯)에서는 모두 "지옥"(hell)으로 번역하고 있습니다. 그러나 한글성경에서만은 유독 "음부"로 번역을 하고 있습니다.

지옥은 구약성경에 나타나지 않고, 신약성경에서 구체화된 계시로서 몇 가지 동의어를 사용하고 있습니다. 다시 말하자면, 게엔나(γέεννα, 마 5:30), 하데스(ἅδής, 여기서 하데스는 음부와 지옥을 동일시하고 있습니다. 눅 23:33), 그리고 탈타로스(τάρταρος, 벧후 2:4-8) 등으로 표현하고 있습니다.

성경원문과 역본들을 비교해보면 좀 더 확실하게 분별할 수 있습니다. 구약의 음부의 개념은 무덤, 사자의 영역으로 의인과 악인의 거처였습니다. 중간시대의 음부의 개념은 악인의 음부와 의인의 낙원으로 발전되었습니다. 신약의 음부의 개념은 악인의 영과, 영육이 들어가는 지옥의 영역입니다.

다음으로 성서적으로, 그리고 신학적으로 이해(Biblical and Theological Understanding)할 필요가 있습니다. 이 음부와 지옥도 조직신학적으로 말하자면, 종말론 가운데 죽음과 부활 사이의 중간상태(intermediate state)에서 거론하게 됩니다. 음부 즉 스올(שְׁאֹל)은 죽음이 인간존재의 마지막이 아니라는 것을 보여 주는 구약적인 표현

방법입니다(George Eldon Ladd).

음부는 흠정역에서 무덤(grave)으로 31회, 지옥(hell)으로 31회, 그리고 구덩이(pit)로 3회 등 다양하게 번역되었습니다. ASV(American Standard Version)와 그리고 RSV(Revised Standard Version)에서는 히브리어의 스올(שְׁאוֹל)을 그대로 영역하여 스올(sheol)이라고 표시하였습니다.

음부는 구약을 통해 65회나 나타나며, 그 중에서 무덤으로 35회, 음부로 27회, 그리고 구멍 혹은 구덩이로 3회로 나타나 있습니다.

구약의 조상들(아브라함, 이삭, 야곱 요셉 등)이 있는 곳(창 37:35; 49:33)으로, 구약의 의인들(욥, 다윗)이 있는 곳(욥 14:13; 삼하 12:23)으로 이해되며, 이곳은 슬픔의 장소(창 37:34-35; 삼하 22:6; 시 116:3), 놀라움의 장소(민 16:27. 34), 침묵의 장소(시 31:17; 6:5; 전 9:10), 무지의 장소(전 9:5, 6, 10), 암흑의 장소(애 3:6; 시 14:33), 적막의 장소(시 94:17), 망각의 장소(시 88:12), 땅속의 깊은 곳(사 44:23) 멸망의 웅덩이(욥 26:6; 28:22; 시 88:11), 형벌의 장소(민 16:27, 34; 황상 2:6) 등으로 묘사되어 있습니다.

그리고 유대인의 음부 즉 스올(שְׁאוֹל)에 대한 관념은 두 가지로 구분되어 있습니다. 하나는 율법을 준수한 자들 즉 유대인들은 음부에 있다가 메시아의 강림 시에 낙원으로 옮겨지게 됩니다. 다른 하나는 율법을 받지 못하는 이방인들이 이 음부에 들어가서 있다가 그 곳에서 나오지 못하고 그대로 남아 있게 됩니다.

신약에서 스올(שְׁאוֹל)에 해당하는 말은 하데스(ἅδης)로 LXX(70인역)에서도 같은 번역을 하고 있는데, 마태, 누가, 사도행전에 각각 2회, 요한계시록 1:18, 6:8, 20:13, 20:14 등 10회에 걸쳐서 번역되어 있습니다.

음부(שְׁאֹל, ᾅδης)의 개념에 대하여 교회사 적으로 살펴보면, 이 음부의 개념은 초대교회 시대부터 싹트기 시작하였습니다. 이 음부(ᾅδης)의 개념은 중세시대에 와서 가톨릭교회에서 연옥(purgatory)의 개념으로 발전하게 되었습니다. 즉 구약의 성도들이 그리스도의 부활을 기다리고 있는 곳으로 그리스도께서 내려가셨던 곳이라고 합니다.

로마 가톨릭교회에서는 이 음부를 몇 가지로 구분하여 이해하고 있습니다. 첫째로, 조상의 변방(*Limbus Patrum*) 이곳은 구약의 성도들이 머물러 있다는 곳으로 이는 “아브라함의 품”과 “낙원”과 동일시됩니다(눅 23:43; 눅 16:23).

둘째로, 어린이 변방(*Limbus Infantum*)으로 이는 영세(세례)를 받지 못한 어린이들이 들어가 머무는 곳이라고 히는 어린이 변방을 말합니다.

셋째로, 연옥(Purgatory)으로 세상에서 완전치 못한 자들이 들어가서 천국에 올라가기 위하여 불로 연단 받는 곳입니다.

이 음부(שְׁאֹל, ᾅδης)에 대하여 성서적, 신학적인 견해를 살펴보면, 음부(שְׁאֹל)는 사자의 영역으로서 상징적으로 죽음의 상태를 의미합니다. 죽어가는 상태에 대한 표현, 즉 음부로 내려간다는 표현은 죽음의 상태로 되어간다는 뜻입니다(창 37:35; 42:38; 삼상 2:6). 사자(죽은 자)의 영역을 가리키기도 합니다(욥 17:16; 17:13; 잠 27:20; 30:15.16; 사5:14; 합 2:5). 이 음부(שְׁאֹל)는 또한 무덤(Grave)을 가리키기도 합니다(시 141:7). 이는 사후에 육체를 중심으로 들어갈 장소를 의미합니다. 그럼에도 불구하고, 육체만이 거하는 장소라기보다는 인간(영육)이 임시적으로 거하는 장소로 이해하기도 했습니다.

지옥(γέεννα)에 대하여 성서적, 신학적인 견해를 살펴보면, 구약에는 지옥이라는 말이 없고, 계시의 초기 단계로 음부(שְׁאֹל)를 통해서 희미하게나마 지옥(hell)의 모습을 시사하고 있습니다.

벌코프는 불경건한 자들이 가는 음부의 신약적 개념인 "하데스"(ἅδης)를 형벌의 장소인 지옥(gevennan, Hell)과 동일시하였습니다. 물론 이러한 견해는 구약적인 개념인 음부에 대한 비약적인 결론인 것 같이 보인입니다.

성경에 나타나 있는 용어(단어) 하나만을 가지고 접근하는 것(etymological approach)도 바람직하지 않습니다. 용어(technical term)가 중요하기는 하지만 성경을 해석할 때에 무엇보다도 중요한 것은 성경의 전체적인 원리에 입각하여 계시발전사고의 방법을 사용해야 할 것입니다. 그 이유는 같은 용어일지라고 교호적으로 쓰거나 문맥(context)에 따라 저자가 차별화나 반복을 피하기 위해서 사용하는 경우들도 많기 때문입니다.

구약에 지옥이라는 말이 없다고 해서 지옥에 대한 사상(思想)이 없는 것은 아닙니다. 단지 구약의 지옥에 대한 사상은 현세 특히 육체적인 고통에 초점을 맞추면서 내세의 영적인 고통의 세계를 암시하고 있기 때문입니다. 그럼에도 불구하고 구약에도 내세에 대한 고통이 암시된 곳도 많습니다. 특히 욥기와 시편의 내용을 보면, 개인에 초점을 맞추어 현세적 고통을 그리면서 내세에 대한 예언을 암시적으로 시사하고 있는 것을 볼 수 있습니다. 중간시대를 거쳐 오면서 신약에 이르러 형벌과 고통의 장소로서 지옥의 개념과 용어가 선명하게 드러나 신약에서 예수께서는 이 지옥의 개념을 강하게 강조하신 것을 볼 수 있습니다.

신약의 지옥의 개념은 독립적인 새로운 개념이 아니라, 구약의 지옥에 대하여 암시된 사상으로부터 발전된 것입니다. 신약에 나타난 지옥(gevennan)이라는 말은 공관복음에 11회(마태복음에 7회, 마가복음에 3회, 누가복음에 1회)와 야고보서에 1회(3:6) 나타납니다. 지옥으로 번역된 게헨나(gevennan)는 구약을 배경으로 하고 있습니다. 즉 "게헨놈"으로 "힌놈의 골짜기"(수 18:16)를 의미하는데, 예루살렘 서남쪽에 위치한 골짜기입니다. 힌놈의 골짜기는 아하스왕 이후 몰록신에게 아이들을 불태워 바친 곳(대하 28:3; 왕하 23:10; 렘 2:23; 7:31)입니다. 요시야 왕이 우상숭배를 금지하기 위하여 사람의 뼈로 더럽혔으나(왕하 23:10-14), 여호야김 때에 몰록에 대한 경배가 부활되었습니다. 예레미야는 이곳을 살육의 골짜기라고 했고(렘 7:32), 이사야도 형벌의 장소로 암시하고 있습니다(사 50:11; 66:24). 이러한 구약적인 배경아래서 신약의 음부와 지옥에 관한 개념이 선명하게 들어나게 됩니다. 즉 구약의 음부의 사상으로부터 신약의 음부와 지옥의 개념으로 발전된 것입니다.

신약의 음부는 구태여 아날로그 방식으로 표현하자면 지옥의 초입으로서 영이 고통 받는 곳으로, 부활 후에 지옥 전체의 영향권에서 고통의 절정을 이루게 되는 것입니다. 즉 신약에서의 음부와 지옥의 개념은 동일시되며, 유독 샤머니즘의 영향권 아래 있던 한국의 상황과 초창기 한국에 들어온 미국 선교사들의 세대주의 신학사상의 영향을 받아 한글 번역에서만 "하데스"(ἅδης)를 음부로 번역했을 뿐 대부분의 영역에서는 "하데스"(ἅδης)를 지옥(Hell)으로 번역하고 있습니다(눅 16:23).

지옥은 꺼지지 않는 불이 타는 곳(마 5:22; 18:9)입니다. 구더기도 죽지 않는 곳(막 9:48)입니다. 영원한 불 못(계19:20; 20:10)입니다. 마귀와 추종자들이 들어가는 곳(마 25:41)입니다. 모든 악인들이 심판받아 들어가는 곳(마 5:29; 10:28)입니다. 사탄이 들어가는 곳을 탈타로스((ταρταρος, 벧후 2:4-8)로 표현했습니다.

[결론]

인생이 사후에 가게 될 곳이 바로 천국과 지옥입니다. 신자들은 즉시 천국으로, 불신자들은 지옥으로 들어가게 되어 있습니다. 어떤 이들은 내세에 대한 세계를 사중적인 의미로 생각합니다. 즉 천국과 낙원과 지옥과 음부 등 모두 다른 개념과 다른 장소로 이해합니다.

음부를 악인이 지옥에 가기 전, 즉 부활 이전의 영들이 임시 거처하는 대기소로, 낙원을 신자가 천국에 가기 전, 즉 부활 이전의 영들의 임시 대기소로 이해합니다.

그러나 개혁주의에서는 천국과 낙원과 지옥과 음부 등의 사중적인 의미가 아니라, 천국과 지옥의 이중적인 의미로 이해합니다. 즉 사람이 죽으면 신자는 즉시 천국으로, 불신자도 즉시 지옥으로 직행한다는 뜻입니다. 이는 창조원리와 부활의 원리에서도 입증되는 진리입니다.

음부는 지옥과 동일한 곳으로, 부활 전의 고통의 상태로 있는 영혼에 관하여, 지옥은 부활 후에 고통의 절정 상태로서의 부활체에 관하여 언급하고 있습니다.

낙원은 천국과 동일한 곳으로, 부활 전의 축복과 영광의 상태로 있는 영혼에 관하여, 천국은 부활 후에 절정의 축복과 영화로운 상태에 관하여 언급하고 있는 것입니다.

음부와 지옥은 낙원과 천국과 마찬가지로 시간과 장소를 초월한 곳입니다. 그렇다고 해서 장소성이 배제되었다는 뜻이 아닙니다. 장소성이 있으면서도 그 장소를 초월한 곳이기에 유한한 인간의 두뇌로 이해하기가 어려운 것입니다.

그래서 예수께서도 여러 가지 비유와 상징들로 하나님의 나라 천국에 대하여 설명해주셨습니다. 때로는 장소 성(하늘, 처소, 집)으로, 때로는 초장소성(마음, 하나님의 나라)으로 표현하셨습니다. 천국, 낙원과 지옥, 음부는 분명히 장소성이 있으면서. 다른 한편 장소를 초월한 곳입니다. 이것이 성서적인 이해입니다.

[질 문] 79

천국과 낙원에 대하여 좀 더 자세히 설명해주십시오.

[답 변]

신학적으로, 천국과 낙원이 동일하다고 보는 견해와 다른 곳이라고 보는 견해가 있습니다. 오늘날에는 주로 개혁주의에서 동일하게 보는 반면에 세대주의에서는 서로 다른 곳으로 봅니다. 이 문제에 대하여 좀 더 이해를 돕기 위해 성서를 해석하는 방법들 중에서 특별계시 의존사색에 의하여 성경에 나타난 단편 계시들을 따로 따로 떨어진 것으로 보는 것이 아니라, 각 계시들이 일관성 있게 체계적으로 연결되어 있다는 계시발전 사색이 필연적이라는 사실을 명심해야 합니다.

이 문제를 해결하기 위해서도 먼저 전 이해가 필요합니다. 성경에서 천국의 기원을 살펴볼 필요가 있습니다. (특별계시발전 사색에 의하여) 구약에는 천국이라는 말이 없습니다. 그 이유는 구약계시는 지상적 세계에 그 초점을 맞추고 있는 초기 계시의 시대이기 때문입니다. 구약에서 천국에 병행되는 말이 하늘(שָׁמַיִם)입니다. 이는 지상을 중심으로 한 천체의 영역인 하늘을 말하는 것으로, 이로부터 천상의 신령한 하늘의 개념으로 발전하게 된 것입니다(하늘, 낙원, 천국).

중간시대를 거쳐 오면서 점차적으로 지상적, 집단적인 계시체계가 천상적, 개인적 계시체계로 발전되어 그 후 신약시대에 낙원(παράδεισον)과 천국(βασιλεί τῶν οὐρανῶν)의 개념이 확실하게 드러난 것입니다.

본래 구약계시에 있어서는 낙원이란 개념이 지상적인 것에 초점을 맞추고 있을 뿐, 천상적, 신령한 의미에서의 낙원은 선명하게 계시되지 않았습니다.

낙원은 오히려 구약의 "음부"의 개념에 포함되어 있었습니다. 즉 구약의 음부는 죽은 자의 영역, 무덤, 구덩이 등의 뜻으로 사용되어 의인이나 죄인 모두가 들어가는 곳으로 묘사되어 있습니다(창 37:35; 욥 14:13; 삼하 12:23).

이 음부의 개념은 중간시대를 거치면서 두 갈래로 갈라졌습니다. 그 하나는 악인만이 거하는 형벌의 장소로서의 음부로 남아있게 되었고, 의인들은 축복을 누리는 새로운 개념인 낙원으로 바뀌게 된 것입니다.

이 낙원은 결국 구원의 완성인 천국과 동일시되어, 의인들의 영혼이 가서 영으로 영광을 누리다가, 부활 후에는 영과 육이 그리스도와 함께 절정의 영광을 누리며 영원히 천국생활에 들어가게 되는 것으로 되어 있습니다.

성경원문과 역본들을 비교해보면 좀 더 확실하게 분별할 수 있습니다. 구약의 최초의 낙원의 개념은 에덴동산에 그 기원을 두고 있습니다. 중간시대의 낙원의 개념은 파사의 왕궁정원에서 유추하고 있습니다. 신약의 낙원의 개념은 영과, 영육이 들어가는 천국의 영역입니다.

성경에서 지옥의 기원을 살펴볼 필요가 있습니다. (특별계시발전 사색에 의하여)

구약에서는 천상적 개념으로서 지옥의 개념이 아직 없고, 다만 지상적 개념으로서 "사자의 영역"으로서 음부의 개념이 있을 뿐입니다. 다음에는 음부의 개념이 악인이 고통 받는 곳이 아니라, 단순히 의인과 함께 사후에 들어가는 곳으로 죽은 자의 영역에 불과할 뿐이었습니다. 물론 그곳은 천계가 아니라 땅 아래로 묘사되었습니다(창 37:35; 49:33; 겔 31:14).

그러나 중간시대를 거치면서 음부의 개념은 악인들이 고통 받는 세계로 바뀌어가게 되었습니다(민 16:27; 왕상 2:6; 욥 26:6; 28:22; 시 88:11).

신약시대에 들어오면서 음부의 개념은 악인들의 형벌의 장소로 거론되면서 지옥의 개념과 혼용되었습니다(마 5:29, 10:28, 11:23; 막 9:48; 눅 16:23; 벧후 2:4). 이와 반대로 이 음부는 의인들이 축복의 상태로 거하는 낙원으로 바뀌었습니다.

예수님과 교회시대에는 음부의 개념보다 지옥의 개념으로 강하게 부각되어 예수께서도 수차례에 걸쳐 강한 의미로 지옥을 거론하셨습니다.

구약에서의 음부는 스올(שְׁאֹל)로, 한글로는 "음부"라고 번역된 곳을 영역(英譯)에서는 "무덤"(KJV, NIV)으로 번역하고 있고, NKJV에서는 "스올"(sheol)로 번역하고 있습니다. 이 모두가 신약에서는 헬라어

"하데스"(ἅδης)로, 영역에서는 모두 "지옥"(hell)으로 번역하고 있습니다. 일예로 홍포 입은 부자가 들어간 곳인 음부가 "하데스"(ἅδης)인데 이것을 영역(英譯)에서는 모두 "지옥"(hell)으로 번역하고 있습니다. 그러나 한글성경에서만은 "음부"로 번역을 하고 있습니다.

지옥은 구약성경에 나타나지 않고, 신약성경에서 구체화된 계시로서 몇 가지 동의어를 사용하고 있습니다. 즉 게엔나(gevennan, 마 5:30), 하데스(ἅδης, 여기서 하데스는 음부와 지옥을 동일시하고 있습니다, 눅 23:33), 그리고 탈타로스(τάρταρος, 벧후 2:4-8) 등으로 표현하고 있습니다.

그리고 성서적, 다음으로 신학적인 이해(Biblical and Theological Understanding)가 필요합니다.

천국과 낙원이 별개의 하늘(장소)이라는 견해, 천국과 낙원이 동일한 하늘(장소)이라는 견해, 천국과 낙원이 지적, 상징적인 것이라는 견해가 있습니다.

"셋째 하늘"(천국)과 "낙원"은 별개의 하늘(장소)이라는 주장이 있는데, 그 이유에도 두 가지 견해가 있습니다. 바울의 환상과 계시를 두 번에 걸쳐 받은 것(천국, 낙원)이라는 견해와 동일한 환상이지만 "천국" 환상에 이어 "낙원" 환상을 본 것이라는 견해, 바울이 한 번 올라가서 두 개의 스테이지(stages), 즉 "셋째 하늘"에 갔다가 다시 거기에서 "낙원"으로 올라간 경험이라고 주장하기도 합니다.

그러나 Alford는 "셋째 하늘"과 "낙원"이 다른 것이 아니라, 확실히 같은 곳으로, 좀 더 구체적인 그 상태의 설명을 위한 반복 언급으로 봅니다.

어떤 학자는 낙원은 음부와 대치되는 세계로 죽은 자의 중간상태라

고 합니다. (이상근 박사 신약주석 요한계시록 77페이지)

예수님의 비유 중에 "아브라함의 품"은 분명히 낙원을 가리키는 곳으로 거기에는 죽은 자의 두 세계와 그 경계선인 큰 구렁이 있습니다(눅 16:22). 낙원과는 달리 신자의 영원한 상태를 천국이라고 합니다(이상근 박사 신약주석 요한계시록 77페이지). 낙원은 신자들이 부활하여 천국에 들어가기까지 기다리는 상태 즉 일종의 대기상태입니다(고후 15:51, 이상근 박사 신약주석 요한계시록 77페이지)

그러나 낙원과 천국을 형이하학적인 어떤 범주로 구별하지 못할 것입니다(이상근 박사 신약주석 요한계시록 77페이지). 웨스트민스터 신앙고백 32장에는 죽은 신자의 영이 하나님 앞에 올리어 극한 영광 속에 살면서 육체의 완전한 속량을 기다린다고 했습니다(이상근 박사 신약주석 요한계시록 77페이지).

낙원은 죽은 신자의 영혼이 올라가 영육의 부활과 최후의 심판의 때를 기다리는 중간 장소로서, 천국으로 옮기기 전의 일종의 대기 장소입니다.

지지자들 중에는 알렉산드리아 클레멘트(Clement of Alexandria), 이레내우스(Irenaeus), 오리겐(Origen), 오컴메니우스(Oecumenius), 데오비락(Theophylact), 아다나시우스(Athanasius), 제롬(Jerome), 메이어(Mayer), 워즈워드(Wordsworth), 데니(Denney), 그리고 플럼머(Plummer) 등이 있습니다.

"셋째 하늘"(천국)과 "낙원"은 동일한 하늘(장소)이라는 주장이 있습니다. 우선 본문을 분석해보면, 문맥상으로 2절에서 시간적, 공간적인 인간의 언어로 표현하여 "셋째 하늘"로 전제해놓고, 그곳의 상태에 초점을 맞추어 설명할 때에, 시간과 공간, 그리고 인간적인 것(언어를 포함)을 초월한 가히 말로 다할 수 없는 곳으로 묘사하여 그곳을 낙원이라고 했습니다(성경 해석에서 중요한 방법 중의 하나가 한 단어에 집착하지 말고, 그 문맥을 잘 연결하여 파악하고, 성경의 전체적인 원리에 입각해서 해석을 해야 정확한 뜻을 알 수 있습니다).

문맥상으로 보면, "셋째 하늘"과 "낙원"을 동일한 곳이라는 사실을 증명해주는 단어, 곧 "올라갔다"는 동사가 연결해주고 있기 때문입니다. 이 환상이 동일한 환상이라는 사실인 바, 그 이유는 둘 다 똑같이 14년 전에 경험했던 동일동시(同日同時)의 환상으로 여겨지기 때문입니다.

헬라어 원문에는 "낙원"(*παράδεισον*) 앞에 정관사(*τὸν*)가 있어서 앞에 있는 것을 암시하여 지적하고 있는 것이기 때문입니다. 천국(셋째하늘)과 낙원은 용어법(冗語法, pleonasm/ tautology)에 의하여 사용된 동의어이기 때문입니다(예: 때와 시기, *καιρός* and *χρόνος*). 낙원에는 하나님의 보좌와 생명나무들이 있는 것을 보면(계 2:7; 22:1-5), "낙원"이라는 말은 신약에 모두 세 번 나타나는데, 눅 23:43(예수께서 함께 십자가에 달린 강도에게 말씀하신 낙원). 고후 12:4(바울이 다녀온 낙원 곧 셋째 하늘). 계 2:7(하늘의 생명의 열매를 먹을 수 있는 낙원, 계 22:1-5) 등입니다. 신약성경에 나타나는 여기의 세 "낙원"들은 모두 동일한 곳에 대하여 콘텍스트에 따라 다른 모습으로 묘사하여 표현하고 있습니다.

눅 23:43의 낙원은 영과 육이 완전히 분리되어(죽어서) 가는 곳으로, "주님께서 함께 계시겠다."는 저 세상으로서의 하늘나라를 의미합니다. 이곳은 영으로 간 곳으로 천국과 다른 곳이 아닙니다. 낙원은 기쁨과 영광과 축복의 시작이라면, 천국은 좀 더 성숙되고 완성된 기쁨과 영광의 절정의 상태를 의미합니다. 즉 낙원과 천국이 다른 곳이 아니라 영으로만 아니고 부활하여 영과 육이 함께 누리는 천국의 절정의 영광을 기다리고 있다는 의미에서 낙원으로 언급한 것입니다.

고후 12:4의 낙원은 영과 육이 완전히 분리된 상태가 아니고, 영육이 일시적으로 분리된 상태(살아서)에서 바울이 영으로 본 천국으로, 이것도 역시 영으로만(몸 안에 있었는지 몸밖에 있었는지 모름) 경험한 곳입니다. 그러므로 인간의 언어로 표현할 수 없는 곳, 이곳을 인간적인 사고로 생각하고 공간적 계층관념으로 표현한 것이 곧 "셋째 하늘"입니다.

그러나 이곳이 "낙원"이라는 다른 표현으로 말한 것은 그곳의 상태에 초점을 맞추어 인간의 말(언어)로 표현할 수 없는 황홀하고 하나님의 영광이 충만한 곳이기 때문입니다.

계 2:7의 낙원은 생명나무 열매를 언급한 것으로 보아, 계 4:1-11의 천국광경과 계 22:1-5의 최종적인 천국의 광경과 동일한 곳으로 확증할 수 있습니다. 히 1:1에 "여러 부분과 여러 모양으로" 말씀하신 성경원리에 의하여 천국도 다양한 모양으로 표현되어 있습니다.

예를 들면 예수님께서 여러 가지 비유(지상의 사물)로, 혹은 영적으로(네 안에), 가는 천국, 내려오는 천국, 임박한 천국(천국이 가까웠다) 등 여러 모양으로 설명해주셨습니다.

바울도 여러 가지 모양으로 천국을 설명하고 있습니다. 주안에 있는 것이 천국, 주님께서 계신 곳, 이 세상을 떠나서 가는 곳, 낙원, 셋째 하늘, 주님의 강림으로 이루지는 곳 등등으로 묘사했습니다.

Howard Snyder는 하나님의 나라(The Kingdom of God)를 여덟

가지 모델(The Eight Models of Kingdom of God)로 설명하고 있습니다. 말하자면 The future kingdom, The Interior Kingdom, The Heavenly Kingdom, The Ecclesiastical Kingdom, The Subversive Kingdom, The Theocratic, The Transforming Kingdom, The Utopian Kingdom 등입니다..

계 6:9에 보면 죽임을 당한 순교자의 영혼들이 하나님의 제단 밑에서 하나님께 신원해달라고 호소하고 있는 장면이 나오는데, 이것 역시 아직 부활하지 않은 영들이 하나님 앞 즉 천국에 가있다는 증거입니다.

지지자들은 데오도렛(Theodoret), 히포의 어거스틴 (Augustine), 아퀴나스(Aquinas), 에스티우스(Edstius), 핫지(Hodge), 바흐만(Bachmann), 윈디쉬(Windisch), 타스커(Tasker), 그리고 현대의 주석가들과 스웨테, 찰스(and modern commentators, and Swete, Charles.)

"셋째 하늘"(천국)과 "낙원"은 상징적, 지적으로 설명한 것이라는 주장이 있습니다.

Calvin은 "셋째"라는 말은 가장 높고, 완벽한 곳에 대한 상징적인 의미의 표현이라고 합니다(The number three is made use of by way of eminence, he says. "to denote what is highest and most perfect.")

어거스틴(Augustine)은 신 플라톤 사상의 범주에서 완전히 탈피하지 못하고 있습니다. 그는 "셋째 하늘"을 "하나님에 대한 지적 환상," 또는 "하나님 자신에 대한 인식" 등으로 언급하고 있습니다(Augustine said, "the intellectual vision of God, the cognition of God Himself, is called *the third heaven*").

[결론]

천국에 대하여 오해하는 이유는 간단합니다. 천국의 개념과 본질을 이해하지 못하고 단지 ① 이세상의 시간적 공간적 관념으로 사고하기 때문입니다. 반대로 ② 실존주의 신학자들은 장소의 개념을 완전히 무시하고, 인간 내면세계에서의 실존적 의미를 부여함으로 정통교리에서 벗어나 있습니다. 영적과 실존적인 것을 혼동해서도 안 됩니다.

천국은 시간과 공간에 매어있는 곳이 아니라, 제한된 시공간의 영역을 벗어난 곳으로 영원한 곳입니다. 그래서 영생의 삶(eternal life)이 가능한 곳입니다.

여기서 영원(eternity)의 개념을 잘 못 이해하여 시간의 연장으로 생각하기 쉬우나, 영원은 시간의 무제한적인 연장이 아닙니다. "영원"(eternity)이란 질적인 것으로 그 자체가 "생명"(life)인 것입니다. 이는 마치 인간의 영적 생명을 문리적으로 분석할 수 없듯이 천국도 물리적인 개념으로 이해할 수 없는 곳입니다. 그래서 난해한 것입니다.

천국은 주님(하나님)이 계신 곳으로, 그 곳에 우리가 거할 수 있는, 사람의 손으로 짓지 않은 처소를 예비해놓고 재림 시에 다시 오실 것입니다. "너희는 마음에 근심하지 말라 하나님을 믿으니 또 나를 믿으라. 내 아버지 집에 거할 곳이 많도다…내가 너희를 위하여 처소를 예비하러 가노니 가서 너희를 위하여 처소를 예비하면 내가 다시 와서 너희를 내게로 영접하여 나 있는 곳에 너희도 있게 하리라"(요 14:1-3). 여기서 처소는 하나님이 계신 하늘에 새로 마련해주신 곳으로, 구속 받은 성도들이 거하게 될 천국을 의미합니다.

천국과 낙원은 동일한(장소를 초월한) 곳으로, 성경에서는 항상 비유와 상징으로 설명하고 있습니다. 이곳 즉 천국은 이 세상의 어떠한 언어로도 표현할 수 없는 말로 다할 수 없는 곳이기 때문입니다. 그래서 말할 수 없는 말들을 들었다고 했습니다.

천국은 우리가 죽은 후 영혼이 가게 되는 곳으로, 영으로만 영광을 누리게 되는 낙원과 동일한 곳입니다(그 예로 아직 부활하지 못한 순교자들의 영이 하나님의 보좌 제단 밑에 있고, 더욱 완전히 분리되지 않는 영으로서 하나님의 보좌에 가서 말할 수 없는 말을 듣고 온 바울, 그 외에 이사야, 에스겔 선지자 등등 그곳을 경험한 사도와 선지자들이 많습니다).

우리가 부활 후에, 부활의 몸으로 영과 육이 함께 영광을 누리게 되는 곳이 곧 천국으로 낙원의 연장선상에서 이해해야 합니다. 영으로만 존재하여 누리는 영광은 그 본질에 있어서 부활의 몸으로 누리는 영광과 다를 바 없으나, 그 영광은 부활의 몸에서 절정을 이루게 됩니다. 죽은 영혼들은 천국에 가서 영광을 누리고 있으면서 영광의 절정인 부활의 영광에 이르기를 기다리고 있습니다. 그러므로 천국과 낙원은 동일합니다.

낙원과 천국을 이해하려면, 성경에 표현된 말의 콘텍스트를 잘 파악해야 합니다. 말하자면, 시공간적인 관념으로 말할 때에는 천국과 낙원이 별도의 장소인 것같이 표현되어 있고, 천국과 낙원의 상태를 말할 때에는 우리가 영육이 분리된 후, 영(혼)이 하늘에서의 영광과 축복의 시작이라면, 영육이 부활한 후에는 영(혼)과 육(신)이 함께 누리므로 영광과 축복이 절정에 달하게 된다는 의미로서 천국과 낙원을 이해야야 할 것입니다.

디모데전서

[질 문] 80

딤전 2:15에 그의 해산함으로 구원을 얻으리라 하였는데 해산이 무엇을 뜻하는지요?

[답 변]

결론부터 말하자면 "해산한다"는 말씀은 회복하는 방법 즉 구원 얻는 방법을 일컬음인데, 이는 창조에서 타락된 인간의 구원을 위한 방법에 있어서 타락으로 인하여 당하고 있는 인간의 고통을 해산함으로 위로와 구원을 얻게 된다는 말씀입니다. 예수께서도 해산하게 되면 근심하게 되나 아이를 낳으면 세상에 사람 난 기쁨으로 고통을 잊게 된다고 말씀했습니다(요 16:21).

그리고 바울 사도도 그리스도의 형상이 이루기까지 해산의 수고를 한다고 했습니다(갈 4:19). 그리고 요한계시록에 보면 해를 입은 여자가 해산의 고통으로 부르짖다가 아이를 낳으니 그가 하늘 보좌로 데려가는데 그가 바로 장차 철장으로 만국을 다스릴 분, 즉 그리스도라는 말씀인데 이 그리스도가 바로 해산의 수고를 통하여 우리를 구원하실 구세주라는 뜻입니다(계 12:2-5).

이 구세주의 탄생이 그냥 된 것이 아니라 고통스러운 해산이라는 과정을 통하여 탄생된 것과 같이 우리의 구원도 그리스도의 십자가의 고난을 통하여 이루어진다는 것입니다. 이러한 원리를 내포한 "해산"(child-bearing)은 신학적으로 심오한 의미를 가지고 있는 신학적인 전문용어(technical term)입니다.

이제부터 여자가 "정절로서 믿음과 사랑과 거룩함에 거하면 그 해산함으로 구원을 얻게 된다."는 말씀의 내용을 신학적으로 진술하려고 합니다. 사실 말씀의 구조에 있어서 육신적인 개념에서 영적인 개념으로 승화되는 과정을 볼 수 있어야 합니다. "정절"이라는 말은 육신적인 것과 영적인 것을 함께 내포하고 있는 개념입니다.

그리고 "믿음"과 "사랑"과 "거룩함"도 영육간의 개념 모두를 내포하고 있기는 하지만, 영적인 개념이 더 강한 말이기 때문에 육신적인 구원보다는 영적인 구원에 더 관심을 가지고 언급한 말씀으로 보아야 합니다. 이 문제를 신학적으로 개진하기 위해서 창조원리와 구속의 원리에 입각해서 해산함으로 구원을 얻으라고 한 말씀을 이해함으로 좀 더 분명한 뜻을 얻으려 합니다.

우선 창조의 원리의 측면에서 볼 때에, 여자들은 남을 가르치려는 것보다(딤전 2:12), 해산의 수고(딤전 1:15)를 통하여 진정한 행복과 구원을 얻어야 한다는 말씀입니다. 이 말씀은 세상적인 행복과 영적인 행복인 구원에 모두 적용되는 말씀입니다. 여자로서 구원의 행복을 누리기 위한 길에는 ① 순종하는 것과 해산하는 것이 있습니다.

창조원리에 의하면 여자는 오직 순종함으로만 자신의 행복의 상태를 유지할 수 있다는 말씀입니다. 여자는 남자에게서 나왔기 때문에 남자를 사모하며 남자에게 순종함으로 그 남자와 함께 기쁨을 누릴 수 있다는 것입니다. 다시 말하면 남자와 한 몸이기 때문에 남자를 따르지 않고 이탈한다면 바로 그것이 몸이 찢어지는 것으로 몸이 찢어지는 아픔의 고통을 남자와 함께 당해야 합니다. 그러므로 남자에게 순종하는 행위를 통해서만 자신의 행복을 영위할 수 있다는 원리입니다.

① 구원의 길은 하나님의 명령에 순종하는 것입니다. 이 근본적인 원리에 따라 여자가 남자에게 순종하도록 되어 있습니다. 이는 마치 여자의 머리는 남자요, 남자의 머리는 그리스도의 머리는 하나님이시라고 한 성경 말씀에 준하는 것입니다.

② 창조원리에 따라 여자는 남자를 지배함으로가 아니라 순종하는 방법으로 진정한 자유와 축복에 도달할 수 있다는 것입니다(딤전 2:11-12).

③ 창조의 원리는 여자는 어린아이와 같이 "아래로부터 위로"(from the bottom up)의 방식으로 남자들에게 영향을 주는 "해산하는 방법"을 사용해야지, 어른과 같이 위에서 아래로(from the top down)의 방식을 사용해서는 안 된다는 것입니다. 여자는 본래 하나님의 창조질서에 의하여 육적으로나 영적으로 순종 형으로 조성되었기 때문에 이 질서에 따라 행해야 하게 되어 있습니다.

다음으로 타락의 원리에서 볼 때 가장 중요한 것이 해산하는 고통을 통과하면서 얻는 구원의 기쁨입니다. 이브가 타락하자 하나님께서는 해산의 고통을 더하여 해산의 고통 중에 자식을 낳을 것이며(창 3:16),

자식을 낳으므로 “모든 산 자의 어미”(the mother of all living)가 되리라고 했습니다. “산 자의 어미“가 되었다는 것이 곧 새로운 생명을 얻은 것으로 바로 구원을 의미합니다. 영적으로 말하자면, 성령으로 거듭나서 중생한 생명을 예표하는 것입니다. 그러므로 영적으로도 이브와 같이 자기의 큰 죄로 인한 해산의 고통을 통과한 후에 산 자의 어미가 되어 구원의 기쁨을 얻는 것 모양으로 크리스천도 죄를 회개하는 과정을 통하여 중생의 새 생명으로 구원을 얻게 되는 것입니다.

타락원리에 따라 여자는 순종과 해산의 수고라는 의무를 함께 지게 되었습니다. 이브가 아담보다 먼저 범죄하고 아담까지 범죄하게 한 죄가 무거움에도 불구하고 해산의 수고를 함으로 “산 자의 어미”(the mother of all living)가 된다는 것은 타락으로 인하여 “죽은 자의 어미”(the mother of the dead)인 저주가 변하여 “산 자의 어미”인 축복이 된다는 것으로 놀랄만한 하나님의 은혜인 줄 압니다(창 3:20). 이 “모든 산 자들”은 해산의 수고로 다시 거듭나 구원받은 중생인들을 의미하는 것입니다.

① 아이를 해산했다는 것은 크리스천 어머니를 위한 구원을 의미합니다. 왜냐하면, 구주에게 속해 있는 아이들에게서 자기의 구주의 형상을 봄으로 얻는 마음의 행복과 기쁨과 축복과 영광을 경험하는 것이기 때문입니다.

② 크리스천 어머니는 하나님의 언약(창 17:7; 행 2:38, 39)을 믿음으로 말미암아 크리스천 어머니의 모든 기쁨으로부터 하나님의 영광에 이르게 된다는 것입니다. 이것이 곧 그녀에게 구원이라는 것입니다. 다시 말하면 해산으로 인하여 얻은 아들에 대한 기쁨이 영육 간에 하나님의 영광이 된다는 것입니다.

③ 여기서 해산으로 얻는 기쁨이란 우선적으로 육체적인 의미를 가지고 있으며, 육체적으로 정결하여 믿음과 사랑과 거룩함으로 행할 경우를 말하며, 더 나가서 영적인 의미로 중생의 해산을 통하여 구원을 얻게 된다는 것입니다.

[결론]

오늘 질문하신 내용을 이해하려면 "해산"이라는 키워드(key word)를 이해해야 합니다. 한 마디로 말하면, "해산"은 구원 얻는 방편입니다. 해산함으로 구원에 이른다는 진리는 여자에 관해서만이 아니라 누구나 "해산의 수고"로 구원을 얻게 된다는 말씀입니다. 여기서 잘못하면 행위로 구원을 얻는다는 뜻으로 오해하기 쉬운데, 사실 그런 것이 아닙니다. 본문에 보면 이 해산의 성격을 제한하고 있는 키워드들이 있습니다. 그중에 가장 중요한 것이 "정절"입니다.

첫째로, 육적인 정절로서 자기 몸을 단장하고 선을 행하라고 합니다(딤전 2:9). 이것은 육신의 단장을 염치와 정절로서 단장하고 올바른 행동을 하라는 뜻입니다. 이것이 하나님을 공경하는 자들에게 마땅하다고 합니다. 이것도 행위로의 구원을 의미하는 것이 아닙니다. 왜냐하면 이렇게 하는 것이 하나님을 공경하는 것이라고 한 것을 보면, 단장하고 선을 행하는 것이 먼저가 아니라 하나님을 공경하는 사람이라면 정절로서 자기를 단장하고 선을 행하게 된다는 뜻입니다.

둘째로, 영적인 정절로서 믿음과 사랑과 거룩함에 거하면 그 해산함으로 구원을 얻으리라는 것입니다. 여기서 정절은 구원의 조건이 아닙니다. 구원의 조건은 믿음과 사랑과 거룩함입니다. 이들을 규정해주는 것이 바로 정절입니다. 정절이 없는 믿음과 사랑과 거룩함이란 있을 수 없다는 것입니다. 하나님에 대한 정절이 반드시 필요하다는 말씀입니다. 정절이 없는 자를 가리켜 창기라고 합니다. 영적으로도 정절 있는 믿음, 정절 있는 사랑, 정절 있는 거룩함이 구원 얻는 조건이 되는데, 이는 해산의 수고로 얻어지고 지켜지는 것입니다.

베드로전서

[질 문] 81

벧전 3:19에 옥에 있는 영에게 선포된 복음입니다. 이 성경은 연옥설을 주장하는 천주교의 중요한 교리로 알고 있습니다. 이에 대하여 어떻게 생각합니까?

[답 변]

이 본문도 성경의 가장 난해한 말씀 중에 하나입니다. 이 본문에 관하여 구구한 해석들이 있습니다. 그러나 우리에게 더 큰 문제는 가톨릭교회가 연옥설(purgatory)의 근거로 제시하는 가장 강력한 구절이라는 것입니다. 그러므로 먼저 이 구절에 대한 다양한 해석을 소개하고, 다음으로 연옥설과 관련해서 간단하게 생각해보기로 하겠습니다.

다음은 이 구절에 대한 다양한 해석들입니다. 예수 그리스도께서 성육신이 되기 이전의 상태 즉 성령으로 현재 옥에 있는 영들에게 전파하셨다는 뜻이라고 합니다(Jerome, Augustine, Aquinas). 이는 성령께서 노아를 통하여 전도하신 것으로 당시에 노아와 그의 식구 등 모두 여덟 명만이 노아를 통하여 성령의 전도를 믿고 구원을 얻었다고 합니다.

그리스도께서 성령의 능력으로 구약 성도들에게 자기의 승리를 선포하시고 인도하셨다고 합니다. 여기에서 악령들의 처소로부터 하데스 중에서 낙원의 부분 (the paradise section of Hades)을 분리시킵니다. 여기의 옥에 있는 구약의 성도들은 "소망을 품고 갇혀있는 자들"(prisoners of hope, 슥 9:12), 즉 구약의 음부에 있는 성도들을 의미한다고 합니다(Bigg, Hunter). 그러나 선포의 대상은 악인들입니다.

그리스도께서 그의 영으로 다만 영들만이 갈 수 있는 영역에 들어가 그들에 대한 심판의 의로우심을 선포하셨다고 합니다. 왜냐하면 그들은 노아의 전도를 믿지 않았기 때문이라고 합니다.

그리스도께서 그 당시 홍수 심판의 희생자들에게 전도하셨다고 하는데 그들은 홍수로 인하여 멸망당하기 전 하나님에게로 돌이킨 사람들이라고 합니다.

그리스도께서 죽으신 직후의 영적인 모습으로 가서 타락한 천사들에게 그의 승리를 선포하신 것이라고 하는데 이들의 유혹의 능력으로 홍수전의 세상을 타락시켜 홍수 심판을 유발하게 한 천사들이라고 합니다(창 6:1-8). 그리스도의 이와 같은 선포는 악한 영들에게는 나쁜 소식이었다고 합니다(Goodspeed, Nestle, Harris, Moffatt). 그러나 본문에는 천사가 아니라 사람들입니다.

그리스도께서 몸이 아닌 그의 영으로 십자가의 죽으심과 부활 사이에 복음을 전한 것이라고 합니다. 이 복음은 한 때 불순종했으나 죽은 후에 그리스도의 전도를 믿은 사람들을 구원하시기 위한 것이라고 합니다(Bigg, Hunter).

어떤 사람은 예수 그리스도께서 직접 타락한 천사들에게 전도하신 것이라고 주장하기도 합니다(Blum, Dalton, Kelly). 그러나 타락한 천사의 언급이 없습니다.

그리스도의 "영혼"이 아니라 "영"(성령)이 옥에 갔다고 했으니 그리스도께서 옥(영옥)에 가셨다는 것은 말이 안 된다고 하며 성령으로 성도들이 갇혀있는 옥에 가서 전파하셨다고 합니다(Calvin). 그러나 여기 옥에 갇혀있는 사람들은 성도들이 아니라 불순종했던 악인들이라는 말씀과 상충합니다.

그리스도께서 살아나신 후 하늘에 올라가신 것은 그가 옥에 있는 영들에게 그의 승리의 선포사건이라고 합니다(Bavinck, Greijdanus). 이 주장에 의하면 "가서"라는 말과 "전파하다"라는 말은 분리할 수 없는 밀접한 관계를 가지고 있는 말로, 복음전파(*εὐαγγέλιζειν*, 유앙겔리자인, 복음 전도)가 아니라 말하자면 부활 승천 자체가 그의 승리를 선언하는(*εἰαγγέλιζειν*, 에케이류켄, 선포) 것이라고 합니다.

[결어]

이들 중에서 취할 만한 것은 첫 번의 어거스틴의 견해와 특히 마지막의 바빙크와 그레이다너스의 견해가 믿을 만합니다. 물론 이 해석들도 본문의 뜻의 완벽한 해석들로 우리에게 만족을 줄 수 있는 것들은 아닙니다. 그러나 개혁주의 교회들이 이 견해들에 많은 비중을 두고 있습니다. 본문은 수없이 많은 이견들을 나타내고 있습니다. 그래서 성경에서 난제 중의 난제입니다.

그 이유는 이 본문의 신비성 때문입니다. 영적인 세계에서 일어난 사건(spiritual event)이기 때문입니다. 조금만 더 관심을 가지고 보면 앞뒤의 문맥을 이어 생각해야 될 문제라는 것을 알 수 있습니다. 즉 예수님의 죽으심과 부활에 관한 내용입니다. 예수께서 죽으심으로 아래로 내리신 비하(humiliation)와 위로 올리신 승귀(exaltation)에 초점을 맞추어 그 말씀의 원리를 생각해야 합니다.

이 성경구절에 근거하여 로마 가톨릭교회에서는 연옥설(Purgatory)을 주장합니다. 연옥설(Purgatory)은 이 구절에 근거를 두고 이생에서 하나님의 은혜의 복음을 믿지 않고 거절한 사람들에게 저 세상에서 궁극적으로 구원을 받을 수 있는 두 번째 기회가 있다고 하는 가톨릭교회의 교리입니다.

로마 가톨릭교회에서는 이 구절에 근거하여 예수 그리스도께서 십자가에 달려 죽으신 후에 지옥에 가셨던 일이 있다고 주장합니다. 바로 그 지옥이 연옥이라는 것입니다. 특히 브레데(W. Wrede)는 이 구절이 연옥교리의 고전적 구절이라고 합니다.

그러나 가톨릭 신학자 중에 이 문제에 의문을 제기하는 학자도 있습니다. 부크벌거(M. Buchberger)는 베드로전서의 이 구절의 의미가 꼭 그리스도께서 지옥에 갔었다는 것을 의미하는 지는 여전히 의문스럽다고 했습니다.

심지어 루터교회 중에서도 이 구절이 “그리스도께서 지옥에 갔던 일이 있었다”고 믿고 있는 사람들이 있습니다(J. F. Buddeus).

이 연옥교리에 의하면, 이 세상에서 구원 얻지 못하여 연옥(불로 정화시키는 곳)이라는 중간 장소에서 불로 고통을 당하면서 있는 동안

이 세상에 사는 그의 가족이나 친척의 신앙행위 즉 미사와 헌금 등을 통하여 천국에 들어갈 수 있다는 교리입니다.

그러나 이 교리는 정통 개신교 그리스도의 대속교리와 정면으로 위배되는 교리입니다. 그럼에도 불구하고 가톨릭교회뿐만 아니라 영국 성공회를 비롯하여 심지어 루터교회와 일부 감독교회들에서까지 받아들이고 있다는 데 문제가 있습니다.

[결론]

위의 언급들을 통하여 "그리스도께서 옥에 있는 영들"에게 가서 복음을 전파하셨다는 구절이 성경의 난제임과 동시에 가톨릭교회의 연옥설의 근거가 되고 있다는 것을 말했습니다.

난구에 대한 문제는 위의 언급을 통하여 자세히 설명이 되었고, 연옥설에 관한 교리도 잘못된 교리임을 인식해야 할 것입니다. 정통신학에 의하여 내세에 대한 지옥, 음부, 천국, 낙원 등의 개념들에 관하여 정확하게 정리가 되면 문제가 없을 것이라고 생각합니다.

개혁교회를 비롯하여 대부분의 교회에서는 인간이 사후에는 두 곳 즉 천국(낙원)과 지옥(음부) 중 어느 한 곳으로 직접 가게 되어 있다는 진리를 고수하고 있습니다. 그러므로 천국과 지옥 사이의 중간 영역인 연옥의 교리는 거부되어야 합니다.

참고로 천국과 낙원, 그리고 지옥과 음부의 개념에 관한 자세한 신학적인 해설은 www.mission4.org (제4세계선교센터)의 홈페이지에 들어가셔서 [나눔의광장]-[자료실]에서 참고하실 수 있습니다.

요한1서

[질 문] 82

사망에 이르는 죄와 사망에 이르지 않는 죄는 어떻게 구별합니까? (요일 5:16)

[답 변]

이 문제는 독립적으로는 다루지 않았지만, 언젠가 어느 질문에서 이 문제를 다룬 것으로 기억하고 있습니다. 시간 관계로 자세히 설명할 수 없으니, 다음에 독립적으로 다룰 기회가 있으면 답변을 작성하여 보내도록 하겠습니다.

사망에 이르는 죄는 한마디로 원죄(pecatum originale)와 같은 죄를 말하며, 사망에 이르지 않는 죄는 원죄를 해결한 자의 자범죄(peccatum actuale)에 해당하는 죄입니다. 원죄와 자범죄는 밀접한 관계를 가지고 있습니다. 원죄의 뿌리에서 자범죄가 생성하게 됩니다. 원죄를 해결하면, 자범죄는 결정적인 역할을 하지 못합니다. 원죄의 해결은 주를 믿고 중생하는 길이며, 중생한 사람은 자범죄를 지어도 멸망 받지 않습니다. 단지 그에 따른 보응을 받게 되고 결국은 회개하고 주의 날에 그 영혼이 구원을 받게 됩니다.

그러나 원죄를 해결하지 못한 자는 원죄에서 이어지는 자범죄 마저 해결하지 못하고 심판에 이르며 결국 구원을 받지 못하게 됩니다. 원죄로 지옥 가는 것이고, 자범죄로 가는 것은 아닙니다. 원죄와 같은 죄(예수를 다시 십자가에 못 박는 죄 즉 사탄과 결탁, 한 몸이 된 죄)는 회개할 수 없고 맹렬한 불 심판만이 기다릴 뿐입니다.

이러한 죄는 회개가 되지 않는 죄로 요한은 이런 사람을 위해서는 기도할 필요도 없다고 했습니다(요일 5:16). 그러나 원죄를 해결 받은 사람들이 자범죄를 짓는 것을 보면 그를 위해서 기도하라고 했습니다(요일 5:16). 이 말씀을 좀 더 깊이 이해하려면 요한일서와 히브리서, 마태복음 등을 참조하시기 바랍니다. 이 말씀은 신학적으로 매우 중요한 의미를 가지고 있습니다.

[질 문] 83

요한1서 5:7-8에 "증언하는 이가 셋이니 성령과 물과 피라 이 셋은 합하여 하나이니라" 하였는데 여기에 물과 피는 요 19:34에 "창으로 옆구리를 찌르니 곧 물과 피가 나오더라" 하신 말씀과 관계가 있는지요?

[답 변]

단도직입적으로 답변을 하자면 "증언하는 이"에 초점을 맞추어 증거론 적인 차원에서 답변을 해야 하는데, 이럴 경우에 본문의 "성령과 물과 피"는 두 가지 측면에서 설명해야 될 것 같습니다. 첫째로 육적이며 물리적인 측면(physical aspect)에서는 예수님의 십자가에서 흘리신 "물과 피"(요 19:34)와 직접적인 관계가 있으며, 둘째로 영적인 측면(spiritual aspect)에서는 간접적인 관계로 상징적, 영적인 의미가 있다고 봅니다. 그러나 포괄적인 차원에서 보면 기독교신학의 전반적인 내용을 포함하고 있는 복음의 가장 핵심적인 말씀이라고 생각합니다. 이러한 면에서 이 구절은 조직신학적으로 좀 더 상세하게 이해하려면 신론적 인간론적 기독론적 그리고 구원론적으로 어프로치 해야 할 것입니다. 신론에서는 삼위일체 기독론에서는 그리스도의 신인양성, 구원론에서는 십자가의 도에 관하여 설명하며 개진해나가야 할 것입니다. 그리고 무엇보다도 본문에 대한 사본학적인 이해가 선행되어야 할 것입니다.

우선 본문에 대한 사본들의 차이를 알아야 합니다. 왜냐하면, 몇몇 사본들에 따라 본문의 성구들이 기입되기도 했고 생략되기도 하였기 때문입니다. 이 사본들의 선택여부에 따라 신학논쟁들이 일어나고 성경의 권위문제에 의문을 제기하기도 하기 때문입니다.

본문에 "성령과 물과 피"(*τὸ πνεῦμα καὶ τὸ ὕδωρ καὶ τὸ αἷμα*)라는 구절이 그 표현상의 성격으로 보아 후대에 삽입한 것이라고 해서 의문을 제기하기도 합니다.

헬라의 사본들의 중요한 사본들에는 없고 뒤늦게 삽입되었다고 보는 두 개의 사본(MSS 162, 34)에만 있다고 해서 의문을 제기합니다.

그리고 헬라어로 된 교부들의 문헌(the writings of the Church Fathers)에도 없을 뿐만 아니라 고대의 역본들에도 빠져 있기 때문에 의문을 제기하기도 합니다.

특히 "물과 피"라는 문구 중 "피로 임함"(*αἵματος*)으로 기록된 사본들 즉 B K L *Ψ al q vg sy*이 있는가 하면 "피"(*αἵματος*) 대신 "성령"(*πνεύματος*)으로 기록된 사본들(43 *pc* Amr)이 있고 "피와 성령"(*αἵματος καὶ πνεύματος*)으로 연계해서 기록된 사본들(S A 614 *al sy* co)도 있고 후대에 와서는 본문과 같이 "성령과 물과 피"(*τὸ πνεῦμα καὶ τὸ ὕδωρ καὶ τὸ αἷμα*)로 기록되어 있는 것이 있어서 혼란스럽기도 합니다.

칼빈주의 삼대 신학자 중 하나인 화란의 헤르만 바빙크(Hermann Bavink)는 이러한 사본학적 혼란으로 인하여 결론을 내리지 못했으나 칼빈은 후대에 삽입되었다고 하는 이 문구들("성령과 피와 물", *τὸ πνεῦμα καὶ τὸ ὕδωρ καὶ τὸ αἷμα*)을 인정했습니다. 이 문장에 사용된 중간에 삽입된 소위 "요한의 콤마 문장"(Comma Johanneum)에 관하여 자주 논의되어 왔습니다. 여기의 성령과 물과 피에 대한 의미에 대해서 말입니다.

그러나 현대판 영문번역판인 NIV에서는 요한이 사용한 대로 "성령과 물과 피"라는 문구를 그대로 사용했고 대부분의 현대판 번역들이 이를 따르고 있습니다.

사실 증거하는 이 셋은 별개의 의미를 가지고 있으면서도 결론적으로는 셋이 하나라는 것에 초점을 맞추어 해석되어야 합니다. 이 셋 중의 성령은 그리스도의 신성에 대한 언급으로 증거하는 일에 주도권을 가지고 있으며 물과 피는 그리스도의 인성에 대한 언급으로 그 증거의 내용이 되는 것으로 곧 셋은 하나라는 뜻입니다. 이는 마치 말씀을 증거 하시는 예수 그리스도께서 곧 말씀이라는 사실과 같은 맥락에서 이해하면 됩니다.

다음으로 생각해야 할 것은 "성령과 물과 피"에 대한 육체적, 물리적인 의미입니다. 이러한 측면에서 생각한다면 물론 예수께서 십자가에서 흘리신 "물과 피"를 의미합니다. 이 물과 피가 예수님의 죽으심을 증거하신다는 것입니다. 예수님의 죽으심을 증거하는 것은 물로만 아니라 피로도(not only by water but also by blood) 증거하신다고 했습니다.

이것은 사도 요한이 그 당시 케린도(Cerinthus)와 영지주의(Gnosticism) 이단들과 가현설의 도케데(Docetism) 이단들에 대하여 예수께서는 육체를 가지시고 구체적으로 이 땅에 오신 분이라는 부분을 분명히 못을 박기 위한 언급이었습니다(요 19:34-35).

여기의 물은 육체의 기본적인 요소이며 피는 물의 의미와 기능을 포함한 인간의 생명을 유지하는 기본적인 물리적인 요소이기 때문에 피를 생명이라고 했습니다(창 9:4). 예수께서 십자가상에서 이 육체의 물과 피를 다 쏟으셨다는 것은 육체적인 죽음을 확인하는 증거로 예수님의 십자가의 죽으심을 증거하는 것입니다.

그 다음으로 생각할 수 있는 것은 "성령과 물과 피"에 대한 예전적인 의미입니다. 여기서 물과 피는 성례를 의미하는 것이고 성령은 이 성례의 효과를 주장하시는 분입니다.

여기의 물과 피는 성례의 의미를 담고 있습니다. 물은 세례의 의미로 그리고 피는 성례(sacrament) 즉 주의 만찬(Lord' s Supper)의 의미를 담고 있다고 볼 수 있습니다. 이와 동시에 성령은 이 성례의 효력을 주장하시는 분이면서 이 성례를 효과 있게 마감하시는 분으로 세례를 주시는 분 즉 성령의 세례를 부어주시는 분이십니다.

물론 본문에서 요한의 관심은 '성례' (sacrament)라기보다는 '증거' (testimony)에 초점을 맞추고 있습니다. 다시 말하자면 요한의 관심은 예수 그리스도의 역사적 현현(historical manifestation) 즉 예수님의 성육신과 십자가의 사건에 있는 것입니다. 그러므로 물과 피의 의미는 성례보다는 예수 그리스도의 십자가 사건에 대한 역사적 '증거' 입니다.

그럼에도 불구하고 위의 예전적인 의미로서의 '성령과 물과 피' 의 의미는 부정할 수 없는 요소들입니다. 구약시대에 유월절 양의 피를 제단에 뿌렸던 예식과 양피를 베는 예식 등은 예수의 피의 상징으로 그리고 구약시대의 물두멍에서의 씻음과 신약시대 세례요한을 필두로 시행했던 물세례의 상징적 의미, 그리고 구약의 불 제단 즉 번제단과 신약의 불세례의 상징적인 의미를 감안할 때에 이들의 예전적인 의미를 읽을 수 있습니다.

이 예전적인 행사에 효력을 부여하시는 분이 바로 성령으로 이 모든 예전적인 의식의 세례들의 종합으로 마감을 하신 분이 성령이시라는 뜻입니다. 그래서 성령의 세례를 받은 사람에게 물로 세례를 주는 것은 당연하다고 했습니다(행 10:47).

그리고 또 생각해야 할 것은 "성령과 물과 피"에 대한 신학적인 의미입니다. 영적으로 "성령과 물과 피"는 직접적이면서도 신학적으로 영적이며 상징적인 의미를 가지고 있습니다. 이 세 증거 즉 "성령과 물과 피"의 증거에 대한 영적 상징적 의미를 말하는 것입니다. 조직신학의 신론 적 입장에서 볼 때에 이 셋은 하나라고 한 것을 보면 영적, 상징적으로 주님의 삼위일체(Trinity)를 암시하고 있다는 것입니다.

흠정역(Authorized Version, KJV) 성경에서는 하늘에 있는(in heaven) 세 증인이 하나이고 땅에 있는(on earth) 세 증인이 역시 하나라고 되어 있습니다. 하늘에 있는 셋인 "성령과 물과 피"는 "성령과 성부와 성자"를 의미하고 땅에 있는 셋은 "성령과 물과 피"라고 하여 현대의 대부분의 영역들에서는 별로 이의가 없는 부분입니다. 물론 RSV나 NEB에서는 이들에 관하여 무시하고 있기도 합니다. 그리고 후대의 몇 몇 사본들과 별 가치가 없다고 생각되는 것들을 제외하고 헬라어 사본에는 나타나 있지 않습니다.

그럼에도 불구하고 성경 전체적인 맥락으로 볼 때에 분명히 창조사역에서와 같이 구속사역에서도 성부, 성자, 성령의 삼위일체께서 참여하시고 증거 하셨다고 보는 것입니다.

기독론적인 입장에서 볼 때 "성령과 물과 피"는 그리스도의 특성을 나타내는 용어들로서 이는 예수께서 받으신 성령과 흘리신 물과 피를 의미한다고 보는데 이는 예수 그리스도의 인성(humanity, 물과 피)과 신성(Divinity, 성령)을 보여주는 것입니다.

예수 그리스도께서는 물과 피를 흘림으로서 자신이 인자(人子)라는 사실과 성령의 역사를 통하여 자신이 하나님(God)이시라는 것을 명백하게 "증거"해 주셨다는 것을 의미합니다.

그리고 "성령과 물과 피"는 구원론적으로 볼 때에 구원의 가장 핵심적인 요소들입니다. 말하자면 성령은 구속의 처음부터 끝까지 즉 인간에게 적용하시는 일까지 도맡아 하시는 분이시면서(예수님의 탄생과 부활의 능력으로) 이제부터 영원까지 믿는 자들에게 함께 하시며 그들의 구원을 완성시키시는 사역을 담당하시는 분이시며 물은 구원의 표로서의 세례의 의미를 가지고 있고 피는 속죄의 보혈의 의미를 가지고 있는 것입니다.

여기에서 사도 요한은 예수님의 세례로서의 역사적인 물과 예수님의 세례와 죽으심에 대한 피에 대하여 언급하는 것으로 이들은 크리스천의 세례로서의 물과 주의 만찬의 포도주로서의 예수의 피를 상징하는데 신학적인 의미가 있는 것입니다.

모든 것 즉 하나님의 계획 하에 주님께서 완성하신 구속사역 즉 물의 사역과 피의 사역을 성령께서 적용하신다는 신학적인 의미가 있는 것입니다. 좀 더 구체적으로 설명하자면 물로 상징된 하나님의 공의와 피로 상징된 하나님의 사랑을 실현하시는 사역을 예수님께서 완수하셨고 성령께서 이것을 인간에게 적용시키신다는 데 신학적인 의미가 있습니다.

[결론]

질문하신 요한1서 5:7-8에 "증언하는 이가 셋이니 성령과 물과 피라 이 셋은 합하여 하나이니라"고 한 말씀 중의 물과 피는 요 19:34에 "창으로 옆구리를 찌르니 곧 물과 피가 나오더라" 하신 말씀의 "물과 피"와는 직접적인 관계가 있으면서 신학적으로 상당한 영적 상징적인 의미를 가지고 있는 말씀입니다.

전술한 바와 같이 요한이 직접 눈으로 보았던 십자가 위에서 예수의 흘리신 물과 피에 대한 증언으로서 이에 대한 신론적 기독론적인 암시와 더불어 구원론적으로 승화시키는 영적 상징적인 의미를 가지고 있는 것입니다.

다시 말하자면 신론의 입장에서 볼 때에 예수님은 삼위일체 하나님이시며 기독론의 입장에서 볼 때에 예수께서는 신성과 인성을 가지고 계신 분이시며 구원론의 입장에서 볼 때에 예수님은 십자가상에서 물과 피를 흘리시어 십자가의 도를 완성하신 분이라는 뜻입니다. 이에 대하여 주도적으로 증거 하시는 분이 바로 성령이시라는 뜻입니다.

요한계시록

[질 문] 84

계시록에 나오는 3차례의 대환난의 기간을 7년으로 보아야 옳은지 그렇지 않으면 순식간에 일어나는 일로 보아야 하는 지입니다(마 24:37-39 대조).

[답 변]

사실 요한계시록은 해석하기가 가장 어려운 성경 중의 하나입니다. 특히 여러 가지 성경 해석법의 툴(tools)을 사용해야 하기 때문에 영적이며 전문적인 테크닉이 필요합니다. 특히 요한계시록은 지상적인 것과 천상적인 것뿐만 아니라 시간과 공간을 초월해서 일어나는 하나님의 말씀이기 때문에 완벽한 해석을 하는 데는 인간에게 있어서 한계가 있습니다.

요한계시록 16장에서부터 시작하여 19장에 이르는 세상의 마지막

환란으로, 세대주의나 다른 학자들의 견해들과 달리 개혁주의의 입장에서 보면, 후 삼일 반이 끝나면서 일어나는 사건들입니다(계 11:7-10). 물론 여기에서 시간이나 날자나 연수를 문자대로(literal) 보면 안 됩니다. 특히 요한계시록에 나오는 숫자의 개념은 실수대로 보아야 하는 것도 있지만, 많은 부분이 영적이며 상징적인 숫자로 보아야 해석이 가능한데, 바로 이 부분이 그렇습니다. 즉, 한 때 두 때 반 때, 삼일 반, 삼년 반, 1260일, 42개월 등의 숫자는 실수대로 해석하면 세대주의적인 오류에 빠지기 쉽습니다.

그러므로 이 숫자들은 똑같은 시기를 다른 방식으로 표현한 것으로 상징적인 숫자로 보아야 해석이 가능합니다. 이러한 측면에서 볼 때에, 7년이라는 숫자도 실수로 보면 세대주의에서 말하는 7년 대 환난을 주장하게 됩니다. 7년이라는 숫자는 실수가 아니라 상징적인 숫자입니다. 이는 전술한 숫자들이 똑같이 7년 혹은 7일 중의 반을 가리키고 있기 때문입니다. 그래서 개혁주의에서는 7년 대환난이라는 말은 사용하지 않습니다.

제3차 환난은 계시록의 표현방법으로 볼 때에, 후 삼일 반(계 11:7-10)이 지나면서 일어나는 사건들입니다(계 11:1-19). 이 시기에 주님께서 세상을 완전히 심판하십니다(계 11:18). 물론 이 사건들이 질서 있게 차서대로 진행되는 것이 사실이지만, 그럼에도 불구하고 시간적인 순서를 초월하고 있다는 것이 성경, 특히 계시록의 표현방법입니다. 그래서 성경 특히 요한계시록을 해석하기 위해서 "주제들의 연속"(sequence of topics)과 "사건들의 순서"(order of events)의 절묘한 표현방식을 잘 이해해야 합니다.

이러한 성경 해석학적인 연장(tools)과 기술(technic)이 없으면 자동차 정비사(mechanic)가 연장(tools)과 기술(technic)이 없을 때에 자동차를 분해하고 조립하는 정비를 할 수 없는 것과 마찬가지입니다. 이러한 원리에 익숙할 때에 성경을 잘 해석할 수 있습니다.

제3차 환난이 진행될 때, 즉 후 삼년 반 이후에는 세상에 대한 하나님의 마지막 심판이 계속되는데 최종적인 심판의 대상은 큰 바벨론과 음녀와 무저갱에서 올라와 그동안 성도들을 박해했던 붉은 짐승과 거짓 선지자들입니다(계 17-19장).

제3차 환난이 진행되는 순서를 시간적으로 정확하게 말하기는 어렵고(시간을 초월한 사건들 때문에), 논리적으로 말하자면 다음과 같은 순서를 밟게 됩니다(계 16-19장).

첫째 대접을 땅에 쏟게 되는데, 이때에는 짐승의 표 즉 666의 표를 받은 자들에게 임하는 환난이요 심판입니다. 이들은 우상에게 경배하던 자들입니다.

둘째 대접을 바다에 쏟게 되는데, 이때에는 바다가 피같이 되어 바다 가운데 있는 모든 생물들이 죽는 바다의 심판입니다.

셋째가 대접을 강과 물 근원에 쏟게 되는데, 이때에 물이 피같이 되는 것을 보고 물을 차지한 천사가 이 심판에 대하여 하나님께서 의로우시다라고 선언합니다.

넷째가 대접을 해에 쏟게 되는데, 이때에 해가 권세를 받아 사람들을 태우지만 사람들이 오히려 회개하지 않고 하나님의 이름을 훼방합니다.

다섯째가 대접을 짐승의 보좌에 쏟게 되는데, 짐승의 나라가 어두워지며 이로 인하여 사람들에게 종기가 나서 고통을 당하나 회개치 않고 하나님을 훼방합니다.

여섯째가 대접을 큰 강 유브라데에 쏟게 되는데, 이때에 강물이 말라서 동방에서 오는 왕들의 길이 예비됩니다. 이때에 마귀의 삼위일체격인 용과 짐승과 거짓 선지자의 입에서 귀신의 영이 나와 천하 임금들에게 들어가 전쟁을 예비하고 아마겟돈이라는 곳으로 왕들을 모으게 되는데, 이는 하나님의 심판을 예비하는 것이기도 합니다.

일곱째가 공기 가운데 쏟으면서 세상의 마지막 심판이 결행되며 19장에 가서 완성되는 것을 보게 됩니다. 이 마지막 대접이 쏟아지면서 큰 지진이 나고, 큰 성 바벨론이 세 갈래로 갈라지면서 무너지고, 각 섬이 없어지고 산악도 없어지며, 하늘에서 한 달란트나 되는 대형 우박이 쏟아지나 오히려 하나님을 훼방합니다.

결국 세상을 다스리던 세 부류의 적그리스도들이 심판을 받게 됩니다. 즉 큰 음녀, 즉 큰 바벨론에게 권세를 주는 마귀라고도 하고 사탄이라고 하는 옛 뱀인 용과 세상을 다스리는 땅의 붉은 짐승과 거짓 선지자들이 잡혀 산 채로 유황 불 못에 던지게 되는데, 이들 트리오가 바로 666수의 주인공들입니다. 이 사건은 이미 요한계시록 11장과 13장에서 보여준 사건들로 예언적 전망(prophetic perspective)이 실현되는 장면입니다. 이렇게 계시록의 기록은 시간과 공간을 초월해서 넘나듭니다.

[결론]

한마디로 결론을 내리자면 제3차 환난의 사건은 구태여 숫자로 말하자면, 7일 중 3일 반 후에 진행되는 환난(계 11:11-19; 16:17-21; 19:19-20)으로, 하나님께서 마지막으로 세상의 권세들을 심판하시는 장면입니다. 이로 인하여 마귀의 삼위일체격인 용(마귀, 사탄)과 거짓 선지자와 붉은 짐승(7두 10각)을 잡아 유황 불 못에 던지고, 최후 심판(소위 백보좌 심판; 계 19:20~20:15)으로 세상 심판과 사람들의 마지막 심판을 마무리 짓게 됩니다.

[질 문] 85

계 12:7-10에 하늘에서 일어난 영의 전쟁으로 미가엘 천사에게 축출 될 때까지 마귀가 하늘에 자기 보좌를 두고 성도를 밤낮으로 참소했다고 하였으니 그것을 어떻게 해석해야 옳은지요?

[답 변]

하나님의 계시하시는 방법 중 예언적 전망(prophetic perspective)을 내다볼 수 있는 원근축화법 혹은 원근통시법(prophetic foreshortening)이 있습니다. 특히 계 12장은 이 방법을 무시하면, 단순히 역사적 해석법이나, 미래적 해석법, 현재적 해석법 등에 발이 묶여 입체적으로 혹은 총체적으로 성경의 이 부분을 이해할 수가 없습니다. 그래서 여러 가지 견해들이 쏟아져 나오는 것입니다.

계 12장에 나오는 "하늘의 전쟁"에 대한 견해들 중에 페르시아의 신화나 외경들에서 빈번하게 발견되고 있다는 점을 고등 비평가들이 인용하고 있습니다. 그러나 그것은 고려할 가치가 없는 것이기 때문에 스킵하시는 것이 좋습니다.

성경 주석가들의 견해를 귀 기울여 듣고 성경적으로 가장 합당한 견해를 취하는 것이 지혜로운 태도입니다. 계 12장의 하늘의 전쟁에 대한 의미를 알아야 하늘에서 사탄이 쫓겨날 때까지 밤낮 성도들을 참소했다는 내용을 이해할 수 있을 것입니다. 중요한 것은 이 하늘의 전쟁이 무엇이며 그 시기는 언제인가? 라는 문제입니다. 이 하늘의 전쟁에 대해서 여러 가지 견해들이 있습니다.

(1) 창조 이전에 천사장이 타락하여 하늘에서 쫓겨난 사건, (2) 에덴동산에서 뱀이 아담과 하와를 타락시킨 사건, (3) 그리스도께서 성육하시고 죽었다가 부활하신 사건(4) 오늘날 교회에서 사탄들이 성도들과 싸우는 사건, (5) 종말에 천사장과의 싸움에서 사탄이 추방될 사건.

이 견해들 중 어느 하나에만 국한시킬 수 없는 것은, 이 사건이 환상으로 보여진 내용을 보면 영적인 전쟁이면서도 육적이며, 과거적이면서도 미래적이며, 또 영원한 현재(eternal present)의 장면으로 보여지고 있기 때문입니다. 그러므로 이 사건은 원근통시법에 의하여 해석되지 않으면 문제가 풀리지 않을 것입니다. 이 원근통시법 혹은 원근축화법에 의존해서 보면 이 사건은 (3)과 (5)의 견해가 유력합니다. 왜냐하면 이 전쟁의 내용과 결말을 보면, 하나님과 사탄의 전쟁으로 하나님의 승리를 선언하고 있기 때문입니다. 그런데 이 사건은 1차와 2차의 승리의 내용을 담고 있어서 1차 "이미"(already)와 2차 "아직"(not yet)이라는 하나님의 구속섭리의 패턴에 의해서 이해되어야 합니다. 다시 말하면 이 사건은 종말론적 사건으로 해결해야 한다는 말씀입니다.

제1차로 종말의 초기에, 예수 그리스도께서 초림으로 나타나셔서 십자가의 승리와 부활로 인하여 하늘의 영적인 전쟁에서 승리하시고 승천하셨습니다. 이 영적인 승리로서 하늘에서 성도들을 참소하고 있던 사탄이 내어쫓겨 지상으로 내려오게 된 것입니다. 그래서 이 세상이 사탄의 활동무대가 된 것입니다.

그렇다면 엡 6:12에 공중 권세와 하늘에 있는 악한 영들이란 무엇을 의미하느냐? 라는 의문입니다. 그러나 그리스도의 1차적 승리로 인하여 근본적으로 성도들을 "참소"하던 사탄이 하늘에서 쫓겨났지만, 그들에게 부여된 일말의 권한이 남아 있어서 성도들을 괴롭히고 "시험"하기 위해 공중에서 활동하고 있다는 것입니다. 여기서 공중을 문자적 장소성이라기 보다는 장소를 초월한, 말하자면 "참소하는 자리"가 아니라 "시험하는 자리"에서 활동하고 있다는 의미로 이해하는 것이 좋을 것입니다. 성경에는 이러한 영적이해가 필요할 때가 많습니다.

그리고 종말의 말기에 부활하신 주님께서 천사들을 통하여 이 사탄을 잡아 불 못에 던지므로 그들이 완전히 전에 자리 잡았던 "위치"(하늘)에서 영원히 쫓겨난다는 의미로 해석됩니다. 결국 제2차 승리(이기고 이기더라)로 그 막을 내리는 것입니다.

[결론]

하늘에서 일어난 영의 전쟁으로 미가엘 천사에게 축출 될 때까지 마귀가 하늘에 자기 보좌를 두고 성도를 밤낮으로 참소했다고 하는 내용은 위에서 하늘의 전쟁에 대하여 신학적으로 정리한 대로, 예수 그리스도께서 오시기 전에는 마귀가 하늘에서 성도들, 구체적으로 말하자면 구약의 성도들을 참소하고 있었다는 뜻입니다.

예수님의 십자가와 부활 사건은 영적인 전쟁으로 하늘의 전쟁을 의미하며, 주님의 승리는 미가엘 천사장을 통한 마귀의 축출로 표현되고 있습니다.

계 12장의 내용은 여러 가지 영적, 상징적 의미를 담고 있지만, 중심은 그리스도의 탄생(초림)과 십자가와 부활의 승리와 종말(재림)의 최후 승리의 내용을 담고 있습니다.

제1차적 그리스도의 승리는 원죄로 인한 사망의 문제를 해결했고, 이를 기본으로 하여 우리의 자범죄의 가능성까지 완전 해결될 제2차적 승리로 마무리가 될 것입니다.

그러므로 원죄를 위한 하늘의 승리로 완전 정복되었고, 아직 육신으로 살아남은 인간을 위한 궁극적 승리로 인하여 남은 유혹과 죄악을 완전히 정복하게 될 것입니다.

사실 그리스도의 초림으로 이루어진 십자가의 승리가 완벽한 승리임에도 불구하고 종말론적으로 아직 남아 있는 전쟁이 있다는 표현은 십자가의 승리가 불완전한 승리라는 뜻이 아닙니다. 이미 십자가의 승리로 제2차 종말론적 승리를 완성시켰지만, 시대적으로 남아 있는 싸움의 승리에 대한 예언적 표현이라고 할 수 있습니다.

계 12:7-10에 하늘에서 일어난 영의 전쟁으로 미가엘 천사에게 축출될 때까지 마귀가 하늘에 자기 보좌를 두고 성도를 밤낮으로 참소했다는 말씀은 그리스도의 십자가의 승리가 있기 전까지 마귀가 구약의 성도들을 밤낮으로 참소했다는 뜻입니다. 물론 마귀가 하는 일은 주님께서 재림하실 때까지 지금도 변함이 없습니다. 중요한 것은 그리스도의 승리가 믿음으로 우리의 승리가 되신다는 것입니다.

[질 문] 86

마귀가 불 심판으로(계 20:10) 영원한 불 못에 들어가기까지는 지금도 하나님의 보좌 앞에서 참소하고 있다고 해야 하는지요?

[답 변]

먼저, 사탄이 결박되어 무저갱에 갇혀있다는 말씀부터 분석을 해보아야 할 것입니다. 왜냐하면 이 말씀에 대한 세대주의와 개혁주의의 해석의 차이가 크기 때문입니다.

세대주의에서는 사탄이 결박되어 무저갱에 갇혀있다는 것을 천년왕국 직전에 있어질 사건으로 보는 반면에, 개혁주의에서는 예수께서 오신 이후 적그리스도 나타날 때까지로서 보는 것이 다릅니다. 그러므로 세대주의에서는 주님의 이중 재림, 이중 심판, 성도들의 이중 부활 등의 교리로 발전되며, 개혁주의에서는 단회적인 재림, 단회적인 심판, 성도들의 한 번의 부활 사건으로 교리를 정리합니다.

이런 경우에 세대주의에서는 지금은 마귀의 때로 보고 천년왕국 직전 무저갱에 갇힐 때에 비로소 전면적인 활동의 제한을 받다가, 천년 후에 잠시 활동을 개시한 후에 영원한 심판으로 들어가는 것으로 봅니다. 그러나 개혁주의에서는 예수께서 오신 후에 근원적으로는 사탄의 전면 활동에 제한을 받으나 그의 영향력이 지금도 발휘되어 여러 가지 유혹과 불신을 조장하여 인간의 불행을 가져다준다고 봅니다. 이러한 차원에서 볼 때, 지금도 사탄들이 부정적인 측면에서 하나님의 구속완성 사역에 쓰이고 있다고 해도 과언은 아닙니다.

[질 문] 87

타락한 천사를 마귀로 보아야 하는지? (계 9:14-15)

[답 변]

맞습니다. 앞서 언급하신 천사들은 모두 마귀들입니다. 타락한 천사들은 모두 사탄이라고 합니다. 그런데 이해하기 어려운 부분이 있습니다. 문제는 천사들과 마찬가지로 사탄을 단수로 사용했다가 복수로 사용하기도 한다는 것입니다. 그러므로 이 문제를 해결하기 위해서 수에 대한 형이하학적 개념과 형이상학적 개념을 이해해야 합니다.

본래 하나님을 거역하고 타락한 천사가 마귀 혹은 사탄이라고 했는데, 이럴 경우에 사탄은 단수로 되어있습니다. 그러나 성경에 보면, 사탄, 마귀라고도 하고 사탄들, 마귀들이라고도 합니다. 그러면 처음에 천사가 타락할 때에 수많은 천사들이 동시에 타락했다고 보아야 하지 않습니까? 그래서 천사들의 등급 혹은 계급의 차원에서 이해하려는 것입니다.

본래 반역의 주모자는 장급의 지위가 높은 천사를 의미하여 이럴 경우에 마귀 혹은 사탄으로서 용으로 형상화시켜서 단수로 사용하고, 그가 타락할 때에 함께 떨어진 천사들(별들)을 복수로 써서 타락한 천사가 수없이 많은 것같이 말하곤 했습니다.

그래서 성경에는 여러 가지 타락한 천사에 관해서 언급하고 있습니다. 예를 들어 이사야서(14:12-15)에서 타락된 천사(비유로 두로 왕을 지칭)를 계명성(morning star)이라고 해서 단수를 사용합니다. 그러나 하나님이 자기 지위를 지키지 아니하고 자기 처소를 떠난 천사들을 큰 날의 심판까지 영원한 결박으로 흑암에 가두셨으며(유 1:6), 나팔 가진 여섯째 천사에게 말하기를 큰 강 유브라데에 결박한 네 천사를 놓아 주라 하매 네 천사가 놓였으니 그들은 그 년, 월, 일, 시에 이르러 사람 삼분의 일을 죽이기로 예비한 자들이더라(계 9:14-15), 하나님이 범죄한 천사들을 용서치 아니하시고 지옥에 던져 어두운 구덩이에 두어 심판 때까지 지키게 하셨으며(벧후 2:4), 또 자기 지위를 지키지 아니하고 자기 처소를 떠난 천사들을 큰 날의 심판까지 영원한 결박으로 흑암에 가두셨으며(유 1:6), 나팔 가진 여섯째 천사에게 말하기를 큰 강 유브라데에 결박한 네 천사를 놓아 주라 하매(계 9:14), 네 천사가 놓였으니 그들은 그 년, 월, 일, 시에 이르러 사람 삼분의 일을 죽이기로 예비한 자들이더라(계 9:15)라고 한 것을 보면 타락된 천사의 수가 많은 것을 알 수 있습니다.

그러므로 타락된 천사들을 형이하학적으로 표현하자면, 그 수가 많아서 여러 가지 형태의 범죄자들로 분류해서 설명을 하고 있으며, 그럼에도 불구하고 성경에서 형이상학적으로 말할 때에는 모두들 그저 마귀라 지칭하고 있습니다.

이러한 차원에서 볼 때, 목사님께서 질문하신 계 9:14-15에 결박된 네 천사를 년 월 일 시에 풀어놓아 사람 삼분의 일을 죽이게 하신다고 하였고, 유다서(6절)에는 자기 처소를 지키지 않은 천사를 큰 날의 심판까지 결박하여 가두었다는 그 천사들 모두가 마귀라고 할 수 있는데, 이는 천사의 수 또는 마귀(사탄)의 수보다는 범죄행위에 초점을 맞춘 것으로 보입니다.

그러면 수없이 많은 마귀의 숫자가 되는데 이 문제는 어떻게 되는지? 가 궁금할 것입니다. 그러나 타락한 천사의 범죄행위에 초점을 맞추어 말할 때에는 이 천사들 모두가 하나의 마귀같이 표현하고 있지만, 천사의 숫자에 초점을 맞추어 생각할 때에는 마귀의 수가 많다고 표현하는 것입니다. 이럴 경우에 수많은 마귀는 수많은 천사들의 타락으로 보아야 한다는 것입니다. 즉 우두머리 사탄이라고도 하고 마귀라고도 하여 형상화시킨 용은 하나이지만, 이 천사가 타락할 때 그를 따르는 천사들 무리가 함께 타락하였다는 신학적인 이론이 성립되는 것입니다. 그러므로 이 모두를 마귀라고 부릅니다.

성경일반

[질 문] 88

신론 중 일부인데 다음 밑줄 친 두 곳의 단어 중 어느 것이 맞는 말인지요? 공무와 공부 어느 단어가 맞나요?

"전택설을 논증할 수 있는 경우를 찾아볼 수 있다. 첫째, 하나님의 주권에 치중하는 성구들(토기장이의 비유)이 있다. 둘째, 자연의 사역에 구속사역의 예증을 포함하도록 제정되었음을 암시한다. 셋째, 논리적이고 통일적이다. 넷째, 천사들에 관한 예정의 유추가 있다. 이와는 반대로 전택설을 반증하는 경우도 있다. 첫째, 전택설이 말하는 창조될 수 있는 사람이란 공무다. 그리고 이미 창조된 줄로 고찰되지 않은 공부의 사람은 사랑을 받거나 선택을 받기 불능하다."

[답 변]

학생들과 목사님들을 가르치면서 항상 어려움을 느끼는 것들이 바로 용어(특별히 전문용어, technical term)의 선택 문제입니다. 요사이 성경번역을 보면서 안타까운 부분들이 바로 이러한 부분들입니다. 여러 가지 성경번역들을 대조하면서 원어(히, 헬, 라) 원문에 들어가 보면 번역의 문제가 되는 부분들이 많은 것을 발견하게 됩니다.

물론 사본학적 문제라고도 하지만, 문제는 번역의 예비지식 중에 일부나 편협 된 입장을 가지고 번역을 했기 때문입니다. 즉 원어의 제한된 지식, 접근, 해석방법, 한글성경, 여러 가지의 영역성경 등 어느 한 곳에 치중하고 있기 때문입니다. 가장 중요한 자세는 원문을 단어의 의미들(denotation, connotation)과 문맥상으로 정확하게 파악하고(nuance까지), 성서신학과 조직신학적 지식이 뒷받침이 되어야 합니다.

각설하고 문의하신 용어(공무)는 특히 한국의 옛날 분들의 어투로 무슨 뜻인지 알기가 어려운데, 그 단어(공무)에 대한 한문이라도 토를 달았으면 좀 더 이해하기가 쉬웠을 것입니다. 사실 문맥으로 보면 벌코프 조직신학에 있는 내용을 자신이 풀이해서 공무(空無)라고 번역한 것 같은데…이 용어의 의미는 사람이 아직 "창조되지 않은 상태"를 언급하고 있는 것 같습니다. 아마 사람이 개념만 있고 아직 창조되지 않은 상태를, 한문글자를 이용해서 "공무"라고 한 것 같습니다. 이것은 아래의 전택설(Supralapsarianism)에 대한 반론 중의 하나입니다. 아마 임의로 빌 공자 공과 없을 무자 무를 써서 만든 용어인 것 같습니다. 좀 더 이 반론에 대하여 풀이해보면,

(1) 전택설은 사람을 창조하기 전에 하나님께서 선택(유기를 포함해서)하셨다는 학설입니다. (2) 그럴 경우에, 사람이 창조되지 않은 상태에서 그 사람을 선택했다는 뜻이 된다는 것입니다. (3) 쉽게 말하면,

나기도 전에, 아직 사람이 실질적으로 형성되지도 않은 상태에서 미리 선택했다는 뜻이 된다는 것입니다. (그래서 선택의 대상이 아니라는 것입니다) (4) 이것은 사람이 형성되기 전, 아무 형상도 없는 "공무"(空無) 상태의 사람이라는 뜻인데, 용어 선택에는 좀 문제가 있는 것 같습니다. (5) 벌코프는 이 상태를 아직 존재하지 않은 상태로 "비 존재적 실체"(non-existent entity)로서 "창조될 자" (certain to be created/creabilis)로 말하고 있습니다.

(6) 어떤 의미에서 하나님의 생각 속에 있는 사람으로, 좀 더 정확하게 말하자면, 사람이란 하나님 안에 이미 있는 존재로, 마치 우리가 아담 안에 있었다는 표현(피조물 안 피조물)과 같이, 하나님 안의 있었던 사람(창조주 안의 피조물/범신론이 아님)로 하나님의 생각 속에서 이미 예정되었다는 뜻입니다. 예를 들어 말하자면, 사람이 아직 아들을 낳기도 전에 미리 이름을 지어, 낳게 되면 붙여주려고 작정하는 것과 같겠지요. 아들을 나면 의사가 되게 할 것이고, 딸을 나면 약사가 되게 하겠다는 등등의 부모가 미리 하는 선택적 작정과 같겠지요.

(7) 이 문제에 관한 반대론자들의 반대 이유는 "어떻게 아직 형성되지도 않은 공무의 상태의 사람에게 인격적 존재들에게 해당되는 선택과 유기가 해당되느냐?"는 주장입니다. 다시 말하면 "아직 고찰되지 않은 공무의 사람이 어떻게 사랑을 받거나 선택의 대상이 될 수 있느냐?"는 주장입니다. 즉 "이미 창조된 줄로 고찰되지 않은 공무의 사람은 사랑을 받거나 선택을 받기 불능하다."(당사자의 번역)는 것입니다.

그러나 이 말은 벌코프의 원문을 잘 못 이해하고 있는 것 같습니다. 여기서 '고찰' 이라는 말은 영어로 된 원문 조직신학 신론에서

'considered' (고려되는, 생각되는, 간주되는)인데 이것을 잘 못 번역한 것 같습니다.

위의 번역문은 누가 이해하기도 힘들고 뜻이 원활하게 통하지도 않습니다. 다시 벌코프 조직신학 신론에 있는 원문을 인용해보면 "The objects of the decree are first of all men considered as mere posibilities, as non-existent entities"로 이 원문의 뜻은 "이 작정의 대상들은 무엇보다도 단순한 가능성, 즉 비존재의 실체로서 간주되는 사람들이다"입니다. 즉 아직 존재하지도 않은 실체인 사람을 지칭하는 내용입니다. 인간적인 차원에서 보면, 아직 지음 받지도 않은 상상 속의 사람으로 이해되기도 쉽겠으나, 신적인 차원에서 보면 아직 현상학적으로 구체화되지 않은 것들도 하나님 안에 존재할 수 있기 때문에 가능합니다.

그래서 다윗은 자기가 모태에서 출생하기 전부터 아담으로부터 죄를 유전 받은 죄인이라고 고백했고, 바울은 창세 전 자기가 세상에 나기 전부터 하나님께서 선택하셨다고 했습니다. 선택설을 주장하는 사람들 중에 전택설은 시간과, 인간의 자유의지를 초월한 하나님의 주권에 근거하고 있고, 후택설은 하나님의 주권과 시간적 개입을 고려해서 하나님께서 선택을 하셨지만, 사람의 구원을 위한 선택은 타락 후에 결정하신 것이라고 이해하는 편입니다. 하나님의 절대적인 예지와 의지, 그리고 절대 주권을 강조하는 차원에서 보면 전택설론 자들이 강력한 예정론 자들이라고 할 수 있지요.

[질 문] 89

이스라엘 사람들이 세계에서 노벨 수상자가 월등하다는 것은 하나님의 일반 은총으로 해석되어야 하는지, 그렇지 않으면 구약시대와 같이 특별은총으로 해석되어야 하는지요?

[답 변]

이 질문은 한 마디로 결론을 내릴 수 있는 문제이지만, 신학적으로 상세하게 설명하려고 할 때에는 상당한 조직신학적인 식견이 필요합니다. 왜냐하면, 이 문제를 신학적으로 완전히 이해하려면 성령의 사역과 하나님의 은총(은혜)에 관해서 명확하게 설명을 해야 하기 때문입니다.

그러나 한마디로 간단한 답변만 필요하다면, 유대인들의 뛰어난 재능과 지식은 일반은총(보통은혜)에 속합니다. 이유는 특별은총(특별은혜)과 일반은총(보통은혜) 사이를 구별 짓는 기준 중에서 가장 근본이 되는 것 중의 하나가 바로, "구속"에 관련이 있느냐 없느냐, 예수와 관련이 있느냐 없느냐 에 달려 있기 때문입니다. 그러므로 기왕에 나온 문제이니 내친김에 조직신학적으로 서베이하고 결론을 내리도록 하는 것이 좋을 듯합니다.

하나님의 성령의 사역에는 일반사역과 특별사역의 두 가지 사역이 있습니다. 좀 더 근본적으로 말하자면, 하나님의 창조사역과 구속사역에 관련되어 있는 사역들입니다. 이 부분에서 성령의 일반사역은 창조사역에 연관되어 있고, 특별사역은 구속사역에 연관되어 있습니다. 그러나 이 두 사역의 상호관계에 대해서도 반드시 설명해야 할 필요가 있습니다.

삼위일체 중 성령의 개념이 신약 성경에서와 같이 구약 성경에서는 명확하게 계시되어 있지 않습니다. 이는 항상 말하는 바와 같이, 계시의존사색에 의하여 발전적 계시관에 따라 구약시대에는 초기계시시대(초기계시단계)이기 때문입니다. 이는 마치 구약에서는 메시아에 관하여 예수님으로 구체적인 계시가 나타나지 않은 것이나, 신약시대와 같이 구약에서는 지옥의 개념이 명확하게 계시되지 않은 것과 같은 맥락에서 생각하면 될 것입니다.

하나님의 영, 즉 성령을 말할 때에 구약에서는 언제나 인격을 나타내는 말로 쓰이지 않고, 하나님의 호흡에 연관시켜 생명의 힘, 즉 피조물이 살아가는 데 필요한 하나님의 고유한 원리를 독특한 방식으로 말할 때에 사용되었습니다. (욥 32:8; 시 104:29; 사 42:5)

하나님의 영, 즉 성령이 구약에서 단순한 능력뿐만 아니라 분명한 인격으로 명시되어 있다는 것은 가장 주목할 만한 사실입니다. 즉 천지창조와 인간창조의 사역에서 삼위일체 하나님의 제3위로서 생명을 주는 인격적인 존재로서 나타났습니다. 즉 물리적 생명의 기원, 발전의 사역들이 성령의 일반사역에 속한 것들입니다(창 1:2; 2:7).

하나님의 영, 즉 성령이 비범한 능력과 비상한 용기와 강한 힘으로 역사하는 경우들도 얼마든지 있습니다. (삿 3:10; 6:34; 11:29; 13:25; 14:6, 19; 15:14)

하나님의 영, 즉 성령이 지적인 영역에서도 특별한 지혜와 지식과 총명을 주시는 사역을 수행하시기도 합니다. (욥 32:8; 단 1:17; 4:8; 5:11, 14)

하나님의 영, 즉 성령이 예술적인 영역에서도 특별한 재능과 기교의 은사를 부어주시는 사역도 수행하시기도 합니다. (출 28:3; 31:3;

35:30)

하나님의 영, 즉 성령이 사람들을 지도할 수 있는 특출한 리더십의 은사를 부어주시는 사역을 수행하시기도 합니다. (민 11:17, 25, 27; 삼상 10:6; 16:13)

하나님의 영, 즉 성령은 계시의 영으로 선지자들에게 예언을 하며, 모든 것을 분별하며 능력을 행할 수 있는 은사를 부어주시는 사역도 하십니다. (삼하 23:2; 선지자들)

"성령의 일반사역과 특별사역은 어떤 관계가 있는가?" 하는 문제가 질문하신 문제를 이해하는 데 아주 중요합니다. 이는 일반 은총과 특별은총에 관련되어 있기 때문입니다.

성령의 일반사역과 특별사역의 사이에는 유사성이 있습니다.

성령의 일반사역을 통하여 유기체적, 지적, 도덕적인 삶을 시작하고 유지시키며, 강화시키고 인도하십니다.

성령의 특별사역을 통하여 구속의 영역에서도 중생과 성화로의 발전과 열매를 맺어 하나님의 섭리를 완성시키십니다. 이는 내용과 형식의 유사성을 말합니다.

성령의 일반사역과 특별사역에는 본질적인 상이점이 있습니다.

창조영역에서 성령은 자연적 창조의 생명을 시작하고, 유지하며, 발전시키고, 인도하며, 죄의 세력을 일시적으로 제한하고, 인간생활의 질서와 예의도덕을 유지하고, 외면적 선과 의를 행하며 인간에게 부여한 천부적 재능을 발전시킬 수 있도록 하십니다.

구속영역에서 성령은 위로부터 기인한 중생과 양육과 완성에 이를 새 생명, 즉 지상에 살지만 원리상으로 천상적인 생명을 시작하고 유지하고 발전시키며 인도하십니다.

창조영역에서 성령의 일반사역은 독자적 중요성이 있지만, 이는 구속사역에 예속되는 것으로, 이 두 사역은 분리할 수 없는 성령의 사역입니다. 이 둘은 최종적인 하나님의 뜻을 이루기 위해 하나님에 의해 결정되고 하나님의 지배를 받게 됩니다.

하나님의 은총에는 일반은총(보통은혜)과 특별은총(특별은혜)으로 구분합니다. 이 두 은총은 받는 인간 편에서 보면 두 가지로 구별하지만, 주시는 하나님 편에서 보면 분리할 수 없는 하나의 은총이라는 성격을 가지고 있습니다. 이는 이 두 가지 은총이 분리될 수 없는 하나의 성령에 의하여 주어지는 것으로 인간에게 다양하게 나타나는 것입니다.

하나님의 일반은총은 모든 피조물이나 모든 인간 또는 복음의 통치하에 있는 사람들이 공통적으로 소유하고 있는 은총을 말합니다. 즉 일반인뿐만 아니라 믿는 사람들까지도 동일하게 소유하고 있는 은총으로 이 일반은총은 특별은총을 받은 선택된 믿음의 사람들에 관련될 때에 구원의 빙거로 더욱 빛나게 되어 하나님의 구속을 영광스럽게 합니다. 그러나 불신자들에게 관련될 때에는 멸망의 빙거가 되기도 합니다. (롬 1:18-20; 빌 1:28)

칼빈에 의하면 이 일반은총은 ① 모든 피조물에 적용되는 보편적인 일반은총, ② 모든 인간과 인류 각자에게 적용되는 일반적인 일반은총, ③ 선택된 자이던 아니던 계약의 영역에서 살아가는 모든 사람들에게 공통적인 언약 즉 일반은총 등으로 구분합니다.

일반 은총에는 선택받은 자나 선택받지 못한 자들 모두에게 임하는 외적인 복음적 부르심이나, 내적 조명(inner illumination), 그리고 외적 소명(external calling) 및 조명, 그리고 성령의 은사

(Charismata)들이 있지만(히 6:4; 10:26, 이 구절들은 중생이 아니라 외적 소명 혹은 조명임), 구원론 적 특별은총에 연관되지 않을 경우로 제한됩니다.

일반적으로 일반은총(보통은혜)을 말할 때에는 (1) 심령갱신이 없고, 일반계시와 특별계시를 통해 인간에게 도덕적 영향력을 행사하여 죄를 억제하고 사회생활에서 질서가 유지되며, 시민적 의가 증진되도록 하는 성령의 일반사역과 (2) 햇빛과 비, 먹을 것과 마실 것, 주거와 의복들과 같이 하나님께서 원하시는 대로 모든 사람에게 무차별적으로 내려주시는 일반적인 복들에 대하여 언급하고 있습니다.

하나님의 일반 은총과 특별은총의 차이점들은 다음과 같이 설명할 수 있습니다.

특별은총의 범위는 선택의 결정에 의하여 결정됩니다. 그러나 일반은총은 선택받은 자나 선택받지 못한 자 모두에게 적용되며, 택자들이 불택자들보다 일반 은총을 더 많이 받는다고 할 수 없으며, 오히려 불택자들이 더 많이 받을 수도 있습니다.

특별은총은 죄책과 죄의 형벌을 제거하고 인간의 내면적 삶을 변화시키며, 성령의 초자연적 사역을 통해 죄의 부패로부터 점차로 그를 정화시킵니다. 그러나 일반은총은 죄책을 완전히 제거하지도 못하며, 인간본성을 갱신시킬 수도 없고, 단지 죄의 영향력은 어느 정도 규제하여 완화시킬 수 있을 뿐입니다.

특별은총은 불가항력적입니다. 그러나 일반은총은 저항할 수 있으며 실제로 저항을 받고 있습니다. (로마서 2장, 3장 참조)

특별은혜는 영적이고 재창조적인 방식으로 역사하여 인간의 본성 전체를 갱신하고 인간이 예수 그리스도 안에 있는 구원의 제의를 기꺼이 받아들일 수 있도록 하며 영적인 열매를 맺게 합니다. 그러나 일반은총은 일반적인 방식으로 인간이 진리를 보다 수용하도록 하며, 의지에 동기를 제공하고 인간의 자연적 열망들에 호소하는 등 단지 합리적이고 도덕적인 방식으로만 역사합니다. 구속의 능력이 없다는 뜻입니다.

"그리스도의 속죄사역이 일반 은총에 어떤 영향을 미치는가?"라는 문제가 제기되는데, 이 문제에 대해서는 그리스도의 창조사역에서 충분히 일반은혜가 주어졌고(Kuyper), 속죄사역에서는 끝까지 회개치 않는 자들에게 일반은혜는 (1) 죄책을 제거하지 못하므로 용서가 허용되지 않고, (2) 정죄선고를 해제하는 것이 아니라, 다만 그 집행을 연기할 뿐이라는 것입니다. 성경에 의하여, "멸망 받게 될 진노의 그릇들을 오래 참기를 원한다." 것입니다.

일반은총은 구속의 은총을 제외하고, 회개하지 않은 자와 유기된 자들도 그리스도의 속죄의 피로 말미암아 인류 전체에게 부가되었으며, 불신자와 회개하지 않는 자와 유기된 자도 이러한 일반은총의 혜택을 공유할 수 있다는 말씀입니다.

특별은총인 은혜의 언약은 영적인 복뿐만 아니라 물질적인 복도 가져오고, 이러한 물질적인 복이 일반 은총으로서 불신자들에게도 공유하게 됩니다. 이 부분에서 유대인들은 특별은총의 일차적 주인공이신 예수 그리스도를 거부함으로 영적인 구속의 언약이 파기되어 영적인 축복에서 탈락되었지만, 예수 그리스도의 속죄사역에 의하여 더욱 풍요로워진 일반은총의 배분은 그대로 유지되어 오늘날에도 그들에게 옛 언약대로 육신적, 물리적, 물질적인 이 세상의 지상적 축복을 받고 있다는 것입니다. 그러나 이렇게 더욱 풍요로워진 일반 은총이 그들의 구원과는 무관하며 오히려 멸망의 빙거가 된다는 것입니다.

인류와 같이 출생에 의해서 번식되고 서로 연합하여 생활하고 있는 종족 중 일부를 구원하려는 어떠한 계획이 그 목적을 성취하려면 구원받지 못한 여타의 모든 구성원들의 신분과 운명에 있어서 반드시 영향을 주게 된다는 것입니다. (Charles Hodge)

타락 후 최후 심판까지 인류의 전 역사는 유기된 자들에 대한 인내의 시대로, 이 시대에서는 항구적으로 그들의 신분과 운명에 영향을 주는 물리적이고 도덕적인 많은 복들이 심지어 이방인에게도 베풀어지며, 특별히 기독교 공동체의 유식하고 품위 있는 시민들에게보다 많이 베풀어지며, 그리스도를 매개로 하여 그들에게 베풀어졌고 지금도 베풀어지고 있는 이런 복들은 처음부터 그들을 위해 제정되었음이 틀림없다고 합니다. (Candlish)

[결론]

위의 조직신학적인 서베이를 통하여 특별은총과 일반은총의 개념과 그 영역과 상호관계 등을 알 수 있습니다. 결론적으로 유대인들이 과거 옛 언약에 의하여 특별은총의 기회는 물론, 일반은총의 기회까지 받았는데, 특별은총을 통한 구속언약의 파기로 영적인 복에서는 탈락되었지만, 일반은총은 예수 그리스도를 믿고 안 믿고를 떠나서 불신자들, 심지어 배교자들에게까지 배분되는 하나님의 일반은혜의 복이므로 지금도 유지되고 있는 것입니다.

구약시대의 유대인들을 하나님께서 인간구원의 모델로 택하실 때에는 물론 하나님의 특별은총과 일반 은총을 베풀어주셨지만, 이것은 단지 육신적, 민족적인, 언약의 모델에 그 개념을 국한시킨 것으로 보아야 할 것입니다. 왜냐하면, 당시의 구속의 계시가 모델로서의 육신적, 민족적인 개념을 탈피하지 못했기 때문입니다.

물론 옛 부터 그 모델 언약의 내용에 영적인 축복이 그 핵심에 자리잡고 있었지만, 당시의 이스라엘 민족들의 시각으로서는 육적, 민족적 구원의 한계를 벗어나지 못해서 선지자들이 영적 이스라엘의 축복에 대한 메시지로 부단히 일깨워주었던 것입니다. 아무튼 특별은총으로서의 영적인 복은 물론 이에 관련하여 일반 은총으로서의 육적인 복을 받았던 민족입니다.

그러나 유대인들은 예수 그리스도를 십자가에 못 박음으로 메시아에 대한 언약을 파기했기 때문에 특별은총에 의한 영적인 구원의 축복에서 탈락되었지만 (물론 개인적으로 유대인들이 예수 그리스도를 믿게 되는 경우에는 달라짐), 이에 연관되어 있는 일반은총은 그대로 유지되어 오늘날도 특출한 지식과 세계를 향한 영향력을 발휘하고 있다는 것입니다. 그러나 오히려 이것이 멸망의 빙거가 된다는 것이 바울의 논조입니다. (롬 1:18-20)

물론 유대인에게는 이방인과 달리 그 당시 특별은총과 일반 은총을 언약으로 동시에 받은 민족임에는 틀림이 없습니다. 이방인에게는 특별계시로 말미암은 특별은총이 없었지만, 유대인들에게는 특별계시와 이에 연관된 일반 은총을 함께 받았다는 것이 다른 점입니다. 이는 마치 오늘날 신자가 특별은총을 받고 이에 관련하여 일반은총(복)을 받는 것이 불신자들이 특별은총은 받지 못하고 일반은총(복)을 받아 누리는 것과 같은 이치입니다.

이에 관하여 최상의 축복인 첫째로 특별은총의 복을 받고, 다음으로 이에 따른 일반은총의 복을 함께 누릴 수 있다면 얼마나 좋겠습니까? 이것은 두 가지 복이 동시에 허락된 크리스천에게 해당되는 말이지만,

그렇다고 해서 일반은총(복)을 받지 못한 크리스천은 불행하다는 뜻은 아닙니다. 오히려 내세의 더 큰 영광에 이를 수도 있기 때문입니다.

다시 결론적으로 말하자면, 유대인들이 구약시대에 받았던 특별은총은 언약적으로, 그리고 모델케이스로 받은 것인데 지금은 그 계약에서 탈락했으나, 일반은총은 지금도 계속해서 유지되고 있습니다. 이는 마치 구속과는 관계가 없는 불신자들이 오히려 신자들보다 일반 은총으로서의 지상적 축복을 더욱 풍요롭게 누리고 있다는 사실과 같은 맥락에서 이해하면 될 것입니다. 이 문제의 키워드는 예수 그리스도의 "십자가"입니다. 십자가를 통해서 볼 때에 이 문제들이 풀리게 된다는 것입니다.

[질 문] 90

이스라엘이 지금도 구약시대와 같이 특별계시의 통로 역할을 하고 있다고 보아야 하는지요?

[답 변]

이 문제의 전문가는 바로 사도 바울입니다. 특히 바울서신 여러 곳에서 이 문제를 자세히 다루고 있습니다. 우선 이스라엘에 대한 하나님의 언약에 관하여 언약 신학적인 차원에서 접근해야 합니다. 그렇지 않을 경우에는 극단적인 세대주의자들과 같이 하나님의 종말론적 섭리를 혼동하게 됩니다. 특히 육적인 이스라엘을 향한 하나님의 언약과 축복에만 초점을 맞출 경우에 시오니즘이나 신사도운동, 극단적인 세대주의 등의 오류에 빠지게 됩니다.

이 문제를 해결하려면 바울 사도의 이스라엘에 대한 견해와 이방에 대한 견해를 '복음'이라는 차원에서 이해해야 합니다. 바울은 육적 이스라엘을 무조건 무시한 것이 아니라 역사적 선민으로 보고, 영적 이스라엘과 절묘하게 조화를 시키면서 하나님의 나라로 승화시키는 것을 볼 수 있습니다. 특히 로마서 11장에서 비유를 들어 잘 설명하고 있습니다.

우선 과거 구약시대의 육적 이스라엘에 대한 하나님의 축복의 언약은 대부분 육적이며 물리적인 차원에서 다루고 있습니다. 이러한 원리에서 보면, 육적 이스라엘로서의 육적 축복이 그들의 디아스포라와 히틀러의 600만 대학살 사건에도 불구하고 엄청난 축복이 이어져 온 것이 사실입니다. 지금도 미국의 주류, 특히 과학이나 경제적인 측면에서도 유대인의 몫이 절대적이며, 노벨상 수상자들의 반 수 이상(65%)이 유대인인 사실, 그 외에도 수많은 육적 축복들이 이어져 왔습니다.

이는 하나님의 언약은 변함이 없다는 진리를 단적으로 나타내는 부분입니다. 다시 말하면 유대인들은 육적인 차원에서 율법과 계명, 그리고 축복의 개념을 이해하고 있습니다. 그래서 육적 차원에서 계명을 잘 지키면 역시 육적 차원의 축복을 받게 된다는 원리는 지금도 변함이 없습니다. 그럼에도 불구하고 이러한 축복은 일반 은총에 국한될 뿐 특별은총을 통하여 얻는 구원과는 전혀 관계가 없는 것입니다.

그러므로 유대적인 신앙으로는 복음적인 차원에서 계시의 통로가 될 수는 없는 것입니다. 왜냐하면 그들은 이미 예수님을 십자가에 못 박은 불신자들로 그 자격을 상실했기 때문입니다. 이제부터는 육적인 이스라엘이 이스라엘이 아니라 영적인 이스라엘이 참 이스라엘이라는 것이 바울의 복음관입니다.

이제 구원에 이르는 진리는 복음을 등진 육적인 이스라엘과는 상관이 없게 되었습니다. 다만 복음을 통한 신령한 이스라엘이 참 이스라엘이 되는 것입니다. 유대인이나, 할례의 개념이 완전히 영적인 차원으로 넘어 온 것입니다. 성경의 모든 계시들이 이와 같은 발전적 계시관에 의존하고 있습니다.

결론적으로 그리스도 예수의 복음이 없는 율법주의자들은 구원에 이를 수 없다는 것이 바울의 철저한 복음신앙입니다. 결국 돌이켜 예수를 믿는 이 한 길 밖에는 구원의 다른 방도가 없습니다. 구원에 있어서는 오직 예수 그리스도가 유일한 통로입니다. 다른 길은 없습니다. Salvation in Christ alone! There is no way except Jesus Christ! Jesus said, "I am the Way, the Truth, and the Life."

[질 문] 91

어느 것이 하나님의 뜻인지 분별하는 방법은 무엇입니까?

저는 가끔 어느 방향으로 가는 것이 하나님의 전적인 뜻인지 저 개인의 생각인지, 즉 저의 생각과 판단을 하나님께서 직접 주장하셔서 움직이시는 것인지, 아니면 단지 하나님께서 저를 사랑하사 저의 판단을 존중해 주시고 오히려 따라 주시는 것인지…그리고 보호해 주시는 것인지, 아니, 어쩌면 제가 어느 곳으로 어떤 판단을 하던지 하나님께서는 제가 아주 위험한 곳으로 떨어지지 않은 한, 별 상관하지 않으시는 것인지…(제가 죽고 나서야 말씀해 주시는지…)

제가 가서는 안 되는 곳만 못 가게 막아 주시는 지…이런 것들이 가끔 제겐 고민스럽습니다. 특히 어떤 결정을 내리고자 할 때 말입니다.

어떤 길이 과연 하나님의 영광을 드리는 것인지를 생각한다 해도 특별한 답이 쉽게 나오질 않는군요. 많은 기독인들은 자기가 한 기도의 응답을 받았다고 하면서 너무나도 쉽게 결정을 하고 판단도 합니다.

좌우지간, 저와 하나님과의 긴밀한 관계는 제가 어느 곳에 있던, 무엇을 하던 항상 그 자리에 있기에 큰 걱정은 하지 않습니다. 다만 조금 혼돈스러울 때가 가끔 있고 하나님께서 이거면 이것이다, 혹은 아니면 아니다 라고 시시때때로 말씀해 주시면 참 좋겠다는 저의 신앙적 욕심을 말씀드리고 싶었습니다. 하나님의 뜻을 분별하는 방법은 무엇입니까? Dr. Peter Hahn, D. C.

[답 변]

Hahn 집사님, 바람직한 고민을 하시는 것 당연합니다. 누구나 하나님의 뜻을 따르려고 하나 선뜻 그분의 뜻을 알 수가 없어서 집사님과 같이 거룩한 고민을 하게 되는 것입니다. 이것이 하나님께서 우리에게 내주신 숙제입니다. 이 숙제를 풀어야 하나님과 함께 할 수 있기 때문입니다. 어려운 숙제이지만 이 숙제를 풀기 위한 참고서가 있는데 그것이 곧 성경책입니다. 그리고 좀 더 상세히 알려면 신학 특히 조직신학을 알아야 합니다. 그러나 여기서는 실천신학적인 면에서 간단히 답을 드리도록 하겠습니다.

우선, 신학적인 핵심 원리부터 말씀드리겠습니다. 하나님과 인간과의 관계는 어떤 면에서 상충된 입장을 가지고 있습니다. 말하자면, 하나님께 범죄하고 난 후부터 그리 되었다는 말씀입니다. 사실, 이 문제를 이해하려면 하나님께서 인간을 창조하신 데로 거슬러 올라가야 합니다.

하나님께서 인간을 창조하실 때에 인간에게 계약에 의한 자유를 주셨습니다. 그런데 알미니우스 파와 같이 인간의 자유의지를 무한의 자유(잘 못되면 방종의 자유)로 오해해서 행위계약에 의한 자유라는 진리를 왜곡하여 이 계통을 이어받은 사람들이 구원론에서 협력구원을 이야기 하고 있습니다. 즉 예수의 공로와 인간의 행위를 접목시키는 방식이지요. 이것은 두 가지 측면에서 오해하고 있는 것입니다. 하나는 하나님의 절대적 주권과 인간의 자유, 좀 더 정확하게 말하자면 하나님과의 계약에 의한 인간의 자유라는 측면이 조화를 이루는 것인데 이것이 신비입니다.

인간이 믿으면 구원을 받는다는 말은 반 밖에는 맞지 않는 말입니다. 이 말은 인간의 자유에 초점을 맞춘 것이며, 그보다 더욱 중요한 것이 하나님의 절대적인 주권에 의한 은혜라는 것입니다. 그러므로 신약성경 엡 2장 8절에 보면 "하나님의 은혜로 인한"(γαρ χαριτι, by grace) "믿음을 통하여"(δία πιστὲως, through faith)로 되어 있습니다. 여기에서 중요한 것은 하나님의 은혜가 구원의 원인이 되고 인간의 믿음은 구원의 방편인 통로가 된다는 것입니다.

그럼에도 불구하고 인간의 믿음은 인간 자신에게서 나온 믿음이 아니라 그리스도 예수 안에 있는 믿음이 인간에게 온 것입니다. 여기에서 심오한 하나님의 선택과 예정교리를 만나게 되는데, 이는 고도의 신학적인 지식이 없으면 이해하기가 난해한 것으로 신학적으로 말하자면 하나님의 신비입니다. 그러나 이 문제를 실천신학적인 면에서 간단히 풀어보고 하나님의 뜻을 분별하는 방법을 알아보도록 하지요.

예수님의 비유 중에 포도원에 일꾼들을 시간에 따라 6시에, 9시에, 11시에 고용해서 일을 시킨 후, 임금을 똑같이 한 데나리온씩 주니까 먼저 들어온 자들이 하루 종일 일한 자기들에게 나중에 들어온 자들과 똑같은 임금을 주는 것은 불공평하다면서 불평할 때에, 주인의 대답 중에 두 가지 중요한 키워드가 있습니다. (1) 내 것을 가지고 내 뜻대로 한다는 것(하나님의 주권)과 (2) 처음부터 너와 한 데나리온을 약속하지 않았느냐?(계약조건)라는 것입니다.

말하자면 조직신학적으로 하나님의 주권을 이해해야 하고, 성서신학 적으로 계약관계로 계약신학을 이해해야 상충되는 것 같이 보이는 "하나님의 주권"과 "인간의 자유"에 관한 난제를 성서적, 신학적으로 시원하게 해결할 수 있다는 말입니다. 즉 하나님의 임의로우신 주권적 의지와 에덴에서의 선악과와 같이 계약에 의한 인간의 자유를 이해해야 한다는 말씀입니다. 한마디로 말하자면, 인간의 자유는 방종의 자유가 아니라 고귀하신 하나님의 주권 안에서 계약된 자유를 말합니다. 예를 들면 미국에서의 자유는 미국의 헌법에 의하여 보장된 자유라는 것과 같습니다. 인간의 자유라는 축복을 최종적으로 보장하시기 위해서 하나님께서 선악과의 계약조건의 시험을 치르게 하신 것이지요.

각설하고, 위의 원리에 입각하여 하나님의 뜻을 이해해야 하는데 그리 쉽지는 않습니다. 하나님의 생각과 인간의 생각의 접촉점(point of contact)을 찾는다는 것 말입니다. 어떠한 문제를 결정할 때에 어느 것이 하나님의 뜻인지 알아야 하는데 현실적으로 우리가 그것을 안다는 것은 그리 쉬운 일이 아닙니다. 어떤 이들은 자기의 생각을 하나님의 뜻으로 오해하고, 어떤 이들은 감성에 치우쳐 자기의 느낌이나 잘 못된 계시로 인하여 하나님의 뜻으로 오해하기도 합니다. 또 어떤 이들은 성경말씀을 끌어다가 아전인수로 이용하기도 합니다.

이 모두가 인간의 주관적 판단에서 오는 잘 못이라고 생각합니다.

그러므로 우리의 판단 기준은 오직 하나님의 말씀이어야 합니다. 그런데 이 하나님의 말씀을 통하여 하나님의 뜻을 분별한다는 것도 그리 쉬운 일은 아니라고 생각합니다. 그래서 최선의 방법으로 종합적인 방법을 사용하는 것이 바람직하다고 생각합니다. 이는 마치 발견하기 어려운 질병을 찾아내기 위하여 종합 진단으로 정밀진단을 해야 하는 것과 같습니다. 하나님의 뜻을 알기 위한 방법으로 대략 다섯 가지 분별방법이 있습니다.

첫째로, 기도해서 응답받는 방법(Prayer)이 있습니다. 성경에는 기도응답으로 하나님의 뜻을 분별하는 예들이 부지기수입니다. 엘리야는 기도의 응답으로 비가 오지 않게도 하고 오게도 했습니다. 그럼에도 불구하고 이 방법에는 몇 가지 난관이 있습니다. 먼저 하나님의 응답이 없어서 답답한 경우입니다. 그렇다고 내 스스로의 생각이나 느낌으로 하나님께 응답받았다고 할 수는 없지 않습니까? 그리고 응답을 받았다고는 하나 과연 그것이 하나님의 뜻인지 아닌지 알기 어렵다는 것입니다. 혹 신비주의자들과 같이 잘 못 받아서 사탄의 유혹에 말리는 경우도 있기 때문입니다. 그러므로 이것을 해결하기 위하여 그 응답을 하나님의 말씀으로 검증해야 합니다. 정확한 하나님의 말씀으로 검증되지 않은 것들은 모두 폐기처분해야 합니다.

둘째로, 말씀을 통하여 응답받는 방법(Words of God)이 방법이 가장 안전한 방법입니다. 하나님께서는 직접적으로나 간접적으로 말씀을 떠나서는 응답하시지 않습니다. 성령께서도 말씀을 떠나서는 역사하지 않습니다. 오직 말씀을 통해서만 역사하십니다. 이 진리를 오해하거나 잊어버릴 때에 중대한 오류에 빠지게 됩니다. 예를 들어 칼 바르트는 18-19세기의 합리주의에 따른 인본주의 사상으로 하나님을 지상으로 끌어내려 하나의 훌륭한 스승인 인간으로 만든 것을 공격하여 하나님을 절대 초월자로 올려 세우는 과정에서 성경말씀 밖에 저 멀리 까지 가버린, 인간이 감히 접근할 수 없는 절대 "타자"로 만들었습니다. 말하자면 성경말씀을 이탈한 하나님을 말한 것입니다. 그러므로 기도와 말씀의 응답도 반드시 신학적으로 정확한 말씀에 의하여 검증되어야 합니다.

셋째로, 마음의 성향으로 응답받는 방법(Inclination of mind)이 방법은 마음의 성향 즉 마음이 기울어지는 것에 관심을 갖는 것입니다. 이 방법은 잘못 위험하기도 하지만, 엄격하게 말해서 인간성에서 나오는, 말하자면 육신의 정욕이 묻어나오는 마음의 성향이 아니라, 양심 즉 성령으로 거듭난 양심의 성향을 말합니다.

본래 신약성경의 딤전 1:5에 "양심"이라는 원어는 헬라어 '*συνειδήσεως*' 인데, 이 단어는 두 단어가 복합된 말입니다. 즉 '*συν*' (with, 함께)라는 단어와 '*ειδήσεως*' (see, know, 보다, 안다)라는 단어의 합성어로, "함께 보다" "함께 안다"라는 뜻으로 "성령과 함께 보고 안다" 즉 하나님의 성령이 인정해주시는 양심, 다시 말하면 중생한 양심, 거듭난 양심을 의미합니다. 그러므로 마음의 성향이란 하나님이 함께 하시는 양심의 성향을 말합니다. 이것도 착각이 있을 수 있기 때문에 반드시 하나님의 말씀으로 검증을 받아야 합니다.

넷째로, 신앙의 선배들의 조언을 듣는 방법(Comments)이 방법은 교회와 즉 신앙의 선배 혹은 주의 종들의 말씀에 대한 식견과 경험에 의하여 판단되는 조언을 듣는 방법으로 보다 안전한 방법 중의 하나입니다. 그러나 조언하는 사람들의 신앙적인, 신학적인 식견이 천차만별이기 때문에 견해차이가 나게 마련인데 그럼으로 이 모든 조언들 역시 하나님의 말씀으로 검증되어야 합니다. 조언하는 사람들이 얼마나 객관성 있게, 성경적으로 하나님의 뜻에 관하여 조언할 수 있는지가 중요합니다.

다섯째로, 상황의 변화에 따른 방법(Circumstance)이 방법은 자신이 처해있는 상황이 움직이는 방향을 참작하는 것으로, 자신의 의도와 관계없이 자신에 대한 상황이 기울어지는 방향을 참작하는 방법입니다. 이 경우에는 하나님께서 상황을 통하여 우리를 인도해주신다는 사실에 근거한 것으로, 하나님의 뜻에 따라 우리의 상황이 만들어진다는 것입니다. 이 방법도 하나님의 말씀의 의하여 검증되어야 합니다. 그러므로 위의 여러 가지 방법을 종합적으로 사용하여 하나님의 뜻을 분별해야 합니다.

그리고 다음과 같은 한 집사님의 글에 대한 의견을 적어 봅니다.

그러나 저는 가끔 어느 방향으로 가는 것이 하나님의 전적인 뜻인지 저 개인의 생각인지, 즉 저의 생각과 판단을 하나님께서 직접 주장하셔서 움직이시는 것인지, 아니면 단지 하나님께서 저를 사랑하사 저의 판단을 존중해 주시고 오히려 따라 주시는 것인지, 그리고 보호해 주시는 것인지, 아니, 어쩌면 제가 어느 곳으로 어떤 판단을 하던지 하나님께서는 제가 아주 위험한 곳으로 떨어지지 않은 한, 별 상관하지 않으시는 것인지…(제가 죽고 나서야 말씀해 주시는지…) 제가 가서는 안 되는 곳만 못 가게 막아 주시는지…

위의 말씀에 관하여 신학적으로 설명하자면 좀 어렵고 길어집니다. 간단히 말해서 집사님의 상상이 맞습니다. 하나님께서는 인간에게 자유의지를 주셨기 때문에 인간이 무엇이든지 하고자하면 허용하십니다.

성경에는 하나님의 뜻에 관하여 두 가지 용어가 사용되었습니다. 하나는 하나님의 "주권적 의지"(θελήμα)이며 다른 하나는 하나님의 "허용적 의지"(βουλή)입니다. 이 하나님의 주권적 의지를 궁극적 작정, 허용적 의지를 "허용적 작정 혹은 근재적 작정이라고 합니다. 그러나 여기에는 구별된 내용들이 있습니다. 신학적으로 원죄와 자범죄, 중생한 자와 중생하지 못한 자, 천국 갈 자와 지옥 갈 자, 택한 자와 택함을 받지 못한 자 등의 구별 하에 하나님께서는 인간의 생각과 판단을 섭리하십니다.

첫째로, 중생하지 못한 세상 사람들에게는 무엇이든지 하고자 하면 그것을 허용하십니다. 이들은 회개하고 예수 그리스도를 믿지 않는 한, 원죄로부터 이어지는 자범죄를 맘대로 짓다가 구원을 받지 못하고 심판에 이르게 됩니다.

둘째로, 중생한 하나님의 자녀는 원죄가 해결되었고 하나님께서 지키시기 때문에(요일 5:18) 절대로 멸망 받지 않습니다. 이는 원죄와 같은 죄를 다시 짓지 않도록 하나님께서 지키시기 때문입니다. 이것을 하나님의 궁극적 작정 혹은 예정이라고 합니다. 그러나 자범죄에 해당하는 죄는 육신을 가지고 있는 동안은 지을 수 있는데, 하나님의 말씀의 경고에도 불구하고 짓겠다고 하면 하나님께서 내버려둡니다, 이것을 신학적으로 허용적 작정 또는 근재적 작정이라고 합니다. 여기에는 보응이 따릅니다. 그러나 사망에 이르는 죄는 아닙니다(요일 5:16-

17). 사망에 이르는 죄는 원죄와 같은 죄를 말합니다.

언젠가 전도사님들이 자기들의 고민을 이야기하며 토론하는 광경을 보고, 제가 말참견을 좀 한 적이 있습니다. 그들의 고민이 무엇이냐 하면, 교회에서 청소년들을 지도하면서 애로사항이 바로 자기들의 문화를 이해해달라는 것입니다. 말하자면 극장에도 자유롭게 가기도 하고, 술 담배도 하고, 게임도 하고 세상에서 벌어지는 일들에 자유롭게 참여할 수 있도록 해달라며 반항을 한다는 것인데, 이 문제에 대하여 어떻게 가르쳐야 할지 고민이라는 것입니다.

그래서 뭐 그걸 고민하느냐? 라고 말한 적이 있습니다. 성경대로 가르치면 되지 않느냐? 라고 했더니 모두 어리둥절 하는 것입니다. 성경대로 그들이 원하면 맘대로 하라고 하면 되지 않느냐? 라고 가르치면 되지 않느냐고 했지요. 그러나 성경을 바로 가르치면, 그것들을 할 수 없게 됩니다. (1) 은혜 중에 있든가, (2) 올바른 믿음에 서있으면 그런 짓을 하지 못한다는 말입니다. 그러나 여의치 않으면 앞뒤 관계를 잘 말해주라고 했습니다.

우선, 청년의 때에 무엇이나 네가 원하는 대로, 하고 싶은 대로 행하라(전 11:9). "청년이여 네 어린 때를 즐거워하며 네 청년의 날을 마음에 기뻐하여 마음에 원하는 길과 네 눈이 보는 대로 좇아 행하라"

그러나 네가 네 자유의지에 따라 행했으니 그 행동에 대한 책임은 네가 져라(전 11:9). "그러나 하나님이 이 모든 일로 인하여 너를 심판하실 줄 알라"

그러므로 하나님을 기억하고 네 자유를 유익하게 사용하라는 뜻입니다. "그런즉 근심으로 네 마음에서 떠나게 하며 악으로 네 몸에서 물러가게 하라 어릴 때와 청년의 때가 다 헛되니라, 너는 청년의 때 곧 곤고한 날이 이르기 전, 나는 아무 낙이 없다고 할 해가 가깝기 전에 너의 창조자를 기억하라"(전 11:10-12:1).

[질 문] 92

궁금해서 또 메일을 보냅니다. 주님 위해 항상 분주하게 살아가는 사람에게 하나님께서 베풀어 주시는 상급이 많으리라 믿습니다. 궁금한 문제를 드립니다. 즉시 답변을 보내 주십시오. 구약시대에 하나님으로 나타나신 분이 성자 하나님 곧 예수님으로 아는데 여기에 따른 학설이 있는지요? 이유는 하나님은 결정권과 명령권을 행사하시고 사역하시는 분은 성자 하나님이시기에 또 성자라는 호칭은 육신을 입고 세상에 오신 일로 부르게 된 이름이기 때문입니다. 세대주의 학설을 따르지 않는다 할지라도 구약시대에는 성부 하나님이 친히 사역하신 것으로 대부분 해석을 하고 있기 때문입니다. 명 해설을 기다리겠습니다. 유 목사 드림

[답 변]

구약은 물론 신약과 교회시대에 이르기까지 하나님께서 어떻게 사역을 하셨는가? 라는 문제는 삼위일체로서의 하나님께서 역사하신 모습을 알면 어려울 것이 없습니다. 본래 삼위일체 하나님께서 창조나 신·구약 시대의 구속사역을 어떤 방식으로 하셨는가에 대한 문제를 처음부터 정확히 알아야 합니다. 본래 하나님은 세상을 창조하시거나 구속하시기 전에 삼위일체 하나님께서 머릿속에 컨셉(concept)으로 가지고 계셨던 창조와 구속사역에 관하여 신의 회의(Divine Council)에서 의논하셨는데, 이것을 삼위의 내적 교통(intra communication)

이라고 합니다. 이렇게 의논한 아이디어(ideas)를 플랜(plan)으로 바꾸어 창조사역을 시작하셨고, 구속사역도 역시 이러한 방식으로 역사하신 것입니다. 결론은 모든 시대에 동일하게 성부, 성자, 성령의 삼위가 일체가 되어 각 사역들에 함께 참여하셨다는 사실입니다.

한 가지 명심해야 할 것은 하나님께서 창조하실 때에 그 창조프로그램 속에 구속프로그램을 넣어서 창조사역을 하셨기 때문에, 바이러스와 같은 뱀이 들어와 일시적으로 타락시킨다 하더라도 그 즉시 구속프로그램이 작동되어 하나님의 창조는 기필코 완성되게 되어 있다는 것입니다. 이는 마치 컴퓨터 속에 복구프로그램이 들어 있어서 만일 강력한 바이러스가 들어와 일시 프리즈(freeze)가 된다 하더라도 즉시 복구프로그램이 작동하여 프로세싱(processing)이 되므로 복구되는 것과 같은 이치로 설명할 수 있습니다. 그래서 인간이 타락이 되어도 메시아 프로그램이라는 강력한 복구 프로그램이 작동하여 반드시 복구되게 되어 있습니다. 만일 이 복구프로그램인 구속프로그램이 없었다면, 하나님의 창조는 실패로 돌아갔을 것입니다. 인간이 타락하는 즉시 이 프로그램이 작동되어 주님의 십자가상에서 성취되었고(D-day), 이제는 주님의 재림으로 마지막 종말에 가서 그 완성을 보게 될 것(V-day)입니다.

이 복구프로그램이 작동되기 시작한 것이 "내가 너로 여자와 원수가 되게 하고 너의 후손도 여자의 후손과 원수가 되게 하리니 여자의 후손은 네 머리를 상하게 할 것이요 너는 그의 발꿈치를 상하게 할 것이니라 하시고"(창 3:15)인데, 이것을 신학적으로 원시복음(protogospel) 혹은 어머니 언약(mother promise)이라고 합니다. 이 복음(언약)을 통하여, 노아의 언약 이후 메시아는 아브라함의 자손(씨), 다윗의 자손, 임마누엘, 세상 죄를 지고 가는 어린 양, 결국 예수 그리스도로 발전되었습니다. 이것을 점진적 계시의 발전이라고 합니다.

구태여 각 시대를 따라 성부, 성자, 성령 삼위의 사역으로 구분한다손 치더라도, 이 삼위께서는 언제나 함께 일하시며, 떨어질 수가 없는 관계입니다. 왜냐하면 삼위일체 하나님은 존재론적으로 보면, 한 분(일체)이시기 때문입니다. 그래서 신학적으로 말하면, 존재론적 혹은 본체론적(ontological)으로 말해서 하나님은 오로지 한 분(일체)이라는 뜻이고, 사역하시는 경륜론적(economical)으로 말할 때에 하나님을 삼위(three persons)로 표현합니다. 세대주의에서는 각 시대를 따라 성부시대, 성자시대, 성령시대로 구분하여 설명함으로 삼위일체 교리에 대한 사벨리안 이단설인 양태설(Modalism, Sabellianism)의 위험성에 직면하기 쉽게 됩니다.

I. 창조사역 (The Work of Creation)

삼위일체로 한 분이신 하나님(엘로힘, אֱלֹהִים)께서 창조하실 때부터 성부, 성자, 성령 삼위께서 함께 의논하시고(intra-communication in the Divine Council) 함께 사역하셨습니다(the Three Persons worked together). (창 1~2장, 욥 38장, 요 1장, 고전 8:6)

(1) 여기의 하나님(אֱלֹהִים)이라는 창조주의 명칭은 복수(쌍수)로 삼

위를 암시하는 장엄복수(Pluralis Mejestatis) 혹은 삼위일체 복수(Pluralis Trinitatis)라고 합니다. 즉 이 명칭 속에는 성부, 성자, 성령의 개념이 함께 있다는 뜻으로, 창조하실 때에 하나님은 삼위께서 함께 창조하셨다는 뜻입니다. 그래서 창세기 1장에 "태초에 하나님이 천지를 창조하시니라"(בְּרֵאשִׁית בָּרָא אֱלֹהִים את הַשָּׁמַיִם וְאֵת הָאָרֶץ׃) (창 1:1)고 했습니다.

(2) 하나님께서 창조하실 때에 수면에 하나님의 신이 운행하셨다고 했습니다. 이 수면 위에 운행하시는 신이 곧 제3위에 해당하는 성령 하나님이십니다. 땅이 혼돈하고 공허하며 흑암이 깊음 위에 있고 하나님의 신은 수면에 운행하시니라(창 1:2).

(3) 창조는 태초에 말씀으로 하나님과 함께 계셨다가, 육신으로 오신 예수님으로 말미암아 지음을 받았다는 것입니다. "만물이 그로 말미암아 지은 바 되었으니 지은 것이 하나도 그가 없이는 된 것이 없느니라"(요 1:1; 1:3). "그러나 우리에게는 한 하나님 곧 아버지가 계시니 만물이 그에게서 났고 우리도 그를 위하며 또한 한 주 예수 그리스도께서 계시니 만물이 그로 말미암고 우리도 그로 말미암았느니라"(고전 8:6).

II. 구속사역 (The Work of Redemption)

1. 구약시대에도 삼위일체로 한 분이신 하나님(엘로힘, אֱלֹהִים)께서

구속하시는 과정에서 성부, 성자, 성령께서 동시에 함께 사역을 하셨습니다. 예를 들어 아브람에게 세 천사가 사람의 모습으로 찾아 갔는데, 이 세 천사를 하나님이라고 합니다.

(1) 이렇게 사람의 모습으로 나타나시는 것을 신인동형론(Anthropomorphism)이라고 합니다. 다시 말하자면 하나님께서 의인화되신 것(personification)으로 이는 하나님께서 그리스도로서의 성육신이 되실 것에 대한 예표이기도 합니다. "하나님이 인간이 되셨다"(God became man, God-man)라는 뜻입니다.

(2) 여기에서 세 사람의 천사는 곧 의인화되신(personified) 하나님을 말하는데, 세 분 중에 한 분은 성부로서 아브라함과의 언약관계로 딜(deal)을 하고 있는 모습이고, 두 천사가 소돔 성 현장에 들어가서 사역하신 것은 성자와 성령께서 직접 역사의 현장인 이 세상에 오셔서 사역하실 것에 대한 암시적 예표입니다(suggestive typology).

(3) 그 후 줄곧 구약시대에 성부, 성자, 성령이 함께 사역하셨는데, 이것을 구태여 아날로그 식으로 표현하자면, 성부 하나님께서 사역의 전면에 나셨고, 그 후면에서 성자 하나님과 성령 하나님께서 서포터를 하고 계셨다고 표현할 수 있지만, 이것도 정확한 표현이라고는 할 수 없습니다. 그러나 이것을 구태여 신학적으로 설명을 하자면, 경륜론적으로 삼위가 되시는 하나님께서 어느 시대에나 함께 일하셨다고 보아야 합니다. 왜냐하면 삼위의 하나님은 존재론적으로 볼 때에 떨어질 수 없는 일체가 되시기 때문입니다.

2. 신약시대에는 말할 나위도 없이 성부, 성자, 성령께서 함께 일하시는 장면들이 많이 나타납니다. 우선 성자 하나님께서 사역의 전면에 나타나셨습니다. 그가 세상에 오셔서 인간의 죄를 지고 십자가에 달리신 것입니다. 그래서 신학적으로 말할 때에, "성부 하나님께서 계획하신 구속을 성자 하나님(예수 그리스도)께서 성취하시고, 성령 하나님께서 인간에게 적용하신다."라고 표현하고 있습니다. 그러나 성자시대라는 세대주의적 개념은 위험한 발상입니다.

(1) 우선 성자 하나님(예수 그리스도)께서 육신을 입고 이 땅 위에 오셨는데 바로 그분이 하늘에 계신 하나님이십니다. "태초에 말씀이 계시니라 이 말씀이 하나님과 함께 계셨으니 이 말씀은 곧 하나님이시니라 그가 태초에 하나님과 함께 계셨고 만물이 그로 말미암아 지은 바 되었으니 지은 것이 하나도 그가 없이는 된 것이 없느니라"(요 1:1-3).

(2) 그 성자 하나님께서 화육되어 이 땅 위에 오셨습니다. "말씀이 육신이 되어 우리 가운데 거하시매 우리가 그 영광을 보니 아버지의 독생자의 영광이요 은혜와 진리가 충만하더라"(요 1:1-14). 이 땅 위에 오신 목적은 우리를 구원하시려는 것입니다.

(3) 그분이 이 땅 위에서 일하실 때에 성부 하나님과 성령 하나님과 함께 일하셨습니다. 물론 아날로그 식으로 말하자면 이 신약시대 사역의 전면에 계신 것은 사실입니다. 그러나 성자이신 예수님은 혼자 일하는 것이 아니라고 하셨습니다. 우선 자신은 아버지께서 보내셔서 오

셨고, 아버지의 말씀대로 아버지의 일을 하시며, 이 사역을 성령의 능력으로 하신다고 하셨습니다. "만일 내가 판단하여도 내 판단이 참되니 이는 내가 혼자 있는 것이 아니요 나를 보내신 이가 나와 함께 계심이라"(요 8:16). "나를 보내신 이가 나와 함께 하시도다 내가 항상 그의 기뻐하시는 일을 행하므로 나를 혼자 두지 아니하셨느니라"(요 8:29). "나를 위하여 증거 하는 자가 되고 나를 보내신 아버지도 나를 위하여 증거하시느니라"(요 8:18). "내가 아버지께로서 너희에게 보낼 보혜사 곧 아버지께로서 나오시는 진리의 성령이 오실 때에 그가 나를 증거하실 것이요"(요 15:26). "또 내가 바알세불을 힘입어 귀신을 쫓아내면 너희 아들들은 누구를 힘입어 쫓아내느냐 그러므로 저희가 너희 재판관이 되리라"(마 12:27).

3. 교회시대에는 성령께서 사역의 전면에 등장하십니다. 이에 대하여 예수님께서 세상에 계실 때에 정확하게 말씀하셨습니다. 그리고 성자께서는 아버지께로 가셔서 아버지께 계속해서 중보 기도를 하고 계시며, 성부께서는 이를 받아 승인하시는 형식으로 표현이 됩니다. 중요한 것은 이 세 분이 각각 따로 따로 계신다거나 일하신다는 것이 아니라는 뜻입니다. 이 세 분이 곧 일체가 되시기 때문입니다. 그분이 바로 그분이고, 그분이 바로 그분이고, 그분이 바로 그분이시라는 뜻입니다. 다시 말하면 삼위일체 하나님이시라는 뜻입니다.

(1) 신약시대에 전면에서 구속사역을 완성하신 성자께서 승천 후의 사역을 다른 보혜사 성령께 위임하셨다는 것입니다. "내가 아버지께 구하겠으니 그가 또 다른 보혜사를 너희에게 주사 영원토록 너희와 함

께 있게 하시리니…"(요 14:16).

(2) 그런고로 신약시대에는 오순절 이후 구속사역(적용하는 사역)을 성령께서 담당하셨습니다. "보혜사 곧 아버지께서 내 이름으로 보내실 성령 그가 너희에게 모든 것을 가르치시고 내가 너희에게 말한 모든 것을 생각나게 하시리라"(요 14:26). "내가 아버지께로서 너희에게 보낼 보혜사 곧 아버지께로서 나오시는 진리의 성령이 오실 때에 그가 나를 증거하실 것이요"(요 15:26). "그러하나 진리의 성령이 오시면 그가 너희를 모든 진리 가운데로 인도하시리니 그가 자의로 말하지 않고 오직 듣는 것을 말하시며 장래 일을 너희에게 알리시리라"(요 16:13). "이 말씀을 하시고 저희를 향하사 숨을 내쉬며 가라사대 성령을 받으라"(요 20:22). "그의 택하신 사도들에게 성령으로 명하시고 승천하신 날까지의 일을 기록하였노라"(행 1:2).

(3) 승천하신 성자께서는 하나님 아버지께 중보기도를 올리고 계십니다. "누가 정죄하리요 죽으실 뿐 아니라 다시 살아나신 이는 그리스도 예수시니 그는 하나님 우편에 계신 자요 우리를 위하여 간구하시는 자시니라"(롬 8:34). 성자 하나님은 지금도 하나님 우편에서 자신이 성취하신 우리의 구원을 성령께서 잘 적용하시도록 기도하시며 우리를 위하여 끊임없이 일하시고 계십니다.

(4) 뿐만 아니라, 성부 하나님께서도 이 구속사역을 위하여 성자이신 주님의 중보기도를 들으시고, 성령을 보내사 계속해서 동역하시고 계시다는 사실입니다. "보혜사 곧 아버지께서 내 이름으로 보내실 성

령 그가 너희에게 모든 것을 가르치시고 내가 너희에게 말한 모든 것을 생각나게 하시리라"(요 14:26). "내가 아버지께로서 너희에게 보낼 보혜사 곧 아버지께로서 나오시는 진리의 성령이 오실 때에 그가 나를 증거하실 것이요"(요 15:26).

[결론]

결론적으로, 하나님은 삼위일체이시기 때문에 어느 시대를 막론하고 함께 일하셨다는 사실이며, 이것도 경륜론적 삼위일체(Economical Trinity)의 원리에 의해서 표현할 수 있는 것뿐이지, 존재론적 혹은 본체론적 삼위일체(Ontological Trinity)의 원리에서는 삼위가 일체이기 때문에 따로 따로 떨어지신 분이 아니라는 뜻입니다. 존재론적으로는 한 분으로 계시고, 경륜론 적으로는 삼위의 사역분담이 주어진 것처럼 표현하고 있으나, 이것도 역시 삼위께서 일체가 되셔서 사역하셨다는 것입니다. 혹 잘못 표현하거나, 잘못 이해하게 되면 삼위삼체설이나 사벨리우스의 일신삼양설(양태설)로 오해받기 쉬운 신학적으로 민감한 사안이라는 것을 명심해야 될 것 같습니다. 감사합니다.

부 록

유 중 근

개역개정 성경과 개역 성경 및 King James Bible 대조

1. 대상 7:32. 매제, 누이

개정, “헤벨은 야블렛과 소멜과 호담과 그들의 매제 수아를 낳았으며”

King J. “And Heber begat Japhlet, and Shomer, and Hotham, and Shua their sister.

개역, “헤벨이 야블렛과 소멜과 호담과 그들의 누이 수아를 낳았더라”

2. 삼상 17:55, 56. 소년이, 청년이.

King J. “And when Saul saw David go forth against the Philistine. he said unto Abner, the captain of Abner said. As thy soul liveth, O king, I cannot tell.

And the king said, Enquire thou whose son the stripling is."

"이 젊은이가 누구의 아들이냐 … 너는 그 청년이 누구의 아들인가 알아보라"

3. 왕하 9:5, 6. 청년이, 소년이, 청년이 (개역성경: 소년이 소년이)

King J. "And when he came, behold, the captains of the host were sitting; and he said, I have an errand to thee, O captain. And Jehu said, Unto which of all us? And he said, To thee, O captain.

And he arose, and went into the house; and he poured the oil on his head, and said unto him, Thus saith the LORD God of Israel, I have anointed thee king over the people of the LORD, even over Israel."

"청년이, 그가, 그가"

4. 의미상 문제가 되는 부분

욥 26:12. "바다를 잔잔하게" (개역성경: "바다를 흉용케")

King J. "He divideth the sea with his power, and by his understanding he smiteth through the pround."

"그가 그의 권능으로 바다를 가르시며 그의 명철로 교만한 자를 치시는도다"

5. 욥 38:36. "수탉에게 슬기를 준 자가 누구냐" (개역성경: "마음속에 총명

은 누가 준 것이냐")

King J. "Who hath put wisdom in the inward parts? or who hath given understanding to the heart?"

"누가 속에다 지혜를 주었느냐 또한 누가 마음속에 명철을 주었느냐"

6. 사 57:1. "의인들은 악한 자들 앞에 불리어가도다" (개역성경: "그 의인은 화액 전에 취하여 감을 입은 것인 줄로 깨닫는 자가 없도다")

King J. that the righteous is taken away from the evil to come.

"의인이 다가올 재앙으로부터 옮겨진 것이라고 생각하는 사람이 없도다"

7. 렘 50:42. "그들의 목소리는 바다가 설레임 같도다" (개역성경: "파도가 흉용함 같도다")

King J. "The shall hold the bow and the lance; they are cruel, and will not shew mercy; their voice shall roar like the sea. and they shall ride upon horses, every thee, O daughter of Babylon"

"그들의 목소리는 바다처럼 노호할 것이라"

8. 겔 1:1. "하나님의 모습이 내게 보이니"(개역성경: "하나님의 이상을 내게 보이니")

King J. "Now it came to pass in the thirtieth year, in the

fourth month, in the fifth day of the month, as I the heavers were opened, and I saw visions of God."

"하나님의 환상들을 보았더라"

9. 눅 2:37. "과부가 되고 84세가 되어" (개역성경: "과부 된지 84년이라")

King J. "And she was a widow of abour fourscore and four years, which departed not from the temple, but served God with fastings and prayers night and day."

"아셀 지파 파누엘의 딸인 안나라고 하는 여선지자가 있었는데 나이가 매우 많더라 그녀가 결혼하여 칠 년을 남편과 함께 살았고 과부가 된지 약 84년이 되었으나 성전을 떠나지 않고 밤낮 금식과 기도로서 하나님을 섬기더라"(눅 2:36-37).

10. 눅 16:12. "너희가 남의 것에 충성하지 아니하면 누가 너희의 것을 너희에게 주겠느냐"

King J "And if ye have not been faithful in that which is another man' s, who shall give you that which is your own?"

"또 너희가 남의 것에 신실하지 못하다면 누가 너희에게 너희 자신의 몫을 주겠느냐?"

11. 요 12:7. "그것을 간직하게 하라" (개역성경: "이를 두게 하라")

King J. "Then said Jesus, Let her alone; against the day of may burying hath she kept this"

"그녀를 가만 두어라 그녀는 나의 장례 날을 위하여 이것을 간직해

둔 것이라"

12. 벧전 1:14. "너희가 순종하는 자식처럼 전에 알지 못할 때에 따르던 너희 사욕을 본 받지 말고"

King J. "As obedient children, not fashionins yourselves according to the former lusts in your ignorance:"

"순종하는 자녀로서, 이전에 무지하던 때의 정욕에 너희 자신을 맞추지 말고"

13. 띄어쓰기 오류

1) 행 5:36. 이 전에 드다가(이전에 드다가).

벧전 1:15. 거룩한 이처럼(거룩한 이 처럼)

왕상 14:25. 제오년에(제오 년에)

왕하 19:29. 제삼년에는(제삼 년에는)

2) 띄어쓰기 혼선

값 없이: 대상 21:24, 사 52:3, 55:1, 렘 15:13, 롬 3:24.

값없이: 민 11:5, 고후 11:7, 살후 3:8, 계 21:6.

눈앞에서: 창 30:41, 33:10, 삼하 16:22, 22:25, 왕상 11:6 25:7, 삼하 12:11, 22:25.

눈 앞에서: 창 30:41, 42:24. 왕하 25:7, 욥 34:26, 시 72:14, 101:3, 143:2, 잠 5:21, 왕상 11:19, 렘 7:30, 29:21, 32:30, 43:9, 51:24, 52:10.

14. 잠 17:8. "뇌물은 그 임자가 보기에 보석 같은즉 그가 어디로 향하든지 형통하게 하느니라"

King J. "A gift is as a precious stone in the eyes of him that hath it; whithersoever it turneth, it prospereth."

"선물은 그것을 가진 자의 눈에 보석 같아서 그것이 어디로 향하든지 형통케 하느니라"

참고: 출 23:8, 신 16:19, 전 7:7.

15. 교정이 안된 것

1) 도둑

도적: 왕하 13:20, 고전 6:10

2) 너비대로

넓이대로: 출 25:25, 37:12, 대하 3:8, 4:5, 겔 40:43, 41:7, 43:13.

16. 교정이 일정하지 않은 것

1) 네겝, 네게브

네겝: 민 13:17, 22, 21:1.

네게브: 창 13:1, 3, 20:1, 24:62.

2) 좌로나 우로나: 삼하 14:19, 잠 4:27.

우로나 좌로나: 수 1:7, 23:6.

17. "광채가 빛나며"(행 12:7).

중복 용어로서 "광채가 나며 혹은 광채를 발하며"라 함이 옳음.

18. 시제의 오류.

출 9:18. "내일 이맘때면 내가 무거운 우박을 내리리니 애굽나라가 세워진 그 날로부터 그와 같은 것이 없었더라."

개역성경: "내일 이맘때면 내가 중한 우박을 내리리니 애굽 개국 이래로 그 같은 것이 있지 않던 것이리라."

King J. "Behold, to morrow about this time I will cause it to rain a very grievous hail, such as hath not been in Egypt since the foundation thereof even until now."

"보라, 내일 이맘때에 내가 아주 심한 우박을 내리리니, 그러한 것은 이집트가 세워진 이래로 지금까지 거기에 없었던 것이라"

19. 번역상의 문제

1) 사 66:3. "소를 잡아 드리는 것은 살인함과 다름이 없이 하고 어린 양으로 제사드리는 것은 개의 목을 꺾음과 다름이 없이 하며 드리는 예물은 돼지의 피와 다름이 없이 하고 분향하는 것은 우상을 찬송함과 다름이 없이 행하는 그들은 자기의 길을 택하며 그들의 마음은 가증한 것을 기뻐한즉"

King J. "He that killeth an ox is as if he slew a man; he that sacrificeth a lamb, as if he cut off a dog's neck; blood; he that burneth incense, as if he blessed an idol. Yea, they have chosen their own ways, and their sopul delighteth in their abominations."

"소를 잡는 자는 사람을 죽이는 것과 같고 어린 양으로 희생제를 드리는 자는 개의 목을 꺾는 것과 같으며, 예물을 바치는 자는 돼지 피를 자와 같고, 향을 사르는 자는 우상을 송축함과 같도다. 정녕 그들은 그들 자신의 길들을 택하였고, 그들의 혼은 그들의 가증한 것을 기뻐하였느니라."

2) 마 6:34. "그러므로 내일 일을 위하여 염려하지 말라 내일 일은 내일이 염려할 것이요 한 날의 괴로움은 그 날로 족하니라"

King J. "Take therefore no thought for the morrow: for the morrow shall take thought for the things of the morrow shall take thought for the things of itself. Sufficient unto the day is the evil thereof"

"그러므로 내일을 위하여 염려하지 말라. 내일 일은 내일 염려할 것이요, 그날의 재앙은 그 날로 충분하니라."

창세기 인물 연도(1)

인물	출생년	사망년	향수년	선대가 출생한 나이	특기사항	
아담	0	930	930	0		
셋	130	1042	912	130		
에노스	235	1140	905	105		
게난	325	1235	910	90		
마할랄렐	395	1290	895	70		
야렛	460	1422	962	65		
에녹	622	987	365	162		
므두셀라	687	1656	969	65		
라멕	874	1651	777	187		
노아	1056	2006	950	182		
셈	1558	2158	600	502		
아르박삿	1658	2096	438	100	홍수발발 : 1656년	
셀라	1693	2126	433	35		403
에벨	1723	2187	464	30		403
벨렉	1757	1996	239	34	바벨탑	430
르우	1787	2026	239	30		209
스룩	1819	2049	230	32		207
나홀	1849	1997	148	30		200
데라	1878	2083	205	29		119
아브라함	1948	2123	175	70	노아사망시 아브라함 나이 : 58세	
이삭	2048	2228	180	100		
야곱	2108	2255	147	60	셈 사망시 야곱나이:50세	

색인

[ㄱ]

[ㄴ]

[ㄷ]

[ㄹ]

[ㅁ]

[ㅂ]

[ㅅ]

[ㅇ]

[ㅈ]

[ㅊ]

[ㅋ]

[ㅌ]

[ㅍ]

[ㅎ]

성경난제 해설 총정리

2014년 3월 28일 초판 발행
지은이 | 유 중 근
발행인 | 김 수 곤
발행처 | 도서출판 선교횃불(ccm2u)
전화: (02) 2203-2739
팩스: (02) 2203-2738
등록일 | 1999년 9월 21일 제54호
등록주소 | 서울시 송파구 삼전동 103번지
홈페이지 | www.ccm2u.com